東京の主な縄文遺跡分布図

赤塚城址貝塚
四葉遺跡群
小豆沢
四枚畑貝塚
清水坂（北区）
野火止野塩
下宅部（東村山市）
小山台
日向北
自由学園南
新山
向山
尾崎
氷川神社裏貝塚
西ケ原貝塚
中里貝塚（北区）
池淵
中村橋
扇山
北江古田
動坂貝塚
延命院貝塚（台東区）
下野谷
落合（新宿区）
小石川植物園内貝塚
井草八幡
湯島切通し貝塚
光明院南
お茶の水貝塚（文京区）
恋ヶ窪（国分寺市）
多喜窪
中山谷
井の頭遺跡群
市谷加賀町二丁目
丸山
竹橋門地区
武蔵台（府中市）
旧本丸西貝塚（千代田区）
国立市）
松ノ木
天文台構内
塚山
代々木八幡
本宿町（府中市）
三鷹五中
愛宕下
滝坂
汐留（港区）
清水ケ丘
白糸台
1089 番地
原山
西久保八幡貝塚（港区）
一の宮
下石原（調布市）
大橋
鶯谷（渋谷区）
向ケ岡
下布田（調布市）
桜木
東山貝塚
豊沢貝塚
（多摩市）
伊皿子貝塚
鶴ケ久保
市）
弁財天池
目黒不動
TN９（稲城市）
71
堂ケ谷戸
瀬田貝塚
居木橋貝塚（品川区）
稲荷丸北貝塚
大井権現台貝塚
日影山
平尾９（稲城市）
向
奥沢台
馬込一丁目
貝塚
大森貝塚（品川区）
鶴川Ｍ（町田市）
上沼部貝塚
鶴川Ｊ
雪ケ谷貝塚（大田区）
下沼部貝塚
上池上貝塚
庄仙貝塚
塚越貝塚
田市）
町田
御嶽堂
高ケ坂南
なすな原（町田市）

基図には20万分の1地勢図「東京」（2015年）の一部を使用し、全体に左右を縮小した。

北区中里貝塚の貝層の堆積状況（第４話）
（提供 北区飛鳥山博物館）

同中里遺跡の波食崖と波食台に崩落したローム ブロック（第４話）（提供 東京都教育委員会）

国立市緑川東遺跡のＳＶ１遺構から大形石棒４本が出土（第 17 話）
（提供 国立市教育委員会）

調布市下布田遺跡の方形配石遺構（第 21 話）
（提供 調布市教育委員会）

町田市忠生Ａ１遺跡の中期集落の発掘状況（第 28 話）
（提供 町田市教育委員会）

多摩ニュータウン 248 遺跡で発見された縄文中期の粘土採掘坑群（第 27 話）
（提供 東京都埋蔵文化財センター）

八王子市小田野遺跡 S108 の特異な敷石遺構（第 29 話）
（提供 八王子市教育委員会）

中央の白い建物を中心に広がる青梅市駒木野遺跡（第 36 話）
（提供 青梅市郷土博物館）

東京の縄文学

地形と遺跡をめぐって

安孫子昭二

まえがき

1・地図を開くと、東京都は南北に長く連なる日本列島のほぼ中央に位置しており、列島を東西に縮小したような地勢である。東京の西端には2千メートル級の雲取山をはじめとする関東山地があり、山地の裾には多摩丘陵をはじめ狭山丘陵・草花丘陵・加住丘陵がとりまいている。さらに多摩川が山峡を出ると、青梅市を扇頂とする武蔵野台地が放射状に広がっている。武蔵野に降った雨水は台地の中ほどまで伏流して井の頭池や善福寺池、石神井池等で湧きでると、神田川や石神井川の渓谷をぬって流れ、やがて隅田川から東京湾に注ぎこむ。

武蔵野台地の末端部は都心域にあたり、居住環境の違いから台地側を山の手、崖下の低地側を下町と呼んできた。現在の東京湾岸の崖線は、後氷期（完新世）の気候の温暖化現象により次第に海面が上昇し、縄文前期中葉（約6千年前）までに波濤台地を侵食してできた波食崖である。侵食された範囲の台地には縄文前期中頃よりも前の、旧石器時代や草創期、早期の遺跡が存在したが、海進により崩落したことになる。

武蔵野台地の南側には古多摩川が武蔵野面の末端を削ってできた国分寺崖線がある。崖線下には数多くの湧泉が認められ、この飲料水を求めてヒトも鳥獣も参集したから、野川や仙川、呑川の流域には多くの遺跡が連なっている。さらに一段低い立川段丘の末端には府中崖線があり、多摩川の低地にいたる。

さらに太平洋上に伊豆諸島がある。東京を離れると南方100kmに大島があり、さらに大島から八丈島まで200kmの間に利島・新島・式根島・神津島・三宅島・御蔵島が点々と連なっていて、御蔵島と八丈島の間には黒潮が流れている。

このようにひと口に東京といっても多様な地勢と気候の違いがある。ひと昔前までは品川沖の海苔ひび養殖、武蔵野の麦栽培、多摩丘陵の炭焼き、狭山丘陵の茶栽培、奥多摩の林業といったような、どの地域にも風土に根ざした生業が息づいていた。このことは1万年以上もつづいた縄文時代にも言えることで、山地域・丘陵地における狩猟や堅果類を初めとする植物食、河川流域における漁猟、沿岸域における魚介類の利用といった、自然環境に適合した生活様式が息づいていた。

発掘される遺跡には何かしら個性が認められるが、何れの遺跡も孤立していたわけではなく、他地域の縄文土器片や黒曜石製石鏃等が混じっている。内陸部は無論のこと、山地でも丘陵地でも尾根筋や峠越え、河川沿いのネットワークがある。東京湾を介しては海上交通も発達していて東関東や東海地域との交流があったし、伊豆諸島と本土の間でも文物交流が途切れることはなかった。このように見ると、地域風土に育まれた個性ある遺跡が数多く分布しており、東京の縄文遺跡は全国でもっとも多様性あるといえる。

２・縄文時代は草創期、早期、前期、中期、後期、晩期の六期に大別される。この間の東京の縄文社会の動きをごくかいつまんで見ると、次のようである。

最終氷期最寒冷期の２万年前には、海面が現在より130 mも低下していた。この頃は東京湾が存在せず、「古東京川」が現在の浦賀水道付近で太平洋に注いでいたと考えられている。１万５千年前から温暖化に転じると大陸氷河が溶けだして徐々に海面が上昇するが、草創期から早期の頃はその途中である。まだ人口が少なかったから年代を遡るほど時間の経過は緩慢で、土器型式もゆったりと変化した。その温暖化現象が最もつのったのが早期末の7000年から6000年前の前期中葉で、現在の東京湾の海面よりも３mほど上昇した。このため埼玉県の奥深くまで海水が浸入してハマグリやハイガイ等の食料資源を育んだから、海に面する台地縁辺には多くの貝塚が形成され漁撈も盛んとなった。

中期になると、人口が増加するとともに遺跡の分布密度が濃くなり、各地に環状集落が勃興するようになる。人口の増加は地域集団としての意識を促し、全国各地の地域集団は個性的な土器様式を擁立するようになる。その一例として、武蔵野台地西側から多摩丘陵の集団は、4700年前の中期後半の中頃に加曽利Ｅ式土器とまったく様相の異なる連弧文土器を擁立する。しかし4300年前の中期末になると、環状集落が縮小し解体するようになり、またこの頃、関東から中部地方の一帯に、敷石住居と石棒祭祀が一時的に盛んとなる。

後期になると、居住環境は台地から低地を指向する傾向がみられるが、それが生業に関わる問題なのかどうかはっきりしない。中期までは装飾的な深鉢形土器だけであったが、この時期には精製品と粗製品に二分されるようになり、さらに祭祀用の注口土器や小形椀型土器がセットを組む等、中期までの土器組成の仕方と違ってくる。これと関連して、血縁的地縁的な集団の結束をうながす秘密結社に関わる抜歯の風習が盛んになるし、集落からはなれた場所に共同墓地が営まれるようになる。やがて近隣集団が共同で祖霊を祀る祭祀の場を構築するようになる。

この傾向は晩期に引き継がれるが、晩期も終末になるとそれまで見られた土器型式の地域色が薄れ、東海・北陸・中部・関東の一帯に浮線網状文土器が広がるとともに、どこの遺跡でも大量に石鏃を製作保有するようになる。西から侵攻する大陸側の弥生文化に対する備えとする説もあり、緊迫した情勢がうかがえる。

3・考古学は、「遺跡・遺構・遺物から過去の人間活動とその舞台となった環境に関する情報を抽出、収拾し、それによって歴史の再構築を試みる学問分野」である（田中 2002）。考古学は警察の鑑識に例えられるように、状況を知るためにはあらゆる分野に眼配りしながら考究する必要があるし、その点にこそ考古学の妙味がある。そういう眼でみると、いったん報告されて評価が定まっているような遺跡をはじめ遺構や遺物も、関連する研究分野の進展や新たな資料の出現などにより見方も変ってこようし、違った視点で検討すれば、新たな展望が拓けてくる可能性もあろう。

本書は、都内各地の重要な遺跡を均質に紹介しようとするものではない。その中には誰しも重要と目する遺跡も含まれようが、むしろ筆者の琴線にふれた個性的な遺跡や遺構・遺物などを適宜にピックアップしたもので、いわば 37 編のアラカルトのようなものである。雑多な 37 項目の話題をもう少し大まかに括るとすれば、次の 10 類になろうか。

・縄文海進の事例と検証（1 下高洞遺跡・3 汐留遺跡・4 清水坂遺跡・中里貝塚・5 居木橋遺跡・6 雪ヶ谷貝塚・8 大森貝塚）。
・遺跡の立地景観と生業（1 下高洞遺跡・7 延命院貝塚・9 西久保八幡貝塚・19 南広間地遺跡・35 中之平遺跡・36 駒木野遺跡・37 白丸西の平・海沢下野原遺跡）。
・集落構造の分析（12 落合遺跡・15 武蔵台遺跡・24 ＴＮ 72・446・446-B 遺跡・25 神谷原遺跡）。
・特異な性格の遺跡や遺構（14 前田耕地遺跡・17 緑川東遺跡・23 和田西遺跡・27 ＴＮ 248・245 遺跡・29 小田野遺跡）。
・特異な性格の遺物からの発想（18 本宿町遺跡・30 上の原・深沢遺跡）。
・土器や土偶等からの分析（16 恋ヶ窪遺跡・28 忠生Ａ１遺跡・31 鶴川Ｍ・平尾９遺跡）。
・集団墓地や環状積石遺構の性格と立地（20 下石原遺跡・21 下布田遺跡・32 田端遺跡・33 なすな原遺跡）。
・縄文の技術・文化力と流通（2 倉輪遺跡・34 下宅部遺跡・37 白丸西の平・海沢下

野原遺跡)。
・地震等の自然災害の推論(22 TN 200・小山田13遺跡・25神谷原遺跡・26 TN 9遺跡)。
・遺跡発見や調査にまつわるエピソード(7延命院貝塚・8大森貝塚・10御茶ノ水貝塚・11旧本丸西貝塚・13鶯谷遺跡)。

以上のように、忘れられたような古い資料を掘り起こして再検討したり、つい最近報告された注目すべき遺構や遺物を論評するというのも、あながち意義なしとも言えないだろう。改めて取りあげた遺跡を見ると、時期的にも地域的にも偏りが見られるが、一応、草創期から晩期後半までの各大別期の遺跡が網羅されているし、また伊豆諸島から関東山地まで各地域の縄文遺跡を取りあげてある。それらを便宜的に島嶼地域、都心域、武蔵野、丘陵地、山地域に振り分け、年代順に構成してみた。総合すれば「東京の縄文学」のような性格になろうか。

4・本書に取りあげた遺跡を表紙裏の地図上に落してみたところ、都心域を別にすると、多摩川以西の八王子・町田・多摩・稲城市の旧南多摩地域や調布・府中・国分寺・国立・立川市等の武蔵野南部地域の遺跡を多く取りあげたことになる。その半面、縄文時代には遺跡がない東京低地はともかく、世田谷区をはじめ中野・杉並・練馬・板橋区等の北西区域及び、三鷹・武蔵野市をはじめ西東京・清瀬・東久留米・武蔵村山市等の武蔵野北部地域の遺跡が欠落してしまった。

これだけ地域的な偏りが生じた一因は、筆者の個人的な事情による。大学を卒業して従事したのが多摩ニュータウン地域の遺跡調査であったから、自ずと多摩地域に居住することになり、馴染んできたことによる。

武蔵野北部地域や北西区域の遺跡が抜けてしまったのは、発掘調査等を実見する機会が少なかったというのが実情であり、縄文遺跡が欠落するわけではないことは、「東京の縄文遺跡分布図」と「東京の縄文遺跡編年表」から読み取っていただければ幸いである。

目　次

表紙写真

町田市田端遺跡からの冬至の日没観測（提供　中嶋幸宏氏）

第1章
島嶼の縄文遺跡

大島町岡田港隣の海水浴場

島嶼の縄文遺跡

東京竹芝港から伊豆諸島の大島までは100km、さらに大島から八丈島までは200kmも離れている。途中の三宅島・御蔵島と八丈島の間には渡航を困難にする黒潮の奔流がある。縄文人はそれでも八丈島を目指して渡島している。いったい何が縄文人を島嶼への渡航に駆り立てたのだろうか。

伊豆諸島は1878年（明治11）に東京府に移管されるまで伊豆国に属していた。西伊豆から大島までの距離は近く、東京からの4分の1の25kmにすぎない。このことは縄文時代にあっても同様で、島嶼で出土する縄文土器は東海から中部地方の土器型式が多いため、東伊豆を経由したと考えられる。島嶼から見返りにもたらされた産物の第一は神津島産の黒曜石で、その陸揚げ先が今井浜に近い見高段間遺跡とされている。

伊豆諸島は富士火山帯に属しており、島嶼の遺跡は噴火の歴史でもある。同時に、縄文海進と海流を抜きに考えられない。最も古い遺跡は、9千年前の大島町下高洞遺跡である。当時は温暖化により海面が上昇中であったが、それでも現在よりも13mほど低かったから、台地上に営まれた遺跡が現在では波打ち際になってしまった。その遺跡の上には、その後に幾度となく降下堆積した火山灰層がうず高く、自然の営力のすごさを物語っている。

伊豆諸島の島々からは数多くの縄文遺跡が見つかっている。その中から大島下高洞遺跡と八丈島倉輪遺跡を取りあげ、島嶼地域の遺跡の特性の一端をさぐってみる。

第1話　縄文海進と噴火のはざまで——大島町 下高洞遺跡

1966年11月、伊豆大島西海岸にある元町桟橋の南東1.1㎞、湯の浜の砂浜がつきて急崖が海に面しようという下高洞（しもたかぼら）地区の海食崖最下部の風化火山灰層から、無文の縄文土器片が採取された（図1-1・1-2）。採取したのは海食崖の露頭を観察していた工業技術院地質研究所の一色直記氏。

一色氏はその後も何度か現地を補足調査して、土器片のほかに黒曜石剥片、骨片、円礫それに木炭小片が散在することから遺跡であることをつきとめ、明治大学大学院で考古学を専攻する松村恵司氏とともに調査成果を報告した（一色・松村1976）。採取された土器はすべて無文土器で20片余り、縄文時代早期撚糸文系末期の平坂式（岡本1953）に相当する。土器には器厚が13㎜前後の厚手で脆弱なつくりのA類と8～9㎜の薄手で締まりのよいつくりのB類があり、そのB類が横須賀市平坂貝塚を標式とする平坂式に酷似するという。平坂式土器を出す遺跡はそれまであまり知られていなかったが、本土を離れた太平洋上の大島まで分布圏が広がったことと、大島火山が噴出した火山灰堆積層に年代メモリを入れることができたことの意義は大きい。

この遺跡の発見は、大島の考古と地形・地質の両面で大きな成果として注目された。これを契機として、火山灰土層と縄文各期および古墳時代後期や平安時代等の年代的な層順が対比されるなど、大島の考古学的調査はめざましく進展したのである（川崎他1998）。

一方、縄文早期前葉から中葉といえばおよそ9千年も前で海進上昇の途上にあり、下高洞遺跡が営まれた当時の海水面はいまよりも相当に低かったはず。しかしなぜか、調査報告書には土器の年代の古さとイノシシ骨の出土量の多いことが注目され、生活環境の方は問題視されてこなかった。下高洞遺跡は大島火山灰の年代指標となるだけでなく、縄文海進の海水準を知るうえでも重要な問題を秘めているはずである。そこでこの問題を検討してみたい。

その後の調査の進展

下高洞遺跡の発見は大島高校の角田實・樋口秀司氏にも伝えられ、地震や時化などで海食崖が崩落すると資料採取を励行したから、次第に資料が蓄積された。上層から崩落した土中からも縄文中期や後期の遺物が採取されて、都教育委員会に連絡された。そこで都教委が下高洞遺跡調査団（団長永峯光一）を組織して調査を行ったところ、予想以上に内容が豊富であることが確認され、引き続き大島町教委が文化庁から国庫補助金を得て、第2次から4次調査が行われた。この調査で海抜3mほどから平坂式の竪穴住居跡や配石土坑が検出され、この場所で定住生活されたことが明らかになった。遺物は、多量の土器・石器類と陸産のイノシシをはじめ魚類、鳥類、岩礁性の貝【註1】などの動物遺体が検出された。

第2次調査では、崖の上に設定された試掘坑の表土下3mから古墳時代後期および奈良時代の遺物包含層が確認され、先の縄文早期平坂式を下高洞A地区とし、この地点がB地区とされた。さらに第4次調査では、崖面を清掃して中期の遺物包含層がつきとめられ、C地区とされた。これをふまえて、1986年3月に三地区をふくむ3,629㎡が東京都史跡に指定された。さらにB地区の南東100mでも大島町清掃部がゴミを埋設処理するため重機で深掘りしたところ、縄文後期から弥生前期にかけての貝類及び動物の骨を大量に含む遺物包含層が出現し、D地区とされた（図1-2）。これとは別に、B地区から南東2㎞に所在する龍の口遺跡で、中期土層の下層から、南九州の鬼界カルデラを噴出源とする約6300年前【註2】の広域火山灰のアカホヤ火山灰（K-Ah）が検出され、この層中から早期終末の土器が採取された（杉原・小田・丑野1983）。

このように大島の度重なる噴火活動にも関わらず下高洞地区に居住が繰り返されたのは、すぐ西側に佐久川の沢があり飲料水が得られたことと、この場所が正面に伊豆半島、左手に利島と新島等を臨む景観的な立地にあると考えられている（永峯他1985）。

大島の成りたちと火山活動

大島は3つの古い火山から成り立っている。数万年前から、しばしば爆発的な噴火が起こり山体が形成された（古期山体形成期）。火山体がある程度成長した2万年〜1万5千年前以降は、およそ150年に1回の割りで大噴火が起こっている（新期山体形成期）。

大島のカルデラが形成されたのは、今からおよそ3,000年前の山頂での大水蒸気爆発と引き続いて山腹を流れ下った岩なだれの後である。三原山が今の形に形成されたのは、1777年8月に始まった「安永の大噴火」のときである。カルデラから

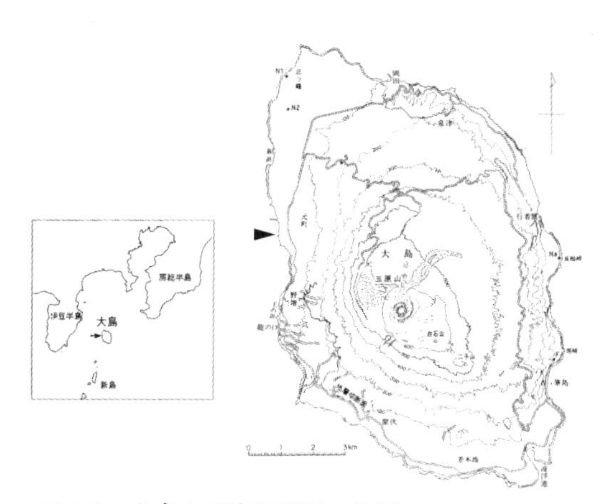

図 1-1　大島と下高洞遺跡の位置

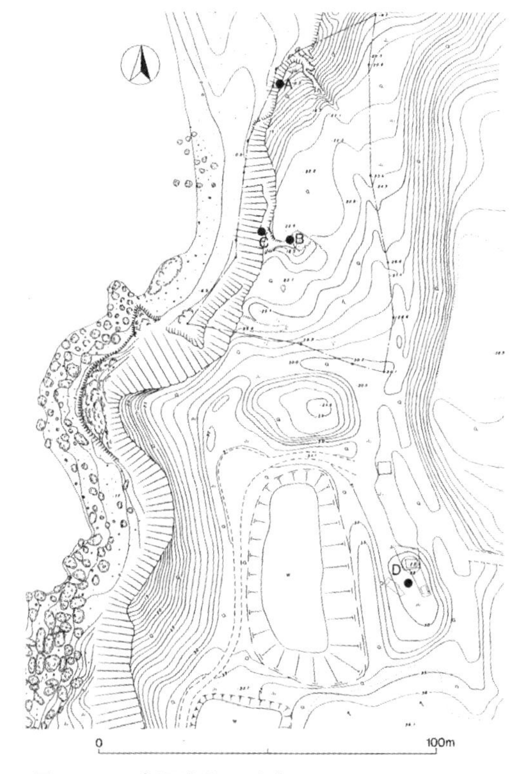

図 1-2　下高洞遺跡の地点

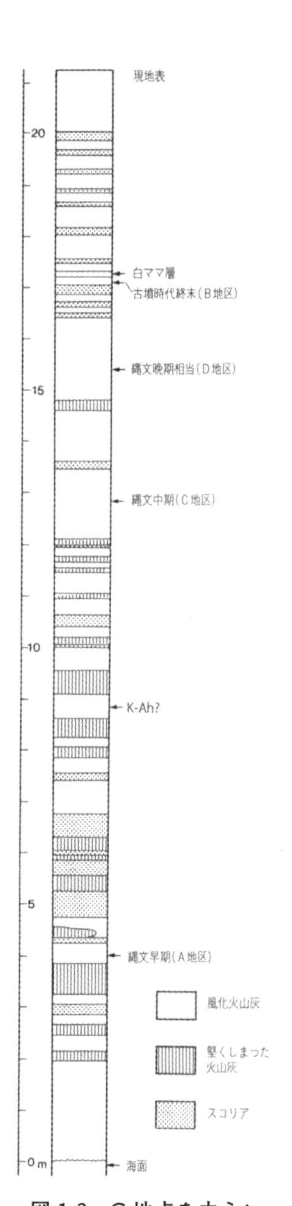

図 1-3　C 地点を中心にした土層模式図
（杉原他 1983）に加筆

外側の山体は外輪山と呼ばれ、これに対して三原山は内輪山と呼ばれている。

田澤堅太郎氏によれば、大島の主体をなす外輪山の地層は、カルデラ形成以後は12の部層に、それ以前のものは95の部層まで識別され、それぞれ符号がつけられている。1つの部層は1回の大噴火によって降り積もったものが地層で、下からスコリア、火山灰、風化火山灰が組になっている。最古のO95部層はおよそ1万数千年前の大噴火によって降り積もったものと推定されている（田澤 1980）。

下高洞遺跡の平坂式期の包含土層はそのO54部層に相当し、^{14}C測定年代 は7200 ± 265年（日本アイソトープ協会　N-4941）（永峯他 1985）となっている。因みに、龍の口遺跡で検出されたK-Ahは、下高洞A地区ではO54層の上位5mに堆積するO40部層になるという（図1-3）（杉原・小田・丑野 1983）。

縄文海進と^{14}C測定年代

約2万年前の最終氷期最盛期（LGM）には、南極大陸やグリーンランド、北米からユーラシア大陸の高緯度には厚さ3㎞に及ぶ氷床が発達して、全地球の海水準は130mも下がっていた（横山 2009）。1万9千年前から徐々に温暖化に転じると大陸氷床が急速に融解し、1万年前の海水準はマイナス40mまで上昇した。完新世になってさらに温暖化する縄文早期末から前期初の7千年前には、プラス3mまで急上昇する。有楽町貝層を形成したいわゆる縄文海進である。

1万年以降の完新世の海水準の変動については、松島義章氏と前田保夫氏の研究がある。松島氏は、相模湾周辺の溺谷からボーリングで採取した貝殻を6つの貝類遺骸群集に分けて、自然貝層と貝塚年代を対比しながら、縄文海進による群集の侵入～発展～衰退の分布と内湾の環境復元による、海水準の年代的な推移を明らかにした（図1-5）。前田氏は､大阪湾周辺の水底に潜函に入って地中深くの地層を調べ､ゴカイや貝の生痕化石やケイ藻、貝化石を採取して、環境と海水準の推移を調べ上げている（図1-6）（松島・前田 1985）。

ふたりの研究成果が注目された頃の1976年6月に、愛知県知多半島西海岸の南知多町内海で先苅（まずかり）貝塚が発見された。鉄道の駅を建設する工事現場で、ボーリングで引き揚げられた地下13m（現水面下10m）の地層から、縄文海進で海底に沈んだ縄文早期押型文（高山寺式）期の遺跡が出現したということで、地形学･地質学･考古学界がにわかに注目した（図1-7）（山下・松島 1980）。

松島氏もこの調査に共同研究者として参画し、新たに4ヵ所をボーリング調査し

図 1-4　下高洞遺跡近景（上）と発掘調査風景（中・下） 提供 早川泉氏

て貝塚周辺の地形復元を試みている。当初のボーリングで引き揚げられていたハイガイの ^{14}C 測定年代は 8330 ± 260（Gak-7950）で、このデータから、「約 8 千 4 百年〜 8 千 3 百年前の年代を示す縄文早期の貝塚遺跡が予想外の低い位置、海抜マイナス 10m 付近の波食台に作られていた」（松島 2006）と報告された。すると、当時の海水準はさらに数メートル以上低かったことになる。

下高洞遺跡形成時の海水準は

こうして下高洞遺跡形成時の海水準と先苅貝塚の評価は定まった観があった。ところが近年、鈴木正博氏による新たな見解が提示された。先苅貝塚は西側から張り出した丘陵上にあったものが、縄文海進で侵食されて斜面崩落し、海抜マイナス 10m 付近の海底に再堆積したというのである。その根拠は、①貝塚の位置を波食台とする決定的な物的証拠がない。②高山寺式系押型文土器の単純遺跡のように見られているが、もっと古い神宮寺式系押型文土器、山形押型文土器も 1 点ずつ混じっているし、早期末葉の入海式も検出されている。③「貝類の主な種は、ハイガイ、サルボウ、イタボガキ、ヤマトシジミ、オキシジミ、アサリ、スガイ、ウミニナ類、ムシロガイ類、ヤカドツノガイなどである」（松島 1980）。量こそ少ないが、汽水域の干潟などに生息するヤマトシジミと淡水産のカワニナも検出されている。このことは、周囲にこれらの貝が手軽に採れる環境があったはずで、現在ある微高地上の集落は海進に侵食された古丘陵の名残りであって、そこに存在した貝塚が崩落したのであろうという（鈴木正 2007）。

さらに最近になって、船橋市取掛西貝塚の 2 号竪穴住居跡から新たな好資料が得られた（西本編 2009）。早期撚文系末期の大浦山式と無文土器の一群（広義の平坂式）がまとまって出土し、貝層下部から出土した炭化材の AMS 較正年代測定値が 9320 〜 9140 年 BP Cal という。取掛西貝塚と先苅貝塚は、一見年代値が整合しないようだが、先苅貝塚も較正されればさらに 1 千年以上古くなるはず。一方、下高洞遺跡の 7200 ± 265 年を較正すれば取掛西貝塚の年代値にかなり近似してこよう【註 3】。

当初、下高洞遺跡の海水準は先苅貝塚を基準に考えようとしたが、先苅貝塚の原位置に疑義が生じ振り出しにもどった。むしろ手がかりとするべきは、松島氏が積み上げられた横浜港周辺の海面変化曲線の方にある（松島 2006）。双方資料の ^{14}C 年代値が較正されれば、年代幅が広がるぶん海面曲線はもう少しゆるやかな上昇になろうが、下高洞遺跡をそのまま海面変化曲線に当てはめた場合、マイナス 10m

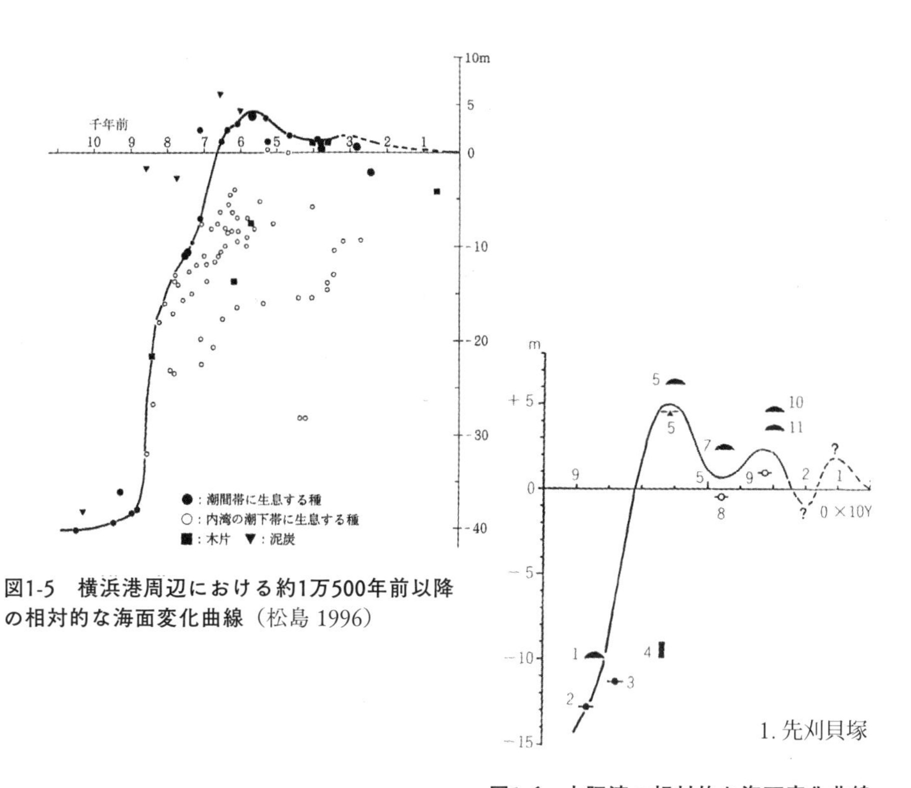

図1-5　横浜港周辺における約1万500年前以降の相対的な海面変化曲線（松島 1996）

図1-6　大阪湾の相対的な海面変化曲線（前田 1976）

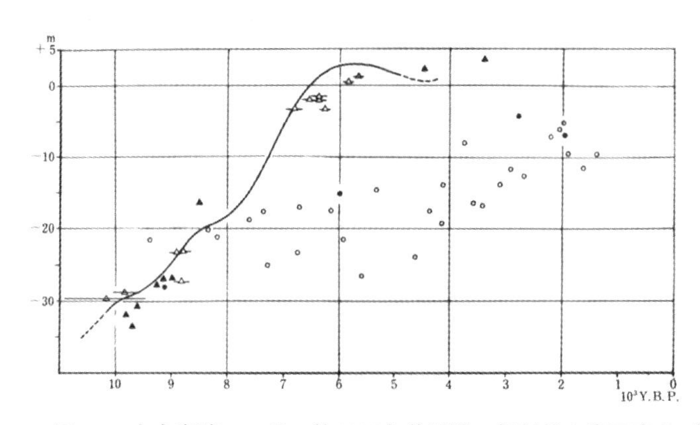

図1-7　古内海湾における約9000年前以降の相対的な海面変化（松島 1983）

といった辺りになる。

かくして下高洞遺跡は、海水準との兼ね合いから、当時の海面よりも13mほど上の台地に営まれていたものと想定したい【註4】。そして今は海中に没しているものの、大島にはもっと古くから人々が渡島した可能性も考えられるのである。

【註1】 報告書(1985)に貝類の出土例は報告されていないが、『大島町史考古編』(1998)には岩礁性の貝も主食の類に含まれていると記されている。

【註2】 AMSによる^{14}C較正年代では、7300年前という。

【註3】 沿岸部の遺跡の^{14}C年代値は、内陸部の遺跡に比べて「海洋効果」により古くでる傾向があるという(新井宏2007)。地球上の炭素は二酸化炭素として大気中に存在するだけでなく、生物やその腐植物、海水中にも分布している。海洋は最も大きなリザーバー(貯留槽)であり、深層水がゆっくり移動しているため、大気中の滞留時間よりも^{14}Cの数値がかなり低くでる。このため同時期に生育した陸上生物の^{14}Cの半減期よりも、海洋生物の方が古い^{14}C年代を示す。これを「海洋リザーバー効果」という。その限りでは、下高洞遺跡・先苅貝塚・取掛西貝塚とも、実際より古い年代値が示されている可能性がある(「コラム4」参照)。

【註4】『季刊Collegio』No.59に本稿が掲載されたので田澤堅太郎氏に送呈したところ、引用誤りをご教示いただくとともに、原典論文(田澤1984・1989)を頂戴することができた。その「最近8,000年間の伊豆大島の垂直変動と火山活動との関係」(1989)によれば、大島は地殻変動により、隆起－大噴火－沈降が繰り返されていることを知った。したがって下高洞遺跡も垂直変動を受けている以上、現在の標高値を基準に当時の海水準を推測しても、意味を無さないことを知った。

第2話　縄文人はなぜ八丈島に渡ったのか――八丈町 倉輪遺跡

八丈島は東京の南方約300kmにある伊豆諸島南端の島である。三宅島との間には時速7ノット(時速13㎞)を超えることもある黒潮(日本海流)が流れている。渡航する大形船でもかなり揺れるから、縄文人が独木舟でこの黒潮を渡ろうとすれば、難破し漂流する危険がつきまとうであろう(図2-1)。

1977年(昭和52)9月、八丈島樫立地区に在る八丈温泉ホテルの温水プール拡張工事で、地下3mの深さから縄文時代の遺物が多量出土した。ホテルは、ここからの眺望が島内では随一という海抜60mほどの溶岩台地上に立地している。知らせを受けた都教委は、都文化財保護審議会委員永峯光一氏を団長とする発掘調査団を組織し、翌78年3月に試掘調査を行い、縄文前期終末から中期初頭の遺物が包含されていることを確認した。以降、ホテルの改装計画などに伴い、八丈町教委と

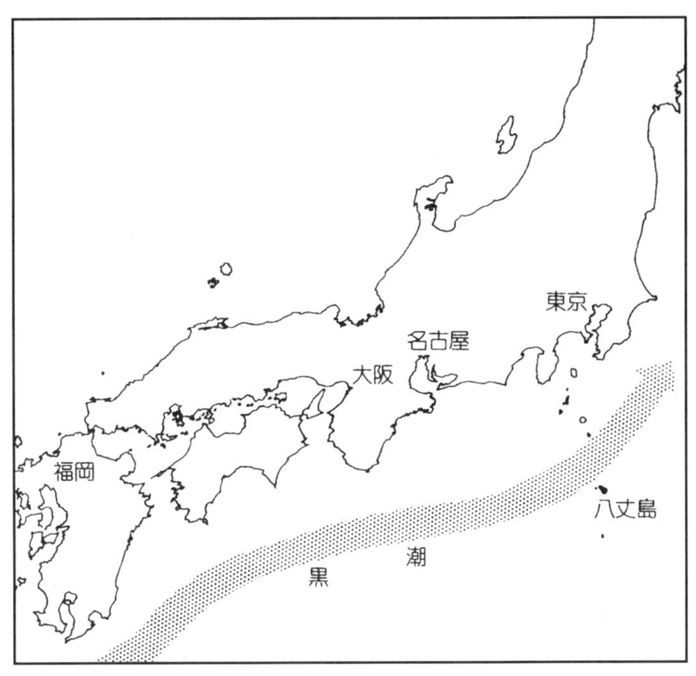

図 2-1　八丈島位置図

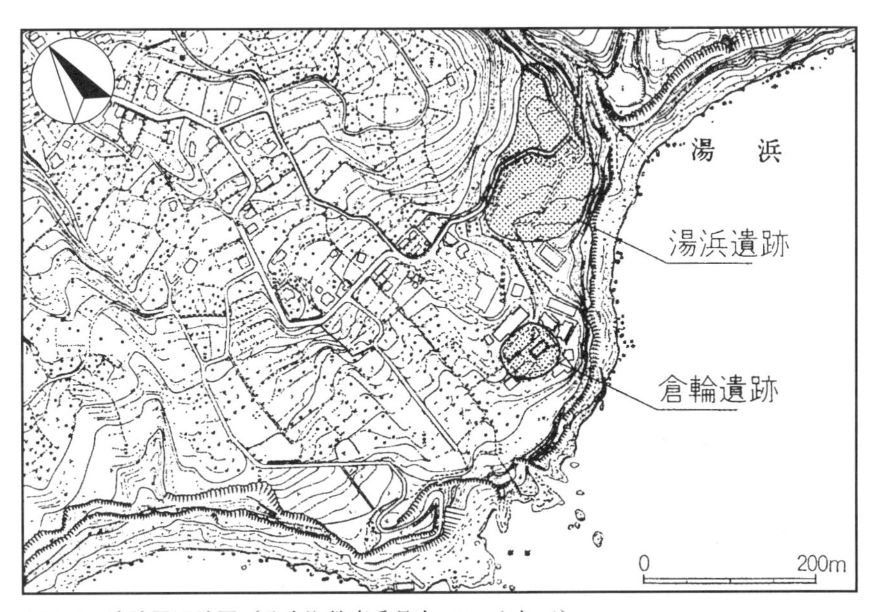

図 2-2　遺跡周辺地図（八丈町教育委員会 1987 を加工）

共同で1992年（平成4）まで9次にわたる調査が実施され、注目すべき多大な成果が得られた（永峯他1994）。主な成果として、住居跡と人骨の発見、「の」字状石製品などの蛇紋岩性装身具類や銚子産琥珀製小玉の出土、イヌ骨や骨塚をなすほどのイノシシ骨の出土、そして中部地方系・関東地方系・東海地方系など各地域の土器が豊富に出土したことである。

太平洋上の絶海の孤島のような八丈島に住んでいた縄文人が、どうしてこんなに広範な地域の土器と本土でも例のない希少な装身具類を持ち得たのであろうか。

遺跡の概要

富士火山帯に属する八丈島は、主に玄武岩・安山岩を主体とする火成岩でできている。島は北西から南東に延びた瓢箪形の形状をしていて、南東部は更新世（約10万年前）に活動が開始された旧い東山（三原山701m）、北西部は完新世（約1万年前）になって新たに誕生した若い西山（八丈富士854m）で形成されており、島の中央部で接合し平坦な鞍部になっている。

東山の土地は長い間の侵食作用により表土が深く、河川もあって飲料水に恵まれており、比較的肥沃である。同じ八丈温泉ホテルの敷地で、倉輪遺跡の北東150mには湯浜遺跡がある。ここから発見された分厚い作りの無文土器は、縄文時代早期末葉に比定されている（杉原・戸沢1976）（図2-2）【註1】。

倉輪遺跡の主要範囲は温水プールから大浴場の辺りと目されるが、既に工事が済んでいたため調査トレンチはその周囲に設定された。特に1984・85年の第5・6次調査の温水プール西側に設定されたD調査区から、縄文前期終末から中期初頭の住居跡2軒、竪穴状遺構1基、炉跡5基、土坑4基、埋葬人骨3体（男性2・女性1）が検出された。また、十三菩提式・五領ヶ台式を中心に関西・中部高地・北陸など各地方の土器が出土した。さらに各種の石器とともに、①「の」字状垂飾・②玦状耳飾・⑤〜⑦棒状垂飾・③・④玉斧などの蛇紋岩製石製品（図2-4）、イノシシ犬歯を素材にした釣針、イノシシをはじめ各種の動物遺存体といった興味深い多数の遺物が出土した。これらの出土品から、倉輪遺跡は正真正銘の縄文文化であったと評価された（永峯1987）。

図 2-3　倉輪遺跡遠景（八丈町教育委員会 1987 を加工）

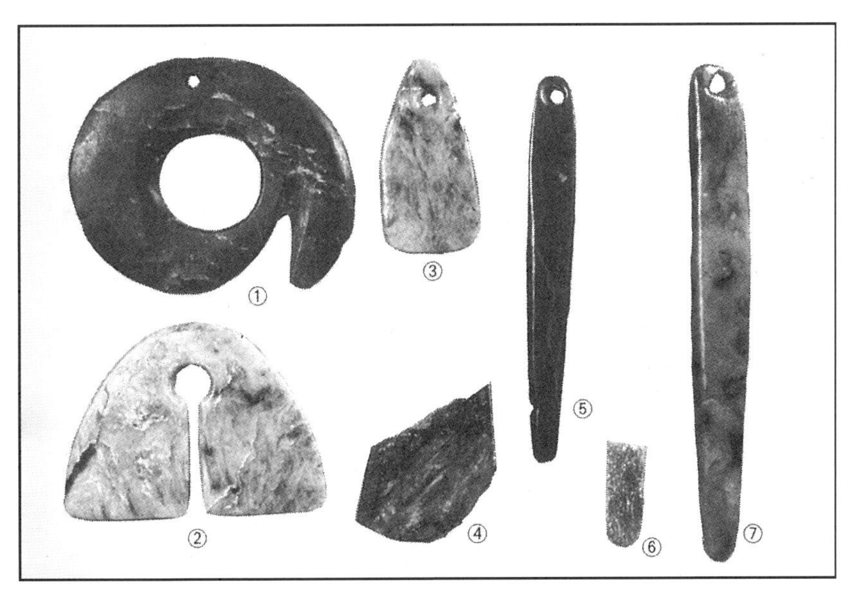

図 2-4　倉輪遺跡出土の垂飾品（橋口 1999　八丈町教育委員会蔵）

石製装身具と「の」字状垂飾

美麗な蛇紋岩製石製品の中で特に注目されたのは、幅55㎜、重さ14gで薄手作りの特異な形状をした「の」字状垂飾で、輪の上部には紐通しの小孔がある。「の」に巻き込む形状から、イモガイを裁断した形だとする調査員もいた。玦状耳飾や玉斧（箆状垂飾）の類例はこれまでにも各地で出土しているが、この特徴的な形状の石製品は新発見であり、俄かに研究者の注目するところとなった。

装身具に精通する藤田富士夫氏（1989）は逸速く、これら倉輪遺跡の石製品が主に蛇紋岩製であることに着目して、北陸地方で製作されたものと資料評価した。そして飯島・中山清隆氏による大阪市箕面市瀬川遺跡の事例紹介（1989）をはじめ、大竹憲治氏（1990）の集成作業により、「の」字状垂飾が北は青森県から西は岡山県まで広範に分布することが分かった。これを踏まえて新潟県巻町教委の前山精明氏（1994）は、地元の角田山麓の前期末葉～中期初頭の3遺跡から5例出土していることを紹介するとともに、この周辺地域が良質の石材を産出して早期後半以降、玦状耳飾製作が盛んで、中期に入ると蛇紋岩製磨製石斧やヒスイ製大珠などの一大生産地に発展するとし、「の」字状垂飾がこの地で製作されたことを見通した。

この時点では全国から12遺跡13例の出土であったが、2001年には21例に増加し、新潟～石川の海岸部・本州を横断する長野県域～静岡県域に分布が濃密であることを明らかにした（図2-5）（前山2004）。八丈島倉輪遺跡はその分布の延長上にある。

倉輪・松原装身具セット

1989～91年に調査された長野市松原遺跡から、玦状耳飾・玉斧・「の」字状垂飾・棒状石製品・帽子状石製品といった、縄文前期末葉から中期初頭の石製装身具が出土した。それまで倉輪遺跡の特殊な石製品は個別の装身具と考えられてきたものを、川崎保氏は、松原遺跡と倉輪遺跡の装身具の種類に共通性があるとし、これを「倉輪・松原型装身具セット」と命名した。さらに倉輪・松原型装身具セット以前にも、宇都宮市根古屋台遺跡の前期黒浜式期の墓壙群から出土した「根古屋台型装身具セット」（玦状耳飾・管玉・小玉の組合せ）があり、さらに早期末葉に遡ると福井県桑野遺跡の墓壙群から大量出土した「桑野型装身具セット」（玦状耳飾・管玉・箆状垂飾）があり、この桑野型装身具は大陸文化の影響を受けて成立した可能性が高いと指摘した（川崎保1996）。

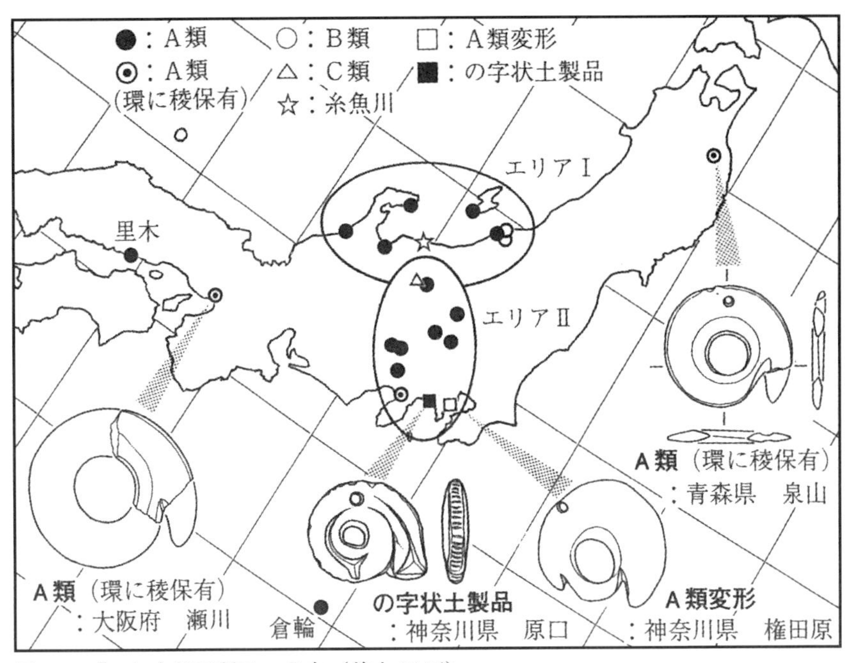

図 2-5　「の」字状石製品の分布（前山 2004）

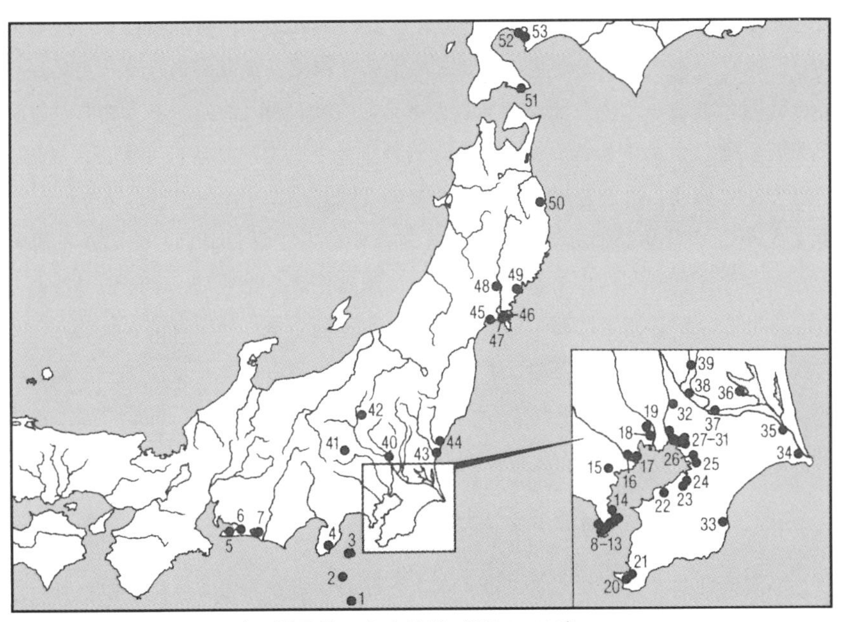

図 2-6　オオツタノハガイ製貝輪の出土遺跡（橋口 1999）

第1章　島嶼の縄文遺跡

なぜ倉輪遺跡に「倉輪・松原型装身具セット」があるのか

こうして頸城地方周辺で製作された「の」字状石製品をはじめとする装身具セットが、中部山岳から南関東を経て八丈島倉輪遺跡にもたらされた可能性の高いことがわかってきた。しかしなぜ八丈島までもたらされたのか、常識で考えれば八丈島には本土の縄文人が渇望する希少な産物でもあって、その産物の見返りとして、本土でもめったに入手できない装身具セットをはじめ各地の土器、イノシシなどが交換物資とされたのではないか、ということになろう。その産物とは、南海の岩礁の潮間帯に棲息するオオツタノハガイ製の貝輪にほかならない。

『貝類図鑑』によれば、オオツタノハガイとは腹足綱カサガイ目に属し、伊豆諸島、屋久島以南の潮間帯下 10m の深さの岩礁に棲息するという。オオツタノハガイといえば、千葉県市川市にある中山競馬場が建設されたときに発見された、縄文後期堀之内式の蓋付き土器 2 個体の中の 1 個体に 32 個の貝輪が容れられており、うち 9 個がオオツタノハガイ製であった（八幡 1928）。

この貝輪は採捕された海域も加工された場所もながらく謎であったが、今橋浩一氏は、東関東の貝塚地帯にこの貝輪の分布の中心があることから、伊豆諸島に棲息したものと推測した（今橋 1980）。その後、橋口尚武氏は、伊豆諸島でも最南端の鳥島の汀線にツタノハガイが現生するとの情報を得て、黒潮があらう八丈島から三宅島の範囲のどこかに生息環境があると考えた（橋口尚 1999）。そうであれば、遠い暖海の岩礁に生息する希少な貝で作られた腕輪として付加価値をよび、奢侈品・威信財として流通したことも想像に難くない（図 2-6）。

縄文人がなぜ黒潮による漂流の危険を省みずに八丈島に渡島したのか不思議であったが、オオツタノハガイを採捕し貝輪に製品化することで、本土のいろいろの物資と交換しながら裕福に暮らしていたことが推測でき、謎は解消された。

倉輪遺跡が発掘調査されたのは遺跡の中心と目されるホテル及びプール周辺の約 1 割にすぎない。しかし、それでもオオツタノハガイを採捕し、貝輪に加工する専業集団の集落があったことを十分うかがわせるのである【註 2】。

オオツタノハガイ貝輪の交換の仕組み

そこで次に問題になってくるのは、本土と島の物資がどのように交換されたかである。倉輪の人びとが本土の各地域と行き来し交換してきたのか、各地土器型式が示すように、各地域の人びとが島に交換に訪れたのか、それとも双方の物資を媒介するような、航海にたけた「フリーランスの交易集団」（大工原 2002）がいた、と考えるべきであろうか。

この問題の背景には、黒曜石の交易に従事した専業集団の活動が関係すると考えた方がよさそうである。大工原豊氏によれば、前期後葉から終末にかけて、良質な黒曜石を求めて長野県星ヶ塔系で露頭採掘されて「オブシディアン・ラッシュ」がおこり、「商品」化された黒曜石を通して中部日本の拠点集落をつなぐ広域的な交易・情報のネットワークができ、活性化するようになる。星ヶ塔の黒曜石は、諏訪地方から甲府盆地を経由して南関東から伊豆方面にのびるルートで供給されていったが、このとき逆ルートで神津島産の黒曜石も中部高地まで流入してくる。その「商品」の流通により、「交換」が「交易」レベルに移行したというのである。すると、オオツタノハガイ貝輪や「の」字状垂飾をはじめとする石製装身具も、こうした情報の流れにのって「商品」として各地に流通したと考えられるのである。

八丈島倉輪遺跡で出土した石製装身具セットは、雑駁ながら縄文時代の交易を通して経済問題へと発展することになったのである。

【註 1】^{14}C 測定年代が 6760 ± 135 年 BP、神津島産黒曜石の水和層年代測定が 6400-7100 年 BP という。^{14}C の較正年代は 7500 年 BP 前後になろう。

【註 2】倉輪遺跡を理解するうえで北海道礼文島船泊遺跡（西本他 2000）が参考になる。1998 年の調査で、貝製品の工房跡と住居跡、それに手厚く葬られた 30 体ちかい埋葬人骨などが検出された。ここでは夏季に、浅瀬に生息する二枚貝ビノスガイが採捕され、この島に産出するメノウ製ドリルで穿孔して、平玉をはじめ花弁形、工字形などの貝製品に加工した。製作された大量の平玉などは、北海道内だけでなく遠くバイカル湖周辺や中国北東部、北サハリンにも流通したようである。船泊遺跡でも遠方からもたらされた姫川産のヒスイ大珠をはじめ貴重な品々を保有していた。

神津島の黒曜石

黒曜石は、地表近くに噴出した流紋岩質マグマが急冷して凝固してできた、半透明の黒色をしたガラス質の火山岩の一種であり、良質の黒曜石は割ると鋭い貝殻状剥片が得られる。このため後期旧石器時代には硬質頁岩・チャート・サヌカイトと並んで、ナイフ形石器やスクレイパー、ポイント等の狩猟・解体用具の石材として重用され、縄文時代にも石鏃をはじめ石匙等にさかんに使用されている。

日本に黒曜石の産出地は70ヵ所以上が確認されているが、質の良い黒曜石は限られる。神津島の砂糠崎（さぬかざき）と恩馳島（おんばせじま）もその一大原産地で、砂糠崎には黒曜石の大露頭がある。斑晶が多く含まれるが透明度のよいガラス質で、縄文時代にはここで採取され本土にも運ばれた。神津島本島から南西6kmに所在する恩馳島の黒曜石は、斑晶が少ないきわめて良質の石材であるが、産出地は現在、大部分が海中に没して採取が困難である。ただし、旧石器時代から早期前葉の下高洞遺跡の頃は海面がかなり低下していたから、容易に採取できたはずである。

神津島の黒曜石が注目されたのは、1901年（明治34）にさかのぼる。大島に在住する島民が、野増村タツノクチ（龍の口）遺跡で溶岩流の直下から縄文土器と石器を発見し、東京帝国大学に届けたことによる。遺物中に黒曜石石鏃があるのを不審に思った坪井正五郎が理学士の福地信世から神津島に産出することを訊き、石器時代に海上交通が在ったことを問題視した（坪井正1901）。

御蔵島と八丈島の間には大形客船をも揺らす黒潮本流が流れているが、湯浜人はその潮流を乗り切って八丈島まで到達している。縄文人の海洋航海術があれば、神津島の黒曜石が本土側に供給されたことも充分に考えられる。黒曜石の交換として、本土からは縄文土器をはじめ島に産出しないイノシシ等の食料品が海を渡ったのであろう。

1969年（昭和44）頃から、黒曜石の原産地と供給圏、流通ルートを探り、年代を測定するための理化学的研究が、鈴木正男氏らにより開始された（鈴木正男1977）。光学顕微鏡で黒曜石の晶子形態を観察して原産地を推定する方法。打ち欠かれた黒曜石の表面は、時間の経過とともに水和層を形成する。その厚さから石器の製作年代を測定する方法。さらにフィッション・トラック年代測定法である。こうして神津島の黒曜石は、3万年前の後期旧石器時代から本土に運ばれたことが明らかになった。

その後、1982年頃から、試料を破壊することなく測定でき、測定時間が短くてコストも比較的低くてすむ、エネルギー分散型蛍光X線分析装置による黒曜石の原産地推定研究が行われてきた（藁科・東村1984）。当然、遺跡から出土する数多くの点数を分析でき、集団の移動や交通を論じる上でデータが得られ易いメリットがある。

国立沼津工業高等専門学校の望月明彦氏もこの方法を採用して、足鷹山山麓の旧石器遺跡の黒曜石分析に効果的であった。これに触発されて、沼津市文化財センターの池谷信之氏も自ら分析装置を購入し、精力的に黒曜石を分析、研究を推進してきた。こうして縄文時代、神津島産の黒曜石は伊豆南東海岸の見高段間遺跡に陸揚げされ、この集落を拠点として、南関東一円に流通したことが明らかにされた（池谷2005）。

第２章
都心の縄文遺跡

世界貿易センタービルより西方を望む

都心の縄文遺跡

都心域は武蔵野台地の末端にちかく、台地中ほどを起点として流下した石神井川、神田川、渋谷川、目黒川などが開析した渓谷により、台地と谷部が織りなす起伏のある地形が山の手の特徴となっている。一方、縄文海進により最終的に生じた東京湾の海岸線は、台地上に営まれた旧石器時代以降縄文早期末までの遺跡を侵食し、湮滅させたことになる。したがって、今日までに確認されている都心域の縄文遺跡は、この自然災害から免れたものでもある。

さらに都心域の原地形は、江戸初期における江戸城を中心とした、山を削り低地を埋め立てた街作りに伴う大規模な土地造成をはじめ、関東大震災、太平洋戦争末期の壊滅的な被災と復興、今日にいたる再開発事業等により、大方が失われてしまっている。

そうした中でも明治年間以来の貝塚発見と遺跡調査の歴史を振り返ると、都心域の縄文遺跡にも興味深いものがある。E・S・モースによる日本ではじめての考古学的調査として知られる大森貝塚をはじめ、縄文海進により台地上に在った早期の遺跡が崩落した汐留遺跡の事例、縄文前期の海進時に営まれた居木橋遺跡と雪ヶ谷貝塚、ハマグリとカキの干貝生産により大規模なハマ貝塚となった中里貝塚、縄文後期の小海進時に営まれた延命院貝塚や西久保八幡貝塚、さらに皇居内で発見されて話題となった旧本丸西貝塚、縄文貝層が江戸の埋め立て造成に再利用された御茶ノ水貝塚、さらに武蔵野の景観を止める中期集落の落合遺跡と鷺谷遺跡など、多彩なものがある。

第3話　海中から出土した縄文土器——港区 汐留遺跡

いま、東京の新しい観光名所の一つ「汐留シオサイト」は、私の学生時代はまだ国鉄汐留貨物駅として稼働していたが、いつしか遊閑地となった。この場所は、1872年（明治5）に日本初の鉄道が開業した新橋・横浜間の起点となった旧新橋駅が置かれた所として知られている。さらに遡ると、江戸時代には、江戸湾の海辺の湿地帯であったところを埋め立て、北側から龍野藩脇坂家、仙台藩伊達家、会津藩保科家の3大名が屋敷を構えていたところである。

1987年に国鉄が民営化されると銀座と新橋に隣接する約31haという広大な遊閑地の有効活用が図られ、東京都の都市基盤整備と国鉄清算事業団及び民間プロジェクトによる再開発構想が策定された。これを受けて港区と都の教育委員会が試掘調査したところ、明治年間以降の鉄道関連の工事等により損傷している部分もあるが、大名屋敷が良好に残っていることが判明した。また、関東大震災により派生した焼失土などが搬入されて、創業期の鉄道関連施設がパックされている。江戸時代にも何度か江戸の大火に見舞われて年代差がある文化層が重なっており、さらにその下には江戸初期の埋め立ての土留め施設がある。発掘調査は、4面ないし5面も重なる生活面を一面ごとに剝ぎながら掘り下げていくことになるから、調査終了が何年になるのか見当もつかない、とてつもない遺跡であった。

その発掘調査が東京都埋蔵文化財センター（以下、都埋文センターという）に委託され、1991年（平成3）からはじまった。遺跡の状態は予測されたよりも良好で、鉄道関連施設では駅舎とプラットフォームや貨車の転車台が、また、遺物にはごみ捨て場から大量に投棄された汽車土瓶や炭化した切符等が出土した。江戸時代では藩邸の境を区切る堀、絵図に描かれた御殿、長屋に相当する礎石の配置や庭園、はりめぐらされた上水施設、物資が出入りした舟入場などが続々と発見された。陶磁器のような腐ることのない日常用品とともに、低湿地であったために桶、下駄、漆椀、櫛といった様々な木製品も残りがよく、出土する遺物量も半端ではなかった。

調査は1991年から2001年（平成13）までの10年におよび、ようやく終えることができた。当初12年と策定した長期計画は、地下の新幹線の線架分が発掘対象から回避されたことにより、2年短縮になったからである。

それはともかく、その平成5年度の調査で、仙台藩邸の調査区域の最下層から思いがけなく縄文時代の波食台と海食崖が見つかり、崩落土中からは波のローリングをうけない縄文早期の新鮮な土器片がまとまって出土した（図3-2）。この発見は東京低地の成り立ちを考えるうえできわめて重要で、汐留遺跡の調査の意義をいっそう高からしめた（図3-1）。

このときの発見の経緯と意義を、調査担当した斎藤進氏が都埋文センターの広報誌『たまのよこやま』34号（1995.7）に次のように寄稿している。

「汐留遺跡の海食崖　遺跡の調査では、事前に予期できなかった発見も少なくありません。汐留遺跡に残されていた縄文時代の波食台と海食崖もその例です。波食台とは波の浸食が陸地を削ってできる平坦面で、その先端部分には海食崖と呼ばれる崖ができます。汐留遺跡の海食崖は幅20mにわたって確認されたもので、標高はマイナス2.0～マイナス1.5mの高さで、オリーブ色をした上部東京層といわれる洪積層の基盤を削っています。この海食崖を砂利とロームブロックが混じりあった土層が被っていました。この土中から、約1万年前から7千年前の撚糸文期から茅山期の縄文早期の土器が、7百片ほど出土しました。

その1万年前の汐留付近の地形を見ると、駿河台方面から本郷台地がこの汐留まで延びていました。それが6千年前の縄文前期になると、気候の温暖化による縄文海進のため、海面は現在よりもプラス3mまで上昇しました。このため本郷台地は徐々に波で洗われ、神田付近まで削られて日本橋台地が形成されました。汐留の海食崖とは、まさにその日本橋台地の先端にあたるのです。なお江戸前島と呼ばれる砂州は、その後に埋没した日本橋台地に土砂が堆積してできたものなのです。

さて、波で削られるまでの台地上には旧石器時代や縄文早期の人びとの生活跡があったはずです。これらの遺跡も、波の侵食と海進により削られ消滅したものと考えられます。

汐留で出土した土器片とは、この台地上にかつてあった早期の遺跡が、海進により削られていく過程で海食崖に崩落したものが残ったのでしょう。しかし、何故か当時のもう一方の生活用具である石器類が見あたらないのは、謎であります。

今回の発見から明らかのように、当時の海岸付近にあった相当数の遺跡が海進等により自然消滅したものと考えられます。いまは消えてしまった遺跡の存

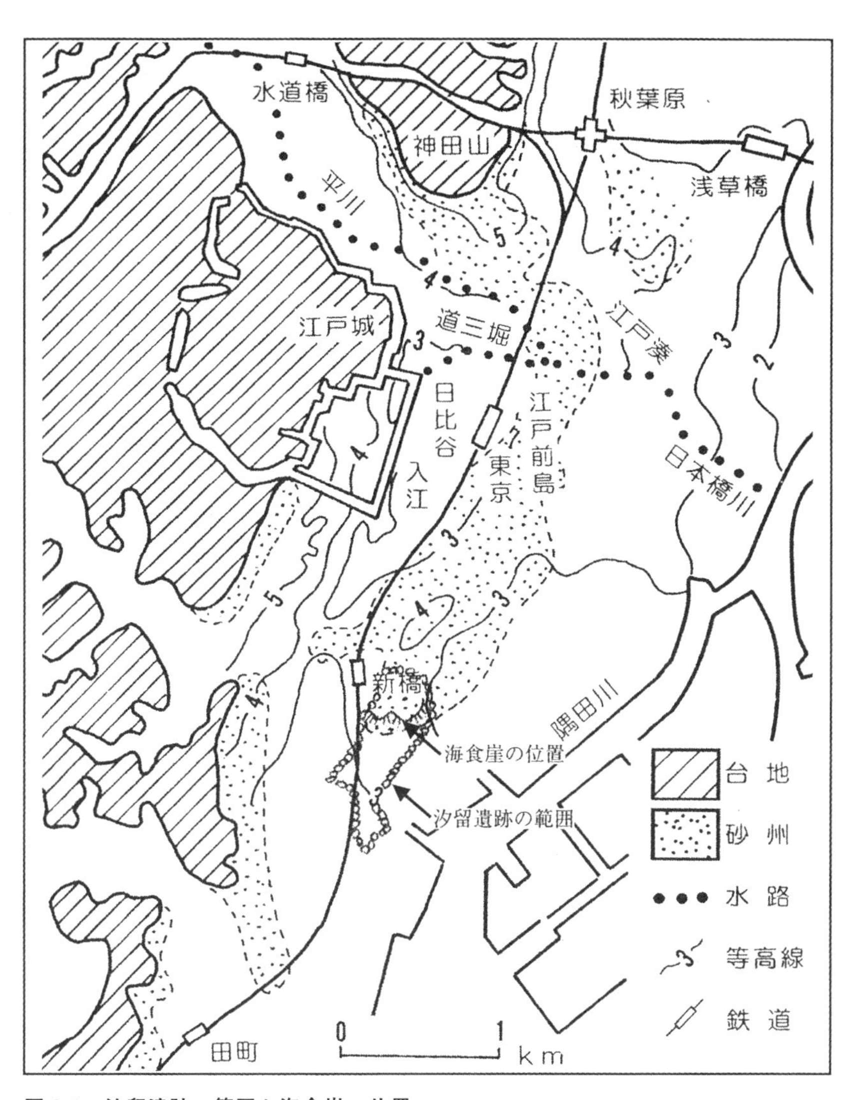

図 3-1　汐留遺跡の範囲と海食崖の位置
地図は松田磐余『江戸・東京地形学散歩増補改訂版』149 ページの一部を使用

在もまた、縄文時代の実態を知る重要な手掛かりを教えてくれるのです」（斎藤 1995）。

ところで、この文章と図 3-3 だけでははっきりしないが、調査報告書の「縄文時代の遺構と遺物」（斎藤 2000）も参照すると、いくつか問題が生じてくるようだ。

まず、「縄文土器出土層」を被う「貝層」の年代であるが、5 地点から採取された貝の平均する ^{14}C 年代は、1876 年 BP である。樹輪年代で補正すると 2176 年 BP になり、これを最近の AMS（加速器質量分析法）測定年代にすると弥生中期に相当しよう。この貝層中から、縄文の施文された大形土器片が 1 点だけ出土している。型式不明と表記されているが、縄文後期加曽利 B2 式初頭（AMS 較正年代：3500 年 BP）ではないだろうか。そうだとすると、汐留地点の形成過程を次のように考えてみることもできるだろう。もちろん縄文海進だけでなく、実際には地震などの地殻変動や造盆地運動など様々な要件も作用しているのだろうが、大筋は次のような流れではないだろうか。

①本郷台地末端の汐留に、縄文早期の人びとが暮らしていた。

②縄文海進により海水位が次第に高くなり、縄文前期の頃に本郷台地の裾が波食されると上部が崩落し、「波食台」・「海食崖」・「縄文土器出土層」が形成された（図 3-2・3）。

③縄文海進により、「波食台面」には自然貝層（有楽町貝層）が形成された可能性もあるが、潮の流れがつよいため流出したらしく、波食台と海食崖には海生生物の巣穴（生痕）を止めるだけである。

④縄文中期の小海退の後に、縄文後期前半の小海進期がくる。縄文後期人が一時的にこの場所で何らかの活動をして、土器を遺した。

⑤弥生の小海退により汀線ができ、「波食台」を被う「貝層」が形成された。

⑥その後、日本橋台地の上には「沖積砂層」が堆積するようになり、江戸前島を形成するようになる（報告書では、江戸前島はこの地点までは及んでいないという）。

それではどうしてここにだけ「縄文土器出土層」が形成されたのだろうか。斎藤氏が貝塚爽平氏に伺ったところでは、縄文海進期でも小康状態がある時期もあって、たまたま崩壊した時期がそうであったとしたら、崩壊した土層も安定したと考えられないだろうかとのことである。あるいは、海食崖が波除けになって土層の流出を防いだのかも知れない。

いずれにしろ、崩落した本郷台地上の縄文早期や旧石器時代の土層は、大方が波にさらわれて日本橋台地から逸失したのであろう。その中でこの「縄文土器出土層」は奇跡的に残ったものであり、その二次堆積した縄文土器を発掘調査により回収することができたのである。東京湾の海面下に沈んでいる立川ローム中には旧石器時

図 3-2　出土した縄文土器の破片

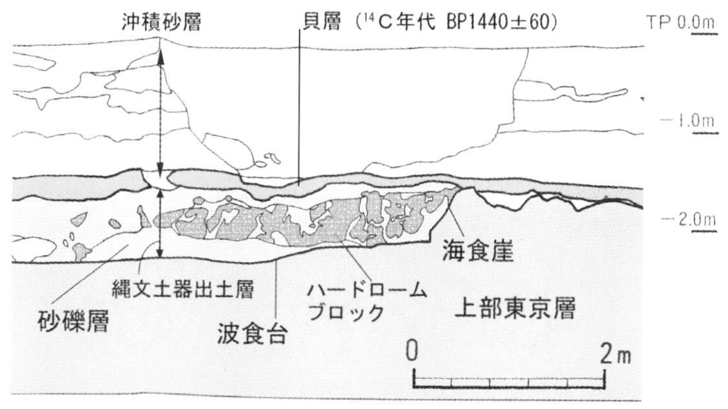

図 3-3　汐留遺跡の断面図
東京都埋蔵文化財センター 1996『汐留遺跡発掘調査概要II』を改訂

代の遺跡もかなり存在しただろうから、発掘すれば遺物も出土するものと考えていた。しかしこの汐留の発見により、立川面もまた波の侵食により逸出したことが想定されよう。

いまひとつの疑問は、現在の本郷台地の先端部は駿河台下で、標高は 5m ほどである。縄文海進ははたしてこの足元まで侵食してきて日本橋台地を形成したのだろうか、それとも低地を造成するために切り崩された江戸初期の神田山の先端部は、もっと張り出していたのであろうか。その接点が気になるところである。

第４話　荒川流域の海進と巨大貝塚
――北区 清水坂貝塚・中里貝塚

先日、埼玉県の研究仲間から『縄文海進の考古学―早期末葉・埼玉県打越遺跡とその時代―』(2010) を恵贈された。打越(おっこし)遺跡は、富士見市に所在する早期末葉から前期前葉の貝層をともなう集落遺跡で、ここから出土した早期末葉の土器は打越式とよばれている。その打越式が提唱されてから30周年を記念して、2008年2月に、打越式の型式の成り立ちや環境、生業、集落形成、そしてそれらを総合した地域文化の実像解明に向けたシンポジウムが開催された。海なし県の研究者たちはことのほか海への憧憬がつよく、1990年にも県立博物館で縄文海進をテーマにした「さいたまの海」展が催されたことがある（図4-1)。それはともかく、いただいた本書はそのシンポジウムの総括である。

縄文海進のマキシマムは縄文早期末から前期前半で、東京湾の現海面標高（TP）のプラス3mほどである。奥東京湾は埼玉県北の奥深くまで入り込んだが、荒川谷も海進により「古入間湾」を形成している。打越遺跡は、その古入間湾の恩恵を享けて形成されたのである。

打越式土器は、丸底をした深鉢の器面を貝殻条痕で調整し、その上からサルボウやハイガイのような肋脈のある貝殻の腹縁を押し付けて、連鎖する山形文や菱文、鱗文等のモチーフを描くのが特徴である。打越式には東海地方の石山式・天神山式をはじめ東北系の羽状縄文土器や中部系の絡条体圧痕文土器が伴うので、この時期に活性化した広域交流を垣間見ることができる。

清水坂貝塚

打越遺跡と同じ時期、古入間湾の湾口部にあたる東京側にも東京で最古の貝塚の清水坂貝塚がある。清水坂貝塚は、当時、東京帝国大学医学部学生であった形質人類学者の鈴木尚氏が発見したもので、『人類学雑誌』に「東京市王子區上十条清水坂貝塚」(鈴木尚 1934) の次の報告がある。

> 「本貝塚は東北本線で然も京濱線停車場である赤羽驛の南方1000米、同じく京濱線下十条驛（筆者註　現東十条駅）の北方400米の西方、急傾斜臺地上にある。昭和7年5月、上記鐵道路線に沿い、當該臺地の中腹を貫き北走する清水坂、通稱長坂道路擴張工事中、偶々貝塚の斷面の小部が新しく切られた崖に

時期＼地区	川越東部	ふじみ野	富士見	志新朝木座霞	和光	板橋	北
早期後半	◎	◎	○◎●	○	○	○	●?
花積		○	○◎	○	○	○	●?
関山		◎	◎	○	○	○	●
黒浜	○	◎	◎	◎	◎	○	●
諸磯a, b		○	○	◎?	○	○◎	○●
前期末		○	○	○	○	○	○
中期	○	○	○	○	◎	○	●
後晩期		○	○	○	○	◎●	●

● 内湾性貝塚　◎ 汽水性貝塚　○ 主な非貝塚遺跡

表 4-1　古入間湾西岸の貝塚の時空分布（『縄文海進の考古学』2010 より）

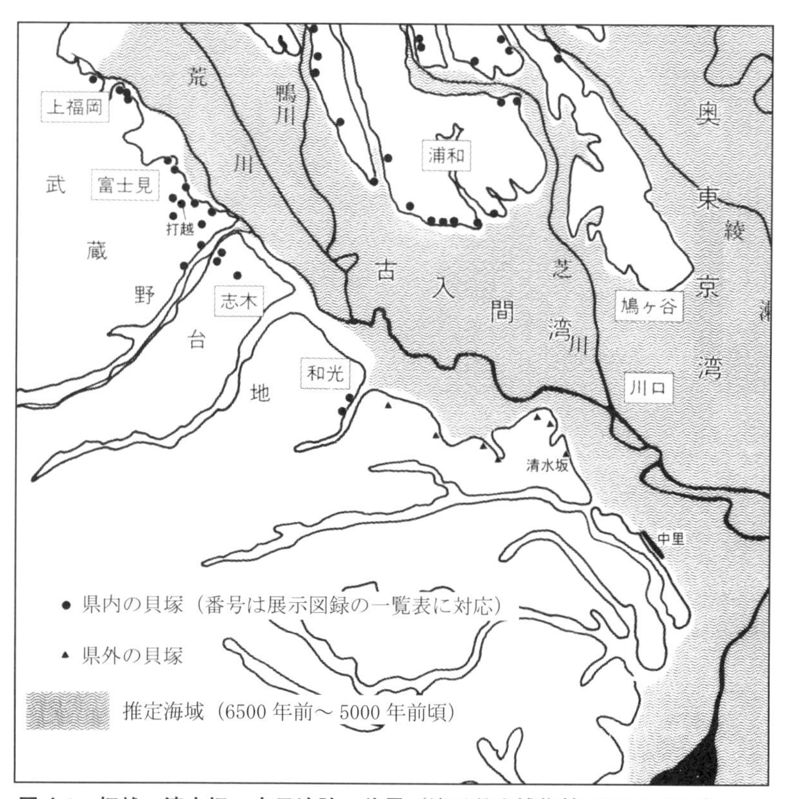

図 4-1　打越・清水坂・中里遺跡の位置（埼玉県立博物館 1990 を加工）

露出するのを車中より望み、工事々務所の厚意にて、その一部を発掘すること
が出来た」。

貝塚は、北に延びた台地先端の10m手前から地山のローム層が15度の傾きで下がっていて、その上にのる遺物包含層は上部で10cm、下がるにつれて堆積を増して最も低い所では80cmという。この間に灰層と小規模な貝層が2ヵ所認められる。出土した貝類はいずれも純鹹水性のカキ、ハマグリ、ハイガイ、オキシジミ、カガミガイであり、汽水性ヤマトシジミを主体とする湾奥側の打越遺跡との環境のちがいが認められる（表4-1）。

鈴木氏は、出土した土器を2つの型に分ける。さらにその第1型の条痕系と縄紋系を共伴とみて「清水坂式」とし、山内清男氏の子母口式土器及び蓮田式（黒浜式）土器、赤星直忠氏の茅山式土器の諸属性と対比し、「無条痕系と内条痕系との中間性を有する一つの形式」と考えた。現在の編年研究に照らせば、条痕系土器は早期末葉の打越式、縄紋系土器は前期初の花積下層式にあたり、この間に下吉井式と神ノ木台式が介在する。なお第2型は、花積下層式の方に伴った東海系の木島式土器である。

考古学史上の問題はともかく、遺跡発見の経緯が興味深い。まず、京浜線が山手線田端駅から分岐して赤羽駅まで運行するようになったのは1928年（昭和3）2月のことであり、それまでは、1885年（明治18）に開業した赤羽線だけ都心に乗り入れていた。鈴木氏が貝塚を発見したのは、京浜線が開通して4年後のことである。京浜線は縄文海進でできた本郷台の崖線下を走行しており、台地上との比高差は15～20mもある。貝塚が台地上にあったなら車内から仰ぎ見ることになるし、貝層がなかったら注意を惹かなかったのではないか。貝層は坂道の中腹にあって、道路工事により新鮮な貝層が露呈したこと、下十条駅が近いから電車は速度を落していたであろう。そうした条件が重なったことにもまして、鈴木氏が小金井良精氏の門下生で日本人の骨を研究しようとしていたから考古学に関心があり、貝層を縄文時代の遺跡と直観したのであろう。

斜面貝層をふくむ遺物包含層の存在から、居住地は斜面上方にあったはずである。縄文人は、西側に入り込んだ支谷に降りていってマガキを、さらに谷が開口する東側の浜辺に出てハマグリ、ハイガイ等を潮干狩りしたのであろう。しかし彼らが居住した台地も徐々に波濤で基盤が削られて、現在の崖線まで後退したのである。因みに、2万5千分1の「土地条件図」（1956年版）にある「沖積層基底等深線」（作

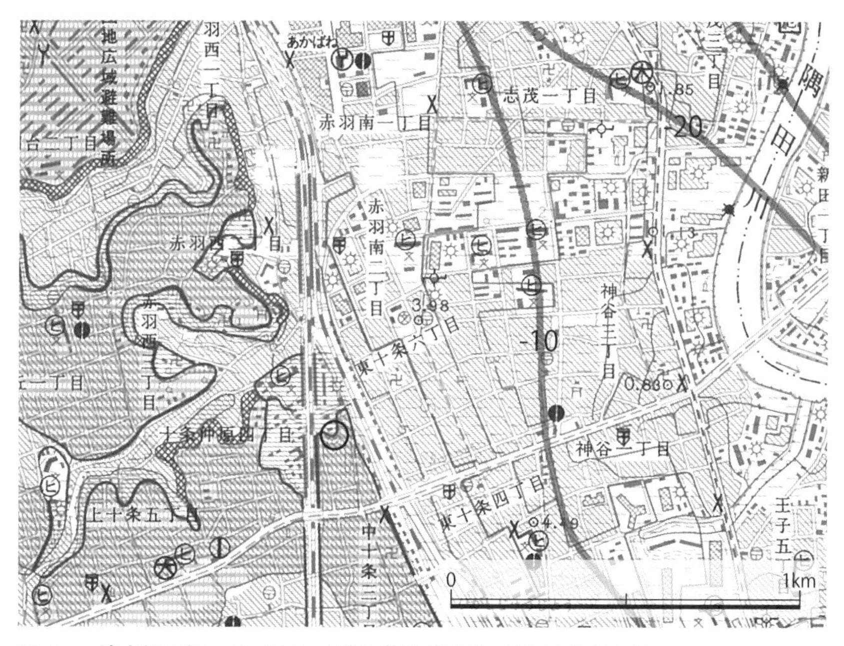

図 4-2　清水坂貝塚の位置○と沖積層基底等深線（「土地条件図」）

図 4-3　中里遺跡の海食崖崖下の波食台に落下した東京層の土塊
（提供　東京都教育委員会）

成：貝塚爽平・松田磐余）のマイナス 10m ラインが本来の本郷台の基部にあたるという（図 4-2)。いまこのラインは東京低地側の 520m の位置にある。すると、この範囲の台地上に遺されていたであろう旧石器時代以降縄文前期の遺跡も、海進により侵食されて崩壊したことになる。その中で入江の奥側に在った清水坂貝塚だけが辛うじて一部残存したのである。

中里遺跡と中里貝塚

清水坂貝塚から京浜東北線沿い南東 3 km に上中里駅があり、駅の一段低い低地には中里遺跡と巨大なハマ貝塚で知られる中里貝塚がある。

中里遺跡は、東北新幹線の上野駅乗り入れ工事に先立ち、1983 年（昭和 58）6 月から翌年 10 月にかけて調査された。試掘調査により、上中里駅付近から田端駅側に 1.1㎞にわたって長大に伸びる 2.4ha の範囲が遺跡であり、泥炭層、貝層、多くの植物遺体が残されている低湿地遺跡と判明した。そこで考古学的調査と地形・地質・植物遺体をはじめ自然科学部門 17 項目からなる発掘調査体制が組織され、総力を上げての学際的な調査が行われ、縄文の環境が復元された。困難な条件の下で行なわれた未曽有の調査成果は、全 6 冊『中里遺跡』（古泉弘他 1987・89）に集約されている。

中でも特筆されるのは、縄文海進で形成された波食台と波食崖が確認されたことである。打ち寄せる波濤で東京層の硬質な青灰色シルト（A 層）が削られて波食台となり、調査範囲の全体に広がっていた。波食台が及んだ先端は高さ数メートルの波食崖につながっており、崖下には東京層の土塊が崩落していた。波食台にはウミセミ（等脚目・コツブムシ科）などによる無数の生痕化石が認められた。波食台の直上には砂礫層（B1 層）が堆積しており、層中には台地上の遺跡から崩れ落ちた縄文早期の撚糸文系土器や条痕文系土器等が相当量、含包されていた。

縄文海進は前期後半までつづいて海退に転じたようで、中期初になると上流から運ばれてきた砂の層（B2 層）が堆積して「中里海岸」を出現させた。この微高地からムクノキで作られた独木舟が出土して、東京で初の舟遺物発見例となった。また、調査区の北側に形成された砂州を北区教育委員会が調査したところ、最大厚が 4 ～ 5m もの大規模な中里貝塚が 1km にもわたっており、遠浅の内湾が豊穣の海であったことをほうふつとさせる【註 1】(口絵１・図 4-3)。

その豊穣の海を早くから縄文人が享受しないはずがない。しかし、彼らが残したであろう台地上の遺跡は、縄文海進で大方が崩壊したのである。その片鱗を中里遺跡からうかがい知ることができるのである。

【註1】中里貝塚は桜の名所飛鳥山の足下に位置し、古く1886年（明治19）に白井光太郎により発見された。貝種が大粒のハマグリとマガキだけで、すこぶる膨大な規模であるのに土器や石器がほとんど出土せず、自然貝層の疑いもあった。1990年から91年に北区教育委員会が調査して、中期中葉から後期初頭の500年間に形成された貝塚と判明した。その規模は、海岸線にそってのびる砂洲に幅100m、長さ500m、平均層厚1～2m、最大で4～5mという堆積厚をもち、貝層の総体積は5万～10万立方メートルに達するという。当時、関東平野の奥深く入っていた海が少し退き、干潟がひろがった東京湾の砂泥干潟はハマグリが生息するのに格好の環境で、砂洲の内側はラグーンとなって、泥質干潟に生息するマガキがカキ礁を形成していたようである。

ハマグリは、成長するとしだいに深場に移動するから、春から初夏の大潮のシーズンに多くが採捕されている。マガキの方はカキ礁から大粒のものを掻きとってきたらしく、ハマグリの潮干狩シーズンとは採取季がずれる。採捕したハマグリとマガキは焚き火や木枠のある土坑で熱処理されて貝肉がとりだされ、残った貝殻が海側に投棄されて堆積し巨大な貝塚となった。かつてこの海岸線にはそうしたハマ貝塚（阿部1996）が点々と形成されていたようで、北区の上流側にある袋町貝塚もその名残りである。

中里貝塚はハマグリとマガキの剝き身加工場と判明したが、この場所を管理し従事した集落の存在がはっきりしない。すぐ上の台地には中期から後期にかけて御殿山遺跡や西ヶ原貝塚などの集落があるが、住居跡内に廃棄された貝塚のハマグリは小粒でほかの種類がまじるなど、中里貝塚の貝相と一致しない。阿部芳郎氏は、武蔵野台地から東京低地に流れこむ石神井川流域の集団が河川のエリアを分割管理する地域社会を形づくっているとし、中里貝塚で処理された貝は、周囲の集落に供給されるシステムが存在して流通したという（阿部2000）。

台地上の集落が専従的にこの海域を管理し、潮干狩から剝き身を干貝に加工し供給したと考えるよりも、春から初夏には河川流域の集団が潮干狩りシーズンを待ちかねて中里海岸に参集し、1年分の干貝の確保に熱中したと推定したい。干貝が内陸の集団に流通したことはじゅうぶんに考えられることである。

なお、中里貝塚の調査成果は、阿部芳郎編『ハマ貝塚と縄文社会』（雄山閣2014）に総括されている。

第5話　目黒川流域の前期貝塚——品川区 居木橋遺跡

6、7千年前の縄文時代早期末葉から前期中頃は温暖な気候で、大陸氷河などが溶解したため、今よりも海水面が3～4m高く縄文海進（有楽町海進）と呼ばれている。それを表象するのが東木龍七氏による、関東地方における高海面期の海岸線と貝塚の分布図（東木 1926）といえる。ただし、貝塚の貝は、離れた海浜で採捕されたものが台地上の居住域に持ち込まれた可能性もあるので、貝塚の分布域がそのまま当時の入り江を示すわけではない。

定説では、「東京湾から続く入り江が奥東京湾である。奥東京湾は大宮台地に分けられ、中川低地では幸手付近まで、荒川低地では川越付近まで達していた。多摩川沿いの谷（古多摩川谷）では、東横線が多摩川低地を横断する地点までが入り江になった。一方、奥東京湾の南部や東京湾に面していた台地の縁は波で侵食されて波食台になり後退した。後退した台地の縁は傾斜の大きな海食崖となった」（松田 2009）とされる。奥東京湾の海進にひきかえ、武蔵野台地末端の海進範囲はかなり限定的である。ここでは武蔵野台地末端に残された有楽町海進時の貝塚例として、目黒川谷に面する品川区居木橋（いるきばし）遺跡をとりあげてみよう。

居木橋遺跡の位置

居木橋遺跡は、縄文前期関山式から諸磯a式期にかけて形成された、直径200mほどの主鹹産貝種からなる環状貝塚である。遺跡が立地するのは、河口から1.5kmほど遡った目黒川右岸で、沖積地に向かって馬の背状に張り出す品川区大崎二・三丁目から西品川三丁目にまたがっている。この辺は目黒台の東端にあたり、標高は17～18m、谷底との比高は約15mを測る（図5-1のNo.20の南）。

遺跡が発見されたのは明治年間も中ごろで（若林 1892）、以来、立正大学を中心とする多くの研究者が10次に及ぶ調査を重ねてきた。これまでの調査は市街地に在るために細切れの発掘調査が多かったが、1998年（平成10）の第11次調査は遺跡北側のA地区に集合住宅が建設されることになり、加藤建設株式会社の宮崎博・石川博行氏によりまとまった範囲が調査された。この度、その詳細な報告書（石川・芝田・宮崎 2011）が刊行され、目黒川谷における縄文海進に関する重要な研究成果が提示された。

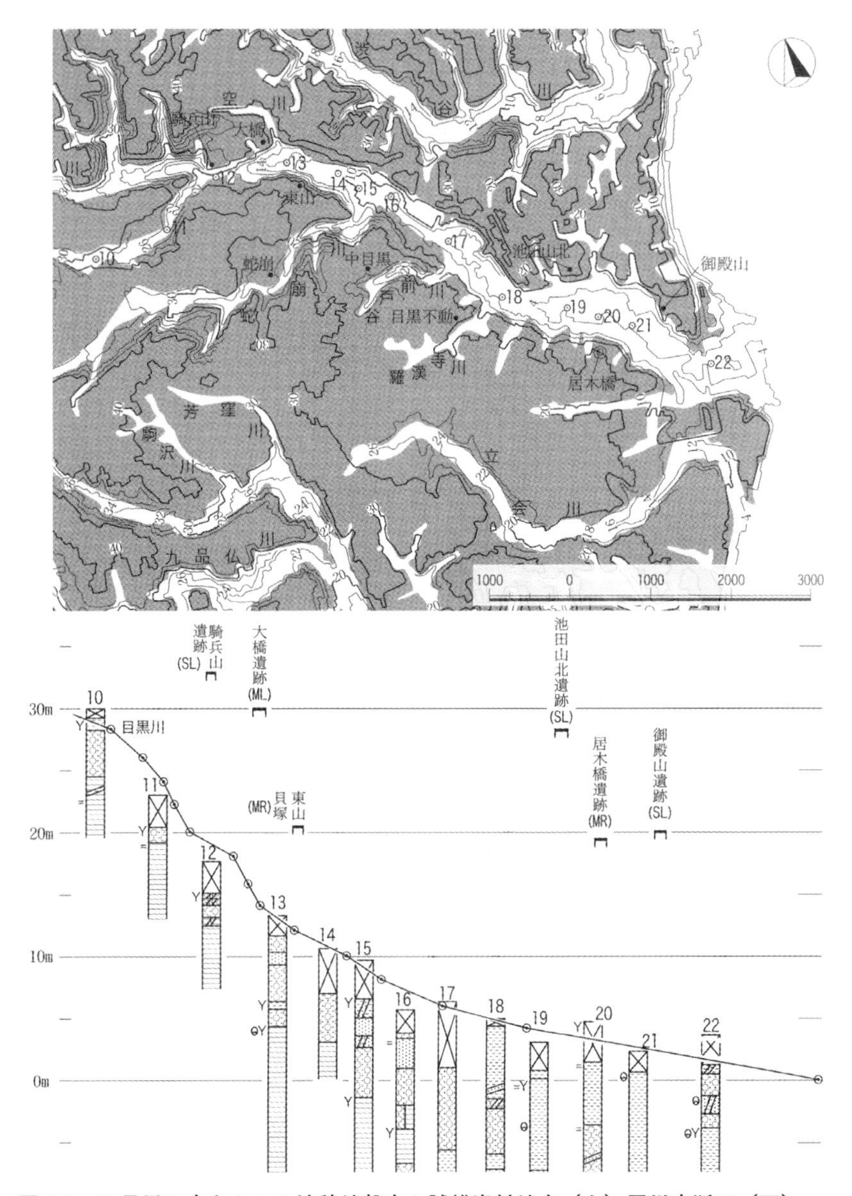

図 5-1　目黒川を中心とした沖積地盤高と試錐資料地点（上）同川床断面（下）
（石川・宮崎 2011 を加工）

貝種と棲息環境

これまでの調査で居木橋貝塚から出土した軟体動物遺体の貝種は、腹足綱のイボキサゴ、アカニシなど26種、掘足綱のツノガイ（管状装飾品）1種、斧足綱のハイガイ、マガキ、アサリ、ハマグリ、それにヤマトシジミなど22種にのぼる。このうち主体貝種となるのはいうまでもなく斧足綱である。貝層の成り立ちを見ると、貝層下部ではハイガイ・ハマグリが主体、貝層中部ではアサリが目立ち、貝層上部ではマガキが主体をなしているという。

ハイガイが棲息する環境は温暖な泥層であるが、南関東ではやがて衰退し消滅するようになる。松島義章氏は、縄文海進最盛期以降の海水温の低下がその要因というよりも、棲息域である内湾干潟の環境が変ったからという。すなわち、海面の低下によって、三角州の急速な前進による土砂の流入と沿岸流による砂州や砂堤の発達で内湾の浅海化・縮小、そして干潟の消滅へと向かい、これによってハイガイのような泥深い湾奥部の潮間帯に棲息していた種は、決定的な打撃を受けて衰退していったのだという（松島 2006）。

一方、砂泥底質を好むハマグリの主体層はハイガイ主体層よりも上位にある。貝塚の貝相を分析した芝田英行氏は、「ハイガイが多数棲息するような泥質の強い環境から、土砂の流入でハイガイが衰退しだすとともにハマグリが好む砂泥底質へ、そしてアサリ・マガキが棲息する砂礫底質へ、さらにはカキ礁がより発達した環境へと変化していったのではないか」と採貝活動地域の環境変化を読み取っている。

居木橋貝塚周辺の貝棲息環境

松田磐余氏は、目黒川谷の試錐資料を基にした地質断面図を示し、縄文海進の限界を番号6（中目黒二丁目）と番号9（西五反田三丁目）の間と推定している（松田 2013）。

これを踏まえて、調査を担当した石川博行・宮崎博氏は、「東京の地盤図（web版）」から試錐資料を抽出し、目黒川沖積低地の縄文海進に伴う海水面域の形成過程と縄文前期当時の自然地理環境を詳細に分析している。すなわち、目黒川最奥部の三鷹市牟礼二丁目付近から河口にあたる東品川二・三丁目までの川床縦断図（図5-1原図を改定）とともに、目黒川下流域の試錐資料と縄文時代前期前半の推定海岸線（図5-2）を作成し、居木橋付近の目黒川低地の様相を次のように記している。

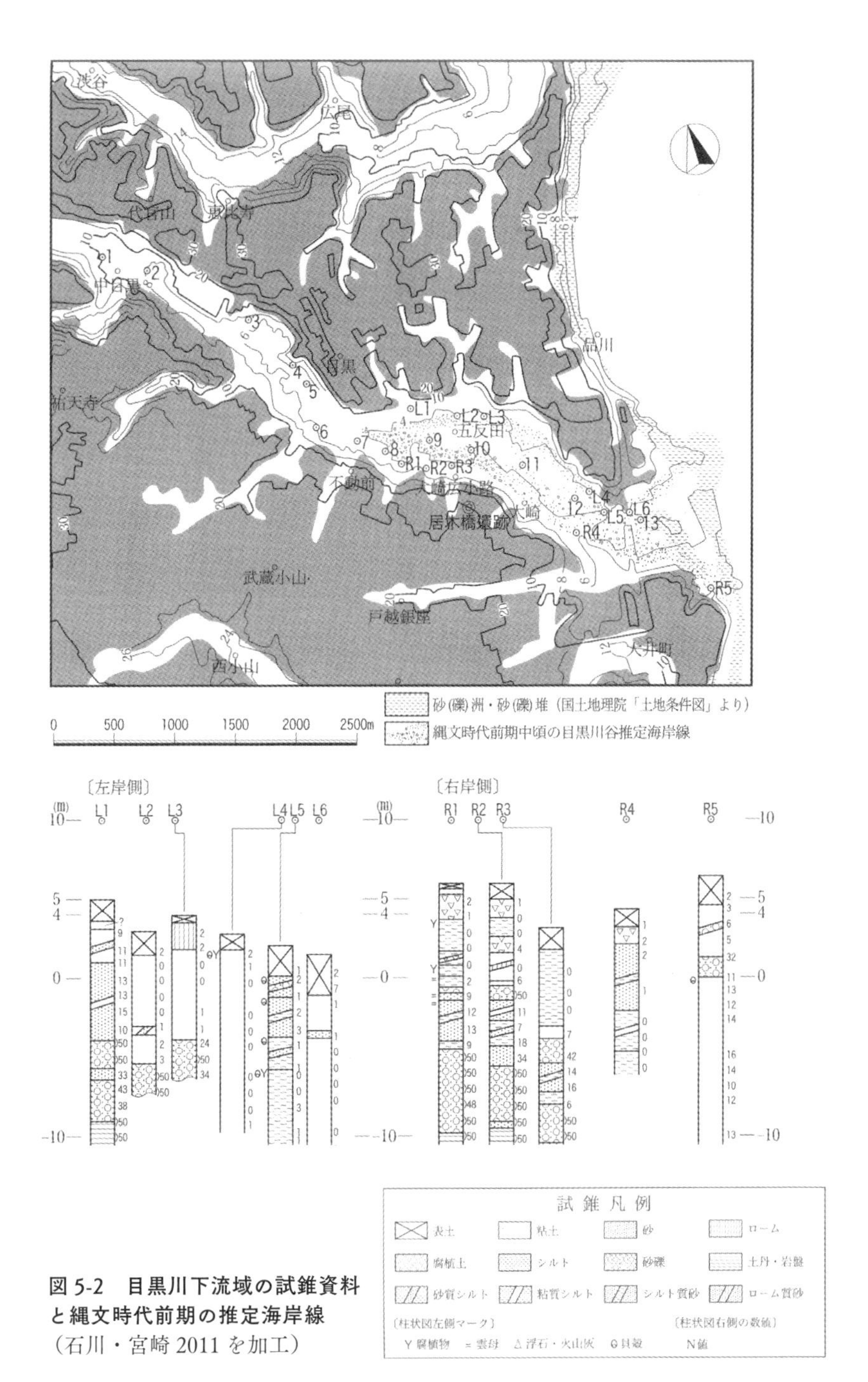

図 5-2　目黒川下流域の試錐資料と縄文時代前期の推定海岸線
（石川・宮崎 2011 を加工）

「縄文時代前期（諸磯式期）当時に現在よりも海水面が3.4mから4.6mの上昇があったとみた場合、海成沖積層の層相の差異から当時の海浜の状況で、9地点・11地点・L4地点ではシルト層及び粘土層中に貝化石の存在が認められ、9地点より下流が海成沖積層であることを物語っている。なお、7・8地点では、標高2mから3mのシルト層上面で浮石・火山灰あるいは腐植物が認められ、さらに上流の4地点の標高4m内外に粘土層が堆積していることから、河流の影響のない静かな水面域が存在していたことを窺わせる」とし、暗に4地点までは海進が及ばなかったものと推定している。

かくして、「本遺跡の貝類で潮流の影響のない穏やかな内湾の砂泥の海浜に棲息するハイガイとマガキなどは左岸域で、砂礫の海浜に棲息するハマグリとアサリなどは右岸域で捕採されたことが予想されるが、東京湾とも至近距離にあることから、東京湾における漁撈活動、海浜域における貝類の捕採もあったであろう」という。

周辺の貝塚との関わり

本遺跡はかなり大規模な貝塚であったから明治年間の中ごろに発見されて以来、多くの研究者に注目され、調査も引き継がれてきた。住居内に遺棄された微量の貝層であれば、周辺にはそれと知られることなく煙滅した遺跡も多いと思われる。その中で対岸の西五反田五丁目に所在する池田山北遺跡は、辛うじて住居内貝塚が確認された例である。目黒川谷で最上流の貝塚は東山三丁目にある東山遺跡（後期）であるが、この貝は下流で採捕されて持ち込まれたものといえよう。

多摩川流域でも縄文時代前期の小規模な地点貝塚が、二子玉川駅に近い瀬田貝塚まで点々と連なっている。古多摩川谷で海水が浸入したのは東横線が多摩川低地を横断する辺りとされている（松田2013）。これらの貝塚の貝も下流側で採捕されたのであろう。この中で呑川の河口付近に所在する大田区雪ヶ谷貝塚は、ハマグリを主体とするやや大規模な地点貝塚で、居木橋遺跡に匹敵するといえよう。

第6話　再開発で発見された貝塚——大田区 雪ヶ谷貝塚

雪ヶ谷貝塚は、大田区南雪谷五丁目に所在する縄文前期後半の集落遺跡である。古く1893年（明治26）には発見されていたが、実態がはっきりしていなかった。

1970年代に都心部の再開発が急激に進捗するにつれて、地中には江戸遺跡が豊かに遺存していることが明らかになってきた。その一方で、明治時代から縄文貝塚や古墳の存在が知られてきたが、遺跡の現状は把握されていなかった。開発に的確に対応するためにも、文化財保存の立場からも遺跡の実態を把握し、『東京都遺跡地図』を確かなものとすることが急がれた。都教育委員会ではその一環として、昭和57年度から59年度の3年次（1982～84）にわたり、滝口宏先生に調査団長を委嘱して、貝塚・古墳・江戸遺跡を対象にした都心部遺跡分布調査会を組織し、現況調査を行った。

筆者も宮崎博氏とともに貝塚部門を担当、戦前から東京の考古学事情にも精通されている永峯光一・江坂輝彌・吉田格の3先生に指導を仰ぎながら、都内116ヵ所の貝塚を確認してまわった。大田区管内にあたっては教育委員会の野本孝明氏にも同行してもらい、雪ヶ谷貝塚の所見を次のように記した。

> 「いすゞ自動車雪ヶ谷寮内の北東隅で貝の散布を確認した。江坂氏によれば、寮の建設工事に際し、貝層断面が露出したとのことである。寮の北側のテニスコートおよび南側の個人住宅に遺存しているものと思われる」（安孫子・宮崎1985）。

2000年の9月末に、いま玉川文化財研究所が雪ヶ谷貝塚を発掘しているので見てほしいと野本氏から電話があった。さっそく駆けつけたところ、いすゞ自動車雪ヶ谷寮とテニスコートだった広い範囲に、貝層をともなう数十軒の住居跡群や土坑群などが露呈していた（図6-2）。

その大冊の調査報告書には、多種多様の遺構群と豊富な出土遺物が網羅されており、問題点がよく整理されている（戸田・新井和・舘・樋泉2002）。ここでは概括を紹介するとともに、周辺に分布する貝塚の立地と縄文海進の関係、墓壙に伴った石匙の性格などに眼を向けてみる。

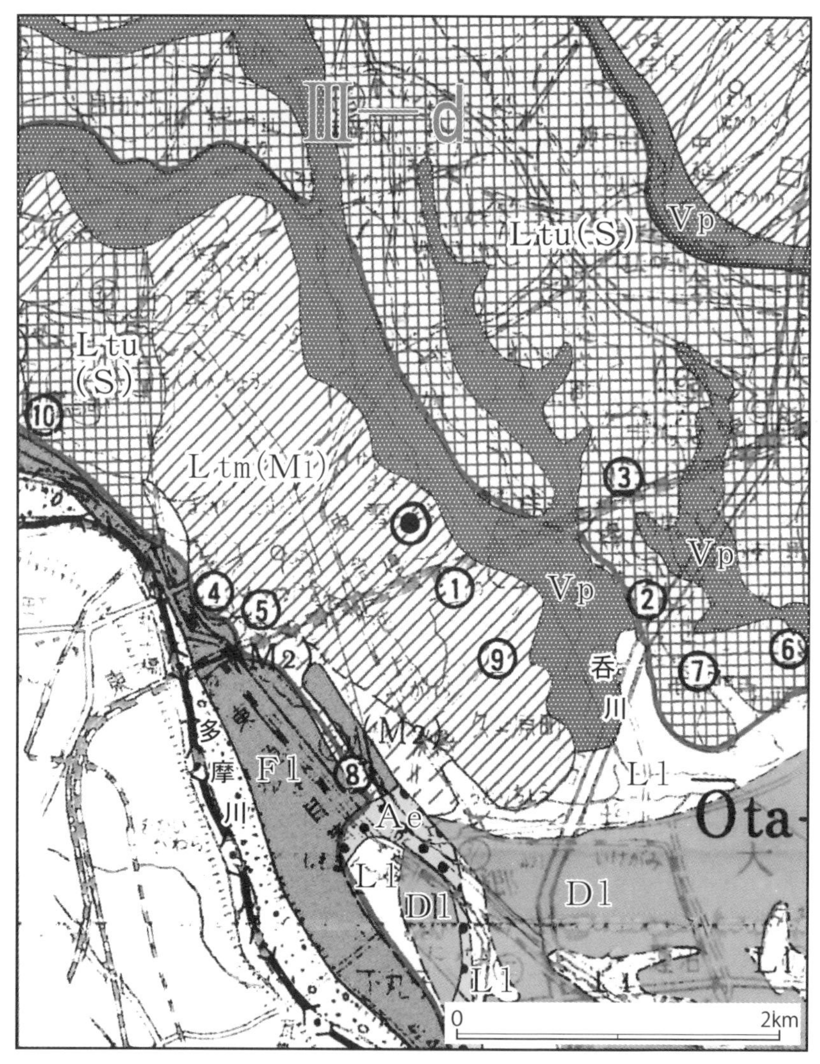

図 6-1　雪ヶ谷貝塚（◉）と周辺の遺跡（「土地条件図」1976 に作図）
Ltu(S) 下末吉面　Ltm(M1) 武蔵野Ⅰ面　(M2) 武蔵野Ⅱ面
F1 扇状地性低地　D1 三角州性低地　Vp 谷底平野　L1 自然堤防・砂州

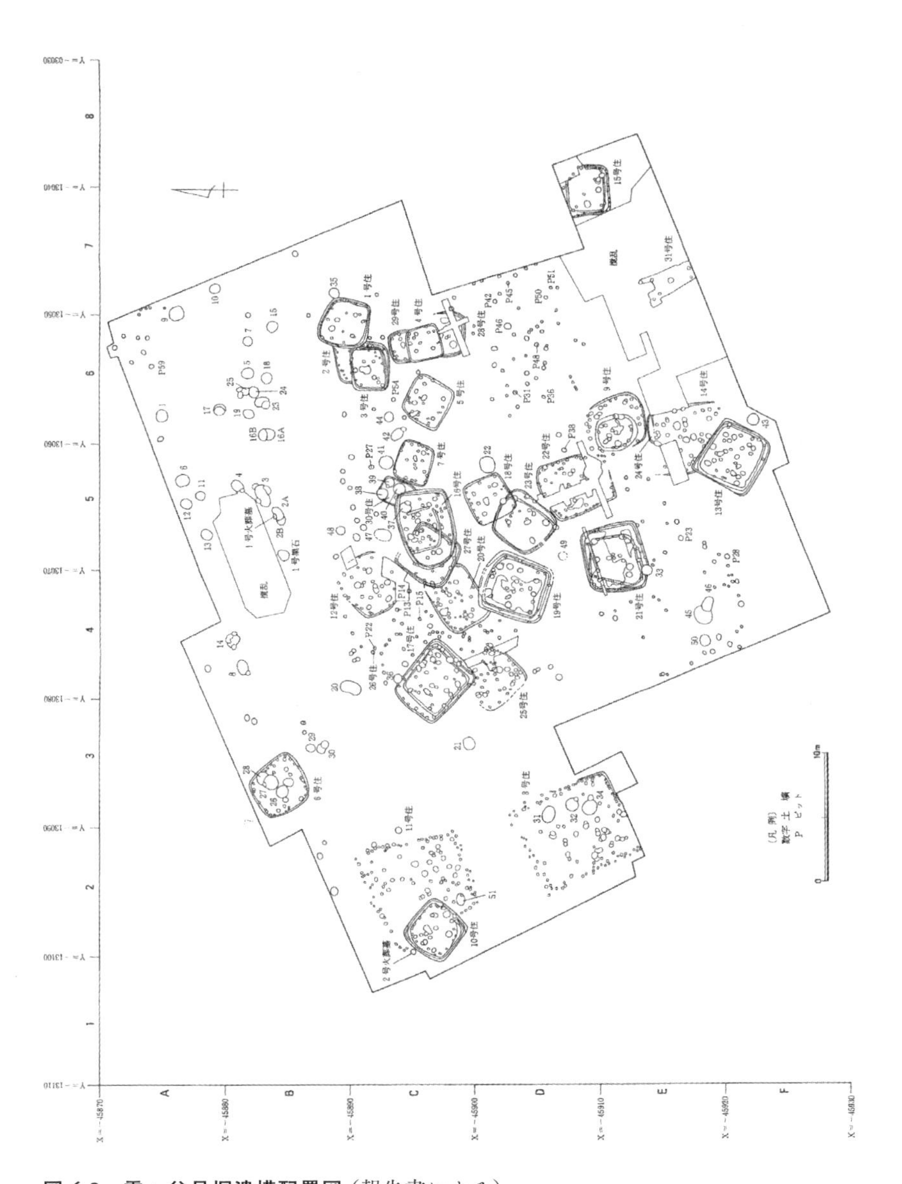

図 6-2　雪ヶ谷貝塚遺構配置図（報告書による）

雪ヶ谷貝塚の概要

現地はかつていすゞ自動車工場であったため、コンクリート基礎や鉄パイプ等が縦横に走っていて、遺構の保存状態がやや不良であったという。それでも縄文時代前期後半の諸磯式期の竪穴住居跡 31 軒、土壙 53 基（うち 1 基は縄文中期末）、ピット 200 基および奈良・平安時代の火葬墓 2 基が検出された（図 6-2)。

新井和之氏は、諸磯式土器の細分された編年を基に、竪穴住居跡の時期を 4 期に分けて、諸磯 a 式中段階が 10 軒、諸磯 a 式新段階が 10 軒、諸磯 b 式の古い段階が 2 軒、諸磯 b 式の新しい段階が 8 軒とする【註 1】。この中で諸磯 a 式中段階の 2 軒と新段階の 8 軒には貝層が伴っているが、b 式期住居跡には伴わないという。すると諸磯 a 式期を境に縄文海進が後退に転じたのか、貝種の棲息する環境が変わってきたのであろうか。しかし貝層にも大小の規模があるし、諸磯 a 式期住居跡のすべてに貝が廃棄されているわけでもない。後述するように他の動物遺体も乏しいので、食生活でそれほど海産資源に多くを依存したようには見受けられない。

舘弘子氏は、円形土壙 52 基について径 1m 前後の規模、遺物の出土状況、覆土、分布状況等から墓壙の可能性が高いとする。分布状況から、①調査区北東部に集中して構築されるタイプ（24 基)、②住居跡覆土内に掘りこまれたタイプ（住居跡 4 軒に 10 基)、③住居跡に隣接して構築されたタイプ（13 基）があり、その違いは、①集落内の墓域、②かつての住居を意識して構築された廃屋墓、③住居分布域の外側への埋葬、に由来するものであり、同じ集落の構成員でも出自等の差異で埋葬される地点が違っていたとみている。

住居跡群および土壙群の分布状況から、調査範囲が集落の核心をついていることは確かだが、集落はさらに外周に広がるもようである。2002 年（平成 14）に同じ玉川文化財研究所が南側 30m を調査した際に、前期後半の住居跡 2 軒と土壙 1 基を検出したという。地形からも集落の中心をもっと西寄りに求めたくなる。すると集落形態をどう判断するべきか。新井氏は、諸磯 a 式期の集落が列状集落にも環状集落にも見えると苦慮しているが、環状集落になるのではないだろうか。

雪ヶ谷貝塚と周辺の貝塚分布

雪ヶ谷集落は標高 21 ～ 22m の久が原台に立地しており、住居跡のいくつかには貝層が伴っていた。すると集落を営んだ縄文人はどの辺りで貝を採捕したのだろう

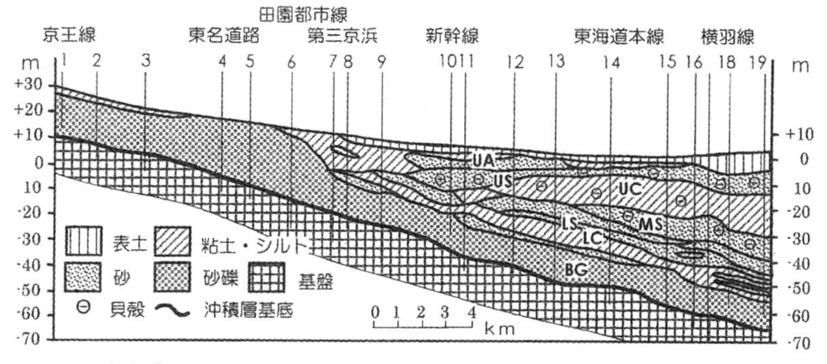

図 6-3　古多摩川沿いの地質断面図（松田 2013）
BG 沖積層基底礫層　LC 下部泥層　LS 下部砂層　MS 中間砂層
UC 上部泥層　US 上部砂層　UA 最上部陸成層

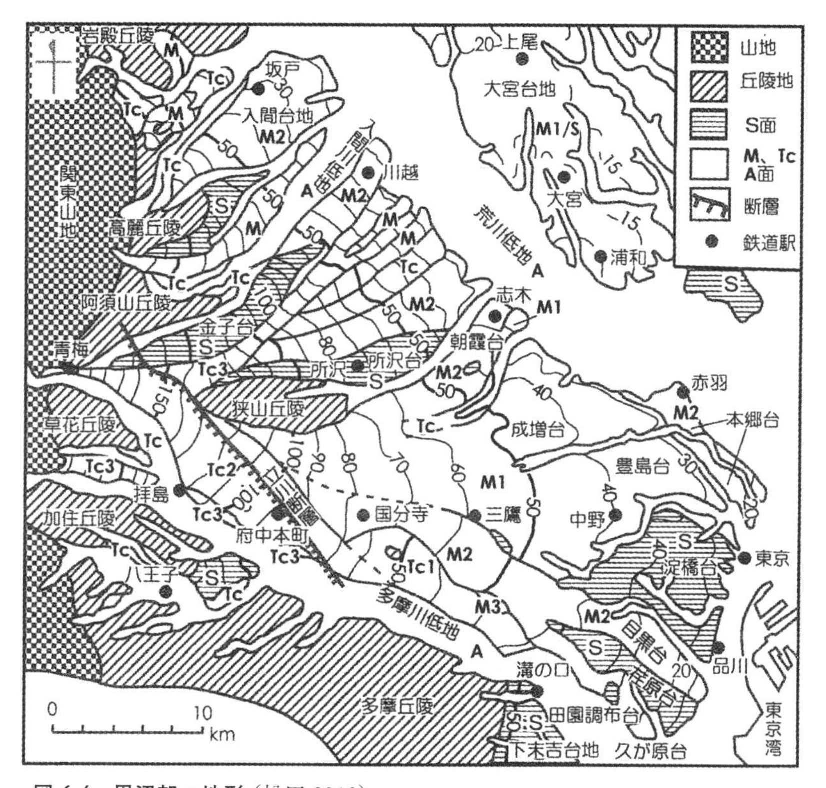

図 6-4　周辺部の地形（松田 2013）

か。「土地条件図」（国土地理院 1976）に周辺に分布する縄文前期貝塚の位置を落して、貝の棲息環境と遺跡立地の関わりを考えてみる（図 6-1）。

雪ヶ谷貝塚は、呑川谷右岸で武蔵野面にあたる久が原台の先端から 2㎞弱奥まった、いくぶん谷側に張りだした位置にある【註 2】。200m 下流には黒浜式期の庄仙貝塚（①）が、さらにその南側には久ヶ原町 1026 番地貝塚（⑨）がある。呑川の対岸で荏原台（下末吉面）には、本遺跡と同じ諸磯 a-b 式期の上池上遺跡（③）があり、ここからは 100 基を超す多くの土壙墓群が検出されて注目された（川崎義 2001）。その南側には関山式期の塚越貝塚（②）がある。さらに台地末端側には前期貝塚とされる馬込一丁目貝塚（⑥）、桐里町貝塚（⑦）があったが、実態不明のまま湮滅した。

さらに多摩川に面する側には後・晩期が主体であるが、諸磯式期貝層もある下沼部貝塚（④）がある。田園調布本町貝塚（⑤）、増明院裏貝塚（⑧）は実態が不明である。さらに図左隅に後期の上沼部貝塚（⑩）があるが、諸磯式期貝層の存在も予想される。そして図枠から外れるが、さらに遡った世田谷区側に六所東・稲荷丸北・瀬田の 3 貝塚が連なっている。久が原台の先端から最奥の瀬田貝塚までは 7.5 ㎞ほどの距離である。

縄文海進と遺跡の立地環境

多摩川谷ではどの辺りまで海進が認められるであろうか。貝塚分布もひとつの目安になろうが、松田磐余氏は『対話で学ぶ　江戸東京・横浜の地形』（2013）で、自然地理学の立場から地質断面図で次のように解析する。

京王相模原線稲田堤駅付近から東京湾埋立地までの約 29 km の範囲で得られたボーリングデータから、古多摩川谷の地質断面図を作成する（図 6-3）。それによれば、BG は最終氷期極相期に堆積した砂礫層でかなり傾斜しており、古多摩川が急流であったことがわかる。その砂礫層の上に極相期以降の侵食や堆積がある。MS（中間砂層）・UC（上部泥層）・US（上部砂層）は貝殻を含む堆積土層であり、松田氏は縄文海進による海面の上昇を TP2m として、当時の多摩川谷の入江が 9 と 10 の間、すなわち東横線よりもやや上流とみている。この位置は上沼部貝塚（⑩）の台地足下になるので、さらに上流側に位置する六所東・稲荷丸北・瀬田貝塚の人びとは、下流域から貝を採捕してきたことになる。

因みに同書では、目黒川谷、渋谷川谷についてもボーリングデータの分析により、目黒川谷では目黒線と東横線の中間の辺りまで、渋谷川谷では天現寺橋の辺りが入

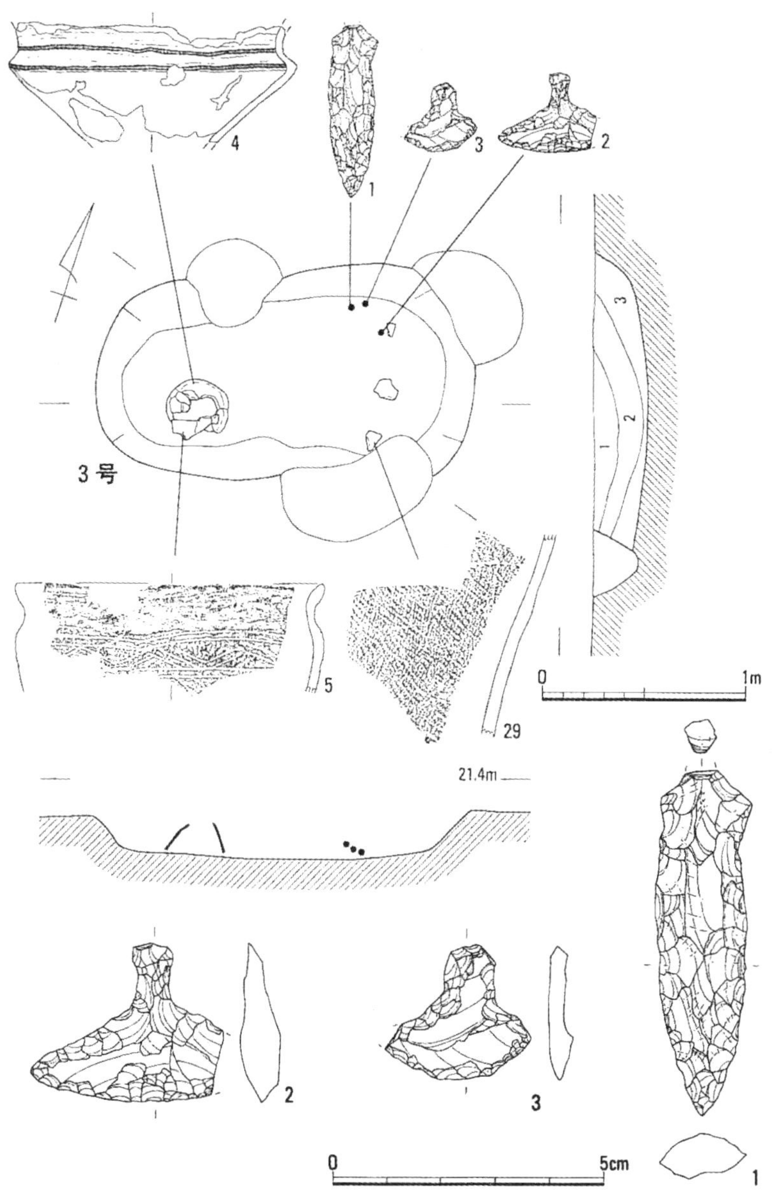

図 6-5　3号土壙と出土遺物（報告書による）

江であったとしている。旧東京川、荒川の低地が現東京湾口から50kmも海進して奥東京湾を形成したのと対照的に、武蔵野台地末端側の河川は傾斜がきついために海水の浸入範囲がかなり限られたことである。

ひるがえって樋泉岳二氏によれば、雪ヶ谷貝塚はハマグリが最優占種でイボキサゴ、マガキ、オオノガイ、シオフキ等が随伴する貝種であり、本貝塚付近にハマグリの繁殖に適した開放的な砂質干潟の海岸が広がっていたことと、溺れ谷のような閉鎖的な泥質干潟が限られていたが、在ってもあまり利用されなかったという。また、貝類以外の動物遺体はほとんど検出されず、これは奥東京湾沿岸から東京湾西岸のこの時期の貝塚にみられる普遍的な傾向でもあるという。

土壙から出土した石匙・石槍について

貝類以外の動物遺体がほとんど検出されなかったとはいえ、狩猟とその獲物の解体用具とされる石槍・石匙が出土している。3号土壙からはチャート製の石匙が2点と頁岩製の石槍が1点（図6-5)、27号・38号土壙からは頁岩製の石槍が1点ずつ、さらに1号住居跡からも黒曜石製の石匙が1点出土している。大工原豊氏（2008）によれば、この石匙形態は、長野県星ヶ塔系の良質の黒曜石を素材として"両面深遠剝離技術"で製作された三角形を呈する精緻な天神型石匙A類である。

また石槍形態も大工原氏が指摘する山形県押出遺跡の頁岩製の押出型石槍を模倣したものである。これらの石器は何れも主に土壙墓から出土することから、特別な社会的階層の被葬者に副葬される稀少な威信財であった可能性が高いという。石匙は山梨方面、石槍は群馬方面で製作されたようで、諸磯b式期頃に構築した交易ネットワークにのって関東地方に広く流通している。本遺跡はそのような性格の威信財を6点も保有していたことから、上池上遺跡（川崎2001）とともに界隈で有数の規模を誇る集落であったことがわかる。

【註1】この他に、先に誰かが発掘した諸磯式期の重複する15号住居跡があると記されている。加藤建設株式会社が試掘調査を行っているので、その折に完掘されたのではないだろうか。

【註2】図6-1では久が原台はM1面と表記されているが、その後の研究の進展によりM面はM1・M2・M3面に細分されるようになり、久が原台はM2面に変更されている（図6-4)（松田2013)。海面高度が低下するにつれて多摩川の主流路が南に移動したことから、武蔵野面の離水時期が違って、M1面が約10万年前、M2面が約8万年前、M3面が約6万6千年前より少し前に形成されたという。

第7話　貝塚発見の経緯をさぐる――荒川区 延命院貝塚

目黒川渓谷、呑川渓谷と多摩川寄りの貝塚が続いたので、今度は根津谷の貝塚を取りあげよう。貝塚爽平氏の名著『東京の自然史』（1964）の冒頭に、山の手台地と下町低地のちがいを説明する1880年（明治13）測量2万分の1迅速図を部分抽出した図（「上野付近の台地と低地」）が掲載されている。この図に延命院貝塚と関連する項目の位置を落してみた（図7-1）。

地図でみると谷田川谷には田畑が広がっており、谷田川（下流は藍染川と称する）が谷の中央を流下して不忍池に注ぐ。本郷台の裾を通る不忍通りはまだ敷設されておらず、谷の両側には台地斜面の等高線がよみとれるので牧歌的な景観だったことがしのばれる。「上野公園」とある北に、1881年（明治14）にイギリス人の建築家ジョサイア・コンドルが設計した帝室博物館があるが、1923年（大正12）の関東大震災で崩れ落ちた。いまの東京国立博物館本館は再建されたものである。教育博物館はその後、東京藝術大学の前身の東京美術学校になった。旧景を保っているのは谷中霊園で、1874年（明治7）に東京市民の公共の墓地として明治政府が天王寺の寺域の一部10万haを没収して、開設された。上野台の東側には上野駅から赤羽方面につづく比高約20mの「最も偉大な」崖（芳賀2012）がのびている。崖にそって鉄道路線が確保されているのが見えるが、品川―赤羽間の鉄道開業は1905年（明治38）になってのことである。

延命院貝塚は、1888年（明治21）に関保之助氏により発見されたが、そのときの正確な場所は地図の地点よりも少し北であろう。延命院貝塚は、1877年（明治10）にE・S・モースが行った大森貝塚の調査についで、東京で2番目に行われた小発掘として評価されている。それだけに発見に至る当時の考古学事情をはじめ、貝塚の規模と性格、貝が採取された候補地など、興味深い問題があるので整理してみたい。

延命院貝塚が発見されたいきさつ

「余昨二十一年二月上野公園地ヨリ帰途偶日暮里村ヲ過ギリ其地形ヲ見ルニ貝塚等ノ遺跡ノ存在スベキ地ナルヲ考へ同村延命院ノ崖下ヲ過グルヤ人夫ノ土ヲ掘リ出スヲ見ル而テ其土中ニ多量ノ貝殻ヲ含ムヲ以テ之ヲ撿シ土ヲ発掘スル

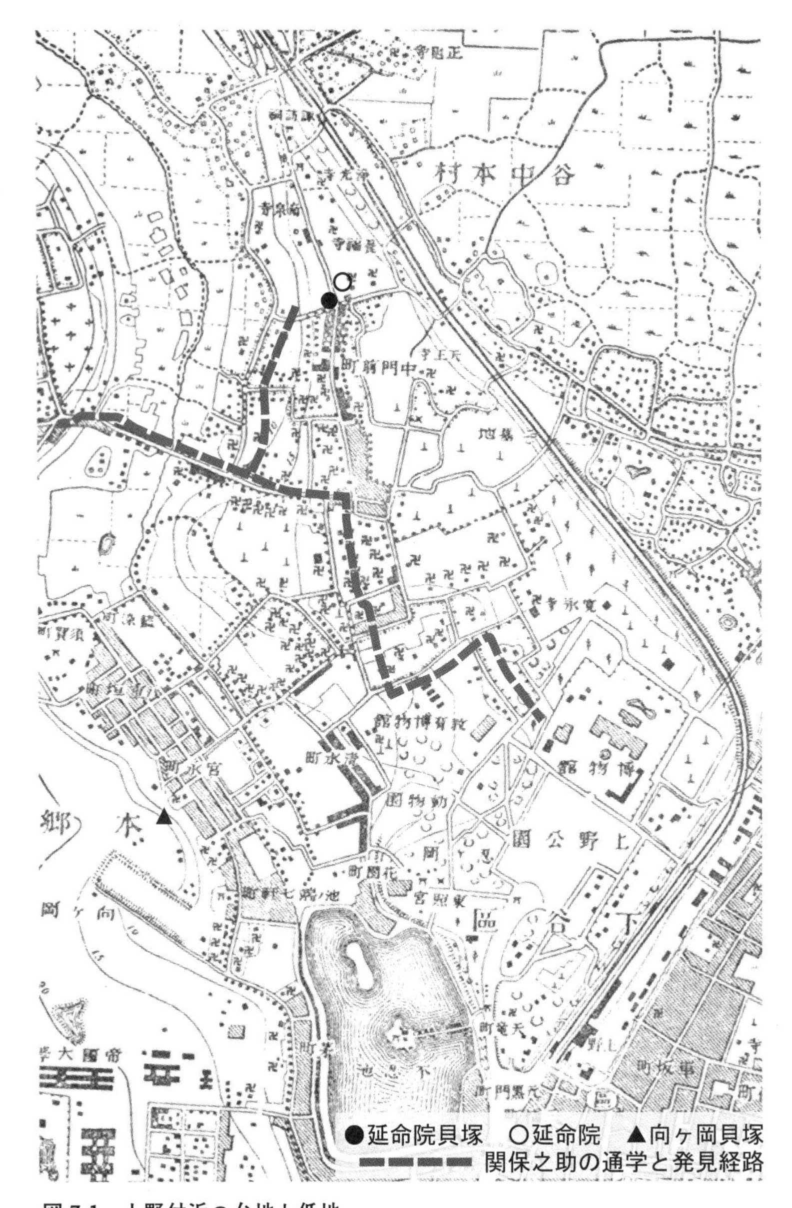

図 7-1　上野付近の台地と低地
（貝塚 1976 に加筆　1880 年測量、2 万分の 1 迅速測図より）

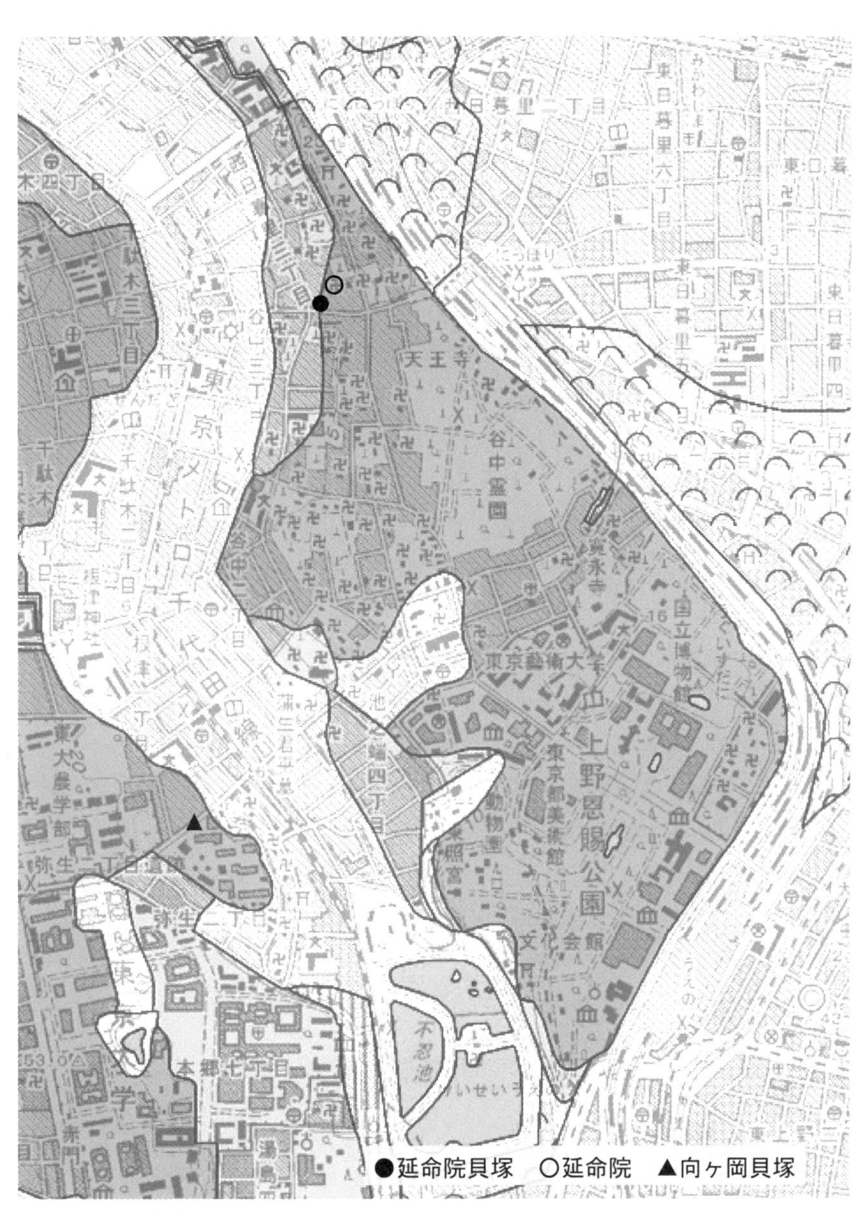
●延命院貝塚　○延命院　▲向ヶ岡貝塚
天王寺
谷中霊園
寛永寺
国立博物館
東京藝術大学
上野恩賜公園
東京都美術館
動物園
照宮
文化会館
不忍池
東京メトロ千代田線
本郷七丁目
弥生二丁目
東大農学部
台地
盛土埋立地
平坦化地
砂洲・砂堆・砂丘

図 7-2　土地条件図

場所ニ至レバ果シテ貝塚ニテ其面積廣ク貝殻ノ厚サハ一尺乃至三四尺ニ及ブノ層ヲナス………」（関 1889）【註 1】

関保之助氏は、1868 年（明治元）に小石川の元一ッ橋徳川家の旗本の次男として生まれ【註 2】、兄とおなじく医学校に進んだにも関わらず、東京美術学校が開設されると同時に転じ、1893 年（明治 26）に 25 歳で専修科絵画科の第 1 回生として卒業している（「関保之助略年譜」）。専門は有職故実であり、卒業後は隣の東京帝室博物館に就職し、京都帝室博物館、奈良帝室博物館などの勤務に任じている。

そして終戦間際の 1945 年 5 月 26 日に、渋谷区千駄ヶ谷の自宅で空襲のため落命、77 歳の生涯であった。

明治 20 年頃の考古学情勢は、大森貝塚の発掘に誘発された若い考古学徒が貝塚の発見に奔走しており、明治 19 年刊『東京近傍古蹟指明図』（第 5 版　1886）には、大森・西ヶ原・中里・小豆沢・小石川植物園など都内に 11 ヵ所の貝塚が図示されている。また同年には本郷區向ヶ岡弥生町の向ヶ岡貝塚で見なれない壺形土器が採取され、同 22 年 2 月に坪井正五郎により弥生式土器の新発見と報じられている（坪井 1889）。

風俗史や考古にも関心があった関氏がこうした情勢に無関心であったはずはなく、美術学校に通学の帰途に向ヶ岡貝塚の対岸の谷筋に貝塚を発見しようと探索したのであろう【註 3】。そして折良く、延命院の崖下で土取り作業をしていた現場に出くわし、貝塚を発見する。そして 1 年余の間に数十回も現地に足を運んでは自ら鍬をふるい、遺物の拾得と遺跡の状況を観察している。だから、偶然の発見というよりもかなり意欲的な探索であったのだろう。そしてさすがに絵画を志しただけに、堀之内式土器の特徴をよく捉えた作図を報告に添えている（図 7-3）。

延命院貝塚の再発見と調査の成果

その後、延命院貝塚は住宅が建てこんで、大正年間には所在が分からなくなっていた。その貝塚が 1987 年（昭和 62）に、JR 日暮里駅から上野台を横切って谷中銀座通りに下りる石段（「夕やけだんだん」）北側のビル工事現場から発見され（図 7-4）、早稲田大学の桜井研究室が調査を行った。幻だった延命院貝塚が 100 年ぶりに再発見されたとあって、地元では大きな話題になった（桜井・菅谷・樋泉 1990）。さらに 2007 年（平成 19）、西隣りのビル工事でも貝層が確認され、武蔵文

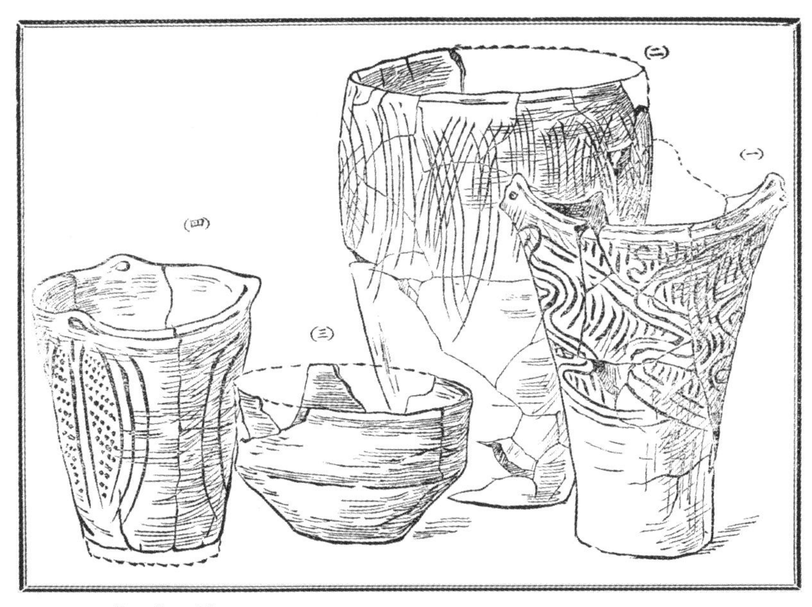

図 7-3 「日暮里村ノ貝塚」付図（関 1889）

図 7-4 左側のビル工事で貝塚が再発見された。正面が「夕やけだんだん」

化財研究所の奥山和久氏が調査を担当した（奥山・樋泉他 2008）。

関氏が発見した貝塚地点は、谷中小学校から田端村に通じる台地裾の路地を辿って「延命院ノ崖下ヲ過グル」辺りであるから、再発見された地点の北側になる（図7-2）。ただし貝層の時期は同じ縄文後期堀之内式期なので、貝塚範囲はかなり広がっていたのであろう。

樋泉岳二氏によれば、貝層は30㎝から厚いところでは1mほどもある。貝種も多いが主となるのはハマグリで、「下位より大型殻を含むハマグリ中心の堆積物、大型殻を含むハマグリにヤマトシジミを伴う堆積物、小型ハマグリを中心とする堆積物へと変化している。（中略）海進により形成された溺れ谷が海退もしくは埋積に伴って淡水化してゆく過程と関連する」（樋泉 2008）。さらに捕食された魚類、ウミガメ類、鳥類、哺乳類の骨が出土しており、漁撈に使われた骨角器やタイなどの鱗処理に用いたらしいハマグリの貝刃が目立つ。出土遺物の主体は後期堀之内式土器であり、器種も豊富で遺物量がじつに多い。また呪術や祭祀に用いられた土偶もある。土器・石器の生活用具と貝殻や獣骨などが渾然と残された様はまさにこの場所で生活していた、阿部芳郎氏の言うムラ貝塚（阿部 2000）の様相である。

谷田川谷の周辺には千駄木貝塚や領玄寺貝塚・動坂貝塚・神明町貝塚などが点在する。これらはいずれも中期の所産であり、台地上に立地する。それだけにこの貝塚だけ「沖積地であるらしい點が不思議」（酒詰 1939）なのである。それでは生活の場が台地上にあって、その食べかすや壊れた土器を斜面下に捨てたものが貝塚になった可能性は考えられないのだろうか。

遺跡の立地をめぐって

しかし関氏は、貝層の下の赤土中から方四尺深さ三尺の灰のつまった焼けた窪みとその近くから数ヵ所、黒い土が詰まった細長い穴を確認し、これを厨房の跡もしくは土器を焼く窯跡ではないかと記している。けだし竪穴住居跡の最初の発見例といえる。同じような調理に伴う焼けた石の集中遺構は、再発見されたときの調査でも検出されている。

縄文中期までの遺跡は、主に日当たりのよい台地や丘陵上に立地する。それが後期になると、上流から流出した土砂が沖積地を埋積して居住環境が整ってきたのか、低地の開発にのりだしたのか、遺跡は低地にも分布するようになる【註4】。延命院貝塚が谷田川の沖積面でも台地裾部の微高地（立川段丘面？）に形成されているのも、こうした事情によると考えられる。彼らの資源調達は主に根津谷と後背の上野台であったろうが、食用となったハマグリは上野台を越えた上野から日暮里の辺りの砂州で、ヤマトシジミは千駄木の辺りから下流域で採取したものであろう【註5】。

【註1】なぜ土取りをしていたのかを関が質したところ、人夫は、「此地ノ所有土ヲ賣ル為」という。地主は、台地側から流出して厚く堆積した斜面の黒土を売り、広がった敷地を宅地にしただろうから、一石二鳥というものである。「土地条件図」には道灌山から谷中小学校まで、1.3㎞にわたって平坦化地が細長く広がっている（図7-2）。この頃に土取りされて谷側に土盛りされたのであろうか。

【註2】安政年間の江戸切絵図（『復元江戸情報地図』朝日新聞社1994）の御菜園（小石川植物園）の北東に一ツ橋徳川家屋敷があり、その中間に旗本屋敷が軒を連ねており、千石一丁目と白山四丁目に2軒、関姓が認められる。このうちの1軒が保之助の居宅であったと考えられる。

【註3】関が自宅から美術学校に通う経路は、小石川→白山上→向丘二丁目（本郷通り）→団子坂→団子坂下（不忍通り）→谷中小学校→上野桜木→東京美術学校、と考えられる。延命院貝塚は、その谷中小学校から北に折れて谷沿いの路を400～500m北上した至近にある（図7-2）。発見から報告までの1年有余に数10回も足を運んでいるのは、そうした地の利が大きかったことにもよるといえる。

【註4】多摩川流域の低地微高地に形成された南広間地遺跡（第19話）を参照。

【註5】松田磐余氏はボーリング試料を基に、谷田川谷の「入り江の限界は千駄木駅と根津駅の間くらい」を想定している（松田2010）。また、縄文海進の最盛期以降に、石神井川が飛鳥山の北側を東流するようになったため、矢田川の流水も乏しくなって、本郷台地の支谷からの堆積物と、縄文海進以降の沿岸漂砂に伴う砂（礫）洲ないし砂（礫）堆によって矢田川河口部が閉ざされ、不忍池が誕生したという（宮崎他2011）。すると汽水に棲息するヤマトシジミは、谷田川谷の下流域で採取されたものであろう。

第８話　大森貝塚発掘再考――品川区 大森貝塚

大森貝塚は、近代日本の幕が開いて間もない1877年（明治10）６月に、棲息種が多い日本の腕足類を研究するために横浜に上陸した米国人の貝類研究者、E・S・モースにより発見された。モースは東京大学動物学科の教授に就任、９月になって貝塚を訪れて原始時代の遺跡であることを確信し、10月から発掘に着手する。発掘された成果は『SHELL MOUNDS OF OMORI』（1879）にまとめられ、「貝塚・土器・石器・骨角器・装身具・動物遺体・人骨・貝類等について、見事な測図の作成とともに簡潔で要を得た記述をおこなったが、それだけでなく、ほとんどあらゆる事柄について類例を求め対比を行い理解・解釈する態度を、執拗かつ全面的に示した」（近藤1977）。晩年にモースは、日本での日々の出来事や印象を克明に綴った日記と写生図を基に、大冊『日本その日その日』（原著1917・石川欣一訳1929）を著したが、大森貝塚についても「大森に於る古代の陶器と貝塚」として１章を設けている。

モースの死後、現地には本山彦一を筆頭とする関係者により記念碑が建てられた【註1】（図8-5）。稀覯本となっていた報告書も復刻され、周期的に展覧会やシンポジウム、講演会などが催されてきたし、研究論文なども引きも切らない。さらに教科書にもモースが発見した大森貝塚として取り上げられたから、日本で最も名の知れた縄文遺跡となったのである。

ところで大森貝塚は、モースの調査後も何度か調査されて次第に遺跡の実態が明らかになったが、一方で、当初の情報が正しく読み取られてこなかった部分もある。改めて原点にたちかえり検証してみると、貝塚の規模、遺跡が立地する地形の成因、遺跡の性格などで興味深い新たな事実が見えてきたのである。

モースによる大森貝塚の調査とその後の調査

大森貝塚は、モースの発掘を第１次とすると、５次にわたり調査されている。

［第１次調査］　1877年６月、モースは横浜から新橋に向かう汽車が大森駅を過ぎた辺りで、真白な貝層が崖面に露呈するのを車中から発見、誰かに調査の先を越されないか不安のまま３ヵ月を過ごし、ようやく９月16日現地を訪れて土器、石器、獣骨等を採取、原始時代の遺跡であることを確認する。そして10月９日に至り、総勢16名という大勢で第１回発掘を行っている。発掘風景、採取遺物を運び帰途

図 8-1　大森貝塚の発掘状況と帰途につく図（上）
（下『大森介墟古物編』 上『日本その日その日』）

図 8-2　開設時の大森貝塚遺跡庭園

につく図はこの日の情景である（図 8-1）。

モースは 11 月 5 日に一時帰米、翌年 4 月に家族を伴って再来日する。この間にモースの命を受けた松浦佐用彦・佐々木忠次郎らが、長さ 89m という線路際の貝塚を 12 月 1 日までに掘りつくし、引き続いて「鉄道柵外」の桜井甚右衛門所有地の発掘にかかり、翌年 3 月 11 日に終了している。

採取された遺物の種類は多岐にわたり、質量ともに膨大なものがあった。中でも縄文土器は、形態や装飾において典型的な型式と突起をもつ形態、文様構成の変った多種多様の土器が標本として図示された（モース 1879）。主体となるのは薄手式あるいは大森式とよばれた加曽利 B 式であるが、晩期安行式も少量ある。東京大学理学部人類学教室に保管されていた残りの土器も、関俊彦氏が主導する大田区史編纂委員会により詳細に整理されて『大田区史（資料編）考古Ⅱ』（1980）にまとめられ、鈴木正博・鈴木加津子氏により『史誌』（1982 ～ 83）に報告された。ここに 1 世紀を経て、モースが発掘した資料の全貌が明らかになったのである。

［第 2 次調査］　大山柏氏が主宰する史前学研究所による 1929 年（昭和 4）の調査である。調査は、モース博士を顕彰する「大森貝塚碑」の設置場所を選定するためでもあったが、崖沿いの貝層が一部は殿村平右衛門邸内（図 8-3）から隣地にはみ出す「大約百米に近い貝層部分のあったことを発見」、「中央の大約八九米には僅かに貝層の痕跡を遺すの外は、貝層らしい貝層は遺存していなかった。これがモールス博士の発掘跡と推定したのである。又貝層の南側の限界は其際鉄道路線により分断せられ、今日では知るよしもない」（大山 1967）という。

中央貝層を確認するとともに貝層の両端も試掘調査され、貝塚碑のある側で 60 ㎝の純貝層を確認している（大山 1930）【註 2】。この調査を踏まえて、南側の線路際に碑が建てられた【註 3】（図 8-5）。

［第 3 次調査］　1941 年（昭和 16）に、大山氏と慶応義塾大学考古学研究室が共同で調査した。殿村邸内の南向き斜面上部の貝層に A 地区、国鉄線路際の北部に B 地区、南部に C 地区を設定した。調査には清水潤三（1977）・竹下次作氏も参加しており、竹下氏が保有していた土器拓本から、A 地区貝塚は晩期安行式期と判明した（川崎義 1985）。しかし、保管されていた 2 次調査資料はいずれも昭和 20 年 5 月の東京大空襲で焼失し、未報告になってしまった。

［第 4 次調査］　調査地は、第 1 次調査時は桜井甚右衛門、第 2 次調査時は殿村平右衛門の所有であったが、1984 年（昭和 59）6 月の時は国鉄用地で職員寮用地となっ

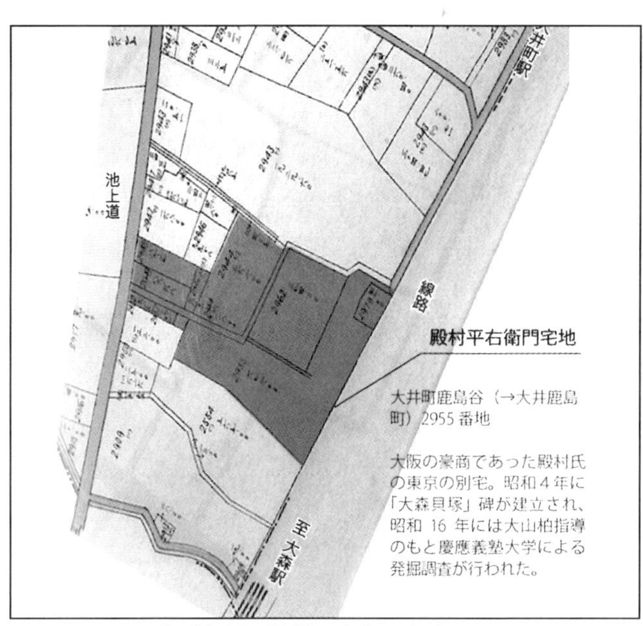

図 8-3　昭和 7 年明細図　殿村平右衛門宅地
（2007 年展示図録 品川歴史館特別展）

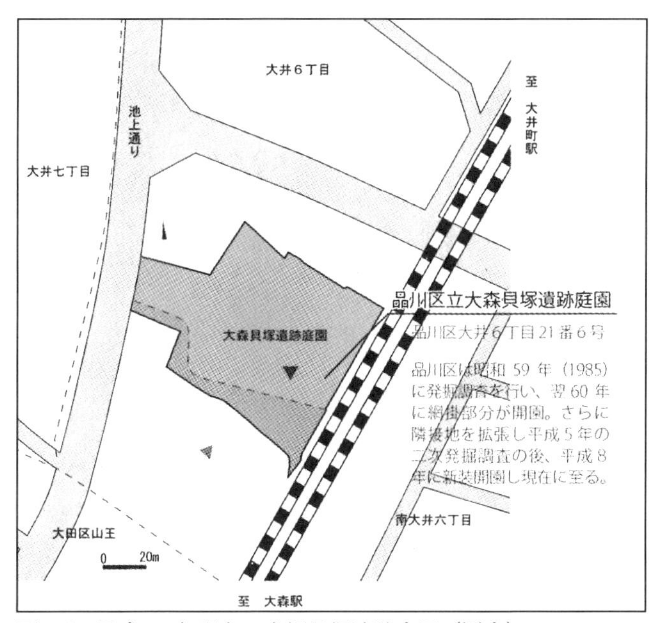

図 8-4　平成 19 年現在　大塚貝塚遺跡庭園（同上）

ていた。品川区は大井六丁目に区立品川歴史館を建設することになり、またその至近の国鉄用地を買収し「大森貝塚遺跡庭園」(図8-4)を整備するための範囲確認調査であり、区教委が都教委の川崎義雄氏に調査を依頼して実施された。この調査で、モースが「裏手の貝塚」と記したのは南側の支谷に面するA貝塚のことであり、線路側の後期加曽利B式期を主体とする貝層とは別の貝塚と判断された。

なお、この報告では、1941年調査(清水1977)のB地区貝層に因んでB貝塚とし、貝塚碑から北側35mの辺りが調査地点と印されている【註4】。

［第5次調査］　大森貝塚遺跡庭園の整備に向けて、品川区教委が発掘調査団(団長坂詰秀一・調査担当松原典明)を組織し、1993年7月から8月に、旧国鉄職員寮跡地を含む平坦地と線路に面する崖面の一帯を調査した。

この調査では、A貝塚の北限を確定するとともに、新たに東貝塚・南貝塚の貝層が確認されたとしている【註5】。また平坦面から、貝塚を形成した人びとの生活の拠点となる、加曽利B式期から曽谷式期の住居跡6軒分と、西側に弧状をなす安行3c式期の大規模な溝跡が検出された。この調査によりはじめて台地上に集落跡の存在が確認された。

大森貝塚が形成された基盤

調査初日の10月9日にモースが写生した発掘状況図を見ると、純貝層の上部の崖面には草木があまり見られず、土層がむきだしになっている(図8-1)。純貝層が崖面に残存しているということは、鉄道の開削工事が崖面までは及ばなかったということである【註6】。するとこの崖は何時頃、どうして出来たのだろうか、その成因を考えてみる必要がある。

モースは、「大森貝塚は、江戸湾海岸から半マイル(約0.8㎞)近くのところにある」という。国土地理院『土地分類図』(1976)によれば、遺跡がのる台地はLta(S)上位面(下末吉面)で、台地裾からL1(自然堤防・砂洲)とD1(三角州状低地)を経て汀線に至る(図8-6)。縄文海進で高潮していた汀線が退いたために陸化したと考えられる地形であり、地表下には波食台が眠っているはずである。

現在の東海道線は、線路海側の標高4～5mよりも2～3m嵩上げされた位置を走行している。鉄道敷設時にも線路は土盛りされているが、これほどは嵩上げされていない。

そこで縄文早期から前期後半の原地形を想定すると、海面上昇による波濤は台地

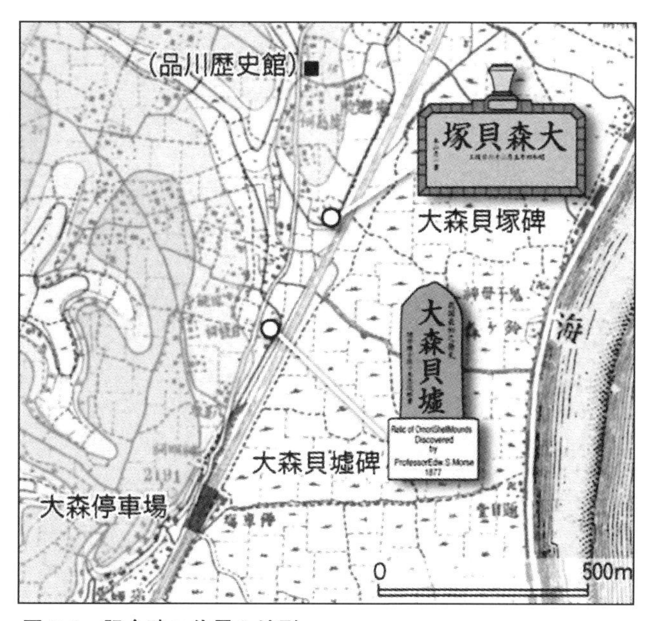

図 8-5　記念碑の位置と地形
（2007 年　展示図録 品川歴史館特別展）

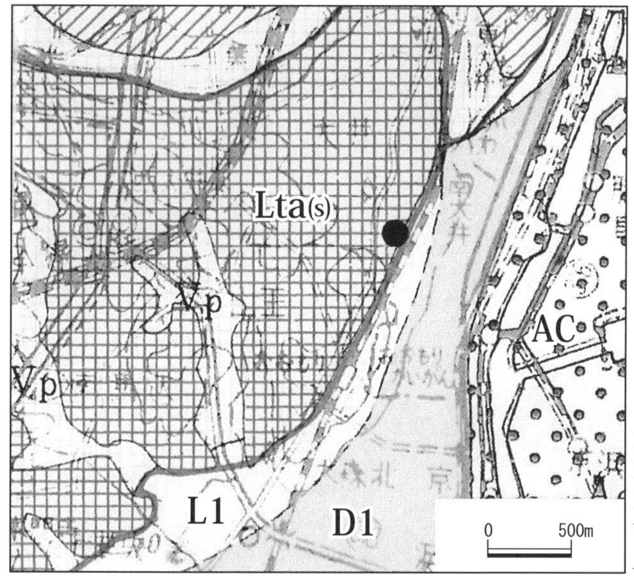

Lta(s)：下末吉面
L1　：自然堤防・砂州
D1：三角州状台地
Vp　：谷底平野
AC：埋立地

図 8-6　遺跡周辺の地形分類（●印　大森貝塚）（『土地分類図』1976）

裾部に及んで侵食し、オーバーハングと崩落がくりかえされたことにより、最終的にこの崖が生成されたのであろう【註7】。そして、汀線がいくぶん退潮した縄文後期になって、台地上に移り住んだ人びとが海浜で採捕した貝を食し、大量の貝殻などのゴミが崖上から投棄された結果堆積した。大森貝塚になったのである。

大森貝塚の規模

モースは貝塚の規模を、「貝塚は崖沿いに約89メートルあり、厚さは最大4メートル」と記しているが、この規模に疑義が呈されている。堀越正行氏（1980）は、スケッチから推定する限り、「4mというきわめて厚い貝層をそこに想定するのは、いささかの無理がある」という。阿部芳郎氏（2008）も、「線路際という限られた場所での調査からしても現実的ではない」と否定的である。そこで改めてこの図8-1を注視すると、描かれているのは89mという貝塚全体ではなく、大森駅側からせいぜい40m内に12名が適宜、間隔をとって発掘している様子であり、貝層はなお右側に続く形勢である。このことを念頭に現地を踏むと、図8-1右端につづく部分が台地側にいくぶん湾入していて、線路までの間に空きがある。深掘りするには線路に支障を来さない場所を選定しなければならないから、科学者モースらしく、おそらくこの湾入した地点の貝層を掘り下げて、貝層の高さを最大4mと計測したものであろう【註8】。

このようにみると当初にモースが報告した大森貝塚の規模は、必ずしも誇張したものではない。このことは1929年に貝塚を現状調査した大山柏氏も、殿村邸の隣地にはみだす長さ100m近い長さの貝層を認めている。おそらく台地上には貝塚の分布に沿って多くの住居群が点在したのであろう【註9】。第5次調査で台地上から検出された住居跡6軒は、その一部になる。

大森貝塚の性格

大森貝塚が形成された縄文後・晩期当時の状況を想定してみよう。

海浜に面する台地上には崖縁に沿うように住居群が点在していた。東京湾には古東京川（江戸川）、荒川、多摩川、鶴見川等をはじめ大小いくつもの河川が流れ込む。“森は海の恋人”と言われるように、豊かな森の資源はプランクトンを増殖させたから、東京湾はさながら波静かな天然の生簀であった。日々の暮らしを支える食料の多くは、目の前にひろがる海辺で調達する魚介類に依存したが、後背に広がる森林でも鳥獣類を狩り、クリ・ドングリ・クルミなどの堅果類を採取することができた【註10】。西側の谷ではセリや若菜を摘草し、小川は生活を潤す水を汲みトチノミをアク抜きする水場でもあり、沐浴の場でもあった。豊穣の海に加えて台地と低地のさまざまの資源に恵まれた人びとは、日々に食べた貝殻や魚骨、破損した土器などを崖下に投棄しつづけたから、貝層は前面にも大きく張り出して、長さ100m、高さ4mという量感あふれる大貝塚になったのである。

東京大学理学部人類学教室（総合研究博物館）には第1次調査で回収された膨大な量の土器が保管されている。しかし、それでも全体からみれば一部なのであろう【註11】。土器には、日常的に多用されたはずの粗製深鉢や無文土器が少なく、何らかの基準で選別されたことが指摘されている（関・鈴木正・鈴木加 1982）。松浦・佐々木たちが1日発掘しても持ち帰れる遺物量に限りがあれば、どうしても文様ある土器片や珍奇な形態の方が優先され、多量に出土した粗製土器片は遺棄されたのであろう。

土器型式からは、何時頃の時代にどの地域の集団により造られた土器かの見当がつく。大森貝塚は主に後期加曽利B式期に形成されたが、加曽利B式には縄文土器でもとりわけ多種多様の形態がある。モースは、「さまざまな形、無限な変化に富む装飾をもつ莫大な土器の存在」に眼を見張っている。それもそのはず大森貝塚には西関東の土器だけでなく、東関東の土器がかなり含まれているから、余計に複雑なのである。また、東関東の貝塚地域に特有の骨角製漁撈具がいくつも出土している。銚子市余山貝塚の辺りから土器と自前の生産用具を携えて東京湾を遡航してきた人びとが、共存共栄していた形跡がある。この辺りは東京湾の海上交通網における要衝の地であり、武蔵野台地や多摩丘陵の一帯に居住する西関東地域集団の前線基地ともいうべきで、東関東集団と折衝する情報センターにもなっていたのではないだろうか（安孫子 2008）。

こうした研究の成果を振り返るとき、たまたま貝類の研究に来日したモースの眼に止まったのが名実ともに縄文時代を代表する大森貝塚であったことは、モースにとってもまた日本にとっても僥倖だったのである。

【註1】 モースは1917年にセーラムの自宅で87歳の生涯をとじると、遺言により、全ての蔵書が関東大震災で罹災した東京大学に寄贈された。モースの遺徳をしのぶ大阪毎日新聞社社長本山彦一の提案により（【註3】参照）、1929年に品川区鹿島町の地に「大森貝塚」碑が建てられたが、翌年には、50余年前の調査に参加した佐々木忠次郎

の記憶を基に、大田区山王にも「大森貝墟」碑が建てられた（図8-3)。モースが調査したのは品川区側であったが、大森駅が目印になったから大森貝塚と命名されたようである。

【註2】 阿部芳郎氏（2008）は、竹下次作が保有していた1941年調査の断面写真と土層図が一致するというが、この土層図は1929年に大山が調査した貝塚碑近くの純貝層図である。

【註3】 本山彦一の提案により紀念碑が建設されることになり、「有坂博士、杉山氏及公爵は協議の上、貝塚の現状調査、建設位置の撰定、並びに紀念碑の設計に着手する傍……」（宮坂1930）と、大森貝塚紀念碑建設の経緯が記されている。大山はこれを踏まえて貝塚の現状調査を行ったのである。

【註4】 大山(1967)によれば、この調査地点(▲印)はモースの中央貝層の範囲内である。しかし、川崎報告の▲印は貝塚範囲の北の限界を示唆するようで、紛らわしい。それが第5次調査にも踏襲されている。

【註5】 東貝塚はモースの第1次調査に関連する崖上の貝層、西貝塚は西側谷に面する晩期貝塚の広がりであろう。

【註6】「鉄道は貝塚を大きく貫いて走っており、線路を越えた反対側の畑には、かつて貝塚を構成していた土器破片や貝殻が散らばっている」（モース1879)。大山柏も鉄道当局の工事関係者から、「貝層上にレールを敷いた場合、列車運行の際、レールがバウンドして運行上面白くないので、貝層部分は悉く除去した」ことを訊きだしている（大山1967)。当初の貝塚は、崖面から前面に張り出すように堆積していた模様である。

【註7】『東京都総合地盤図』（都土木技術研究所1977）のボーリング資料によれば、線路際の低地（23-15区№23地点）は標高4.2mで、表土厚0.8mを測る。ローム土の上面が標高3.4mとすると、縄文海進時の波濤が台地に達すれば崖裾を侵食してオーバーハングし崩落現象を起こすので、崖は前期後半までの侵食でできた海食崖と考えてよい。

【註8】『日本その日その日』には、発掘初日に、「この多人数で我々は、多くの溝や、深い壕を掘った」とある。1941年の第二次調査、1993年の第四次調査で試掘した地点は、この時に発掘されて埋め戻された貝塚範囲に相当しよう。

【註9】 このような集落形態を阿部芳郎氏は、「谷面並列型集落」（2008）とよんでいる。

【註10】モースは報告書に、「彼らが漁民であったと同時に狩人でもあった」と記している。

【註11】崖面に残された貝層部分からは膨大な量の遺物が回収されたが、大部の貝層は線路を敷くときに除去されてしまったのである【註6】参照)。

第９話　岬に所在する貝塚とその領域
――港区 西久保八幡貝塚と愛宕下遺跡

『江戸の崖・東京の崖』（芳賀 2012）に麻布の我善坊谷のことがふれられている。我善坊谷といえば、筆者も 1983 年（昭和 58）3 月にこの谷の南側高台に在る西久保八幡神社境内で縄文貝塚を発掘調査したことがある。そしてこの貝塚の立地から推して、貝塚を遺した人々は周辺にも足跡を遺したはずと睨んでいたところ、たまたま 2010 年（平成 22）秋に、都埋文センターが調査する愛宕山北麓の発掘現場から、貝塚と同じ縄文後期の加曽利 B 式土器が出土しているのを目にすることができた。なんと 27 年後に確認できたというのも何かの縁、そこでこの二つの遺跡の関係を取り上げてみたい。

西久保八幡貝塚

六本木から東に延びる台地が北側に突出した岬のような位置に西久保八幡神社がある（図 9-1）。独立丘陵のようにもみえるが、台地の主脈はさらに飯倉交差点を越えて愛宕山に連続している。標高は約 22m で北側の我善坊谷はそれより 12m 低く、しかも急崖となっている。神社の歴史は古く、『江戸名所図会』『江戸砂子』『御府内備考』などにも記載がある。由緒によれば、寛弘（1004 〜 1012）年中の創建で、慶長 5 年（1600）に当地に建立、1872 年（明治 5）に郷社となっている。しかし社殿等は 1945 年（昭和 20）5 月 25 日から翌未明の空襲で類焼した。現在の社殿・社務所は、1953 年（同 28）8 月に再建されたものという。

当地に縄文時代の貝塚があるらしいことは昭和の初めから知られていたが、正式な発掘調査が行われたことがなくはっきりしなかった【註 1】。この貝塚を発掘調査したのは、都教育委員会が 1982 年（昭和 57）度から 1984 年（同 59）度の 3 年次にわたり国庫補助を受けて行った、東京都心部遺跡分布調査（貝塚・古墳・江戸遺跡）の一環である。総合的な調査成果は『都心部の遺跡』（1985）に報告したが、本貝塚の調査報告書は紙数がかさんだために見送られ、翌々年の文化課の機関誌『文化財の保護』19 に「港区西久保八幡貝塚」（安孫子・宮崎・山崎 1987）として掲載した。

それはともかく、この貝塚の時期は当初、縄文前期か晩期と考えられていた。神社のご理解を得て、社殿の裏手で霊友会釈迦殿との境界に試掘坑を設定したところ（図 9-2）、40cm ほどの褐色土層をはさんで後期前葉から中葉に形成された上下 2 枚の斜面貝層が出現した（図9-3)。貝層は年代が古いほど斜面上方にあり、年代が降るにつれて次第に前方に捨てられる傾向がある。その結果、斜めに重なって堆積していく。貝層下の黒色土からは縄文早期末及び前期前葉の土器が、また貝層の上部からは後期末から晩期中葉までの土器が出土した。この場所は周囲を見わたせる日当たり良好な岬のような高台であったから、縄文人もこの立地を見逃すことなくくりかえし居住したのである。

下部貝層と上部貝層では貝種がかなりちがっていた。下部貝層は純貝層で、斜面上方の1区は堀之内2式期でハマグリが最も多く、オキシジミ、ハイガイがこれに次ぐ。2〜3区の堀之内2式から加曽利B1式期ではハイガイが最も多く、次いでハマグリ、その次にオキシジミ、アサリ、マガキとなっている。中間土層は貝層を伴わないが加曽利B2式土器がまとまって捨てられていた。

上部貝層の時期は斜面上方では加曽利B3式から曽谷式、斜面下方では曽谷式から安行1式期であるが、1mほどの厚さで純貝層、混土貝層、混貝土層が互層をなしている。ハマグリ、ハイガイは後退してオキシジミが最も多く、次いでオオノガイが、さらにシジミ（ヤマトシジミ?）がやや多くなっている。

これら貝種の生息環境をみると、ハマグリ、アサリは湾中央部砂質の内湾砂底群集、ハイガイ、オキシジミ、マガキ、オオノガイは湾奥部砂泥質の干潟群集に属する。全体としては、潮干狩りした場所の海浜環境が内湾砂底から、土砂の堆積により、砂泥質の干潟に変わっていった形跡がある。

それでは西久保八幡貝塚を遺した人たちは、何処の海辺からこれら貝類を採取したのであろうか。宮崎博氏は、「我善坊谷の開口部にあたる溜池谷との連結部の海抜5m付近から愛宕山を経て芝丸山に至る台地東側の凡そ海抜2mラインの内側に砂礫洲（堆）が発達している」ことに着眼し、我善坊谷方面では外堀通りになっている溜池谷の辺り、南側では古川谷の辺り、そして現東京湾に面した側では日比谷通り辺りが当時の海岸線とみている。この三方を候補地とすると、西久保八幡貝塚の住人は、三方に食料貯蔵庫を備えたなんとも贅沢な場所を占地していたことになる。

貝塚からは貝類だけではなく、陸産、海産の多彩な動物遺体が検出された。分析同定した山崎京美氏によれば、貝類には腹足綱のアカニシ・バイなど13種、斧足綱のハイガイ・ハマグリなど15種、魚類には軟骨魚綱のメジロザメ・アカエイなど5種、硬骨魚綱がカタクチイワシ・マアジ・ウナギ・スズキ・マダイ・アイナメ・

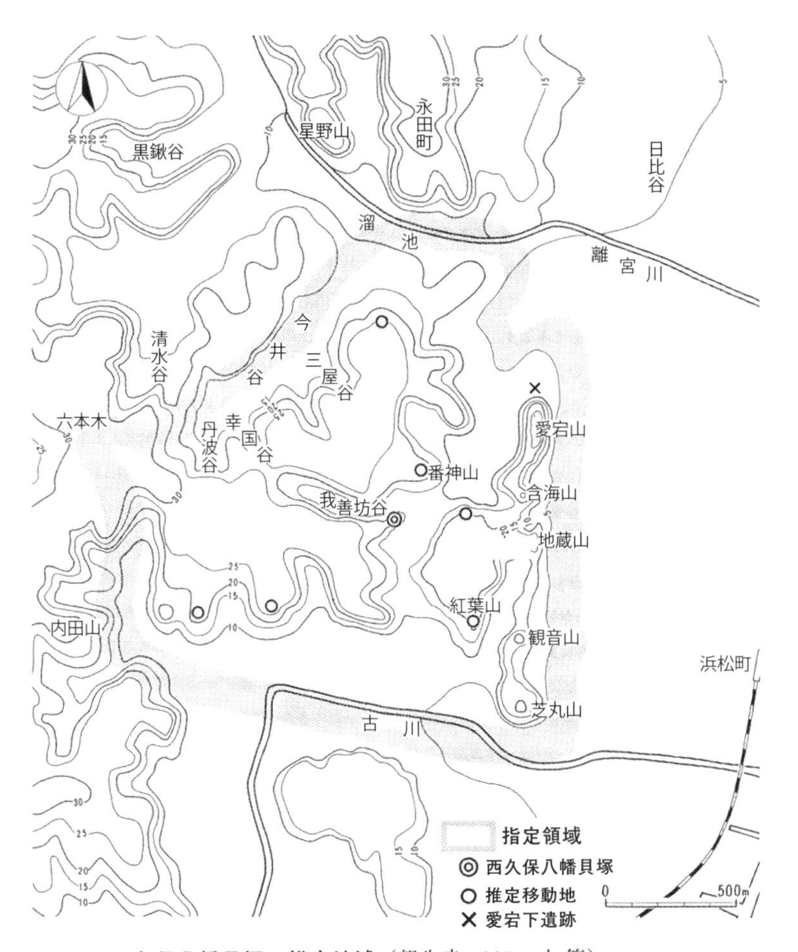

図 9-1　西久保八幡貝塚の推定地域（報告書 1987 に加筆）

コチなど 18 種、両生類にはヒキガエル・アカガエルなど 3 種、爬虫類にはカメ科・ヘビ科の 2 種、鳥類にはフクロウ科・キジ科の 2 種、哺乳類はイノシシが最も多く、シカ・イヌ・ノウサギ・タヌキなど 8 種が数えられた。

調査範囲は限られていたが、東京湾西岸における縄文後期貝塚の様相を知るうえで、貴重な調査成果となったのである【註 2】。

貝塚の資料はその後、森山哲和氏による見事な貝層の接状剥離標本ともども港区教委に所管換えし、港郷土資料館に常設展示されている。

愛宕下遺跡

都埋文センターは、2004年（平成16）から2011年（同23）まで、通称マッカーサー道路と呼ばれる環状第2号線新橋・虎ノ門地区の再開発事業に関わる発掘調査を行った。調査対象地区は第一京浜と外堀通りを結ぶ港区新橋四丁目・西新橋二丁目・虎ノ門一丁目の地内であり、この場所は愛宕山東域の低地で、江戸時代には愛宕下とよばれていた。かつてこの辺りは日比谷の入江であったが、徳川家康の江戸入部（天正18年：1590）以後、江戸城の造成と合わせて都市江戸の基盤整備として沿岸域の埋め立てがおこなわれ、武家地として造成された。環状2号線はこの日比谷入江の開口部付近を横断する格好であり、発掘調査は主にこの武家地を対象としたものであるが、日比谷通りの辺りで、溜池を埋めるような縄文後期中葉に形成された砂洲が三条発見され、注目されていた（石崎2010）。

2010年(平成22)度の調査はさらに西側に移った虎ノ門一丁目の地内で行われた。この場所は北側に突き出した愛宕山の裾部にあたる。調査を担当した江里口省三氏から､縄文後期中葉の遺跡が出現したという案内を得て見学させてもらったところ、愛宕山側から流れでた湧水が澪となって水路をなしており､これを被う砂礫土中に、西久保八幡貝塚と見紛う加曽利B式土器片が散乱していた。土器片は摩耗しているものと新鮮さを止めているものが混在しており、この場所で使用されたものか二次的に堆積したものか、あるいは双方あるのか判断しにくい。また飲用水の調達やトチのアク抜き加工を行った水場遺構であったのかも知れない。

遺物包含層の下は当時の海浜に相当するらしいシルト層で、いわゆる縄文時代の黒褐色土はみられない。遺物包含層の上には葦原のような湿地を形成した時期があったようで、泥炭層が発達している。さらにその上部には黒色土が堆積しているが、これらの年代は不明である（図9-4)。

西久保八幡貝塚人の活動した領域

図9-1は宮崎博氏による、西久保八幡貝塚の住人が主に活動したと想定する領域で、およそ200haの広さである。貝塚から出土した貝や魚は東京湾岸および離宮川(汐留川)、古川の河口から、狩猟や植物食の採取、焚き木の調達などは台地内からと、彼らが生きて行く資源の大分はこの範囲から得たのであろう。同時に、西久保八幡貝塚を拠点としながら、方々に張り出した台地の鼻に移動をくりかえした可能

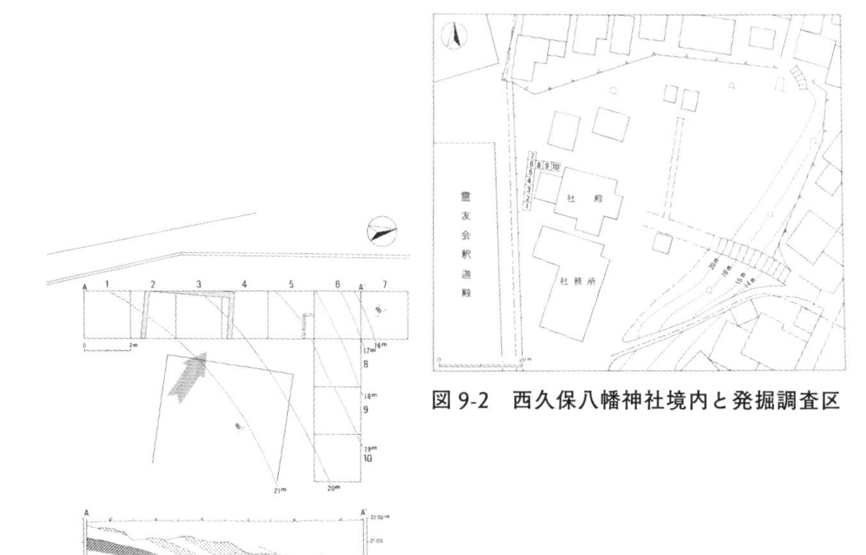

図 9-2　西久保八幡神社境内と発掘調査区

図 9-3　発掘調査区と層序
（矢印は投棄された方向）

図 9-4　愛宕下遺跡の発掘状況（流れの方向は右から左）

性がある。大森貝塚や旧本丸西貝塚、大井権現台貝塚、豊沢貝塚、西ヶ原貝塚といった都区内のめぼしい縄文集落にもこうした領域があり、移動しながら資源を調達する地点がいくつも存在するのであろう。

予想されたことではあったが、今回、愛宕山の北麓から検出された遺跡により、彼らは低地にも進出したことが判明した。貝塚から愛宕下の遺跡までは1km足らずの距離である。また愛宕山の山頂にも東京湾に回遊してくる魚群を見張る物見台が築かれていて、狼煙を上げたりヨーデルのような呼び掛け声で仲間と連絡を取りあったことであろう。

愛宕山の出世の階段を上りきると愛宕神社がある。愛宕の地には「児盤水(こばんすい)」という湧水があったと記された案内板があり、人工の池がしつらえられている。松田磐余氏は、「このような狭長な尾根の山頂に湧水があったとは考えにくい。『児盤水』は崖の途中もしくは崖下にあった湧水であろう」という(松田 2008)。今回の調査地点はまさしくその直下に位置していることから、児盤水の湧水に関わる水路なのかもしれない。

【註1】 大場磐雄氏の『楽石雑筆』(1975)に、1927年(昭和2)8月4日に八幡社を訪れて貝塚から出土した遺物を実見したという記録がある。
【註2】 樋泉岳二氏は、旧本丸西貝塚の自然遺物の構成が至近に所在する西久保八幡貝塚の自然遺物に酷似すると注目している(樋泉 1998)。

第10話　貝塚が移転する話──文京区 御茶ノ水貝塚

いま秋葉原駅の西側の外神田四丁目の場所には巨大な電気街のビルが屹立している。1923年(大正12)の関東大震災で町並みが焼失すると、この跡地に神田青果市場が内神田から越してきて、1989年(平成元)に大田市場に移転するまで、長く東京市民の台所を賄ったところとして馴染みが深い。再開発されるまで青果市場の跡地はしばらく広場となっていて、駅のプラットフォームからスケートボードやバスケットボールに興じる若者たちの姿を見ることができた。

その跡地が、東京都建設局の秋葉原付近土地区画整理事業で再開発されることになって、都埋文センターにより発掘調査が行われた。江戸の切絵図等によれば、当地は武家地と町人地にまたがっていたが、神田青果市場の建物のコンクリート基礎杭で遺跡の相当部分が破壊されている可能性もあった。試掘調査で1万1千㎡弱のうち5割方が残されていることがわかり、2001年（平13）6月から翌年3月まで発掘調査されて、多大な成果が得られた。

外神田四丁目遺跡の立地と歴史的環境

このエリアは、西から北側に展開する武蔵野台地と東と南にひろがる東京低地との境界付近に位置している。鈴木理生氏の地形復元によると（鈴木2003）、徳川家康が江戸入城した天正18年（1590）当時は、西側の台地との境を上野の不忍池方面から南に旧石神井川が流れ、東側には後のお玉ヶ池となる低湿地が広がっていたという。この場所はその両者に挟まれた微高地に位置している。その後、旧石神井川は慶長10年（1605）に開削された神田川の前身とつながり、東進して浅草川（隅田川）に放流されるようになる。

発掘調査された範囲は南北108m、東西82mにわたる。調査地には武家地と町人地の区画があり、盛土と整地が複雑に錯綜していて、調査を困難なものとしていた。江戸時代前期の地山から現地表までは2.5mほど盛土されており、400年の間に生活面が4面含まれていることが確認された。埋め立てられる前は水田であったようで、正保元年（1644）頃の古絵図になると寺院の墓地に変わっている。その後、武家地になったものの、明暦3年（1657）の大火で江戸の街が焼失すると、外神田地域の都市設計がなされ、武家地と町人地が区画されるようになる。現在の秋葉原の区画の原型は、この時の区画が基礎になっているようである。

江戸期の縄文貝塚

発掘調査では江戸の遺跡の成果もさりながら、縄文時代の貝塚が現われたから驚かされた。貝塚が検出されたのは中央より南側の地点で、標高1mの地山から20m四方、最深で1.4mほど掘り込まれた土取り穴の下層に純貝層がレンズ状に詰め込まれ、上層をローム土と黒色土が互層をなして封印されていた（図10-2）。砂や砂礫を掘りだした穴の跡がヘドロ状になっていたので、江戸初期に、地盤改良のためにどこからか貝塚の貝殻等を掘り崩して運んできたらしい。貝殻は土のうに詰められていたらしく、50×60×15cmほどの塊になっており、最下面は水に浸っていたため鉄分が付着していた。土取り穴の総土量は450㎥ほどに上り、貝殻をはじめ縄文土器片、動物遺体等の出土遺物量は、コンテナ3,900箱（156㎥）にもおよぶ。

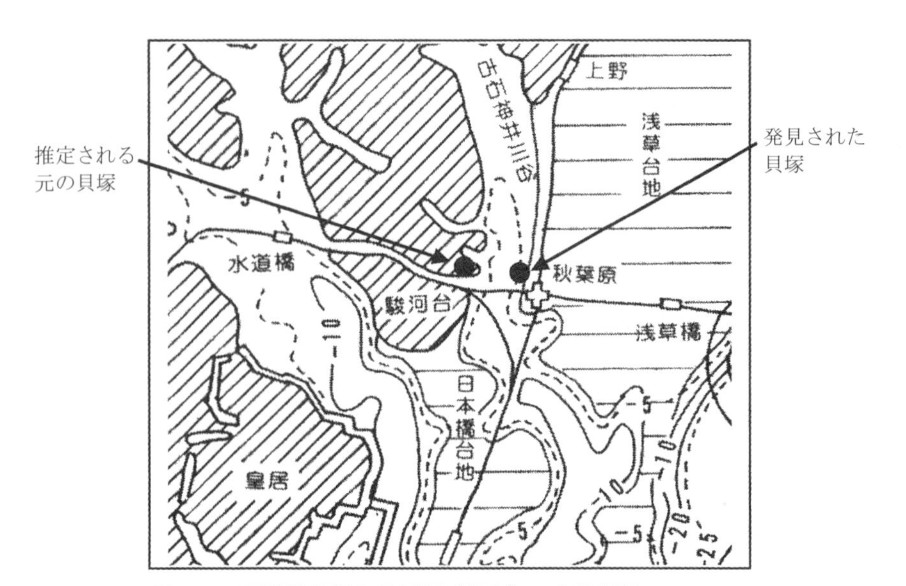

図 10-1　再堆積貝塚と元貝塚（推定）の位置関係
（元図は、松田 2009［『季刊 Collegio』No.38, p3］による）

図 10-2　江戸時代の再堆積貝塚（及川 2004）

このうち貝殻だけで130㎥（土のう袋3,000袋）という膨大な量である。

貝層の時期は縄文後期の堀之内式から加曽利B式土器が主体であるが、中期から晩期までの各型式があり、早期・前期の土器、弥生、古墳、奈良・平安時代の土器などもわずかながら混じっていた。貝の全体の5割は鹹水性のハマグリで、アサリ、マガキ、オオノガイがつづき、汽水性のヤマトシジミも少量含まれる。貝以外の動物遺存体は278種を数える。このうち86%は哺乳類で、ニホンジカ47%、イノシシ31%が多かった。魚類はスズキが主体であったが、小魚の骨は見逃されたらしい。見紛うことのない縄文の貝塚といえる。

推定される「元貝塚」

調査を担当した及川良彦氏は、上部にローム土が積まれていることから、西側の同じ台地側に掘り取られた元の貝塚があったと考え、本遺跡から同心円を描いて、膨大な量の縄文貝層を提供した貝塚のありかを推測した（図10-3）。最も近接するのは西側0.7kmに位置する御茶ノ水貝塚であり、次いで北側1.kmに位置する湯島切通し貝塚が有力である。ただし神田山を切り崩して下谷を埋め立てたという歴史もあるので、土取りされて煙滅した大貝塚があったのではないかともいう。

御茶ノ水貝塚は、1952年（昭和27）8月に、当時市ヶ谷高等学校教諭であった榎本金之丞氏が、地下鉄御茶ノ水駅の建設で掘り出された土に貝殻と縄文土器が混じっているのを東京医科歯科大学構内に発見したことに由来する（榎本1953）【註1】。この貝塚の土器型式も堀之内式から加曽利B式、安行式が主体であり、早期、前期の土器もごく少量採取されていて、外神田四丁目の再堆積貝塚と時期的に矛盾しない。しかしこの地点よりも貝塚の本体が在ったと目されるのは同じ台地の先端側である。そこには湯島聖堂が建っているが、貝塚を形成するにはこちらの方が申し分ない立地といえる。また再堆積貝塚が発見された地点までは0.4kmの至近にある（図10-1）。

おそらく、縄文の人びとはこの高台を居住の場として、当時はまだ海水が浸入していた秋葉原の海岸でハマグリ等を潮干狩りし、食した貝殻を崖面に投棄したのがうず高い貝層になったのであろう。そうであれば、捕食された貝は再び古巣の低地に戻されて、江戸人にも役立ったのである。

【註1】 以前、地下鉄御茶ノ水駅の出入口のすぐ上の東京医科歯科大学構内に貝塚発見の碑があったが、校舎の建替えにより撤去されてしまった。

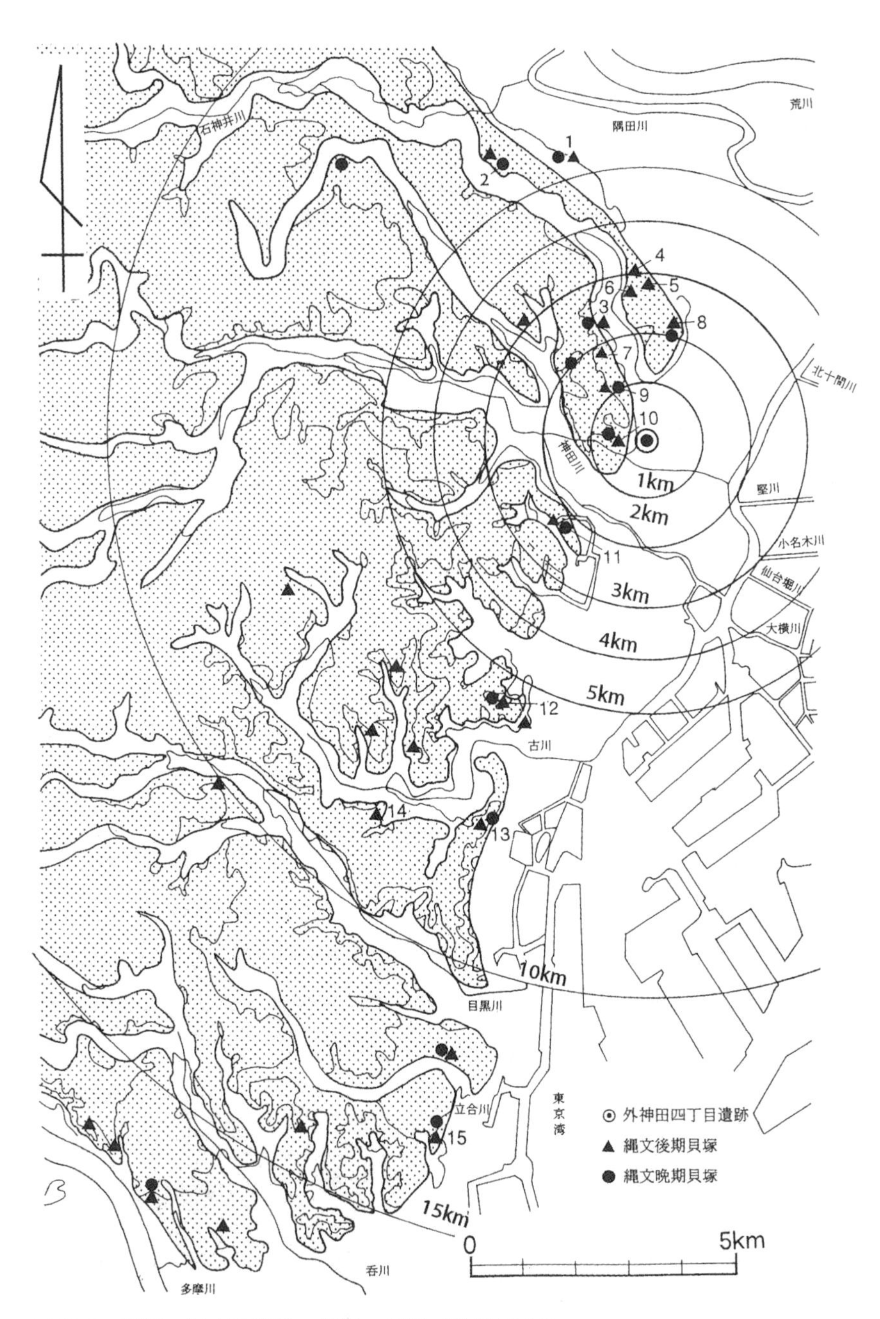

図 10-3　周辺の縄文時代後・晩期の貝塚（及川 2004）

第11話　皇居内で発見された縄文貝塚——千代田区 旧本丸西貝塚

> 「竹橋駅から東京国立近代美術館前の紀伊国坂を西に上がって約300メートル、平川濠と乾濠（三日月濠）をへだてる北桔橋を渡って皇宮警察署員がチェックする城門をくぐり、入園票をもらうと、目の前はもう江戸城天守閣跡。残された白茶色の巨大な石垣（高さ18メートル、標高29.59メートル）が圧倒的ボリュームを誇っています」（芳賀2012）。

戦時中、この天守台に近衛師団司令部の見張台が築かれていた。1948年（昭和23）春、公務でこの天守台を調査した文部技官黒板昌夫氏が、ここに運ばれた盛り土中に貝殻と縄文土器破片が混じっているのを見つけて土の由来を確かめたところ、天守台のすぐ西側の呉竹寮前とわかった。この場所は、西桔橋から上がった蓮池濠に面する崖上にあたる（図11-3）。

同年8月、東北大学名誉教授長谷部言人氏と東京大学理学部助手酒詰仲男氏は、同技官の案内を得てこの場所を視察、貝層が一部残存していることを確認した。東京大学人類学教室は宮内府に貝塚の発掘調査の許可を得ると、翌49年の4月から5月の1ヵ月余、長谷部氏の命を受けた酒詰氏と渡辺仁氏が中心となり、本発掘調査を行った。

しかし調査を担当した酒詰氏は、間もなく奈良県立橿原考古学研究所を経て同志社大学に迎えられ、東京大学人類学教室には出土資料だけが残された。このため遺跡の内容を知り得るのは試掘調査時の短報（酒詰1951）だけで、詳細は不明なままにあった。

その資料が早稲田大学の高橋龍三郎氏と樋泉岳二氏により整理され、調査から半世紀を経て、『新編　千代田区史』（1998）に報告された。併せて人類学教室（東京大学総合研究博物館）に保管されていた酒詰氏手書きの「調査予報」【註1】（酒詰仲1949）も掲載されて、ようやく旧本丸西貝塚の実態が明らかにされたのである。

酒詰氏の「調査予報」

「調査予報」には、調査に至った経緯から調査の状況、本貝塚が宮城の台地に形成された立地の概況、発掘経過及び貝層の状況【註2】、それに貝塚研究の第一人者らしく、貝類の種目と量比（最多・多・稀）や獣骨、魚骨等の動物遺体がかなり詳しく記されている。人工遺物には、土器のほかに土偶などの土製品、石製品、貝製品、骨角牙製品等が見られるという。末尾に、高橋氏が「調査予報」について要を得た解説を加えているので、その一部を紹介する。

「貝層は各所で攪乱を受け、本来の層位がどこまで残存していたか、この短報では窺い知れないが、略後期から晩期にわたって営まれた貝塚であり、特に安行2・3式が貝層中で発見されたことは意義深い。縄文時代晩期（安行3c式）【註3】にいたって、なお貝類の採集活動、漁撈活動が生業の一分野として存続していたことを物語っている。報告文には、貝類38種、魚類4種、哺乳類6種、鳥類などの自然遺物が同定され、それらを捕獲するための漁具（有孔角製銛頭、鹿角製釣針、牙鏃等）が出土したと報告され、依然として強い海への適応を垣間見ることができる」（高橋 1998）。

特殊遺物について

出土した遺物の中から、土偶頭部（図11-4-2）と鹿角製銛頭（図11-4-3・4）を取りあげる。土偶頭部は一見、加曽利B式に伴う山形土偶のようであるが、頭頂部から後頭部に貼りつけられた装飾、おちょぼ口風の表現は、山形土偶よりも後出の要素といえる。最も近似する例は、山梨県金生遺跡20号住居跡の後期末ないし晩期初の土器に伴った土偶（新津 1989）である。

鹿角製銛頭については渡辺誠氏の先駆的な研究（渡辺 1983）がある。それによれば、この資料は仙台湾で後期後半から晩期に盛行した「沼津型離頭銛頭」の形態に相当する。それだけに三陸方面の漁撈具がこの遺跡から2点も出土したのが気になる。出土した鹿角製銛頭の活用をめぐって樋泉氏と高橋氏の所見が若干違っているので、両論を併記しよう。

「本遺跡で特徴的なのは、2点の鹿角製銛頭である。胴部中央付近の穴に紐を結び、根元を差し込んで用いたと推定される。銛が獲物に命中すると、柄が抜けて銛頭だけが獲物の体内に残り、紐を通じて獲物を確保する仕掛けである。（中略）こうした銛頭は、一般にはイルカ・クジラ類やアシカ類などの海獣またはカジキなどの大型魚を対象に用いられたと考えられている。しかしこうした大型魚類・海獣類が東京湾内に進入することは少なく、出土遺体からみても、イルカ・クジラ類が若干混じる程度であるから、これらの銛頭が本遺跡の漁業の中で積極的に活用されていたとは考えにくい」（樋泉 1998）。

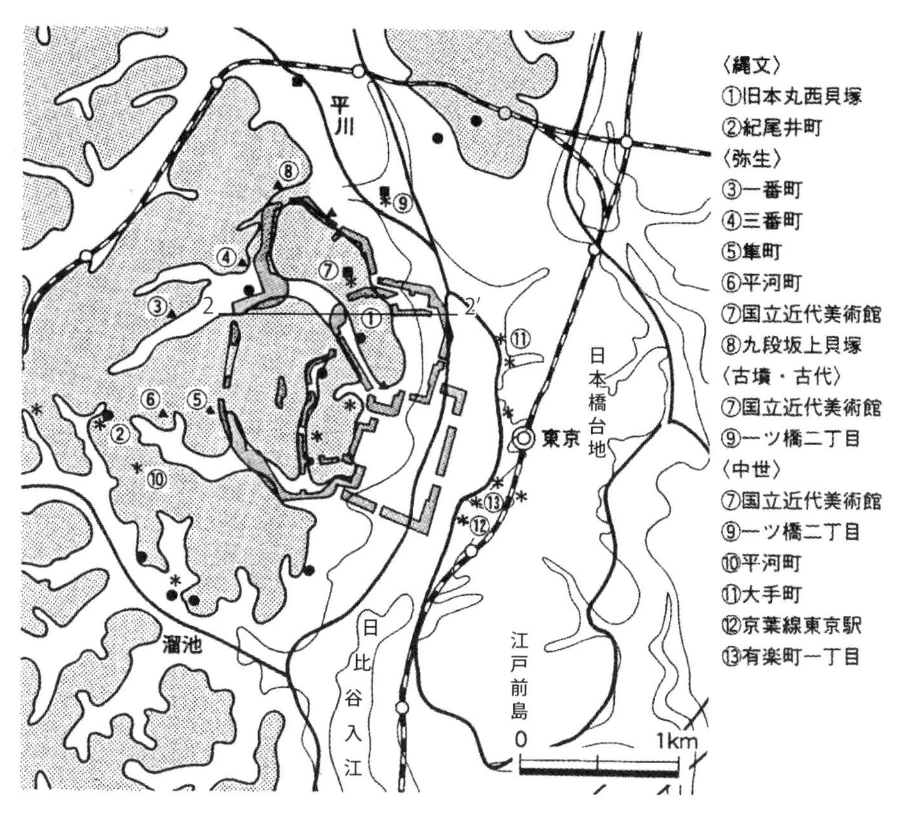

図 11-1　千代田区の地形図（網部分が台地）（千代田区教委 2001 に追補）

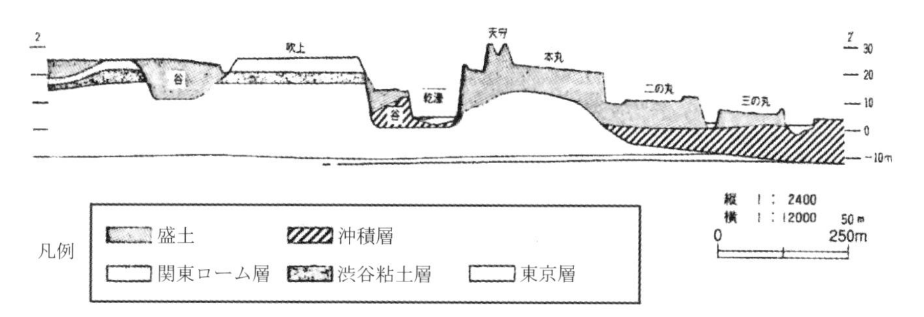

図 11-2　上図 2-2' 地盤の断面想定図（宮内庁 1972 原図）

「クロダイやスズキ、ボラなどの魚骨が物語るように、内湾での漁撈活動が重要な生業であった。しかし、貝層中からは、鹿角製の立派な離頭銛が2例検出されており、沿岸部に限られた水域だけではなく、古東京湾の沖合いにまで進出して、大型魚類や哺乳類などを積極的に捕獲した様子をみることができる」(高橋 2001)。

旧本丸西貝塚の地形と立地

当地は、武蔵野台地東部の平川（神田川）と目黒川にはさまれた淀橋台の末端部の麹町台地とよばれる一部で、九段坂上から北の丸公園を通って細長くつづいた先端部には富士見櫓が建っている。太田道灌が築いた江戸城もこの場所のようで、三方が屹立する自然の要害となっている。

江戸城は、天正18年（1590）に徳川家康が入部して後、慶長期から寛永期までの半世紀に、天下普請として全国の大名を動員して造られた近世最大級の城郭である。各所が大規模に切り土、盛り土された結果、往時の原形はほとんど止めていない。図11-1・2は、丁度、天守台と貝塚の辺りを東西に分断した地盤図で、乾濠・蓮池濠は日比谷入江から北西に向かう支谷を活かして開削されている。貝塚はその支谷を見下ろす台地縁辺に発見された。また、平川濠の開削で分かりにくいが、国立近代美術館の建設で発掘調査された竹橋門地区も本貝塚と地続きの台地上にあり、旧石器時代以降、縄文各期をはじめ連綿と遺跡が営まれた（古泉他 1991）。

いっぽう日比谷入江に面する東側の崖線は、わずかに白鳥濠（図で本丸と二の丸の境の南）に名残を止めるが、その濠自体10 mほど嵩上げされたものという（芳賀 2012)。乾濠から白鳥濠の間は250mほどで、この本来の台地上に江戸城本丸が置かれていた。

縄文時代、日比谷入江と台地足下の支谷は鹹水に平川（神田川）などの真水が流れ込んだ好漁場である。一段低い対岸の日本橋台地は縄文海進でできた波食台で、海浜は潮干狩りの場になったのであろう。台地上には食用植物が自生し鳥獣の住処でもあったから、縄文人にとり界隈は格好の居住環境であり、そこかしこに居住の痕跡が認められたはずである。大方は地形の改変により湮滅したが、その中で旧本丸西貝塚と竹橋門地区の調査により旧状を垣間見ることができたのである（図11-1)。

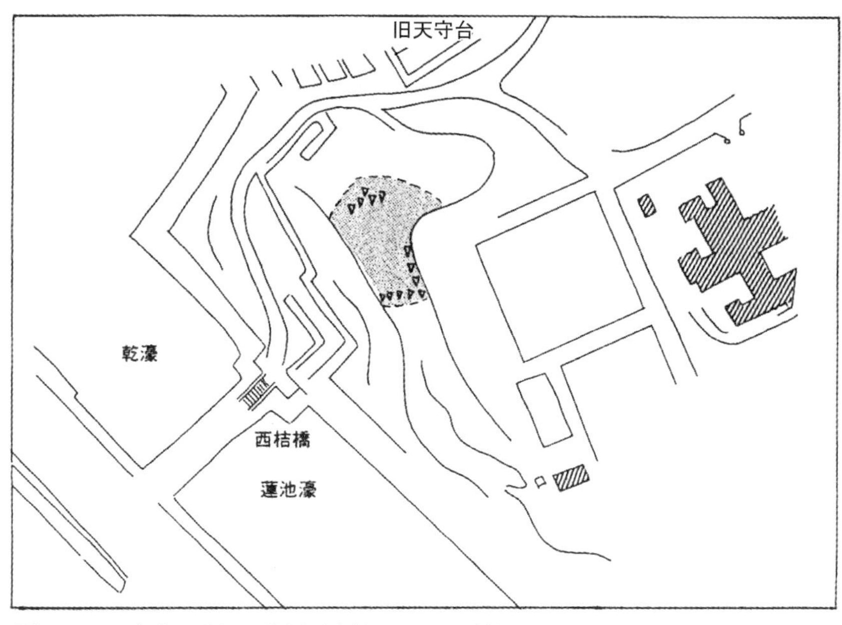

図 11-3　旧本丸西貝塚の位置（高橋 2001 に加筆）

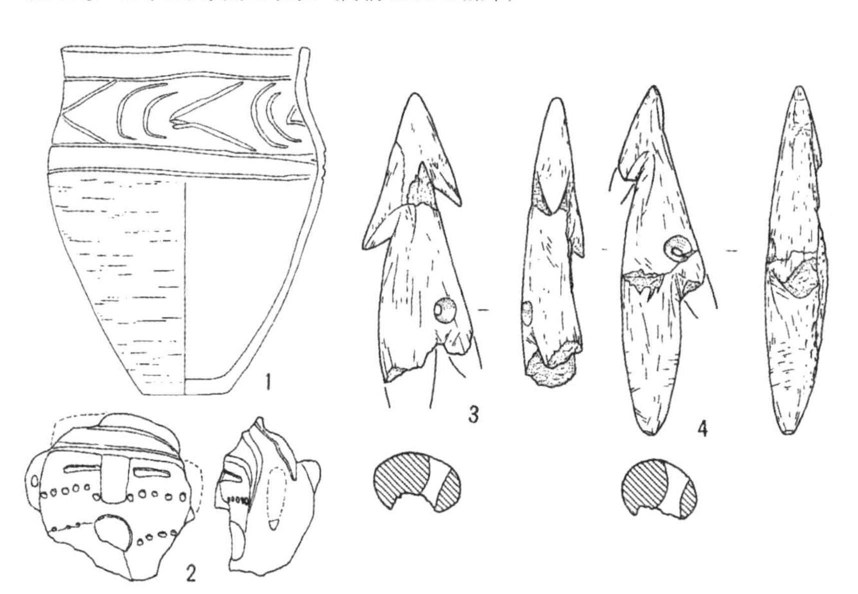

図 11-4　旧本丸西貝塚出土の遺物（高橋・樋泉 2001）

【註1】「調査予報」は、発掘調査終了からわずか18日でまとめられたが、多量出土した自然遺物などについても詳しく分析されている。文中に、「この間両陛下はじめ宮様方の御覧を忝くしたのは、感激感謝にたえないところである」とある。この調査成果をなるべく速く宮内府、文部省にも報告したい意向が働いたからであろう。

1933年（昭和8）6月15日、酒詰氏は、危険思想の持ち主という容疑で特高警察に検挙され、30日間拘留された。このとき拷問を受けて前歯2本（4本?）が折られている。氏は、「もし自分が解放されたら、今後政治運動は絶対にやらないこと、そして歴史の勉強を徹底的にやり、それを生涯の仕事にしよう、とかたく決心したという。「貝塚」という遺跡があることを知り、そこから出てくるいろいろな資料を駆使して、実証的な古代史を組み立ててみたい」（芹沢1975）と考えたという。

静枝夫人も、「天皇陛下の御前に出てこれは真なりと断言できる学問をやろうと、豚箱のなかで自分に誓ったことを述懐した。歴史は大きく前進して、意外に早くそのときがきた。昭和24年宮城内貝塚調査の依頼が東京大学にあったとき、諸先輩、各専門家をおいて発掘主任を命じられ、調査のみぎり、再度両陛下の行幸啓を仰いでじきじきのお言葉をたまわり、科学者としての陛下の御下問にこたえた。とうとう天皇陛下にほんとうのことを申し上げられたよと、このときばかりは目に涙のにじんでいるのを見て私もともに泣いた」（酒詰静1967）。

1946年（昭和21）元旦にそれまで現人神だった天皇が人間宣言したことにより、かつて共産党シンパだった酒詰氏も科学者天皇にシンパシーを覚えたのであろう。

【註2】貝層は厚いところで2mから80㎝で堆積しており、貝層下にはロームとの間に黒色土層があるという。貝層から出土したのは大体晩期土器で、貝層下（層?）からは後期の加曽利B式から堀之内式、黒色土中からは中期加曽利E式、前期諸磯式土器が少量出土したことが記されている。

【註3】報告された土器でもっとも新しいのは、晩期前葉の安行3b式（図11-4-1）である。

第12話　妙正寺川流域の環状集落——新宿区 落合遺跡

新宿区中落合四丁目に所在する学校法人目白学園の構内は、目白台がはりだした西端の平場にあって、先人たちならずとも集落を構えたくなる風光明媚な立地景観にある（図12-1）。この遺跡が注目されるようになったのは1950年（昭和25）に國學院大學の樋口清之氏が縄文中期と弥生後期の住居跡を発掘調査したことによる。その後、目白学園では校舎等施設の拡充が相次いだが、文化財の保存と愛護に理解があり、2009年（平成21）7月現在で14次の発掘調査が実施されてきた。この間に検出された遺構は、縄文時代中期の住居跡95軒、炉跡4基、弥生時代後期の住居跡71軒、掘立柱建物跡1棟、方形周溝墓1基、奈良時代の住居跡25軒、掘立柱建物跡2棟、土師器焼成坑19基にのぼる。それらの調査成果は、体育館棟に併設された遺跡展示室で公開されている。

このように落合遺跡は、縄文中期、弥生後期、奈良時代という時代の異なる大規模集落が、3度にわたり営まれた都内でも稀有の遺跡である。筆者も青池紀子氏と最新の14次調査に参加し、それまでの成果（石川季・徳沢・板倉・林原1997）を踏まえながら報告した（安孫子・青池2010）。ここではそのうちの縄文中期集落に焦点をあててみよう。

落合遺跡の立地景観

遺跡は、杉並区妙正寺池を水源とする妙正寺川が北西から南東に流れてきて台地につきあたり、南に流路を迂回し、さらに東流する地点の台地上にある（図12-1）。妙正寺川は、この下流の落合橋付近で井の頭池を源流とする神田川に合流し、新宿・豊島・文京区の区境を東に流れ、やがて中央区東日本橋の柳橋先で隅田川にそそぐ。

台地は南が急斜面、西が急崖線、北が緩斜面で、低地は三方が妙正寺川の氾濫原になっている。このため遺跡が立地する台地先端は、自然の要害のような舌状をした独立丘にみえる。この流域の縄文時代遺跡は、ほとんどが河川沿いの台地縁辺に連なるように分布していて（図12-2）、縄文人の日常の生活に関わる生業、すなわち食用植物の採取、堅果類のアク抜きや川魚漁、水を求めて参集した鳥獣の捕獲などが水辺と密接に関わっていたことをうかがわせる。

縄文中期集落の構造

図12-3上は、これまでの調査で検出された遺構群であり、そのうちのアミ掛けが縄文中期住居跡である。しかしこの図は弥生後期や奈良時代の住居跡も重複しているため、縄文中期集落の配置構造はとらえにくい。そこで縄文中期の住居跡をとりだして時期毎にどのような分布をするのか、勝坂式期（△）、加曽利E1〜2式期（□）、加曽利E3〜4式期（○）、それに細別時期不詳（◇）に記号化して概観してみる（図12-3下）。なお、集落が開始された勝坂式期は「新地平編年」（小林謙・中山・黒尾2004）の8a期（3270年cal BC）、終焉した称名寺1式期は14a期（2470年cal BC）にあたるから、集落は断続的ながらおよそ800年間営まれたものであろう。

図12-3下をみると、遺構の重複が著しい調査地区と過疎の調査地区があり、住居跡の分布はかならずしも均一にはない。中央調査区の南側と東側の2地区は細別時期が不詳の住居跡が目立つ。これは、前者は住居同士が複雑に重複していて細別時期を特定できないため、後者は調査報告書が未刊行のため細別時期が不詳である。

また、中央調査地区には加曽利E3—E4式期の住居跡が集中している。これは中期も末葉になると環状集落の規模が縮小してきて、墓域として規制されてきた中央広場に住居が進出してくるからである。本集落でも中央調査地区は副葬品をともなう土坑等33基が集中しており、墓域とされていた所である。さらに、中央東調査地区の北側には住居の設営が見られず、対極にあたる南西調査地区にも細別時期不詳の住居跡が1軒あるだけで、過疎である。

つまりこの集落は、墓域のある中央広場をはさんで北西側と南東側に向かいあう2大住居群があり、地縁集団が対峙していた双分制社会を表象する構図が浮かび上がる。境界にあたる空隙の延長上の一方には台地から低地に降りる路があり、もう一方には台地の内側に通じる路があったのだろう。

この配置の構図を破線で示すと、中央広場の規模は第25話の八王子市神谷原遺跡を引きあいにすると半径35mほどになる。集落範囲は台地の幅いっぱい半径100mほどの円に収まる範囲とすると、落合集落の面積は3ha強になる。妙正寺川流域の堂々とした縄文モデル村（小林1980）に相応しい拠点集落である。すると流域一帯に分布する遺跡群（図12-2）は、落合集落から分村した小集落や季節的なキャンプ生活を送った遺跡なのであろう。

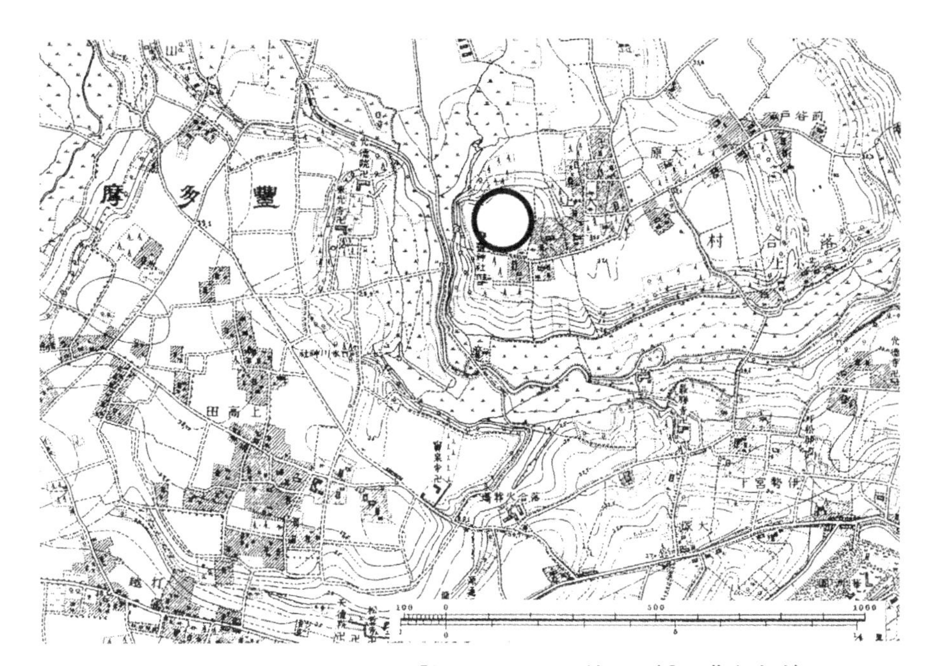

図 12-1　1909 年測図 1：10000 地形図「新井」の一部を縮小。（○は落合遺跡）

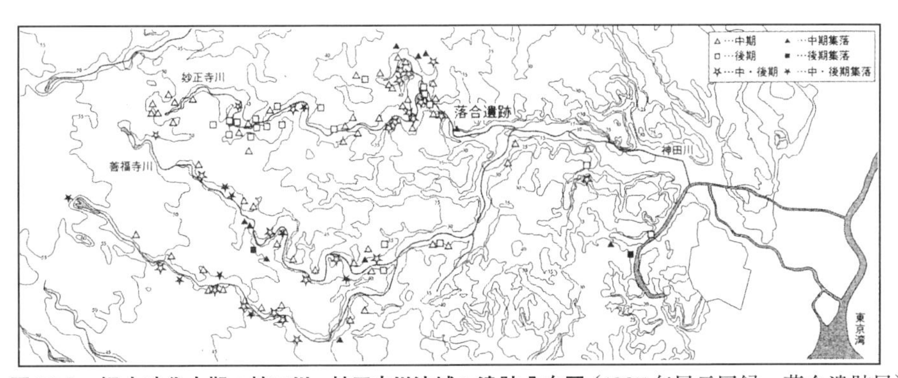

図 12-2　縄文時代中期の神田川・妙正寺川流域の遺跡分布図（1997 年展示図録　落合遺跡展）

なぜ環状集落なのか

落合遺跡の縄文集落を分析して､典型的な環状集落であることが明らかになった。環状集落はいかにも合理的な集落形態でその後も長く引き継がれたように思える。ところが、弥生後期の集落も奈良時代の集落も住居の配置はアトランダムで、定型

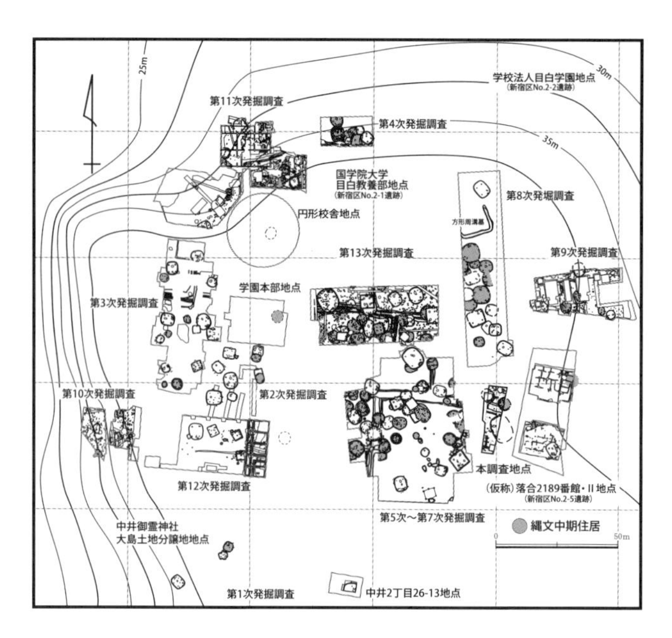

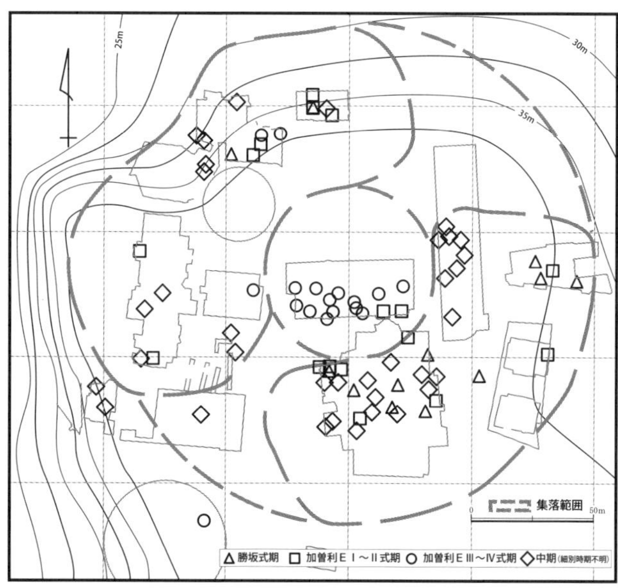

図 12-3　落合遺跡の遺構分布図（上）
縄文中期住居の分布と集落範囲（下）
（安孫子・青池 2010）

的な集落を形成しているわけではない。それではどうして縄文中期だけ環状集落なのだろうか。一つの代表的な見解として、縄文社会は、基本的には貧富の差がない平等社会だから公共的な中央広場を囲んで各住居が等距離間で配置されたのだという。確かにそうであろうが、もう少し具体的で理論的な説明がほしい。その意味では谷口康浩氏の見解（1999）が説得力あり､興味深い。氏は､環状集落の構造に「重帯構造」と「分節構造」があることに着目する。「重帯構造」とは、中央広場を集団墓地とするとその周りに掘立柱建物を巡らし、さらにその外周に竪穴住居が配置される構造である。「分節構造」とは、環状集落の内部構造に、環状集落の広場を囲んで向き合う住居群や墓域を大きく2分する2大群があり、さらに大群の内部を放射状に区分けする構造である。

住居に囲まれた集落の中央に墓地をもつのは、死者も生者とともに共同体の成員として祀られていて、世代を超えて系統を受け継いできた血縁集団の存在を示唆している。住居群と墓域が同じく分節される構図からは、G・P・マードック（1978）が「リネージ」と呼んだ氏族・系族などの単系出自集団が想定されるという。

それを踏まえ、環状集落を育んだ要因として、縄文中期は環境・資源に恵まれていて縄文人自身の高い技術力と組織力によって生産性が高まり、人口密度が非常に高くなったことを挙げる。人口密度が高くなったときに、限られた領域や資源に対する利権を安定的に領有・継承し、複雑化する集団関係を円滑に調整するため単系出自集団が組織化され、環状集落という形態をとるようになったというのである。

それではなぜ弥生後期や奈良時代の集落は環状集落をとらないのだろうか。谷口氏は、人類学者E・R・サービィス（1978）のいう未開社会の進化の過程としての、バンド社会→部族社会→首長制社会の三段階に着目する。すなわち、東日本の縄文中期社会は、人口密度の増大、社会規模の拡大、集団数の増大、集団機能の特殊化などによって社会が複雑性をました成熟した部族社会の段階であり、環状集落の形態をとる。これに対して、弥生時代後期は方形周溝墓に表象されるように首長制社会になっており、奈良時代はすでに律令社会であるから、いずれも環状集落の形態をとらないとする。

同じ場所に三様の歴史的な集落形態が複合している落合遺跡は、その意味でも注目されるのである。

第13話　都心に残されていた縄文集落——渋谷区 鶯谷遺跡

筆者は、2004年（平成16）に都教委を定年退職すると大成エンジニアリング株式会社に入社して10年ほど埋蔵文化財支援業務に携わった。その我社が請負って発掘調査した鶯谷遺跡は、学生の時分に小林達雄氏の命を受けて作図した土器実測図が『新修　渋谷区史』【註1】（渋谷区1966）に収載された遺跡で、およそ半世紀ぶりの邂逅であった。

鶯谷遺跡は、昭和の戦前期に國學院大學予科講師だった樋口清之氏により発見された歴史的に由緒のある遺跡である。しかし、正式な調査がなかったから、変貌いちじるしい都心域では開発に紛れて湮滅したか、実態不明の遺跡のように忘れられた観があった。

ところがいざ発掘調査したところ、縄文中期後半と弥生後期の集落が複合するきわめて充実した集落遺跡が残されていた。鶯谷遺跡の調査成果は、渋谷区の歴史の一コマを書き換える発見になっただけではなく、すっかり開発されてしまった都心域に残されていた先史時代遺跡の稀有な発見例となったのである。

鶯谷遺跡は、渋谷駅と代官山駅の中間にある広大な一等地である。その場所が、なぜ関東大震災や太平洋戦争、戦後の復興や高度成長期の建設ラッシュの波をくぐりぬけ、原地形が保たれてきたのだろうか、土地所有者と土地の変遷にも興味ひかれるものがある。

遺跡の発見と遺跡の範囲

遺跡は1936年（昭和11）に、渋谷区史編纂事業の計画に伴う区域の分布踏査を行った樋口氏が発見し、その調査原稿も38年には完成していたというが、第二次世界大戦に突入したために刊行が見送られた。戦後になって懸案だった『渋谷区史全』（渋谷区1952）が刊行されたが、このとき鶯谷遺跡の状況も再調査されたようである。区史には、西渋谷丘陵（西渋谷台）群の鶯谷町に所在する先史時代遺跡として、次の3地点が地名表に登録されている。

1　鶯谷町28、29番地付近、鉢山中学校庭及長泉寺境内　丘陵緩傾斜地　包蔵地　阿玉台式、勝坂式、加曽利E式、堀之内式　石鏃、打製石斧、磨製石斧、皮剥、石棒、凹石、石皿、石錘、敲石、土錘　一部僅かに散布を認む。竪穴を認む【註2】。

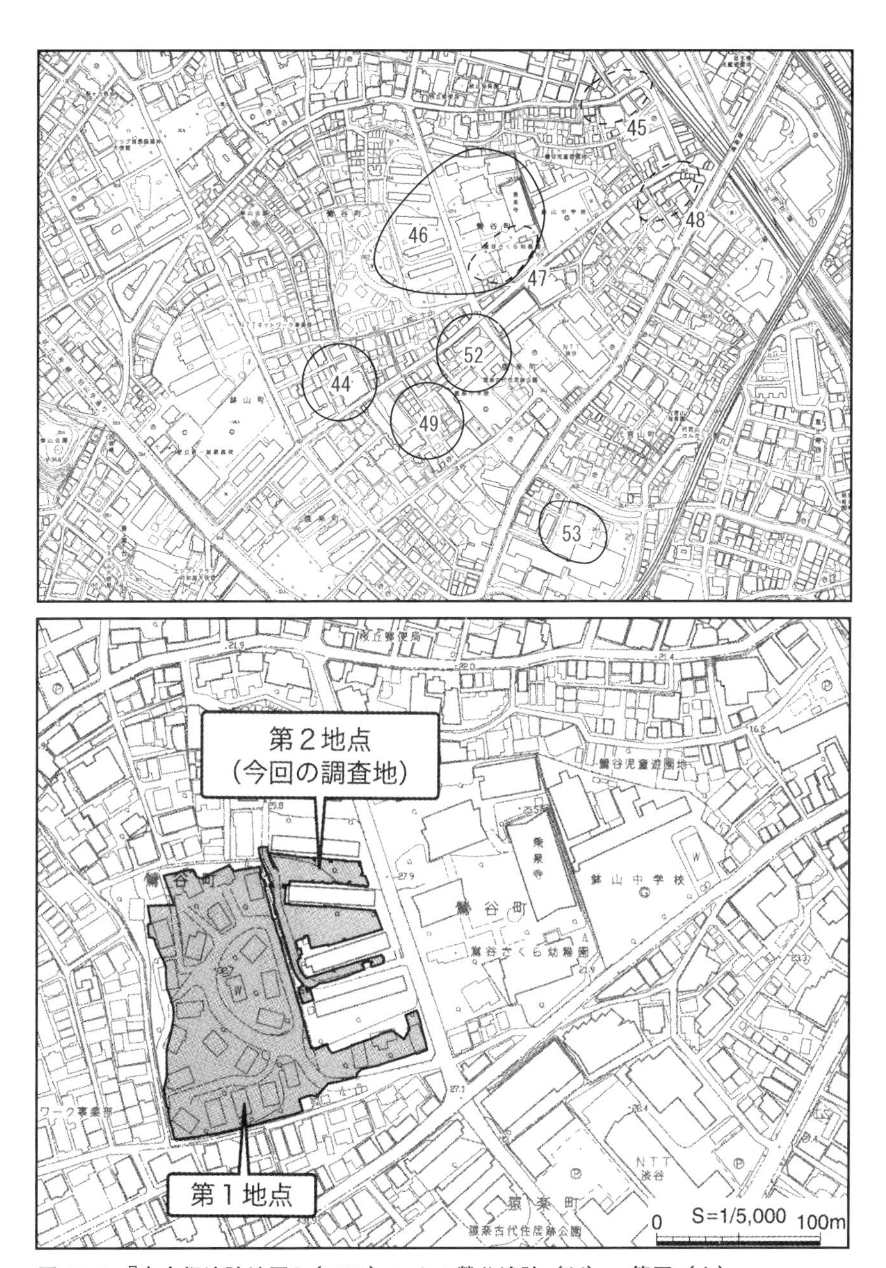

図 13-1　『東京都遺跡地図』(1988) による鶯谷遺跡 (46) の範囲 (上)
鶯谷遺跡の調査範囲 (下) (共和開発株式会社 2009)

2　鶯谷町 43、38 番地長泉寺内　丘陵緩傾斜地　包蔵地　加曽利 E 式　打製石斧　石皿　堙滅

3　鶯谷町 4、8、9 番地付近　丘陵緩傾斜地　散布地　加曽利 E 式　打製石斧　敲石　堙滅

樋口氏は、先史時代の遺跡立地には、渋谷川渓谷又はその支谷に向う傾斜面に存するものと、丘陵上部に立地しているものの二者があるとし、中でも「鶯谷町 28、29 番地遺跡は約 45 度位の傾斜面に存在していることが特色である。だがこれは傾斜面が住居立地となったのではなく、傾斜面の上部にあった遺物が、傾斜面に流れ崩れたものであったと思われる」とし、この地点を鶯谷遺跡と呼んだ。

すると鉢山中学校・乗泉寺はともかく、鶯谷町 28、29 番地は、現在の地図上でどの辺りになるのであろうか。この件を区教委の粕谷崇氏に問合わせたところ、昭和 32 年版の地籍図に、ノースウェスト航空会社社宅敷地（エバーグリーンホームズの前身）に隣接する北側の細切れ住宅地に 26・27・28 番地が認められ、現在の地籍図の鶯谷 17 番地の辺りになると調べてくれた。

いまこの場所は、この度の調査範囲に隣接する丘陵頂部から北側に下りる急斜面の裾近くで、戸建て住宅が建てこんでいる。換言すると、裾から北斜面の狭い道路を上りきると発掘調査した区境にでて、振りかえると北側の丘には渋谷のランドマークともいえるセルリアンタワーが屹立している（図 13-3 上）。谷底には暗渠となった路地が廻っている（図 13-3 右）。この路地はかつて西側の鉢山町にあった湧泉から流れ出た鶯谷川が渋谷川に注いでいた。「現在の鶯谷という地名は、乗泉寺近くにあった鶯橋という橋にちなみ、1928 年（昭和 3）につけられた町名で、……明治末期までは水路沿いに水田があり、そこに複数の水路が広がっていた」という【註 3】（田原 2011）。すると縄文・弥生時代の人びとも、この小川の水を頼りに丘の上に集落を構えたのであろう。

このように見ると、樋口氏が想定した鶯谷遺跡の範囲というのは、『東京都遺跡地図』（都教委 1988）に線引きされている鶯谷遺跡（46）の範囲、すなわち乗泉寺を間に東側の鉢山中学校、西側の住宅公団うぐいす住宅から一部エバーグリーンパークホームズに掛る範囲（図 13-1 上）よりももっと広い、北側の丘の麓までを含む範囲だったのではないだろうか。

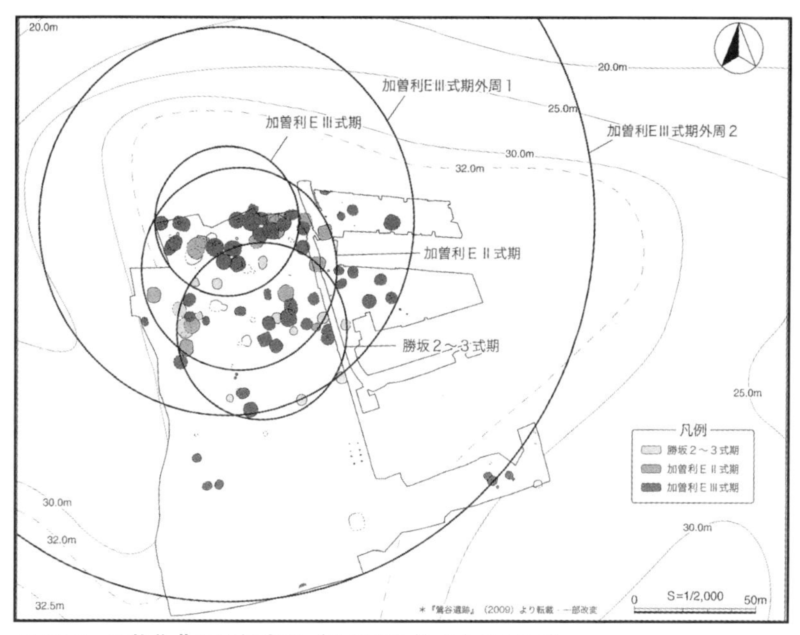

図 13-2　環状集落配置推定図（共和開発株式会社 2009）

図 13-3　頂上から北側を望む景観（上）　谷底路地の景観（右）

遺跡周辺地の大土地所有と変遷

この度の発掘調査の対象となったエバーグリーンパークホームズの跡地は、その前身がノースウエスト航空会社社宅で、広大な敷地には戸建ての瀟洒な洋風建築物（ハウス）が20棟ばかり点在していた。するとこの敷地がどういう経緯で外資系会社の保有に帰したのであろうか。改めて粕谷氏に問合せたところ、鶯谷町と鉢山町の一帯は明治年間には山本達雄男爵【註4】の所有地であったという。

赤坂武宣氏の詳細な調査によれば、その所有する大土地が、後年、乗泉寺を皮切りにノースウエスト航空会社、日本住宅公団、渋谷区へと分割譲渡されて、それがエバーグリーンパークホームズ、うぐいす住宅、鉢山中学校の更新・建設につながったようである。赤坂氏は、代官山地域における大土地所有が地域環境の形成にはたした貢献度を高く評価するとともに、代官山地域の開発や更新計画もこれまでの歴史的文脈を踏まえた環境づくりが望まれるという（赤坂2006）。確かに、まとまった土地として分割されたことが、遺跡破壊の蚕食から免れてきた一因であった。

鶯谷集落の概要

鶯谷町13番地にあたるエバーグリーンパークホームズの跡地1.6haが再開発されることになり、2007年（平成19）に渋谷区教育委員会が試掘調査したところ、良好な状態で遺跡が遺っていることが確認された。その本調査を我社が請負うことになり（調査担当：坂上直嗣）、筆者も度々出向いて縄文中期集落と弥生後期集落が複合する現場の進捗を見守った（図13-1下 第1地点）。

そしてその翌年に、鶯谷町14番地にある東隣のうぐいす住宅の範囲1.1haが建て替えられることになり、損壊した建物部分を除く2,600余㎡を共和開発株式会社が発掘調査した（調査担当：合田芳正・高橋直子）（図13-1下 第2地点）。2次にわたる調査範囲は1.9ha弱に及び、縄文中期と弥生後期の集落が複合する濃密な鶯谷遺跡の実態が明らかにされた。こうして久しく忘れられた観のあった鶯谷遺跡のイメージが一新したのである。

第1地点でみると、調査範囲の地形は、北端の標高32mの頂上から南東側の末端までの距離が150mで、この間の比高差は3mほどでゆるい斜面となっている。遺構は、縄文も弥生もその北端の平坦な頂上側に集中するように分布し、そこから同心円状に薄くなる傾向が見られる。しかし、周回道路や家屋への引き込み通路部分は掘削されたために、遺構の分布が希薄である。本来は頂部から斜面中ほどまでかなり遺構が存在したのであろう（図 13-2)。この頂部が平坦なのは外側 20m ほどまでで、そこから北側の谷底までは先述したように比高差 13m ほどの急斜面となっている。

第 2 地点のうぐいす団地は、日本住宅公団の高層団地としては初期の 1958 年（昭和 33）に建てられたが、その際に建物基礎部分は深掘りされており、また北側の 2 棟分と南端棟の辺りも平坦地化されており、発掘調査の対象から外された。また全体に竪穴住居跡の途中まで削平され、攪乱されている箇所が多く、遺構群は残りが不良であった（図 13-2)。

それでも第 1 地点と第 2 地点を併せると、縄文中期集落の遺構は、竪穴住居跡 89 軒、掘立柱建物跡 1 棟、墓壙・土坑など 35 基、遺構外焼土跡 28 基などが検出された。弥生後期の集落の方は、竪穴住居跡 32 軒、掘立柱建物跡 5 棟等が検出された。その大部は第 1 地点側に認められたものである。

これらの成果を踏まえて、高林均氏が遺跡全体を総括している（高林 2009)。縄文中期の集落については環状集落が想定されるとし、時期別の配置を掲げている（図 13-2)。この中で勝坂式の範囲を調査範囲内に限っているが、（渋谷区 1966）には樋口氏が北側斜面側から採取したらしい勝坂式土器もまとまって出土している。このことに留意すれば、勝坂式の住居跡は北側斜面から頂部にも分布したのであろう。若かりし樋口氏が斜面下で遺物を採集しながら、遺跡の本体は丘の上にあると睨んだ通り、その大規模な縄文集落が 75 年後にまさに丘の上から発見されて、樋口氏の慧眼が立証されたのであった。

【註 1】 増補改訂版となる『新修　渋谷区史』（渋谷区 1966 ）は、樋口清之國學院大學教授が渋谷区から請負って編纂したもので、スタッフの一員として大学講師だった永峯光一氏や大学院生の小林達雄氏が取材や執筆に携わっている。
【註 2】 長泉寺は乗泉寺の誤りであろう。乗泉寺は麻布にあったが、戦後の 1948 年（昭和 23）に松村エミ氏から土地の分譲を受けて移転してきた。
【註 3】 唱歌「春の小川」に詠まれたのどかな情景は、渋谷川の対岸にあたる一支流の河骨川が舞台となっている。
【註 4】 山本達雄（1856 ―1947)。明治後期から戦前昭和期の日本の銀行家・政治家。43 歳で第 5 代日本銀行総裁に就任後、政界に転じて貴族院議員、日本勧業銀行総裁、大蔵大臣・内務大臣・立憲民政党の最高顧問を歴任した（インターネット「ウィキペディア」による)。

コラム2 “新宿に縄文人現る”

“新宿に縄文人現る”とは、平成27年3月〜5月に、新宿歴史博物館で開催された特別展のタイトルである。その目玉展示が40代男性の縄文人の復顔で、生々しさに圧倒された。

平成24年11月の某日、加藤建設の宮崎博氏から、いま新宿区の市谷加賀町二丁目遺跡で縄文中期後半から後期前葉の集落を発掘調査しているが、貝塚でもないのに保存の良い人骨が何体か出土している。江戸時代の人骨の疑いもあるので見にこないかと電話があった。日本の国土は酸性土なので、土葬された遺骸は100年もすれば大概は土に戻ってしまう。貝塚でもないのに何千年も前の人骨が残っているとは、おかしな話、早速、案内を得て現地を訪ねると、人骨が何体も出土していた。

ちょうど国立科学博物館人類研究部の坂上和弘氏が居合わせて、脛の裏側にある腓骨が非常に発達しているし、大腿骨の断面形が水滴形をしているので、まぎれもない縄文人だと説明してくれた。この調査で確認された人骨は、中期が4体、後期が10体、時期不明が2体の16体分であるから、まさに東京の都心での大発見といえる。

その中の保存が良かった12号人骨の頭骨が、解剖学上の統計データを基準に筋肉や皮膚といった軟部組織を粘土で復元して行く作業を経て復顔されたのである。この人骨は、加曽利E2式前半の3号住居跡床面中央に仰向けに横たわっていたが、土器2個体とマイルカの下顎骨を加工した腰飾り、鹿角製品が副葬されていたから、死亡するとその住居ごと廃屋墓とされたようである。

展示では、この人物が、「怪我や病気を負いながらも人生の様々な場面をくぐりぬけ、次第にリーダーとしての威信を獲得していった人物像がうかがえます」とし、紀元前3310〜3026年に亡くなった40代の男性であり、母系の祖先は北方系（現在のシベリア南部バイカル湖周辺）に求められることとか、死亡するまでの10年間に摂取した食料のことなどが詳細に解説されていた。

そうしたことがらが具体的に論証されるのも、考古学と形質人類学、DNA分析、炭素・窒素同位体分析・放射線炭素年代測定、出土貝類・魚類・哺乳類遺体の分析、出土炭化物の分析、人骨出土土壌・骨分析といった各種研究分野の学際研究が実をむすんだ成果での展示であった。

ところで、どうして人骨は残りがよかったのだろうか。改めて報告書（加藤建設株式会社2014）を見開いたところ、見学のときは既に取りあげられていたが、3号住居跡の12号埋葬人骨の上の覆土中にハマグリ・マガキ・ヤマトシジミ等の薄い貝層があり、酸性が中和されていたのである。するとこれらの貝はどこで採取してきたのだろうか。当地は牛込柳町交差点から南東の淀橋台に上がった所にある。ここから南に0.7km進んで台地裾の旧紅葉川（靖国通り）に下り、2kmほど東流すれば神田川の合流地点に至るのでその辺か、さらに河口付近まで下って採取されたようである。

第3章
武蔵野の縄文遺跡

三鷹市 ICU 付近の野川と段丘崖

武蔵野の縄文遺跡

国木田独歩が『武蔵野』を執筆したのは1886年（明治19）。当時の渋谷も武蔵野の内であったが、東京の発展とともに武蔵野は次第に郊外へと移っていく。

武蔵野台地は青梅市を扇頂とする広大な扇状地形で、透水性のよい関東ローム層の下には、関東山地から流出した砂礫層が厚く堆積している。このため台地中央は玉川上水が引かれるまで、荒れ野原の「逃げ水の里」であった。台地に浸透した豊富な水は、標高50m内外の辺りで湧出して河川となる。石神井川は北東に流れて北区王子を通り隅田川に、妙正寺川と善福寺川は神田川に合流し、日本橋を経て隅田川に注ぐ。

さらに、古多摩川が削ってできた武蔵野段丘、立川段丘の崖線でも各所に湧泉が認められる。いま武蔵野段丘の崖（ハケ）に沿って流れる野川の源流は国分寺市東恋ヶ窪にある日立中央研究所の池で、小金井、三鷹、調布、狛江を経て、世田谷区瀬田で多摩川に合流する。立川段丘から沖積低地に移行する崖からの湧水は、水田用水とされてきた。

人間と水との関わりは旧石器時代から絶えることがなく、遺跡が段丘沿いに連なっている。縄文人たちが水辺近くに集うのは飲料水を得るのが第一の理由であるが、川魚漁やトチのアク抜きをはじめとする水辺の需要のほかに、水を求める鳥獣の捕獲、クルミの木やセリ・ウド等の食用植物が自生する自然環境がそこにあったからである。

この章では、草創期の前田耕地遺跡から晩期の下布田遺跡まで、時期も文化様相も異にする8項目の縄文遺跡をとりあげる。

第14話　1万5千年前のサケ漁――あきる野市 前田耕地遺跡

1976年（昭和51）5月のある日、日本住宅公団（現UR都市機構）が当地を開発するというので現地を視察したことがあった。二宮神社から一段下がった段丘の裾には清冽な水を湛えた湧水池があり、そこから流れでた水田の辺り一面が真っ白いクレソンの花で蔽われていた。その水田下に、縄文草創期の槍先形尖頭器を製作した遺構をはじめ、縄文前期後半、中期初頭、後期前葉それに古代の集落が複合していたのである。

前田耕地遺跡は、1976年から84年まで、前田耕地遺跡調査会（調査団長：加藤晋平、調査主任：宮崎博）により調査され、調査報告書『前田耕地』Ⅰ～Ⅳが刊行されている。この遺跡では、槍先形尖頭器等を製作した遺物集中地点が6ヵ所確認されている。しかし最も大規模かつ膨大な量の石器が出土した第6遺物集中地点(以下、第6地点という）は、整理が未了のまま87年末に調査会が解散した。その一方で、この地点の出土遺物が、88年2月29日付けで国の重要文化財に指定された。

調査団を管轄してきた都教委は、平成13年度厚生労働省緊急雇用促進事業を活用して、第6地点出土石器の実測図と計測・写真撮影等を大成エンジニアリング株式会社に委託し、資料集の刊行にこぎつけた（都教育委員会2002)。これにより、断片的であった第6地点の石器群の実態が明らかにされた。

前田耕地遺跡の草創期資料が出土して以降、青森県大平山元遺跡をはじめ全国で草創期の資料が増加するとともに、自然科学の諸分野の研究がいちじるしく進展した。これらを踏まえて谷口康浩氏は、旧石器時代から草創期に移行する時期の生活環境と年代観を世界的な視野で再検討することの必要性を説き、従来の草創期の概念で捉えることに疑義を提示した（谷口2011)。

考古学は、検出された遺構や出土した遺物により、往時の暮らしや文化、歴史を明らかにしようとする学問であり、現場に残された物的証拠をもとに犯人さがしする警察の鑑識に例えられる。前田耕地遺跡は槍先形尖頭器の石器群に土器が伴出したことが特筆されるが、第6地点には住居様の遺構と焼土遺構、大量のサケ科魚類の顎歯等の動物遺体の出土といった物的証拠もある。残されたこれらの情報を再度整理し、前田耕地遺跡第6地点の状況をデッサンしてみる。

前田耕地遺跡の概要

前田耕地遺跡は、多摩川西岸の秋川と平井川に挟まれた秋留台地（立川段丘相当面）の先端で、海抜126mから123mの低位段丘にある。遺跡の中央やや南よりを比高差1.5m弱の青柳・拝島段丘相当面を境界とする段丘崖線が東西に走っている。青柳段丘相当面（野辺面）は更新世末期、拝島段丘相当面（小川面）は完新世になって形成されたもので、第6地点が位置するのは、立川段丘面の裾部の湧水池にちかい青柳段丘相当面である。一方、立川段丘面（秋留原面）の先端にある二宮遺跡では、前田耕地遺跡と共通する各時代の集落が認められるので、二つの遺跡は相互補完する関係にあったようである。

このことについて調査を担当した宮崎博氏は、「青柳段丘相当面が秋川および多摩川から離水し、植生が存在したとしてもまばらな河原に近い状態の前田耕地遺跡に居住生活が開始された。そこでは、尖頭器を主体とする石器製作と、当時、近くを流れていた河川に遡河してきたサケを盛んに捕獲していた。しかし、丁度その頃に発生した大洪水に見舞われている事実から、非常に不安定な土地であったといえる。一方、二宮遺跡は既に安定した状態にあり、多縄文系土器が出土していることからも、本来の生活の拠点は二宮にあったのかもしれない」という（宮崎1984）。

第6遺物集中地点の遺構と遺物

前田耕地遺跡には槍先形尖頭器等を製作した遺物集中地点が6ヵ所認められる。剝片・砕片をふくめると石器の総点数は50万点に上ると目される。その8割方は、東西45m、南北30mの広がりをみせる第6地点から出土したもので、次のような遺構と遺物が検出された（宮崎1983・都教委2002）。

［遺構］　2軒の住居跡と屋外炉跡が1基ある。16号住居跡は掘り込みがはっきりせず、柱穴、炉跡なども検出されなかったが、毛皮テントの裾部を押さえる重石のような人頭大の円礫が8個弧状に配されており、直径約3.3mの不正円形の住居遺構とされた。17号住居跡は10㎝ほどの浅い掘り込みをもつ420×310㎝の不正円形プランに、180㎝×40㎝という大規模な炉跡が設けられていた。炉は何度か移し変えられた結果らしい。2軒の住居遺構は3mほど離れて設営されているが、この中間にも120㎝×70㎝という屋外炉がある。屋外炉の規模は17号住居跡の炉跡に匹敵するので、掘りこみがはっきりしないものの住居様の構造物が設営されていた

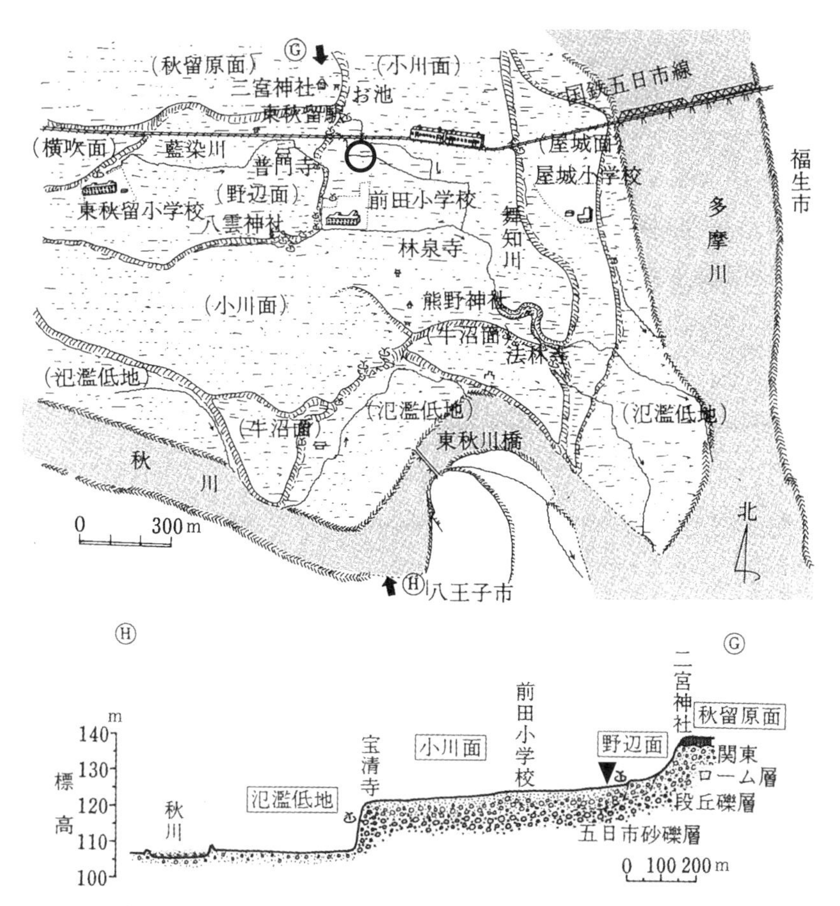

図 14-1　東秋留付近の河岸段丘と前田耕地遺跡　第 6 遺物中地点の位置（○▼）
（『秋川の自然』1984 に加筆）

のであろう。住居 2 軒の東側には台石が据えられていた。剝片や砕片の出土状態から、ここで槍先形尖頭器等を製作したらしい。

［遺物］報告書の石器出土数一覧によれば、16 号住居跡から出土したのは槍先形尖頭器等が 11 点であるが、17 号住居跡からは槍先形尖頭器だけでも 188 点が出土した。屋外からはその 10 倍に相当する 1,893 点が出土している。石器の 8 割強はチャート、シルト、ホルンフェルス、頁岩等で、その 8 割方は製作途上に欠損したものであり、完成品はかなり限られる（橋口美 1985)。注目すべきは 97 点（6%）を数える抉入削器の多さであり、槍先形尖頭器を取り付ける柄がここで調整されたらしい。

17号住居跡からは、繊維状の混入物を含む無文土器片が2個体分(同個体か?)と、哺乳動物の骨片を含めて多量の微細骨も出土したが、特にネコの爪のような鉤状に曲がった顎歯の存在が目をひいた。加藤暁生氏が保存状態の良い顎歯7,300点を抽出して、現生サケ属の歯列標本と照合したところ、イワナ、ヤマメ、アユ、マスの顎歯は小さく形態的にも異なっているので、サケの顎歯と同定された。かくして住居跡内に60～80個に相当するサケ頭部が存在したはずという(加藤暁 1985)。

近年の研究

前田耕地遺跡は1980年代の半ばに、1万2千年前の草創期遺跡として一定の評価がなされた。その後、青森県大平山元Ⅰ遺跡の出現を契機に研究が急展開するようになる。大平山元Ⅰ遺跡は長者久保文化の石器組成で、共伴した無文土器に付着していた炭化物をAMSで^{14}C年代測定したところ、暦年較正された年代値が13000BPより以前と示された(谷口他 1999)。

谷口康浩氏はその後の新資料を加えて草創期の年代と初期土器文化の実態を整理し、更新世から完新世への移行期の古環境の中に位置づける(図14-3)(谷口 2011)。すなわち草創期の土器群を、隆起線文系以前の土器群(1期)、隆起線文系土器群(2期)、隆起線文系以後の土器群(3期)に区分し、さらに三期を古段階(円孔文系土器・爪形文系土器・押圧縄文系土器)の3a期と新段階(室谷下層式)の3b期に分ける。^{14}C測定値を暦年較正すると、1期:15550 ± 440calBP、2期:14410 ± 690calBP、3期:12890 ± 1210calBP(3a期:13230 ± 1230calBP、3b期:11670 ± 360calBP)になるという。この草創期の時期区分において前田耕地遺跡の土器と土器群のセットは、1期でも大平山元Ⅰ遺跡よりはいくぶん新しいとされた。当初に想定された年代を3千年も遡ることになったのである。

この較正年代範囲は、ヨーロッパの後期旧石器時代のマグダレニアン文化に対比される。北ヨーロッパの花粉帯編年、グリーンランド氷床の氷河年代の関係では、1期の氷河年代は、現在の気温より10度以上も低い亜氷期GS- 2aに相当する寒冷期である(図14-3)。谷口氏は、寒冷期の極東地域で土器が出現したことに着目する。それでも1期には土器を残さない遺跡の方が圧倒的に多く、出土しても1、2個体に限られるところから、日常的な調理、あるいは大量の食品加工処理の用途は考えにくく、より限定的な用途や季節的な利用が想定されるという。

図 14-2　第 17 号住居跡と出土した土器・サケの顎歯
（宮崎 1983・加藤暁 1985）

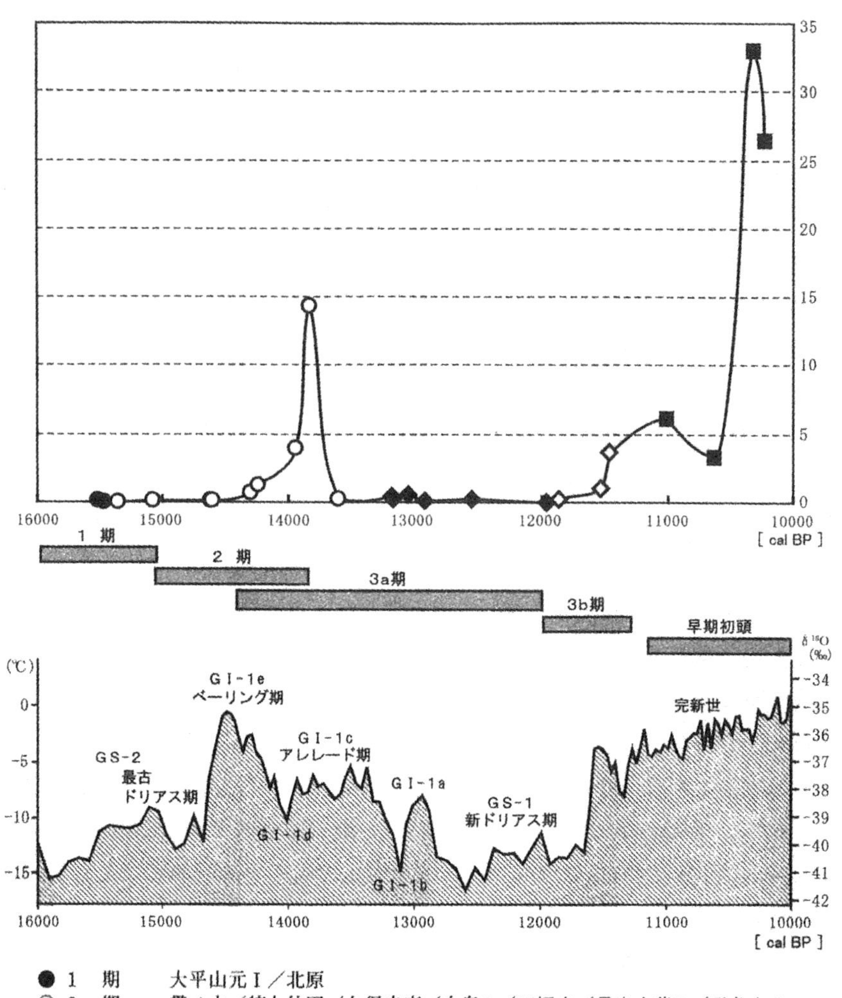

● 1 期　大平山元Ⅰ／北原
○ 2 期　貫ノ木／徳丸仲田／久保寺南／中島B／万福寺／星光山荘B／三角山Ⅰ
鬼ヶ野／志風頭／慶応SFC
◆ 3 a 期　卯ノ木南／葛原沢Ⅳ／野沢／寿能泥炭層／滝端
◇ 3 b 期　鳥浜／櫛引／白井十二
■ 早期初頭　大川／夏島貝塚／武蔵台／木の根 No. 6

注）酸素同位体比グラフはGISP2による（Stuiver *et al.*1995）
GS：亜氷期　GI：亜間氷期　氷期編年はINTIMATEによる（Lowe *et al.*2001）

図 14-3　草創期から早期初頭への土器出土量の年代的推移と更新世―完新世移行期の古環境変動との関係（谷口 2011）

前田耕地遺跡の出土状況から

いまから1万5千年程前、年平均気温は現在よりも10度以上も低い寒冷な気候であった。海面は40m以上も低下していたから、東京湾の河口は横須賀港の東側まで退いていた。秋になると産卵のために古東京湾から多摩川に入ったサケの大群は、80km離れた秋川まで溯上してきた。この時季になると秋川が合流する手前の河原の高まりには、向こう1年分の槍先形尖頭器をつくる集団がやってきてキャンプを張った。彼らは石器つくりの合間に、木の柄を調整してその先に細長い槍先形尖頭器を取り付け、サケを大量に捕獲した。腹を割いて内臓を取り出されたサケは、寒風に晒されてから燻製小屋で燻され、冬季の重要な保存食糧とされた。

なお、槍先形尖頭器を製作した遺跡は、狭山丘陵西北端にある狭山池のほとりでも見つかっている。やはり湧水池を控えた場所に台石が据えられており、周囲に石器や剥片、砕片が集中していた（内野・原川2003)。ここで製作されたらしい槍先形尖頭器が、狭山丘陵や残堀川流域からも点々と出土しており、この時代の活発な狩猟活動の一端を覗い知ることができる（宮崎糺1965、吉田・肥留間1965)。

第15話　9千年前の環状集落——府中市 武蔵台遺跡

武蔵台遺跡は、立川方面から南東に延びてきた国分寺崖線が東に向きを変えようとする、府中市武蔵台二丁目の都立多摩総合医療センター（旧都立府中病院）敷地内にある。台地の先端には黒鐘谷が入り込んでおり、この谷を境にして西側が武蔵台遺跡、東側が武蔵台東遺跡になる（図15-2)。武蔵台遺跡は、1981年から95年まで病院の建て替え工事に先だって調査され、約3万年前から1万5千年前までの旧石器文化層8枚をはじめ、縄文早期撚糸文系土器終末期および中期初頭の集落、それに武蔵国分尼寺に関係する律令時代の集落などが検出された。この多大な調査成果は全9冊の調査報告書にまとめられている（都立府中病院遺跡調査会1994ほか)。早期前葉・約9千年前の集落は、河内公夫氏が調査担当した西方地区から発見されており（河内1999)、それを踏まえた早川泉氏の研究がある（早川1996・2005)。ここではその集落を紹介するとともに、視点を変えて分析してみる。

早川泉氏による武蔵台集落の概要

武蔵台遺跡の撚糸文系土器終末期の遺構には、竪穴住居跡33軒をはじめ墓坑とされる土坑25基(?)がある。調査は工事で損傷する範囲にかぎられたが、早川氏は、「東側には谷が迫っているが、南側にはまだ集落が広がるようであるし（南端のフェンス工事でも竪穴住居が1軒確認されている）、北側にも1～2軒の住居が予測される。西側は旧病棟の基礎工事で攪乱が激しく、複数の住居跡が破壊された可能性は否定できない」ものの、集落の8割方を発掘したという。

早川氏は重複・錯綜する住居跡群の帰属時期を明らかにする手段として、原田昌幸氏（1986）の分析に倣って、口縁部無文帯の幅と沈線・凹線の有無を基準に、A（幅広の口縁部無文帯を有し、頸部に凹線を持つ）・B（口縁部無文帯が狭く、玉縁状のもの）・C（口縁直下に沈線が巡り、口縁部無文帯が形骸化しているもの）・D（口縁部に沈線の巡らないもの）に大分類する。さらに各類を口縁部無文帯の属性で細分して各住居跡から出土した土器を数値化し、稲荷原式土器の幅広い口縁部から口縁部無文帯が狭小へと変化していった東山式への方向性を追認する。かくして東山式でもA群土器を主体とする竪穴住居群（A期）から、B群土器を主体とする竪穴住居群（B期）に推移したことを読みとる（図15-1）。なお、C・D群の出土はごく少量なので、この時期が主体となる住居跡はないという。

次に、竪穴住居跡の形態と住居跡群の空間的配置を検討する。当該期の竪穴住居跡は、方形のプランに周壁及び床面に打ち込まれた細い柱穴列、床中央に設置された囲炉裏のような「灰床炉」（今村1985）が一般的な形態であるが、住居規模に偏差が認められる。早川氏は住居面積により、特大（A期1軒、B期1軒）、大（A期2軒、B期2軒）、中（A期1軒、B期4軒）、小（A期6軒、B期5軒）、極小（A期3軒、B期4軒）の5タイプがあるとする。そして本集落では特大・大・中・(小)規模のA種と極小規模のB種の2者が基本形であり、この2棟が1単位で住居が構成されたとみる。これを踏まえて集落の空間的構成を俯瞰すると、A・B期とも住居跡群のまとまりが5群あって、それぞれの中間に分割線を引くと、各群の住居跡軒数は2棟1単位がそれぞれ3回建てられた結果とみる（2棟×3回×5群=30軒）。また、特にA期住居跡群の配置について、中央に広場をもつ内径70mの環状集落を想定するとともに、B期の住居跡群も東側の空閑地を意識しながら環状集落に近い展開であったとみる（図15-1）。

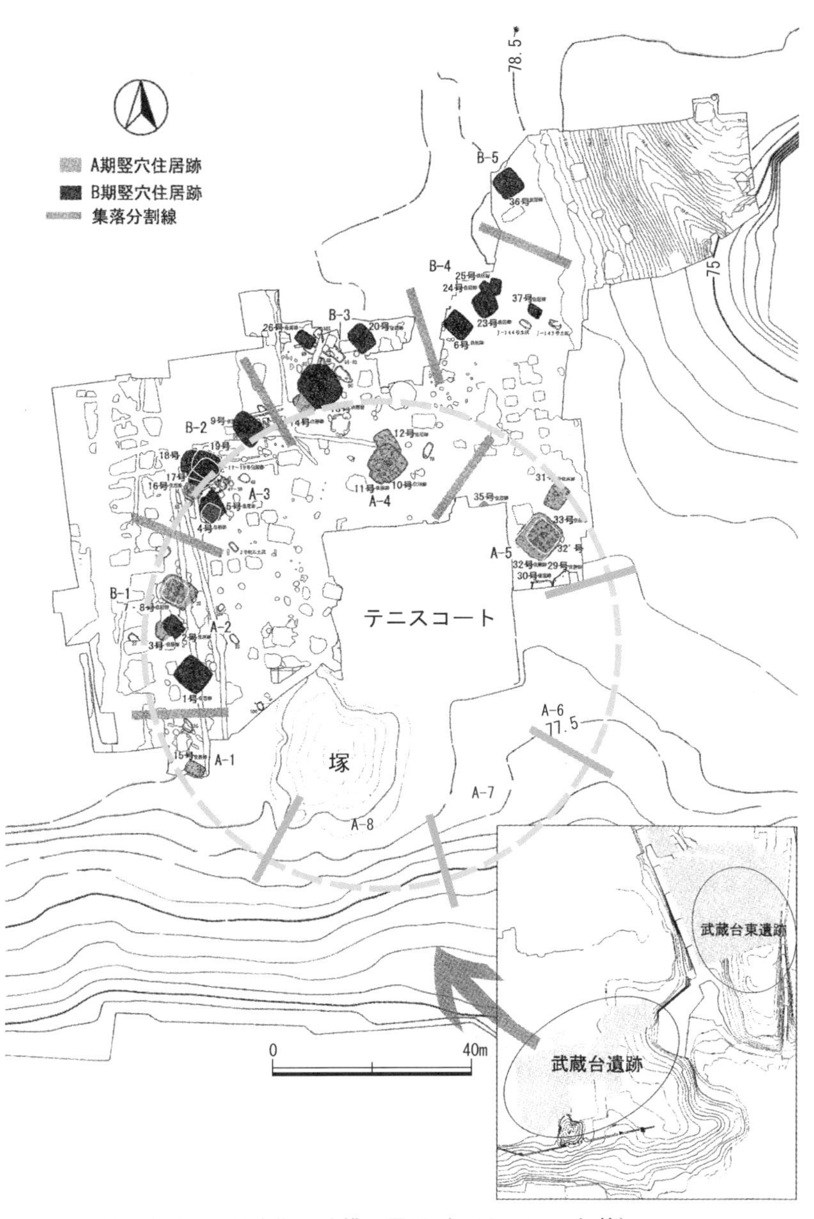

図 15-1　撚糸文系土器終末期の遺構配置図（早川 2005 に加筆）

最後に、住居群の周辺に散在する長方形土坑群から出土した土器片、スタンプ形石器、石皿、敲石（たたき）、石鏃を墓壙への副葬品とみなし、墓壙群の存在が定住をものがたる具体的な証拠の一つになるという。

住居群は2棟1単位か

早川氏は、分割した各住居跡の切りあいと配置から、A群は大小の住居が2棟1単位で存続したが、B群のB-2・B-3・B-4群は3棟が1単位で併存した可能性があるともいう。しかし一方で、B群もA群と同様に住居跡間に3軒の切りあいがあるので、B-2群の1号と2号、B-3群の13号・20号・26号は単独で存在した可能性も否定できないという。そこで早川論文（1996）の「表2：竪穴住居跡の形状と規模」の面積数値を住居規模の順に並び替え、グラフにして検討してみる（図15-5）。

これにより住居規模が一覧でき、15㎡、40㎡にやや大きな段差が求められるので、Sタイプ（～15㎡）、Mタイプ（16～40㎡）、Lタイプ（41㎡～）に三区分してみる。因みに、B-3群の13・20・26号住居跡（図15-1・4）の3軒は、L・M・Sの3タイプに振り分けられる。この住居規模のちがいを収容人員数【註1】の反映とみると、継続する時間枠内で員数が大きく変動したことになる。ところが環状集落が形成されるような社会背景は集団人口が多くかつ安定した社会情勢にあったはずだから、3住居が個別に営まれることはあり得ない。むしろ用途別の3棟の住居が併存したとみるべきであろう。したがってB期の集落は3棟1単位の住居群が1度建替えられ、2度目の建替えを迎えないうちにこの場所から撤退したのであろう（3棟×2回=6軒）。

なお、図15-5において、31軒【註2】の面積規模は、L住居7軒、M住居14軒、S住居10軒に対して、住居別の割合が一定しないので3棟1単位説は成り立たない、という見方もあろう。私は、M・S住居はその都度に建替えるが、L住居は補修しながら使用したと考える【註3】ので、L住居とM住居の割合が1：2という数値はかなり実態を伝えているし、S住居がM住居の軒数よりも少ないのは、掘り込みが浅く軽微な遺構であれば損壊しやすいし、見逃されがちとも考える【註4】。

A期の環状集落の構成

A期を環状集落とした早川氏の見解をふまえて、テニスコート内に中心点Oをとり、半径50mでサークルを描くと、A期住居跡群の大方はサークルに収まる（図

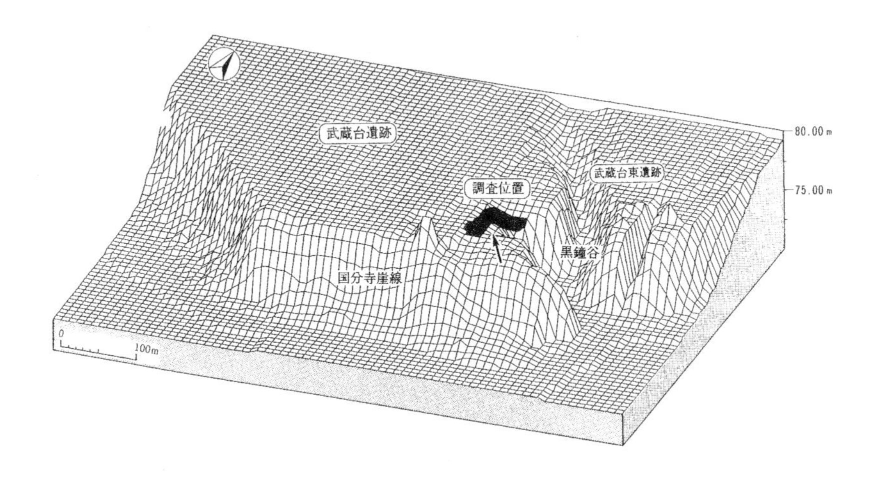

図 15-2　武蔵台遺跡と撚糸文系土器終末期集落の立地（『武蔵台遺跡Ⅳ』1999）

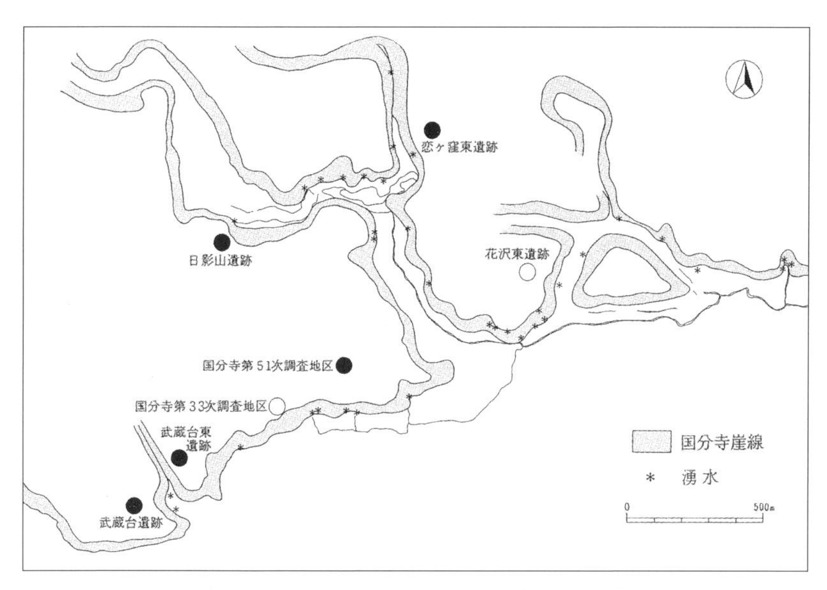

図 15-3　野川上流域の撚糸文系土器期の遺跡分布（早川 1996）

15-1)。つぎに分割された5群線を、中心点Oの対極に反転させると、A期集落は8小群からなる環状集落の構成になる。いま、南東側の一部は平坦面が乏しく住居を構築するには難があるように見える。しかし9千年も前の地形がそのまま保たれるはずがなく台地縁辺がいくぶん後退したとすれば、A-2・3・4・5群に対置するA-6・7・8群それにA-1群の大分は、未調査のまま残っている可能性がある。その一部は、「南端のフェンス工事で竪穴住居が一軒確認されている」のである。かくして、未調査区にも同じように住居跡群が想定されるから、A期の環状集落の住居跡総数は、8小群×3棟×2回=48軒前後が残された可能性がある。一時的な集落を24棟の住居群とすれば、当時の集落人口はいかほどであったろうか【註5】。

武蔵台環状集落の性格

環状集落には「重帯構造」と「分節構造」という、二つの重要な構造がある(谷口2005)。本環状集落の分割線は分節構造に相当するようであるが、二大群からなる血縁集団で構成されていたか否かは言及できないし、住居跡群の付近には墓壙らしい土坑も散在するが、重帯構造ははっきりしない。

一方、日本の後期旧石器時代初頭にも、全国各地で移動式テントや厨房施設のような集配石遺構が集まって、環状に形成されたブロック群が見つかっている。なかには群馬県下触牛伏(しもぶれうしぶせ)遺跡のように、直径50mのサークルを描いて連なるものもある。数家族が結びついた程度で紐帯関係が流動的なバンド社会の住まいが環状形態をとる理由として、ナウマンゾウなど大型獣の狩猟を契機として複数集団が離合集散したとする、集団原理が環状ブロック群に働いたという見方と、外に向けて円陣をくみ他者を警戒した単一集団の排他的性格が働いたという見方がある(堤2011)。小林達雄氏は、北米北西海岸インディアンの民族例を参考に、採集生産活動が低調になる冬季に、集団領域内に散在していた単位集団のすべてが寄り集まって大集落を形成した可能性も考慮する必要がある、という(小林達1986)。

そこで武蔵台遺跡界隈の遺跡分布状況をみると、黒鐘谷の対岸にある武蔵台東遺跡をはじめ、国分寺の裏山や日影山遺跡、恋ヶ窪東遺跡、花沢東遺跡などスタンプ形石器を多用する遺跡が点々と崖線上に残されていて、何らか同じ集団の活動の足跡がうかがえる(図15-3)。すると、夏季には野川上流域の各地に分散していた仲間が、冬季にはこの武蔵台遺跡に寄り集まってきて、環状集落を形成したとも考えられるのである。

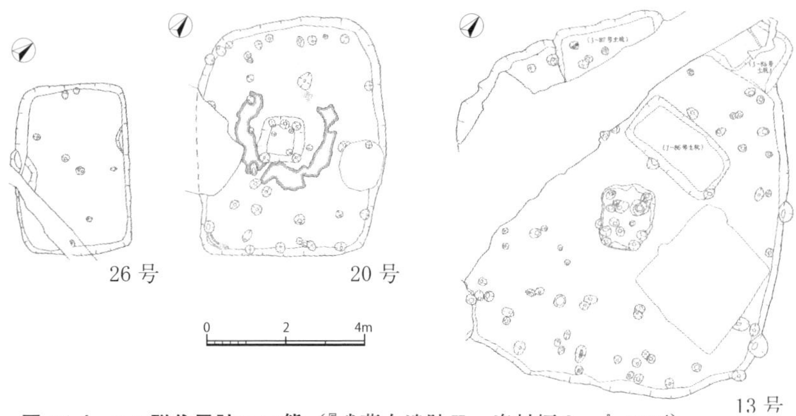

図 15-4　B-3 群住居跡の三態（『武蔵台遺跡Ⅱ―資料編２―』1994）

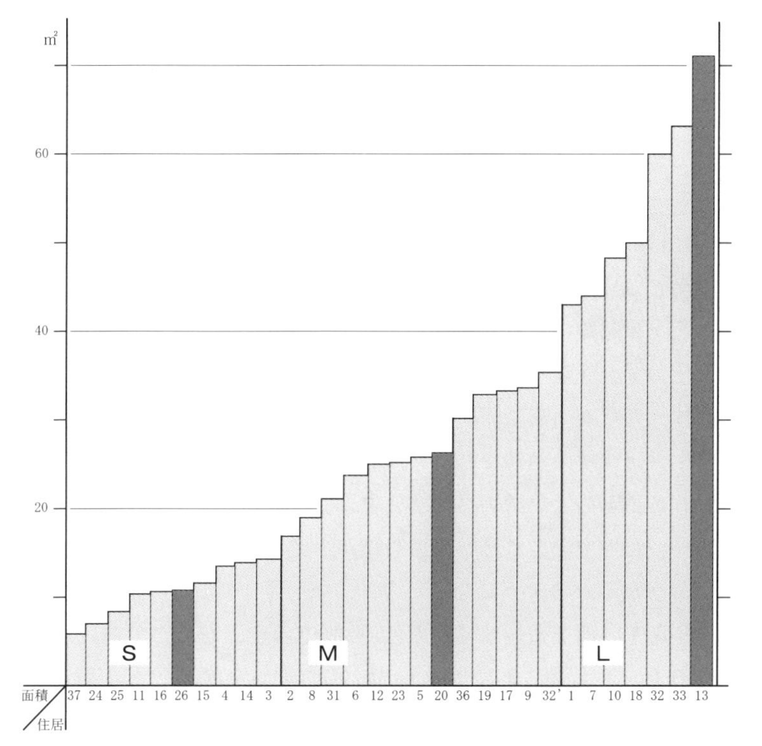

図 15-5　撚糸文系土器終末期住居跡の面積比較

【註 1】 竪穴住居に居住する員数を試算する関野克数式（n= 竪穴住居面積 −1㎡）を B-3 群に適用してみると、13 号 =25 人、20 号 =8 人、26 号 =3 人で計 36 人になる。一方、3 軒の住居が別個に営まれたとすると、居住人数の変動幅が大きすぎるので、集落が維持されることはあり得ない。

【註 2】 遺構分布図にある住居軒数（33 軒）と合致しないのは、A-2 群の 29・30 号住居跡は一部しか調査されなかったから面積不明で対象から外されたからである。また、32 号は 32 号と 32' 号の 2 軒分が重複と計算されている。

【註 3】 多摩ニュータウン 446 遺跡で大小セットになる住居跡のうち、小住居はその都度新築され、大住居は同じ位置で改築される傾向が認められた。

【註 4】 50・78・90・91 号土坑は、土坑にしては大きめで、壁柱穴が認められる。小形住居の部類とすると分かりやすい。

【註 5】 B-3 群の 36 名を基準にすると、36 × 8 群 =288 名という数値になる。ただし 13 号住居跡は最大規模なので、B-3 群が標準にはならないものの、集落人口は相当大勢になりそうである。集落人口については、老年齢、壮年齢、若年齢のピラミッド構成を基に考えたことがある（安孫子 1997）。

第 16 話 連弧文土器の由来――国分寺市 恋ヶ窪遺跡

国分寺市には縄文中期の著名な遺跡が 2 つある。1 つは国指定重要文化財の勝坂式土器が出土した多喜窪遺跡、2 つ目は連弧文土器がまとまって出土した遺跡として知られる恋ヶ窪遺跡である。

恋ヶ窪遺跡は国分寺駅の北西 0.8km、西恋ヶ窪一丁目にある大規模な環状集落で、中央を西武国分寺線が斜めに開削している。野川の源流域は国分寺崖線を北に分けいって日立中央研究所の南端で台地をつつみこむように二手にわかれる。この悠久の昔から涸れることのない清冽な湧水を求めて、台地西半に恋ヶ窪遺跡、台地東半に羽根沢遺跡、台地東側には恋ヶ窪東遺跡が占拠している（図 16-1）。

恋ヶ窪遺跡が知られるようになったのは、塩野半十郎氏が 1947 年（昭和 22）に 1 軒の大形竪穴住居跡を発掘して得た 30 数個体の土器を、吉田格氏が『銅鐸』誌に報告（吉田 1956）したことによる。その第 1 類は、加曽利 E 式土器と一風変わった上胴がゆるくくびれる平口縁の深鉢で、条線や撚糸文の地に下向きの弧線文が繰り返される文様の土器である。渦巻き隆帯文が施された量感ある加曽利 E 式と対照的に、突起も粘土紐も施されない単調で平板な土器である。

この土器型式については、さきに山内清男氏も、「その前後関係、型式の内容に

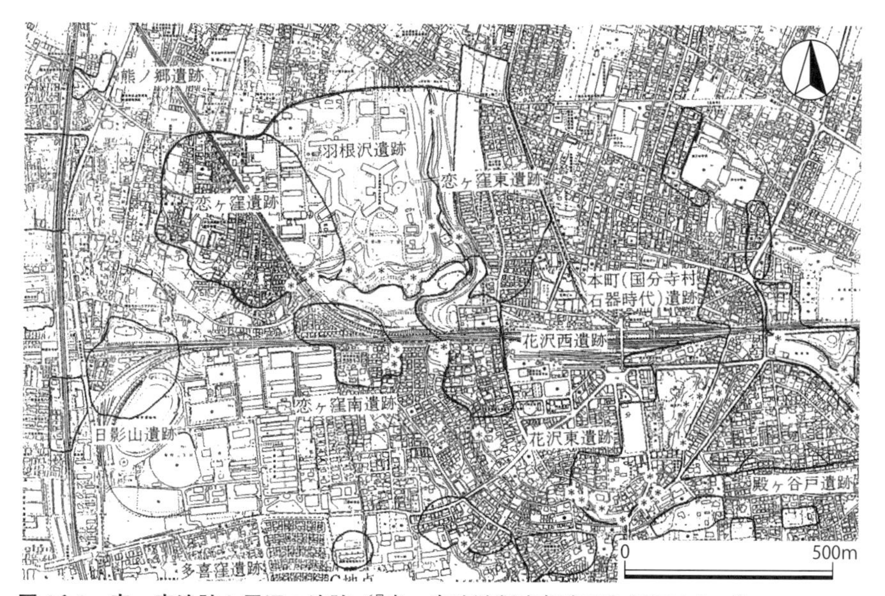

図 16-1　恋ヶ窪遺跡と周辺の遺跡（『恋ヶ窪遺跡調査報告Ⅳ』原図を加工）

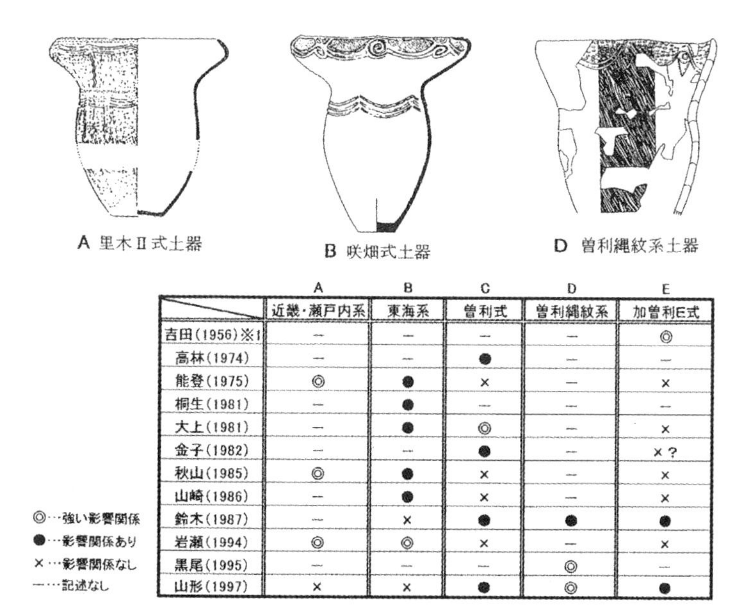

	A	B	C	D	E
	近畿・瀬戸内系	東海系	曽利式	曽利縄紋系	加曽利E式
吉田(1956)※1	—	—	—	—	◎
高林(1974)	—	—	●	—	—
能登(1975)	◎	●	×	—	×
桐生(1981)	—	●	—	—	—
大上(1981)	—	●	◎	—	×
金子(1982)	—	—	●	—	×？
秋山(1985)	◎	●	×	—	×
山崎(1986)	—	●	×	—	×
鈴木(1987)	—	×	●	●	●
岩瀬(1994)	◎	◎	×	—	×
黒尾(1995)	—	—	—	◎	—
山形(1997)	×	×	●	◎	●

◎…強い影響関係
●…影響関係あり
×…影響関係なし
—…記述なし

※1　吉田氏の見解は連弧文土器を「加曽利E式」として扱われているが、これを連弧文土器としてみれば、その系譜は無論、加曽利E式となる。

※2　明確な記載はないが、文脈から×と判断した部分もある。

図 16-2　各研究者による系譜一覧（永瀬 2002）

就いては未だ考慮の余地があるが、加曽利E式の新しい部分に属することは疑いない」（山内 1940）と目されていたが、型式の実態解明は後世の研究に委ねられていた。

恋ヶ窪遺跡の再調査

1977 年（昭和 52)、その恋ヶ窪遺跡を再調査する機会があたえられた。西恋ヶ窪一丁目に公共下水道が敷設されることになり、工事に先立ち緊急に発掘調査する必要に迫られた。国分寺市は武蔵国分寺関連遺跡の対応に追われて恋ヶ窪の調査に人員を割く余力はなく、このため私も都教委から派遣されて調査にあたることになった。調査地は、環状集落の中央付近から南に道路幅 4m、長さ 20m のトレンチを設定する格好になった。ここから勝坂 2 式期住居跡 1 軒、加曽利 E1 式期住居跡 1 軒、同 E3 式期住居跡 2 軒そして連弧文土器期の住居跡 2 軒が検出された。

密集するように検出された住居跡群は同じ血縁集団の系譜と考えられようから、加曽利 E2 式期の空白は連弧文土器の住居跡が埋めるのだろうとの見通しを得た。しかしどういう事情で加曽利 E2 式からまるで様相の異なる連弧文土器に急転換し、また加曽利 E3 式に戻ったのだろうか。連弧文土器はいったいどういう性格で、どこから出自したのだろうか。この問題を考古学だけで論証するのは困難のようで、心理学や集団社会学の分野を援用すれば説明がつくのだろうかと思われたが、時期尚早、しばらく様子をみることにした。

連弧文土器研究のその後

改めて連弧文土器の研究に目が向いたのは、20 年ほども経って永瀬史人氏の連弧文土器研究（永瀬 2002）に接したからである。そこには各研究者の連弧文土器の出自についての考えかた、連弧文土器の各種類型と諸属性、変遷案が整理されていた（図 16-2)。それによれば、何れの研究者も連弧文土器の出自を周辺あるいは遠隔地の土器型式から影響を受けた結果としている。しかしそれでは肝心の連弧文土器を製作し使用した主体者が誰なのか、茫洋として見えてこないのである。

縄文中期中葉から後葉の武蔵野台地・多摩丘陵は各地に環状集落が勃興していて、人口も多く文化的にはもっとも高揚し、充実した社会情勢であった。そうしたときに加曽利 E2 式が衰退して連弧文土器が席巻したのである。このことが謎のはずなのに、研究者の視線は現象面にだけ向いている。「文化の変遷は進行中の状態では

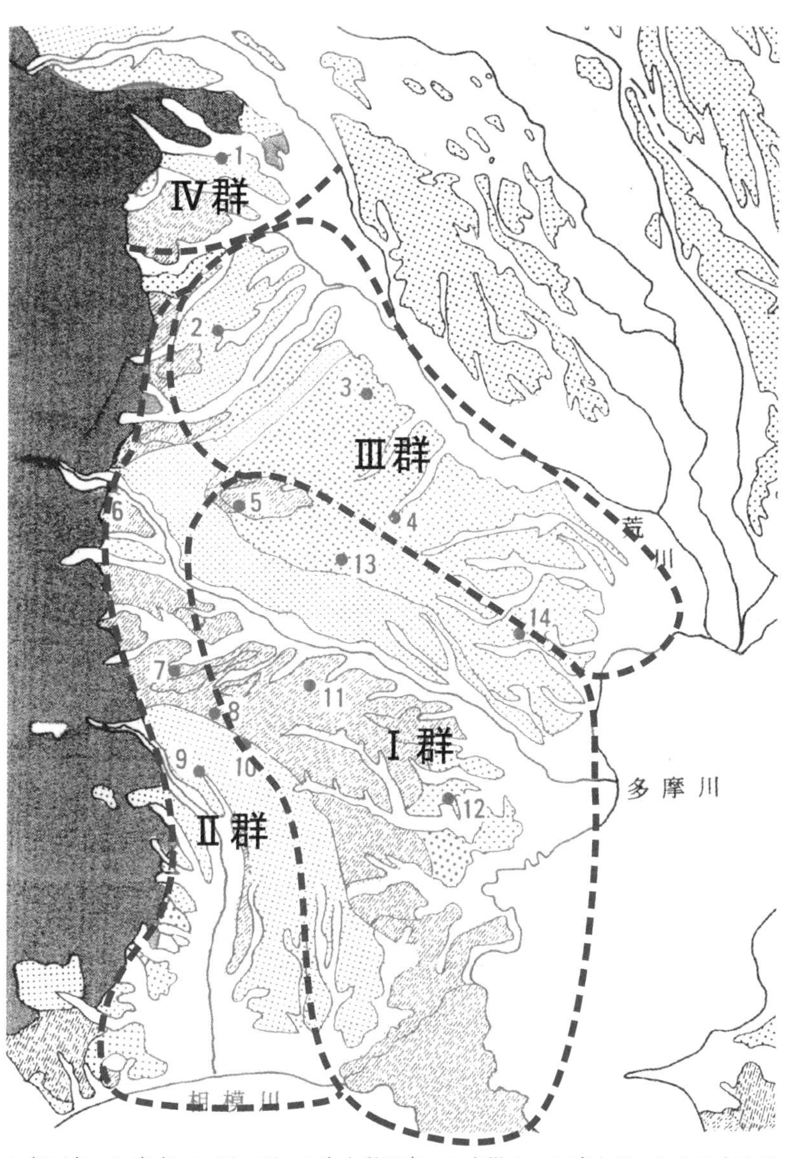

1 行司免　2 宿東　3 西ノ原　4 自由学園南　5 吉祥山　6 駒木野　7 小比企向原
8 ＮＴ939　9上中丸　10 山王平　11 ＮＴ９　12 大熊仲町　**13 恋ケ窪**　14 鶴ヶ久保

Ⅰ群：連弧文土器の中核的な集団　　Ⅱ群：曽利式土器が優勢な集団
Ⅲ群：加曽利Ｅ式土器が優勢な集団　Ⅳ群：連弧文土器が客体的な集団

図 16-3　連弧文土器の集団領域（安孫子 2011）

観察することが出来ない」（山内 1937）という名言があるが、連弧文土器だけを対象にしただけで、土器型式を担った人間集団の存在がなおざりにされた観がある。必要条件はともかく、十分条件の方が勘案されないことになる。

連弧文土器研究の視点と方法

それで筆者の分析の視点であるが、まず連弧文土器が盛行した加曽利 E2 〜 E3 式とその前後を含めた時期を対象に、土器型式の組成の仕方を観察する。このため連弧文土器が分布する武蔵野台地および多摩丘陵の周辺から、地域集団の拠点となるような遺跡を 13 ヵ所選定し、各遺跡の連弧文土器、加曽利 E 式・曽利式の土器組成の推移とその中の連弧文土器の在り方を注視する。この時期にはまた、小形の「背面人体文土偶」（安孫子 1998）が出現するので、共伴関係にも注意する必要がある。

恋ヶ窪遺跡の事例で土器組成の大まかな推移をみると（図 16-4）、加曽利 E1 式終末・10c 期（6 号住）は、曽利式はあるが連弧文土器はまだない。加曽利 E2 式後葉・11c 期（5 号住居）は、連弧文土器が盛行し加曽利 E2 式が姿を消す。曽利式と土偶が伴う。加曽利 E3 式前葉・12a 期（塩野住居跡）は、加曽利 E3 式はまだ姿をみせず、連弧文の崩れたような土器と曽利式、それに土偶が伴う。加曽利 E3 式中葉・12b 期（2 号住）は、加曽利 E3 式が復活してきて連弧文土器が姿を消すが、曽利式は伴う。この推移の仕方をみると、加曽利 E 式と連弧文土器の入れ替わりがみられるが、曽利式は常に伴い、連弧文土器が盛行するとき土偶が姿をあらわしている。

恋ヶ窪遺跡の推移の仕方を参照に、先にあげた 13 ヵ所の遺跡を 4 地域にわけると、図 16-3 のようになる。Ⅰ群：武蔵野台地南縁から多摩丘陵の連弧文土器が優勢な集団。Ⅱ群：多摩丘陵西縁から小比企丘陵・相模野台地の曽利式土器が優勢な集団。Ⅲ群：武蔵野台地北縁側の加曽利 E2 〜 E3 式が優勢な集団。Ⅳ群：連弧文土器が客体的な埼玉県比企地方の集団。

そこでさらに、恋ヶ窪遺跡と同じⅠ群の範囲にあるＴＮ 446- B 遺跡の事例で、加曽利Ｅ式から連弧文土器に土器組成の主体がどのように転換したかを仔細に見ると、図 16-5（安孫子 2011）のようである。

加曽利 E2 式の初めころ（11a 期後半）、加曽利 E2 式は圧倒的に保有率が高く連弧文土器は限られていた。それが、年代を降るにつれて双方の保有割合が接近して

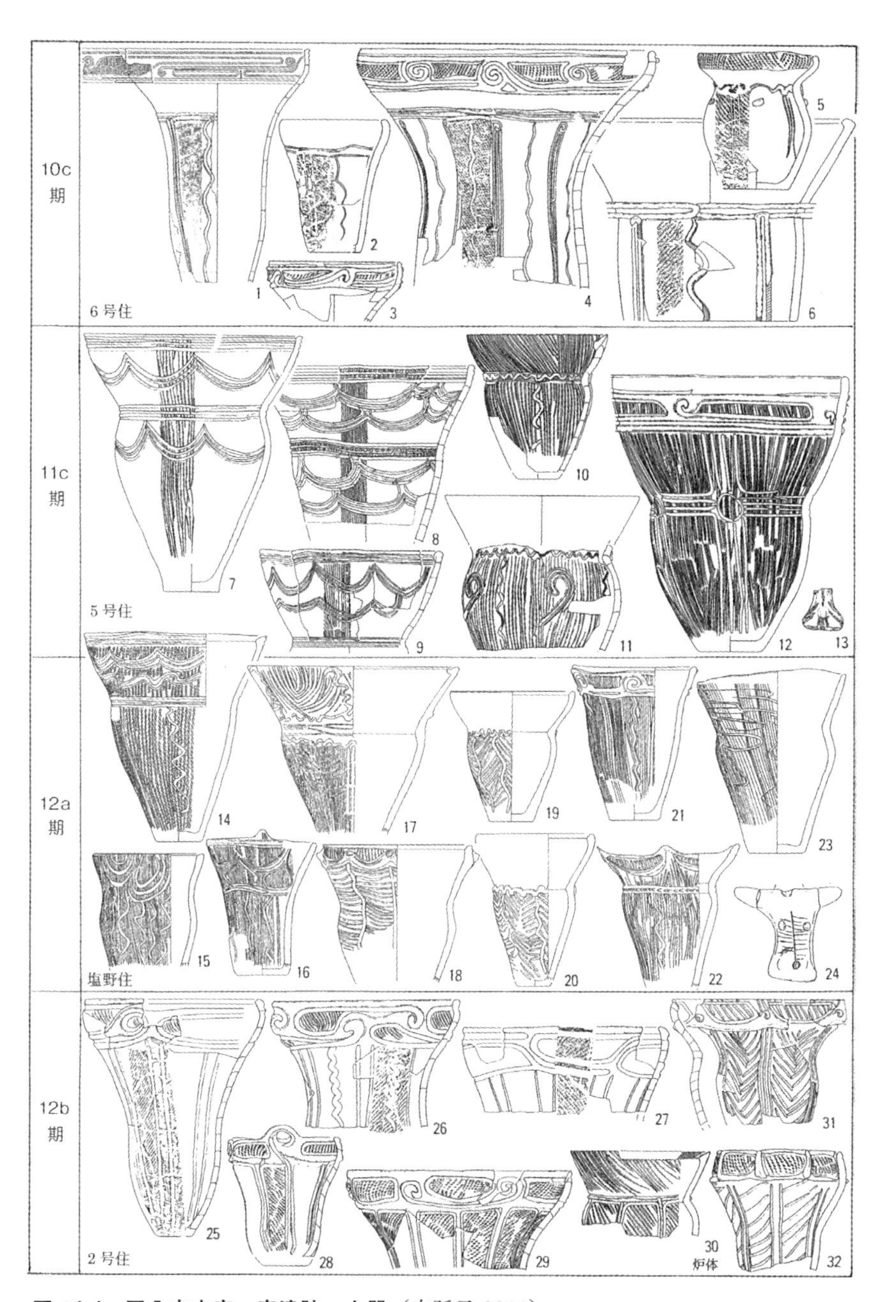

図 16-4　国分寺市恋ヶ窪遺跡の土器（安孫子 2011）

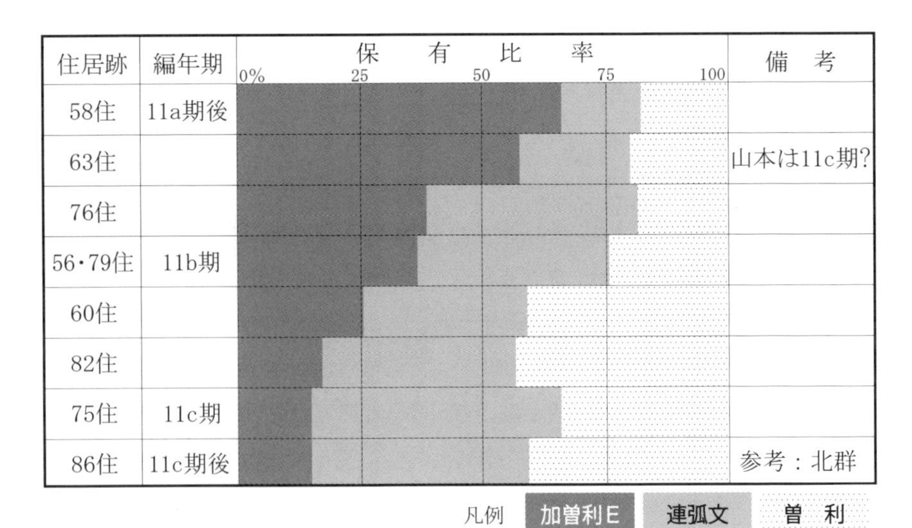

図 16-5 TN446-B 遺跡における保有比率の推移（安孫子 2011）

きて、E2 式の終りころ（11b 期後半）にはすっかり逆転してしまう。この間、前後 70 年ほどであるが、曽利式の組成割合は双方型式の変動にかかわりなく安定している。このことは、加曽利 E2 式を保有していた集団が連弧文土器に転向したということである。斟酌すれば、見映えの良かった加曽利 E2 式土器から平板で単調な連弧文土器に転向しなければならなかった加曽利 E 集団の葛藤の様を、同居する曽利式集団もみまもっていたのであろう。

連弧文土器が出自した背景

それでは、どうして加曽利 E2 式から連弧文土器に転向したのだろうか。土器型式には集団のアイデンティティーが籠められていると考えるとわかりやすい。土器の主な用途は食べ物の煮炊きである。そうであれば突起や文様などはない方が機能的といえるが、中期の土器には過剰なまでに装飾が施されている。土器に凝った装飾が施される意味は、自集団を表象する個性的な形・文様の土器型式を保有し誇示することで、他集団と差別化を図ることにある。それがため集団の構成員は同じ型式の土器で食べ物を煮炊きして供食し、集団の繁栄を願ったことであろう。つまり土器は、集団のアイデンティティーを表象するアイテムでもあったのである。しかし代々に同じタイプの土器を作り、使いつづけるうち、知らず知らずに土器のデザインも推移してゆく。

東京湾をはさんで房総半島側と武蔵野台地・多摩丘陵側の地域集団は、伝統的に違った土器型式を擁立、対峙してきた。加曽利E1式期のときは、双方集団の土器の器形と文様構成は共通するが、文様デザインと地文（縄文と撚糸文）がちがっていたから区別がついた。それが年代が推移するうちに、いつしか形も文様もそして地文も同じ加曽利E2式土器になったのである。土器型式が同じになったら双方集団が合併したようにみえるが、一方集団が他方集団を取り込んだ格好でもある。この場合の土器の推移の仕方は、西関東側が東関東加曽利E2式に倣った格好であったから、I群地域集団はアイデンティティー喪失の危機に直面したことになる。

その危機を打開しアイデンティティーを維持する方策は、それまで慈しんできた加曽利E式に代わる新たな土器型式を模索することになり、こうして連弧文土器が擁立されたものと考える。その出自となったのは、在地の加曽利E1式終末の土器組成の中の1類型であり、それが連弧文土器として育まれ加曽利E2式にとってかわったのである。しかしやはり加曽利E様式に比べると見映えがしなかったためか長続きせず、12b期になると加曽利E3式の系統に戻ってしまうのである。

第17話　大形石棒4本が出土
――国立市 緑川東遺跡・立川市 向郷遺跡

縄文の土偶と石棒は儀礼･呪術等と関わる儀器･呪術具であり、「第二の道具」（小林達1996）の代表格である。愛くるしく或いは怪奇な形象の土偶は、時期により地域により個性的な型――遮光器土偶・ハート形土偶・山形土偶・みみずく土偶など――を輩出し、幾多の研究書がある。ところが石棒の方は、縄文人の世界像や神観念に関係する重要な象徴にちがいないのだが、意外にもまとまった著作が1冊もなく正体は謎のままであった。

こうした研究の状況から、國學院大學研究開発推進機構では、2008年（平成20）度から翌年度にかけて、谷口康浩氏が中心となり、祭祀・儀礼の考古学的解明をめざす「縄文時代の大形石棒」研究プロジェクトを立ち上げ、東日本一帯に分布する資料の集成・分類を行うとともに、大形石棒に残された「行為」――敲打・磨き・穿孔・分割・燃焼など――の基礎データの情報を整理し、大形石棒の正体を解き明かそうとした（谷口他2011）。その一環として全国の石棒研究者によるシンポジウムも開催され、その成果が『縄文人の石神』(谷口編 2012) に結実することとなった。

こうして大形石棒に関する問題点がしぼられて研究の方向性が整ったところに、たまたま国立市緑川東遺跡の敷石遺構 (SV1) から 1m を超す完形の大形石棒が 4 本も出土した。この発見は、中期的社会から後期的社会へと移行するはざまの様々な問題 ——石棒の出土の仕方・石棒と敷石遺構の関係・石棒の製作から廃棄に至るライフヒストリー・石棒の盛行と衰退の時代背景など—— をはらんでいた。そしてこのほどその詳細な報告書 (和田・清水・長田・黒尾・渋江他 2014) が刊行されたので問題点を整理してみよう。

緑川東遺跡の立地と大形石棒の出土状況

遺跡は立川市境に近い国立市西端の、青柳三丁目に所在する (図 17-1)。青柳段丘面のやや奥まった位置で、北側の背後 250m は立川崖線となっていて、崖線上には縄文中期後半の大規模な環状集落である立川市向郷(むかいごう)遺跡【註 1】が立地する。崖線下には矢川の源流となった湿地帯がある。渋江芳浩氏は、向郷の住人はこの湧き水を生活用水にしていたろうから、湿地帯をはさんだ向郷と緑川東を同じ範囲の遺跡とみている。また、南側 500m は多摩川の低地に移行する青柳崖線で、矢川の下流左岸の崖線上には国立市の南養寺遺跡が立地する。向郷遺跡と南養寺遺跡の間は矢川沿いに 1.2km しか離れていないので、母村と分村のような親縁的な関係がうかがえる。

遺跡の辺りは甲州街道から一歩奥まっており、JR 南武線矢川駅・西国立駅から 1.8 km 離れた畑地であった。1990 年代後半になって、土地区画整理事業により道路整備がなされると大型店舗が進出し、共同住宅が相次ぐようになる。国立市教委はその都度、緑川東遺跡の試掘調査や立会調査を行なってきたが、縄文遺跡の密度はそれほど濃いものではなかった。第 27 地点は緑川東遺跡の範囲外であったが、施工者の理解を得て試掘調査され、2012 年 (平成 24) 6 月から 7 月にかけて発掘調査された。

報告書によれば、大形石棒 4 本が出土した敷石住居様遺構には炉が存在しなかった。このために敷石遺構(SV1)と称されたもので、北西〜南東 3.3m、北東〜南西 3.0m 以上、北東側が直線的な楕円形プランを呈する。一般に敷石住居は掘りこみが浅いが、この遺構は確認面から敷石面まで 60cm と深く、奥壁周辺は 2 段以上の石積みがなされていた。通常、敷石住居には張出部が付随するが、それに相当する北東側

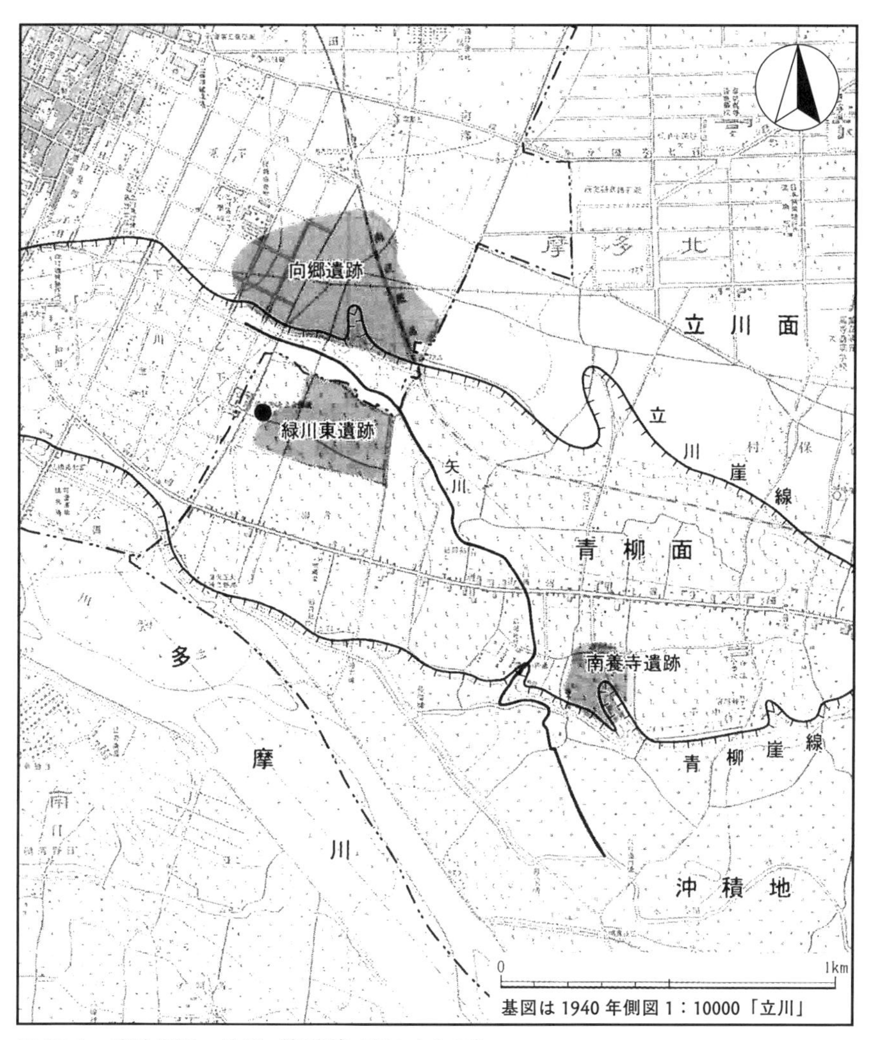

図 17-1 遺跡周辺の地形（報告書 2014 を加工）

はあいにく重機で大きく攪乱されていた。その攪乱坑を清掃したところ坑の周囲からピット群がみつかり、住居跡（SI2）とされた。敷石は北東部と北部をのぞき平面的に敷かれていたが、大形石棒はその石敷きされていない床面中央に4本が並列安置されていた（図17-2・3）。覆土中には多数の礫が散在したが、これらの礫は投棄されたというよりも、壁際に何段か石積みされていた礫群が土圧で崩落したものとみなされている。

敷石遺構（SV1）の特異性

和田哲氏は、何段か石積みされたSV1の周壁の構築の仕方が八王子市小田野遺跡の敷石住居跡（SI08）に共通することに着目、克明に分析している。特に両遺構の敷石上面の広さが共通することと（図17-5）、小田野遺跡の基部を共有しながら同じ軸線で対向するSI08とSI10の関係（報告ではSI10からSI08に移ったとされている）と、緑川東遺跡のSV1とSI2の関係（図17-4）を注視して、あるいは2つの遺構が連結する特殊な性格の敷石遺構の可能性もあるのではないかという。

小田野遺跡のSI08については百瀬貴子氏の見解も興味深い。平面規模にしては長大とされている石囲炉であるが、底面と縁石の内側に被熱痕がなく炭化物粒と骨粉が出土していることと、群馬県深沢遺跡の石囲状に配石された埋葬施設と共通することから、SI08を「敷石土坑墓」とみている（図17-6）（百瀬2012）。すると、SI08に類似するSV1にも炉はなく、この範囲が浅い「床下土坑D1」になっていた。焼土も骨粉等はみられないというものの、これも土坑墓と考えるべきであろう。

改めてSV1の構築をみると、小田野遺跡SI08に比べてSV1は掘りこみが浅く、周壁の石積み段数が限られる。しかしこの違いも報告書によれば、近世以後の農地開発で土地の削平・平準化がなされており、その折に縄文の遺物包含層も削除されたようである。本来はもっと深く石積み段数もあったのだろうが、露出した上部の礫石などは耕作の妨げになって除去されたのであろう。

大形石棒をめぐる問題点

以下、大形石棒について、気付いた点を挙げてみる。

[石棒が保管されていた場所と集落の位置関係]「大形石棒が本来どこに、どのような状態で安置されていたのかは明らかでない。……居住エリアから離れた地点から完形の大形石棒が発見されるケースもすくなくない。それらはムラの周囲また

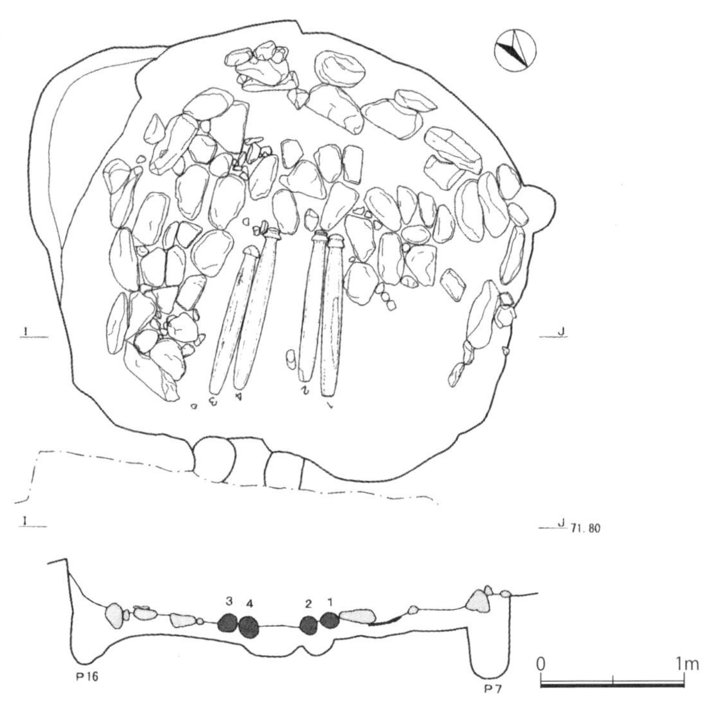

図 17-2　SV1 における大形石棒の出土状態（報告書を加工）

図 17-3　大形石棒の出土状態（提供 国立市教育委員会）

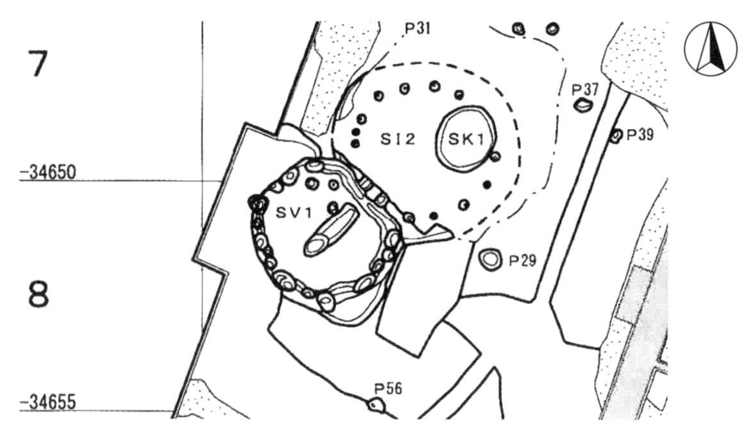

図 17-4　SV1 と SI2 の位置関係（報告書を加工）

は外部の特別な場所に大形石棒が安置されていたことを示唆するように思える」（谷口 2012）。谷口氏が示唆したように、大形石棒 4 本は向郷集落からやや離れた特異な敷石遺構に並置されていたが、一時的な安置状態であったのか、埋納もしくは廃棄・廃絶だったのか、論議をよぶところである。

［石棒の出土状態］ 4 本の石棒は、敷石遺構の石敷きされていない床面中央に、頭部を南東に向けて水平に並置されていたが、厳密には中央に 30cm ほどの空隙があり、その両側に 2 本ずつ分けてあった。中央の空隙の下は浅い「床下土坑 D1」になっていた。この大形石棒の出方は、2 本が一組となってムラの表口・裏口のような対になる場所にでも立て置かれる使用法を暗示しているように思える。

［石棒が並置された時期］ 黒尾和久・渋江芳浩氏によれば、石棒に被さるように 2 個体の大形土器片——1 個体は後期初頭の「加曽利 E 式」、1 個体は関西系の中期末「北白川 C 式 4 段階」——が出土した。石棒の並置行為は後期の最初頭（初期称名寺式期）であるという【註 2】。

［石棒の観察］ 長田友也氏によれば、頭部が半球状に製作された笠形石棒は中期後半から後期前葉に見られる型で、特に、2 段笠形は加曽利 E3 式～ E4 式期に盛行し、後期初頭を境に終焉する。石棒 4 点は、①二段笠形 3 点と笠形 1 点が並置して出土したことから、共時性が認められる。②安山岩の柱状節理を素材として製作されている。産出地は不明ながら、柱状節理の露頭直下で製作され【註 3】、持ち込まれたと考えられる。③大きさが 103cm ～ 112cm でほぼ共通し、製作に規格性が認められる。④完形品で被熱を蒙っていない。相違するのは風化の度合いで、3 の 1 段笠

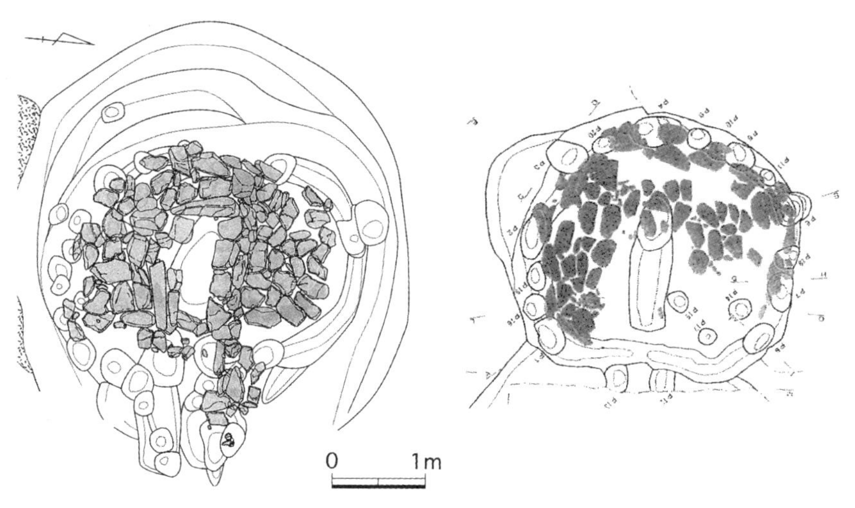

図 17-5　小田野 SI08 主体部敷石（左）　緑川 SV1 床面の敷石（右）
（報告書：和田報文）

図 17-6　小田野 SI08 石囲炉全景（左）　深沢遺跡 C 区 30 号（百瀬 2012）

形がもっとも進んでおり、次いで2・4、そして1の順である。このことは必ずしも4本が同時に製作されて、持ち込まれたものではないらしい。

［石棒と敷石遺構の対置］　長田氏は、黒尾・渋江氏が設定した「敷石遺構のフェイズ」①から⑤と「石棒の時間」を対置して、両者が関連するのはフェイズ②と石棒の廃棄段階（③）であるという【註4】。ただし、本来的な石棒儀礼を行う「使用段階」（②）において、4本の石棒が敷石遺構で利用されたのか別の遺構で使用されたのかは判断できないという。

縄文人の後裔の行方

加曽利E3式後半にはじまった環状集落の縮小化と住居の分散化と軌を一にするように、敷石住居が普及してくると土偶祭祀が廃れ、住居屋内で大形石棒の祭祀が盛行するようになる。その傾向が極まった中期末もしくは後期初の時期、すなわち加曽利E4式に関西系の「北白川C式4段階」「初期称名寺式＝中津系統」の土器が混じってくるSV1の時期を最後に、古式称名寺式から堀之内1式期まで界隈から遺跡はほとんど姿を消してしまう。周辺地域でも希薄である【註5】。あるいは集団勢力が衰微したことから共同体の統一性が保たれなくなり、石棒による祭祀儀礼も執行できなくなっていつしか忘れられたのであろうか【註6】。

堀之内1式期になると、多摩川をはさんだ対岸の沖積微高地に日野市南広間地遺跡が進出するようになり、周辺地域でも遺跡が復活してくるようになる。すると称名寺1式から堀之内1式期までの空隙の期間、青柳段丘面に点在した敷石住居の縄文人の後裔は何処でどうしていたのだろうか。まったく滅亡したか何処か他所に移動したとは考えにくいので、さらに1段低い多摩川低地に下りたものと考えてみたい。しかしその遺跡も多摩川の洪水で大方は失われてしまったのだろうが、一部は残存していて今後に発見される可能性もあろう。

【註1】「向郷遺跡の環状集落は、中央に約290基からなる環状墓群、それを取り巻いて約2千5百基のピット群、その外縁に竪穴住居群が配置する構造をもっている。ただ、墓群はほぼ完掘されているが、住居群は3分の1弱で約70軒の竪穴住居（2軒の勝坂3式期以外はすべて加曽利E式期）が発掘されている。調査範囲から想定される集落の規模は、直径約140mの環状で、構成比は墓群半径1（中央広場＋環状墓群）、ピット群1、住居群2の割合で、1単位は約17mである」（和田2004）。

和田氏は、向郷遺跡が500km離れた岩手県西田遺跡の環状集落の構造に瓜二つと評価するが、もっと身近に在る八王子市神谷原遺跡の環状集落にも瓜二つである（安孫子 1997)。神谷原遺跡は中期前葉、向郷遺跡は中期後葉でかなり年代差があるが、この間､環状集落の規模と構造を現出した中期社会にゆるぎがなかったことがわかる。その向郷集落も中期末をもって急速に衰退する。

【註 2】 要するに、関西系の沈線文主体の「北白川 C 式 4 段階」土器と後続の関西系の中津式系(初期称名寺式)が進出してきて、在地の加曽利 E4 式土器と共伴する時期を以て後期とするということである。

【註 3】 群馬県西部、静岡県南足柄・伊豆地域には安山岩の柱状節理の露頭産出地と石棒製作遺跡が幾つか確認されているが、未発見の露頭も多いとされている(谷口他 2011)。

【註 4】 敷石遺構のフェイズ(段階)は、①敷石遺構の構築〜機能(上限が中期末葉には遡らない)。②敷石遺構の廃絶〜石棒の並置(覆土の状況では廃絶後に、敷石の一部を撤去して石棒を並置(「加曽利 E5 式」と「北白川 C 式 4 段階」・「初期称名寺式」の時期)。③敷石遺構が途中まで埋没(三者の土器が混在)。④ 3 層上面に上部竪穴状施設が構築される。⑤上部竪穴状施設が埋没(三者の土器が混在)。

石棒の時間[遺物としてのヒストリー]は、①製作段階(素材獲得→石棒製作(剝離段階→敲打段階→研磨段階 = 石棒製作儀礼行為 ?)→流通(運搬・保管)。②使用段階(使用 = 儀礼行為など精神文化的所作・使用に伴う破損・再生)→使用終了・折損。③廃棄段階(廃棄・遺棄 = 廃棄に伴う儀礼行為→埋没前)④廃棄後段階(埋没後→発掘調査)と想定されている。

【註 5】 報告書には和田哲氏が緑川東・向郷遺跡界隈の加曽利 E3 式期から称名寺古式の敷石住居・敷石遺構を集成しているが、称名寺 1 式後半〜 2 式期はない。また、和田氏の多摩地域の敷石住居跡 225 例を見ても、中期末から称名寺 1 式後半の事例は日野市七ッ塚遺跡があるだけで、この他に昭島市龍津寺東遺跡から土器が出土しているだけである(和田 1995・96)。多摩地域ではこの時期の遺跡が希薄なのである。

【註 6】 中期社会が崩壊したのは、中期末の気候の冷涼化による環境の変化に求める考えが一般的である。環状集落が崩壊して生産力が減退したため、生活の危機的状況と社会不安が増すようになり、その対処法として敷石住居がおこり石棒祭祀儀礼が盛行したとされる。その石棒祭祀儀礼が終焉を迎えるようになったのも､長田氏によれば、異系統である関西系土器の出現とも関連し、異文化との接触が新たな価値観・方向性に向わせたからというのだが、どうであろうか。

第18話　土器作りの謎を解く細密編布痕――府中市 本宿町遺跡

府中市本宿町遺跡は、国立市南養寺遺跡と府中市清水が丘遺跡の中間に位置する縄文中期勝坂式期前半の拠点的な集落で、立川段丘面に立地する（図18-1）。

本遺跡は、JR南武線西府駅の新設にともなう土地区画整理事業により、2004年（平成16）度から2007年度にかけて府中市教育委員会により発掘調査された。その調査報告書を作成するため、出土土器の実測業務の一部が大成エンジニアリング株式会社に委託され、筆者も資料の点検に関わることになった。

7号住居址から資料整理に着手したところ、その中に口縁付近から剝脱した小さな装飾把手部（資料番号：139）があった（図18-2）。その剝脱面に指紋のような皺が見えたのでルーペをとりだしてみたところ、なんと植物繊維を縒り合せて編まれた細密な編布（あんぎん）痕であった。細密編布はこれまで、主に漆濾しに使われたネジリン棒のような炭化した事例が知られる（渡辺誠1994）。渡辺氏は、細密編布の用途としてトチやドングリ等のアク抜き、水さらし技術との関係でもきわめて注目されると強調している。

本宿町遺跡の細密編布痕の発見は、土器製作においても細密編布が必需品であり、その出自が草創期まで遡る可能性があるなど、縄文文化研究に新たな展望を拓くことになったのである。

資料の観察

把手は天井と側面に窓がついた中空のつくりで、器面は篦（へら）みがきされて光沢があり、褐色ないし黒褐色をおびていて、勝坂式前半の特徴を備えている。しかしこの装飾把手がどのような形の土器のどの部分に接合していたかははっきりしない。市教委の中山真治氏にこの把手に接合する土器の本体をさがしてもらったが、7号住居址は攪乱されているうえに大方は調査区外に在るため出土遺物が少なく、見当たらなかった。

編布痕は幅9mm、長さ40mmの範囲に認められる（図18-3）。タテ糸は上方に1.5mm間隔で4条分、ヨコ糸は1㎝に15列認められるから、平均0.73mm弱の間隔である。もっとも成形した土器は乾燥すると1割方は収縮するので、本来はタテ糸1.65mm、ヨコ糸0.73mmほどのきわめて細く柔らかい編布であったと想定される。

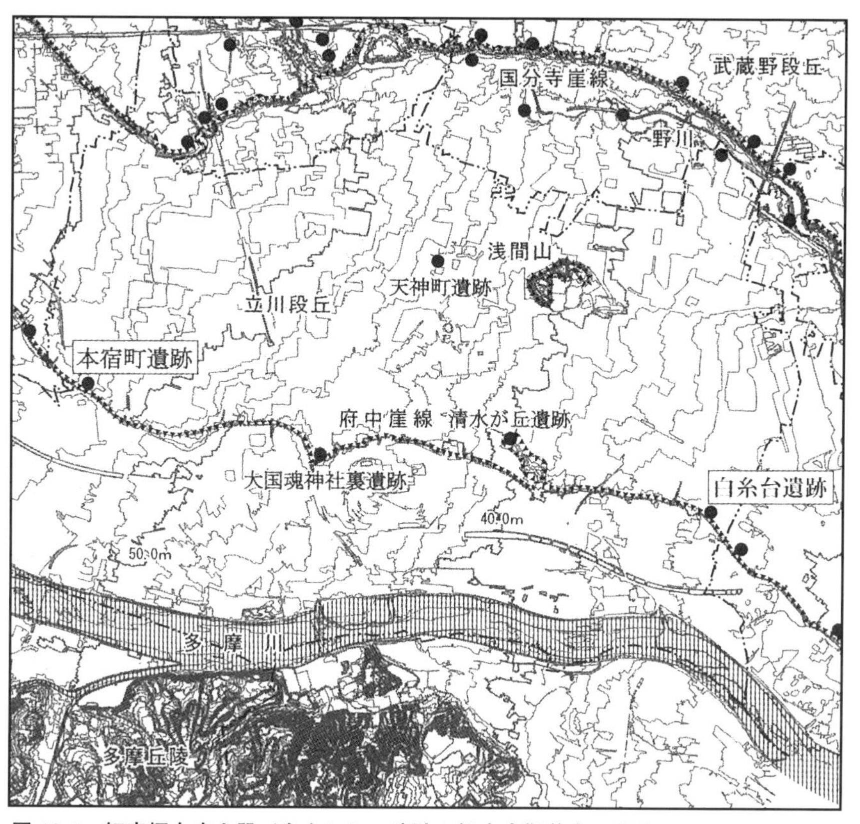

図 18-1　細密編布痕土器が出土した 2 遺跡と縄文中期前半の遺跡
（中山 2011　原図を加工）

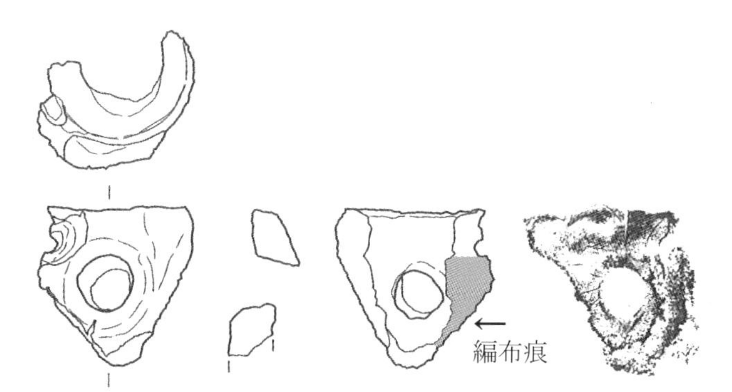

図 18-2　本宿町遺跡の細密編布痕土器実測図（1/3）

因みに、渡辺誠氏はタテ糸間隔5mmを基準として、細密な編布を粗い編布から区別している。その意味では本資料は、これまでに検出されてきた細密な一群の中でもひときわ細密な編み方である【註1】(図18-4)。

編布とは

かつて伊東信雄氏は、宮城県山王遺跡で発掘した縄文晩期の編み物が、信濃川中流域の山間部にもじり編みの技法としていまに伝承されてきたことを確認している。越後編布はカラムシをはじめイラクサ、アカソ、大麻などの植物繊維を素材として、ソデナシ、マエカケ、マエアテ等に編み込まれたものという。

もじり編みとは、タテ糸2本をねじり合わせながらヨコ糸1本を挟みこんでいく方法である。越後編布の編み機は、コモヅチとよばれる錘、ケタとよばれる目盛板、これを支えるアミアシからなる。すなわち直立する両側の棒（アミアシ）に目盛り板（等間隔に刻み目が施された）がのり、板上に置いた繊維束（ヨコ糸）を刻み目毎に対の錘具を下げたタテ糸で、手前側と向こう側に交互にねじり合わせながら編みこんでいき、端まで編み終えたらヨコ糸を折り返して同様に編み進める。

しかし果たしてこの技法でこのような細密な編布を編めるのであろうか。考えあぐねながら尾関清子著『縄文の衣』(1996）を手にしたところ、尾関氏は試行錯誤の末に横編法という技法で細密編衣の製作に成功していることを知った。横編法とは、先にタテ糸（経糸）を上下の横板に何本も密に張りめぐらせて置いて、骨針の目にヨコ糸（緯糸）を通して両方から絡みながら潜らせるやり方である。縄文時代にも骨針があったから、このやり方であれば力も入らず、平織のようなきれいな編み目ができるというのである。

細密編布の意味するもの

本宿町遺跡で出土した編布圧痕の正体とは、縄文土器を製作するにあたり口縁部に湿らせた編布を巻きつけてしばったときに付いた圧痕が、接合した把手に反転したものである。そのように理解できたのは、都埋文センターの「土器作り教室」の体験学習で復元できるからである。1日目は土器の作り方を説明し、積み上げる成形まで行って一晩寝かせ、2日目に文様の施文と器面の調整を行う。この間に乾きが進みすぎないよう、湿らせた手ぬぐいを土器に被せてかるく縛り、ポリ袋を被せることにしている。

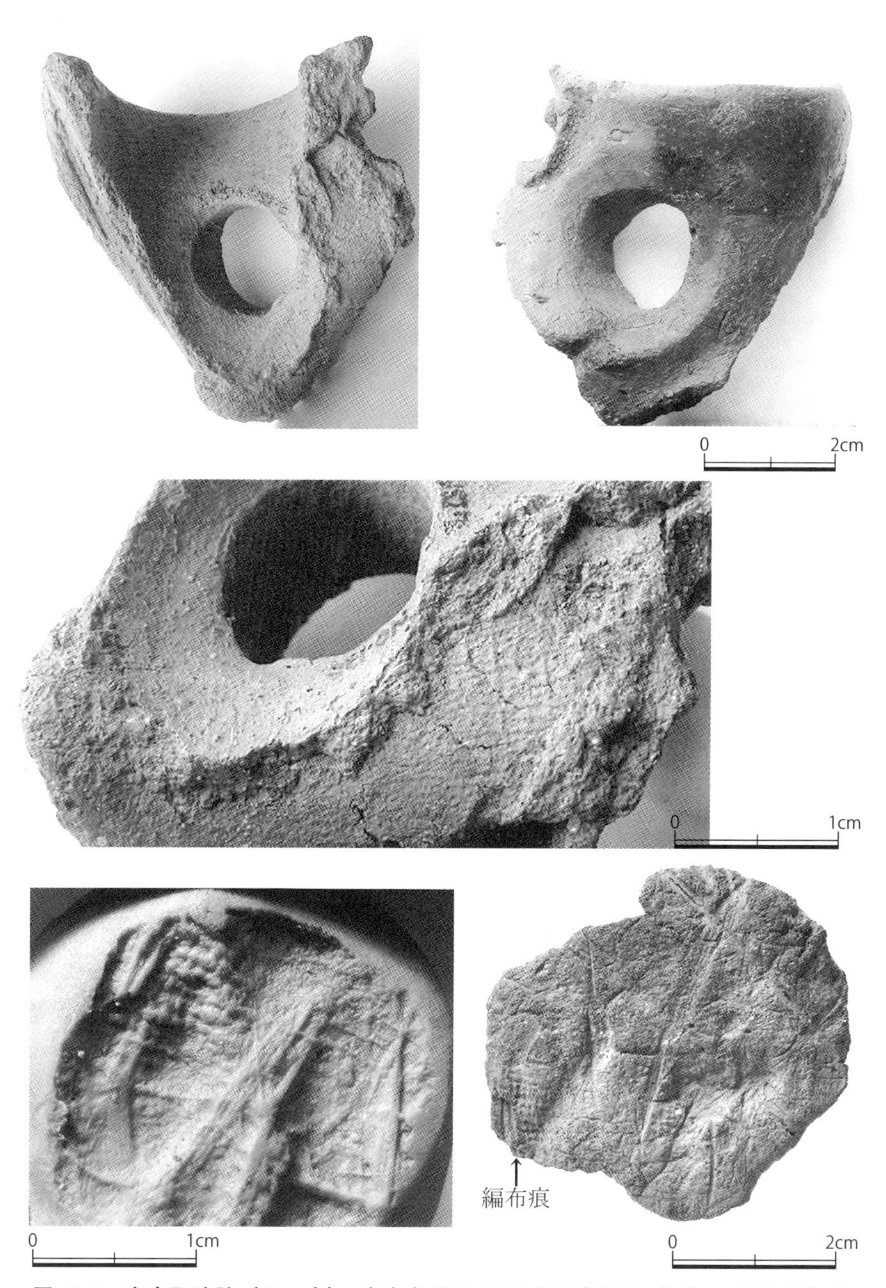

図 18-3　本宿町遺跡（上・中）　白糸台地区 1089 次調査遺跡（下）の細密編布痕資料

おそらく縄文人も大きさと形状に見合った把手を捻りあげる間に、成形した土器が乾きすぎないように、適度に湿らせた細密編布で被ったことであろう。実際のところ、彼らは大形の把手がつく中期の土器をへたりもせずに、どうやって製作できたのかと不思議でならなかったのだが、この細密編布痕の出現により疑問が氷解した。今後は多くの人が土器や把手の剝脱部にも注意を払うだろうから、本資料と同様の圧痕例が陸続と検出されてこよう【註 2】。

細密編布の遡源を考える

骨針を使った横編み法で編まれた細密編布が土器作りの重要な役割を担ったとすると、彼ら縄文人はいつ、どこでこの技法を修得したのであろうか、想いをめぐらしてみたい。

まず骨針に眼を向けると、縄文草創期末の長野県栃原岩陰遺跡から発掘された、シカの長管骨を縦裂きにして鋭く尖らせて研磨した「縫針」（図 18-5）がある。金属製と遜色ない長さ 3 〜 5cm、太さ 2.5mm ほど、孔は 1mm に満たない精密なつくりの骨針が何本もある。これら縫針は、毛皮を裁断して防寒具を縫いあわせるだけでなく、横編み法による細密編布を編む道具としても使われたのであろう。栃原岩陰遺跡には口径 25cm を超す大形の土器もある。これだけ大形の土器を作るには、粘土帯を何段か置きに乾かしながら積み上げる必要があるので、この乾き具合を調節するのに細密編布が重用されたはずである。大形土器は、およそ 1 万 3 千年前の草創期初頭の横浜市花見山遺跡の隆起線文系土器にも認められる。

隆起線文系土器といえば、長崎県福井洞穴から出土した隆起線文の土器片を利用した有孔円板（図 18-6）と石製の有孔円板の存在が看過できない。長崎元廣氏は、中国北東部のオロス貝塚等の遺物の組合せにも有孔円板が存在するとし、これを縄文の紡錘車の渡来と考える（長崎 1978）。細密編布を編むための前提としては、カラムシ等の靭皮繊維を細く裂いて縒りあわせた大量の糸を用意しておく必要がある（図 18-6）。そのための紡錘車も縄文時代の当初から存在したのである。

こうして本宿町遺跡の細密編布痕に端を発した妄想は次第にふくらんだが、すでに先刻、尾関清子氏は、南九州の草創期・早期の土器底部に各種の細密圧痕の存在を確認していた。そして、「草創期・早期すでに、繊維とか植物の蔓などを網・布・敷物状に製作する加工法などに関しては、一定の技術段階に到達している」（尾関 2012）という。同じように名久井文明氏も『伝承された縄紋技術』（2012）で、木

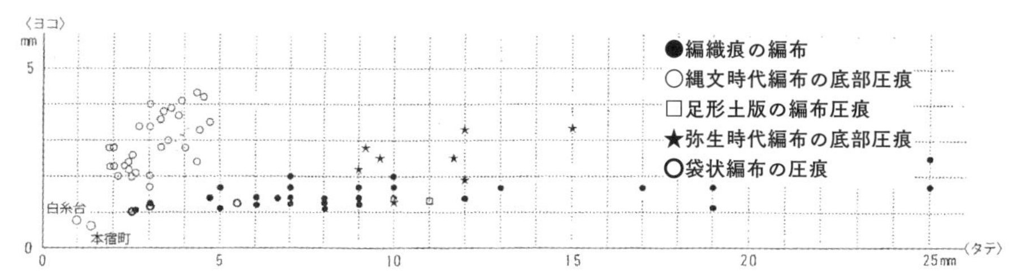

図 18-4　各種の編布圧痕のタテ糸とヨコ糸の間隔（渡辺 2006 に追補）

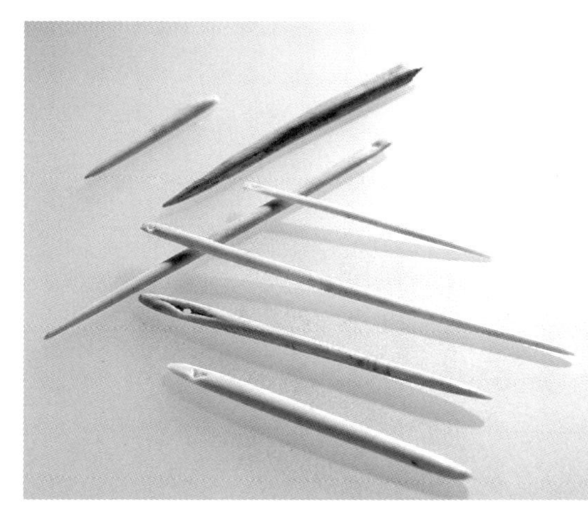

図 18-5　栃原岩陰遺跡出土の骨製縫針（北相木村考古博物館蔵・提供 小川忠博氏）

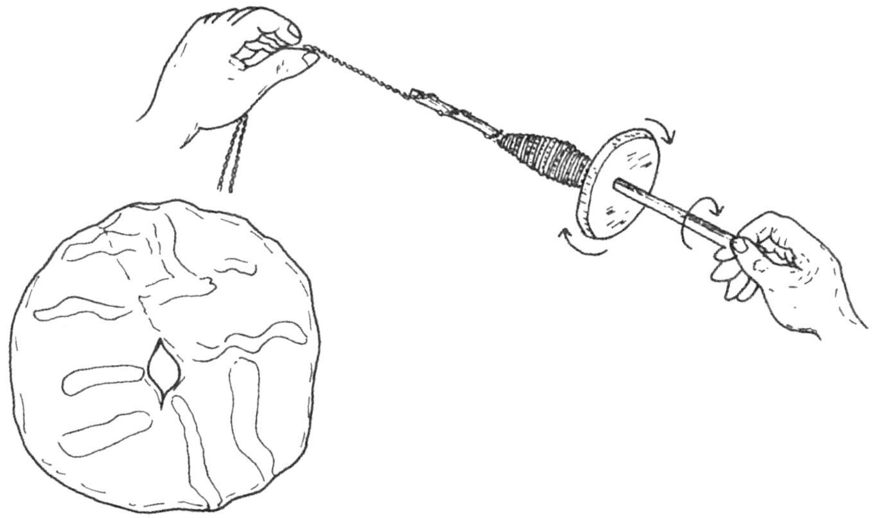

図 18-6　福井洞穴出土の有孔円板（左）とその使用図（長崎 1978）

の実の乾燥処理やあく抜き、樹皮の利用、籠の作製技術など、縄文人は生きるためにどうしても必要な技術を早くから開発し、十分なレベルまで到達していた。時代が新しくなるにつれてこうした技術が発達したのではないと強調している。その一端を、本宿町遺跡の細密編布痕に垣間見ることができるのである。

【註1】 漆濾し布は、漆を掻いたときに混じるゴミを取り除くための使用であろうから、これほど細密な編布はむしろ適しなかったのかもしれない。

【註2】 2011年（平成23）4月に、奇しくも同じ府中市教委から委託された、白糸台地区1089次調査遺跡出土の土器実測業務で、再び細密編布痕を発見した。今度の資料は、はっきりしないが加曽利E式土器のようで、底面がおおきく窪んだらしく凸レンズ状の粘土を貼って補強してあったが、その際に底面の乾きを防ぐために細密編布で被覆したようだ。そのとき付着した圧痕が、剝がれた粘土板に反転したものである（図18-3）（『武蔵国府関連遺跡調査報告書50』2012）。本宿町遺跡とほぼ同じ細密な編布である（図18-4）。

第19話　多摩川低地の後期集落——日野市 南広間地遺跡

縄文後期前葉の堀之内式期の年代は、おおよそ4200～4000cal BPで小海進の時期にあたる。この時期には北区西ヶ原貝塚、渋谷区豊沢貝塚のように台地上に立地する集落もあるが､荒川区延命院貝塚のように低地微高地上に立地する集落もある。中期の集落は主に丘陵上と台地上に立地するが、後期になると多摩丘陵ではめっきり減少する。その理由として、中期末は寒冷気候で自然環境が損なわれ、人口が減少したからという説がある。しかしそうとばかりはいえず、低地の居住環境が整ってきたために移った可能性も考えられる。そういう立地であれば遺跡は台地上の畑地よりも見つけにくく、地中深くに埋もれている可能性もあろう。

日野市南広間地（みなみひろまち）遺跡は､北を多摩川､南を浅川､西を日野台地に囲まれた東西1.4㎞、南北0.75㎞ほどの、楕円形をした90haに及ぶ広大な低地遺跡である（図19-1）。

日本経済が高度に成長した最中の1980年代に、水田と梨畑が広がっていた閑静な農村地帯に万願寺土地区画整理事業（以下区整事業という）が計画され、縦横に計画された道路部分が発掘調査の対象となった。広大な範囲に試掘坑が設定された結果、縄文時代以降、弥生中期、古墳時代前期・後期、奈良・平安、中世から近世

図 19-1　多摩川・浅川合流点低地の地形分類（1：25000）
1・南広間地遺跡　2・神明神社北遺跡

にいたるさまざまの遺構・遺物が検出された。こうして南広間地遺跡は、落川・一の宮遺跡とともに、多摩川流域における低地開発の歴史を知る重要な遺跡として注目されるようになった。

ここではその南広間地遺跡でも縄文後期前葉の時期に焦点をあてて、主に低地の地形分類と遺跡の関わりを概観することにする。

南広間地遺跡の調査経緯

1969年（昭和44）8月、多摩川の氾濫原にあたる日野市日野495番地（図19-3の高速自動車道路に近い★印地点）でゴミ穴を掘ったところ土器が出た。この報に接した日野史談会の持田友宏氏らが試掘調査を行ったところ、縄文後期から晩期終末までの土器が多量に出土し、小字名から南広間地遺跡と命名された（持田・木津1979）。調査地点はかつて水田で、遺物包含層はその水田の水の浸透を防ぐシキと呼ばれる硬い土層の下に確認された。この調査により、東側の万願寺地区の一帯にも遺構・遺物が存在するのではないかと眼が向けられるようになった。

1980年代になると、日野市教委は区画整理事業に対応するために日野市遺跡調査会を組織し、区画道路部分を調査した。すると各所から遺構・遺物が相次いで発見されて、南広間地遺跡の範囲が次第に拡張していった。区整事業に関わる発掘調査は1999年までつづけられ、調査報告書も1～14号まで刊行されたが、膨大な遺物量と記録整理が追いつかず、第7・9次調査の89地点分が未刊行のまま市遺跡調査会は散会した。その後、未整理だった膨大な資料が南広間地遺跡整理調査団に引き継がれて、簡易な『発掘調査資料集』（千田2007）としてまとめられた。

その他に、区整事業区域内では、東西に貫通する国道20号日野バイパス建設（小山1995・渋江2003）をはじめ、街区内に計画された高層建築物地点も併行して調査されている。それらの調査報告書を総合することにより、南広間地遺跡の各時代の地形立地と土地利用の変遷などが網羅的に把握されるようになった。

南広間地遺跡周辺の地形分類

ここでは国土地理院の土地条件図「八王子」（1991年4月版）および「南広間地遺跡を中心にした多摩川・浅川合流点低地の形成過程」（島津・久保・堀1994）に示された「地形分類図」を参照しながら、主に縄文時代後期前葉の集落を概観する。

「土地条件図」（図19-1）には土地の性状に関する基礎資料が表示されており、

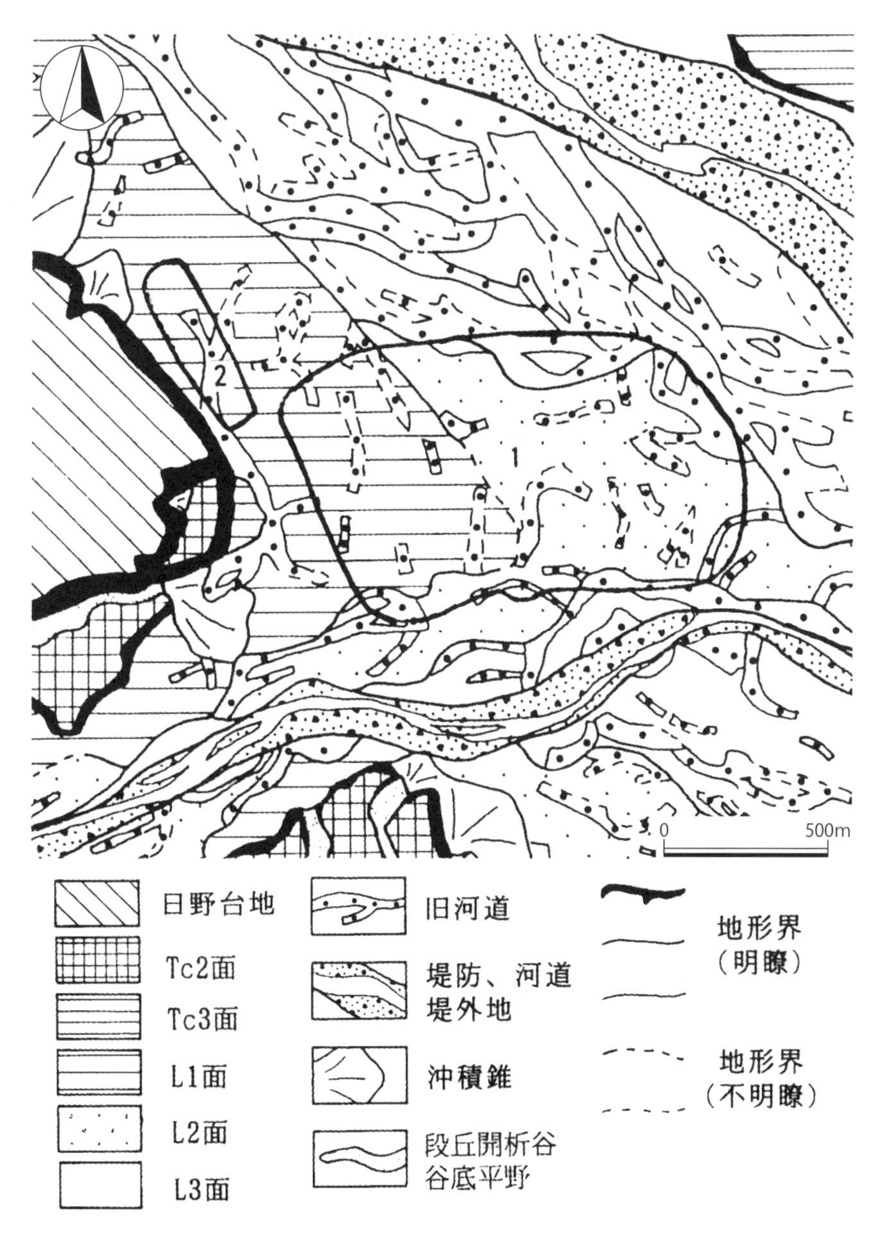

図 19-2　多摩川・浅川合流点低地の地形分類図（1：25000）
1 南広間地遺跡　2 神明神社北遺跡

地表の形態により地形分類されている。多摩川・浅川合流点に近い南広間地遺跡の範囲は、西側が日野台地側から東に張り出した低位な沖積段丘面であり、中央が河川の堆積作用により形成された軟弱な地盤の谷底平野・氾濫平野、そして北側から一部東端は、多摩川の洪水時に運ばれた砂やシルトが流路沿いに堆積してできた高まり―自然堤防―に分類される。区整事業が計画される1980年代までは閑静な農村地帯であり、自然堤防上にはまばらな村落と梨畑が、中央の低地には水田が広がっていた。

「地形分類図」（図19-2）は、周辺地域で行われた研究と発掘トレンチの断面観察、ボーリング・データの解析に基づいて作成された地下構造の形成過程である。図19-1に対比すると、西側は立川段丘面の後に形成されたL1面（低位段丘）、中央から東側はL2面・L3面（低位段丘の一部と沖積面）にあたる。範囲全体に、北西から南東方向に洪水の痕跡のように旧河道が複雑に入り込んでいる。

それではこれらの地形面はいつごろ形成されたのであろうか。（島津・久保・堀1994）は、各面に残された遺構の時期を段丘の形成終了年代の最新値として、次のように記している。

［L1面］　神明上北遺跡（2）は、日野市立第一小学校体育館の建設に伴い調査された縄文中期後半の集落である。この地域のT3面（青柳面）の年代がおよそ14000年前であるところから、L1面はそれよりも後で、14000年前～6000年前の形成と推測している。因みに、（羽鳥・加藤・向山2001）は、L1面相当の段丘面を拝島面に相当としている。

［L2面］　北縁に縄文後期前葉の遺構群が分布するが、中期以前の遺構・遺物がみられないので、4000年前～古墳時代中期のあいだに段丘化したとされており、古墳時代後期になると集落が全面に展開するようになる。

［L3面］　江戸時代頃まで多摩川の洪水の影響をつよく受ける不安定な土地で、宝永年間の頃にようやく安定してきたが、現在もなお段丘形成の途上にあるという。

縄文後・晩期の遺跡立地

発掘された範囲は、区整事業地域内の街区路をはじめ日野バイパス区域及び地下の文化財を損傷する高層建築物等なので、これらの調査地点を図上に落し込んでみた（図19-3）。この図を図19-1・2に対比してみると、縄文後期前葉から晩期終末の人びとが居住地として選択した場所が分かる。

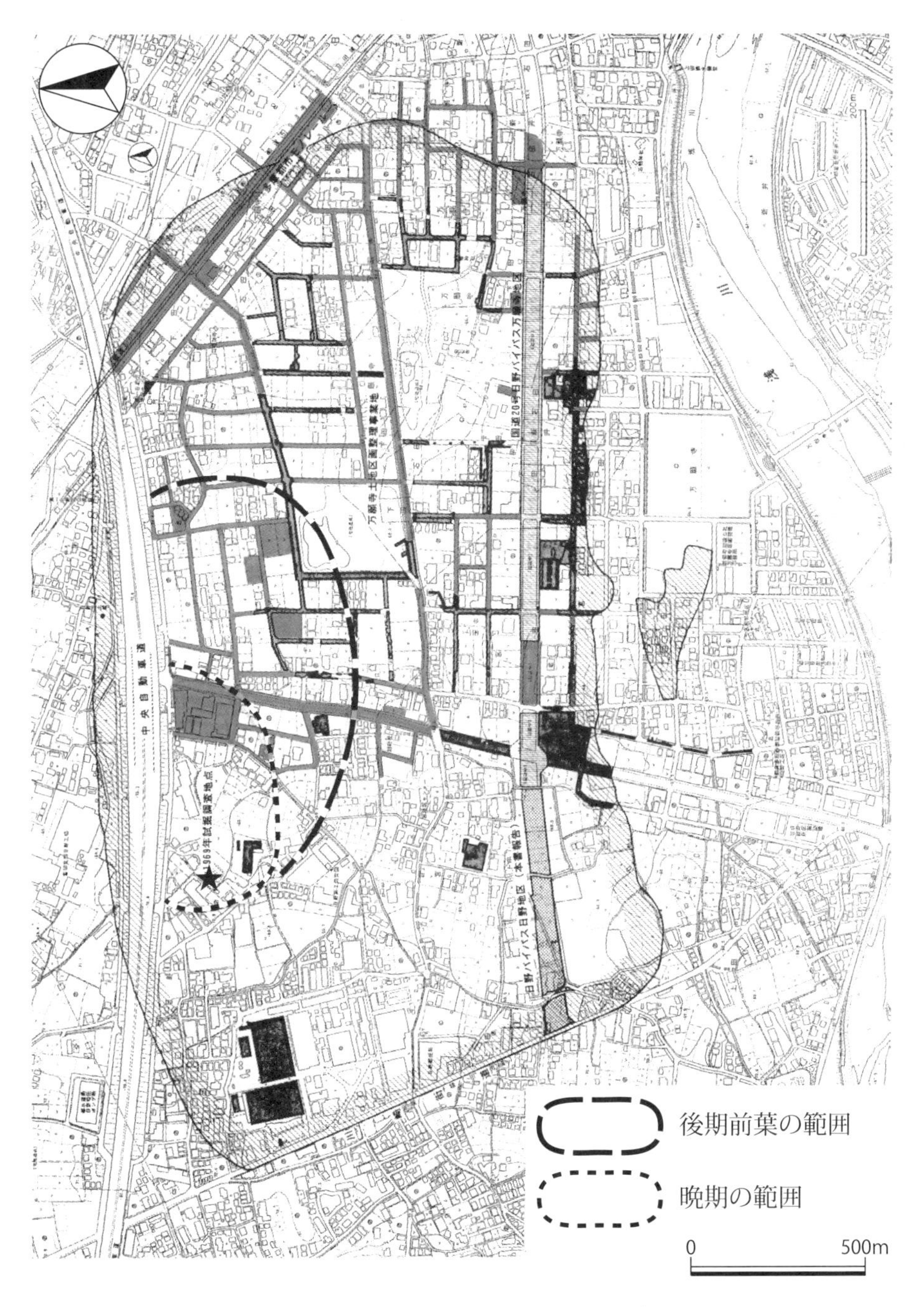

図 19-3　南広間地遺跡の範囲と既調査地区（渋江他 1995 に加筆）

後期前葉の立地は、中央高速道路に南接して東西にのびる自然堤防上に認められ、住居跡と目される炉跡や配石、埋葬用の埋設土器が数多く検出された。深鉢・浅鉢それに注口土器などの土器が大量に出土しているが、注目すべきは、粗く打ち欠かれた大小数多くの漁撈用の礫石錘である【註1】。L2面には、多摩川及び浅川から流れ込んだ旧流路が複雑に入りこんでいる。その流路にはコイやウグイ、アユなどが豊富に棲息していたろうから、川を堰き止めれば浅い湖沼の養漁場になる。彼らは礫石錘の漁網を張ってこれらの淡水魚を捕り、重要な食料源としたのだろう。

後期も中葉になると、西側のいくぶん高いL1面の側に居住範囲が移動する。この場所からは漁網用の石錘が出土しないので、中央部の湖沼は土砂の流入により埋まり、葦(あし)原湿地と化したのであろう。その西端側の標高が高くなっている1969年試掘調査地点(★印)とその南側の共同住宅建設地点からは、晩期終末の浮線網状文・沈線文を主体する土器が豊富に出土している(和田1997)。

東京では晩期終末の時期の遺跡はきわめて限られるが、多摩川下流域と大栗川が合流する付近の東方5.5㎞に在る落川・一の宮遺跡からもまとまった資料が出土した。落川・一の宮遺跡は、4世紀末から14世紀初頭まで途切れることなくつづいた、大規模かつ濃密な低地集落遺跡で知られる。晩期終末から弥生初頭の遺構・遺物が出土したのは、たまたま都道日野3・2・7号線の建設に掛かった自然堤防上である。この場所も開発されるまでは水田で、遺跡の存在は知られていなかったし、予想もされていなかった。すると、多摩川流域に限らないが、多摩地域の低地にはこうした後・晩期遺跡がまだまだ眠っていそうである(矢島1998)。

【註1】『発掘調査資料集』(2007)には、区画整理の範囲に画されたグリッドのJKライングリッドから50点、STライングリッドから100点ほどの出土例が掲載されている。ほかにも随所に散見する。なお、第30話のもじり編み実験で紹介した切目石錘は『資料』を見る限り、本遺跡からは1点も出土していない。

第20話　後期の集団墓地
――調布市 下石原遺跡・町田市 野津田上の原遺跡

国立市から府中・調布・狛江市につづく立川段丘の南縁には、古墳時代後期以降武蔵国府を中心とする古代・中世の密なる集落が軒をつらねている。調布市下石原三丁目に所在する下石原遺跡第2地点もその一つで、東端には台地側から開析された小さな谷が入っていて、特異なノッチ状の地形をなしている（図20-1）。その張り出した台地の先端部に高層マンションが建設されることになり、1984年に調布市遺跡調査会が発掘調査したところ、界隈でほとんどみかけない縄文後期加曽利B1式期が主体の土壙墓60数基がまとまって検出された（図19-2）。

西南関東では後期前半の堀之内2式新段階になると土器形式が多様化し、集落構造が変容したり、葬法が違ってきたりするなど、一大画期を迎える（中村2013）。土器形式では深鉢が精製・粗製に分化し、注口土器には算盤形・有頸の型式と球胴形・無頸の型式が、浅鉢・椀・舟形土器・小形壺・双口土器が新たに登場する。集落構造の面では、同一地点で何度も建て直される、集落を見下ろす要所に石井寛氏の言う“核家屋”が出現し、その前面には、小形土器を副葬した墓壙群が設けられるようになる（石井1989）。被葬者は前期から中期まで円形土壙墓に屈葬で葬られたが、この時期になると長方形土壙墓に伸展葬で葬られるようになる。

中村耕作氏は、葬送儀礼は社会秩序の再生産において重要な役割を担うものであり、墓壙に副葬される土器選択は社会性の高い行為であるとし、墓壙内に埋納された土器を“副葬土器”、副葬土器のある土壙墓を“土器副葬墓”とよび、墓の上や脇に供えられた“供献土器”と区別する（中村2013）。その土壙墓群が堀之内2式から加曽利B2式期にかけて、神奈川県から東京都域に濃密に分布することを明らかにした。その代表的な例として下石原遺跡第2地点と野津田上の原遺跡の土壙墓群がある。なお、本調査地点の東1km強には、縄文晩期中葉の特殊な方形配石遺構で知られる国指定史跡下布田遺跡が立地する（図20-1）。

下石原遺跡の土壙墓群

調査終了から四半世紀近く経った2008年に調査報告書が刊行され、ようやく全貌が明らかにされた。それによれば縄文時代の遺構は、竪穴住居跡1軒（SI05）、敷石住居1軒（SI06）、土壙墓63基、配石状遺構3基があり、ほかに奈良・平安時代の竪穴住居跡や中世の溝状遺構、地下式坑、井戸などと時期不明の多数の土坑・小坑が検出された。縄文時代の遺物は遺構の内外から縄文土器、土製品（耳栓）、石器など総点数約 22,700 点が出土した。なお土壙墓の確認面よりも上位で配石遺構が確認されている【註 1】。

その土壙墓群は調査区の北隅側に多くがまとまっており、調査区中央とその中間にも疎らに分布する。そのほか、調査区の南西にあたる第 3 地点から土壙墓が 3 基と小坑群、北側に隣接する第 13 地点のトレンチ調査でも土壙墓が 3 基以上検出されており、第 2 地点土壙墓群の広がりとされている。

土壙墓は平面形が隅丸長方形もしくは長楕円形を呈するものが圧倒的に多い。63 基中の 49 基の規模をみると、1.0m 未満の土坑が 4 基、1.0 〜 1.5m が 6 基、1.5 〜 2.0m が 16 基 、2.0m 以上が 23 基で、約 8 割は 1.5m 以上という規模である。縄文人男性の平均身長は 158cm、女性は 147cm なので、被葬者の多くは伸展葬で葬られたと考えてよい。

土壙墓の多くは長方形で北西—南東方向を指しており、かなり統一性がある。図 20-2 下は、報告書に掲げられた計測表から土坑の主軸方位を作図したもので、N12 〜 52° W に密なる分布が認められる。その中でも 3 つのまとまりがあるようなので、遺構の平面分布（図 20-2 上）と対比してみたが、特に有意な関係は認められないようである。

すると、この主軸方位は何を基準に設定されたのであろうか。因みに、この場所は多摩川を前面にして多摩丘陵を一望する景勝の地にあるが、長軸は丘陵側と直角する方位になるので、富士山や丹沢の最高峰蛭ヶ岳を意識したものではないらしい。むしろ主軸方位は等高線に並行しているので、地形に沿って位置どりされた可能性が高い。ただし頭位方向が北側なのか南側なのか、あるいは定まっていないのかははっきりしない。

土壙墓の年代と被葬者の性格

発掘は調布市遺跡調査会により行われたが、報告書の作成にあたっては、出土土器の観察等および成果のまとめを小林謙一氏が担当している。出土した縄文土器には早期前半撚糸文系土器から晩期中葉安行 3c 式までの各期があるが、後期前葉堀之内 2 式から中葉初めの加曽利 B1 式を中心とする前後の時期がほとんどを占めるという。小林氏はその堀之内 1 式後半から加曽利 B2 式前半までの土器を 5 期に分

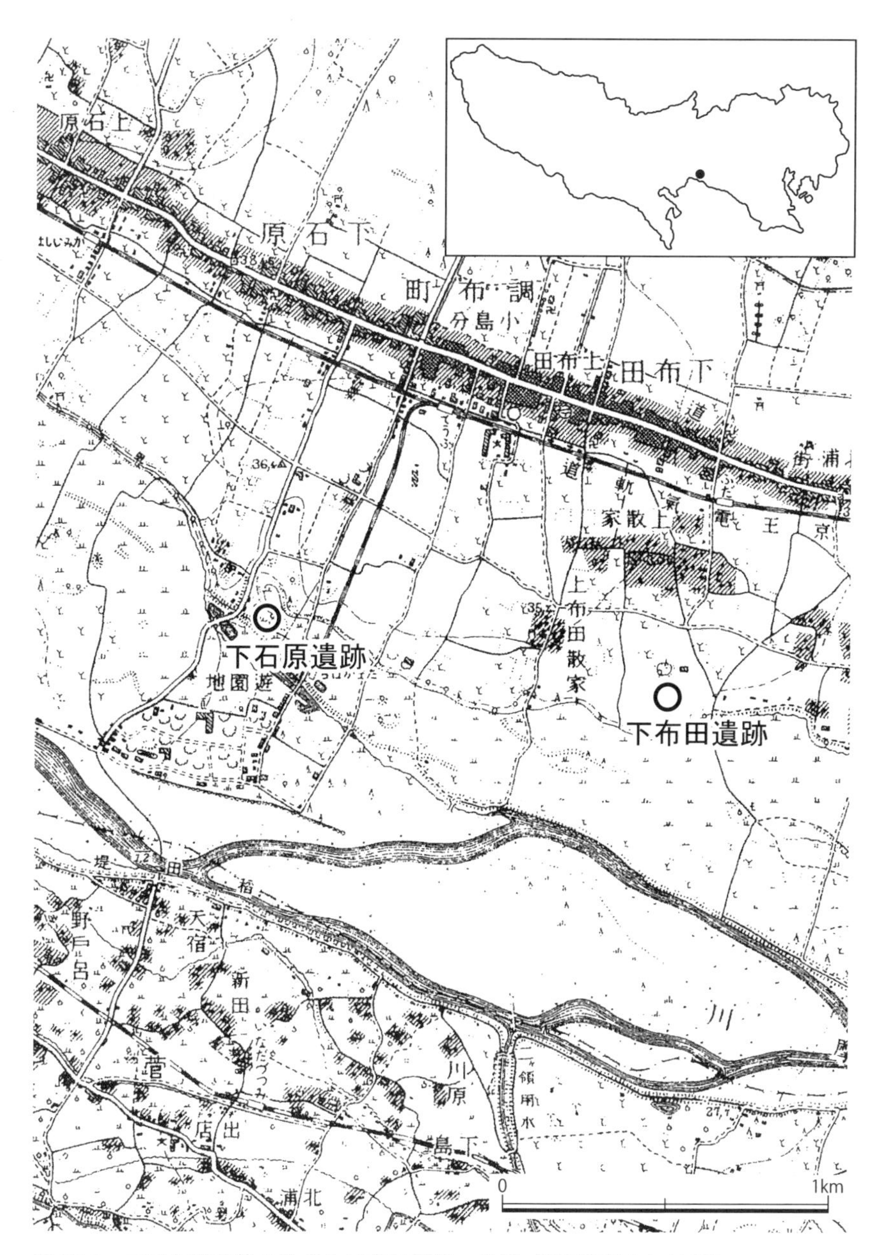

図 20-1　下石原遺跡第 2 地点と下布田遺跡の位置（「武蔵府中」1929）

けて、土壙墓63基のうちの土器を伴出土した土壙墓27基の編年位置を定めている。すなわち、1期：堀之内1式期1基／2期：堀之内2式期6基／3期：堀之内2式末～加曽利B1式移行期7基／4期：加曽利B1式期10基／5期：加曽利B1式新～B2式期3基、である。

そのうえで小林氏は、自らが測定したこれまでの年代測定研究に基づく堀之内1式期から加曽利B2式期のcal BP年を1期から5期に充て、「最初と最後を除き、2～4期についてはそれぞれ一時期に10数基の墓が属すると推定されるが、もっとも確認できる土坑（壙）墓の基数が多い4期について上述のように重複があることから2グループ以上に区分されること、各時期とも推定される継続期間がおおむね100年程度考えられることから、集落を構成する集団構成員すべての墓が含まれていると考えるよりは、特定のメンバー（階層か死因等特殊状況によるかはおく）がこの地に葬られた可能性も考えられる」という。

そこで、小林氏の見解をふまえて被葬者の人格についてもう少し考えてみる。2～4期の土壙墓がこの63基のうち何基ほどになるかをみると、2期のはじまりが3980cal BP、4期の終わりが3700cal BPとなっており、この間は280年となる。先の遺物を伴った土壙墓27基のうち1期と5期併せた土壙墓は4基であり、残り23基から比例換算すると、280年間に53基となる。

280年間に53人ということは、およそ5.3年間隔で被葬者が発生したことになる。15歳以上の平均余命が15年という縄文社会でムラの人口が維持されるには、誕生と死はかなり頻繁であったはず、とてもムラ人全員が被葬者の対象だったはずがない。わざわざ個人の墓である土壙墓が構築されて副葬品が納められ、供献土器が手向けられるような手厚い葬送儀礼が執り行われるような被葬者とは、きっとムラ長か家父長のような特別な死者だったにちがいない【註2】。

被葬者の住居は……

下石原遺跡の土壙墓群は古くは堀之内1式新段階（4030～3980cal BP）にはじまり加曽利B2式古段階（3700～3610cal BP）に終焉したので、集団墓地は300年から400年ほども続いたことになる。これだけ長期にわたり安定していたとすると、下石原遺跡には住居跡も相当の軒数が遺されていてもよさそうなのに、台地南端からSI05と敷石住居と言うSI06の2軒が見つかっただけである。2軒の先後関係は斜面上方に在る後者が下方の前者を切っているというが、SI06からは堀之内2式

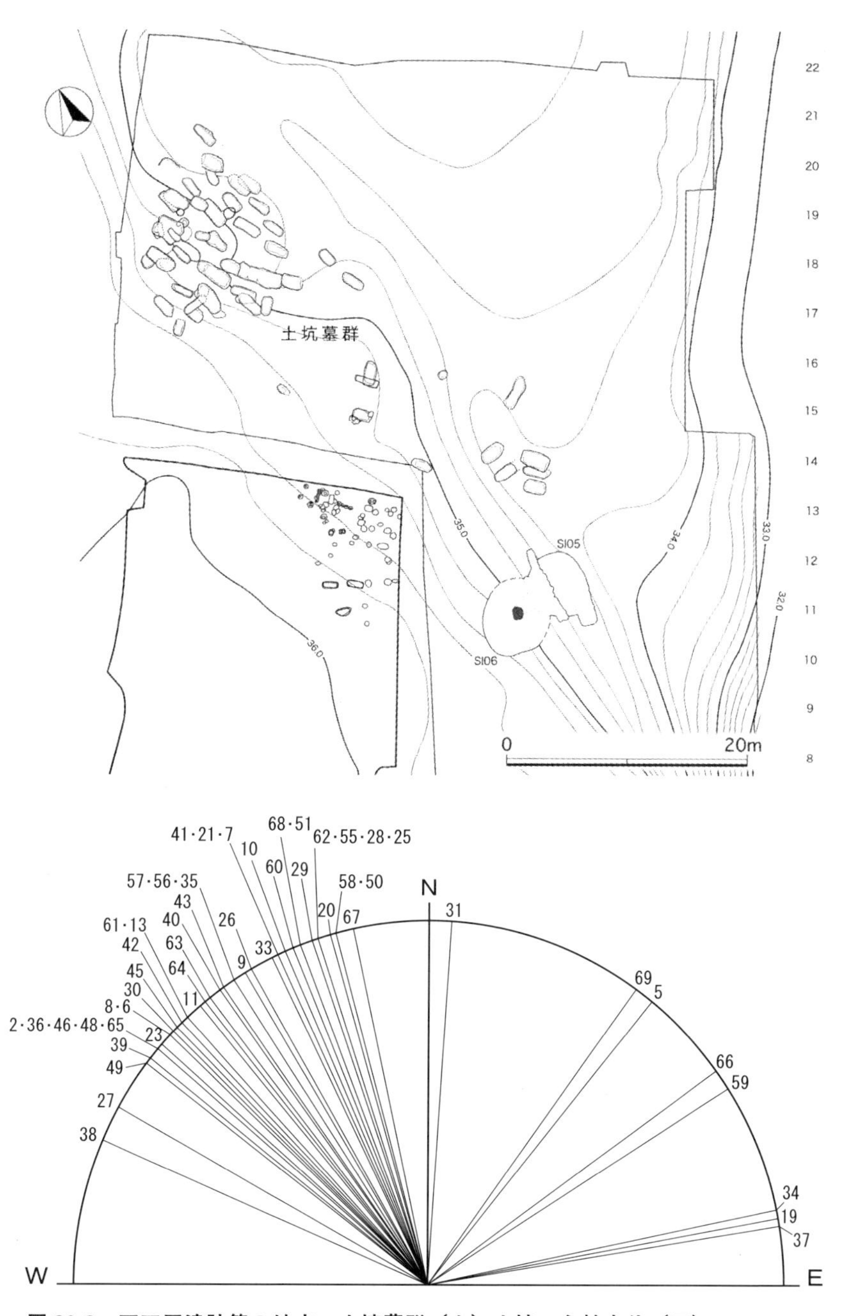

図 20-2　下石原遺跡第２地点の土壙墓群（上）土壙の主軸方位（下）

末ばかり、SI05からは加曽利B2式を主体として堀之内2式末が混じって出土しているので、切り合いが逆のようである。それはともかく、土壙墓群の主体をなす加曽利B1式期などの住居跡がない。集落の本体が調査範囲の周囲か近辺に在るのか、それとも掘立式建物跡の住居構造であったが小ピット群を見逃したのだろうか。いずれにしろ、町田市田端遺跡（第32話参照）と同様に、この集団墓地は集落と隔絶した立地に構築された可能性があるが、肝心の集落が何処に在るのかがはっきりしない。

副葬土器と土器副葬墓について

中村耕作氏は、土器副葬墓に副葬されている土器の形式には深鉢・浅鉢・注口・鉢・椀・舟形・丸底鉢・壺の8種あり、いずれも儀礼飲食に関わる容器であると指摘している。その土器副葬の趣意として、①土器そのものを副えることに意味があった。②土器は容器であり、その中味に意義があった。③儀礼的飲食に用いたものが墓に納められた、の解釈が想定しうるという。①は、死後の世界でも飲食に困らないように被葬者に副えたということであろうか。②は、食物を副えて納めたとも考えられるが、鉢や椀が入れ子で出土することもあるので意味が理解できない。③は、葬送にあたり列席者全員が儀礼的飲食をし、用いた容器を納めたというものであろう。この中では③がもっとも理にかなっているように思える。

最後に、下石原遺跡の副葬土器と土器副葬墓の位置関係についての中村氏の作図（図20-3上）があるので転載するとともに、町田市野津田上の原遺跡の土壙墓群（後藤1997）を併せて図示した（図20-3下・20-4上）。

野津田上の原遺跡は野津田公園の造成工事に伴い1991年（平成3）から95年にかけて調査されたもので、後期堀之内式から加曽利B2式期の集落と土器副葬墓22基を含む100基ほどからなる土壙墓群が検出された。この土壙群の主軸方位は、下石原遺跡よりもいくぶん東西軸寄りに集中する傾向がうかがえる（図20-4下）。

その他に、近隣では井の頭池のすぐ下流にある三鷹市丸山A遺跡でも20基以上からなる同時期の土壙墓群が検出されている（吉田・下原2003）。

【註1】　礫は土壙墓の確認面より10ないし20cm上面で、広範囲に分布する。その中で配石遺構のまとまりが3ヵ所認められるという。配石遺構は土壙墓の構築より後世の祭祀遺構と考えられているようである。しかし土壙墓の深さは確認面から20cm～80cmしかない。この程度の掘りこみでは鳥獣による埋葬遺体の毀損が避けられない

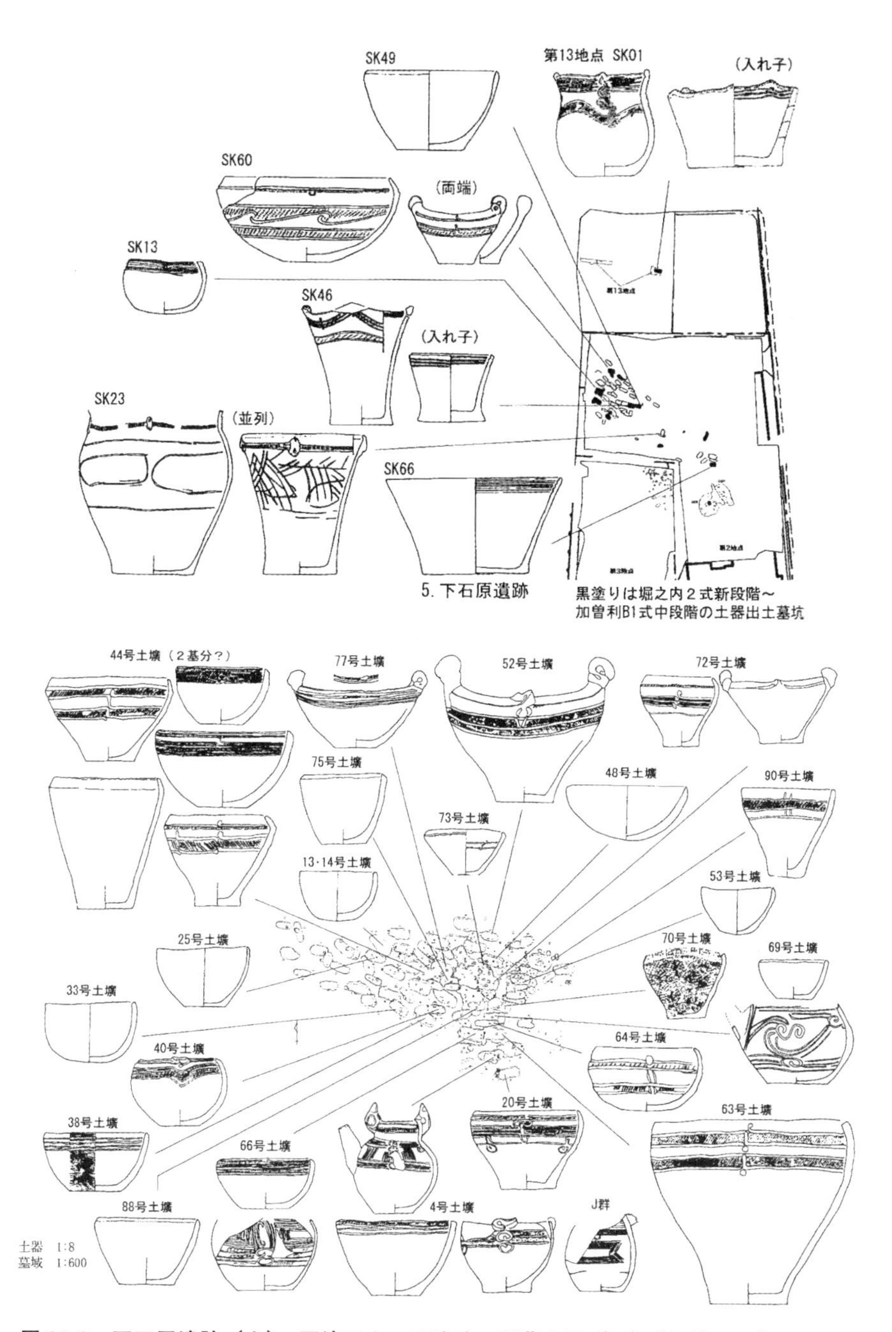

図 20-3　下石原遺跡（上）　野津田上の原遺跡の副葬土器（下）（中村 2013）

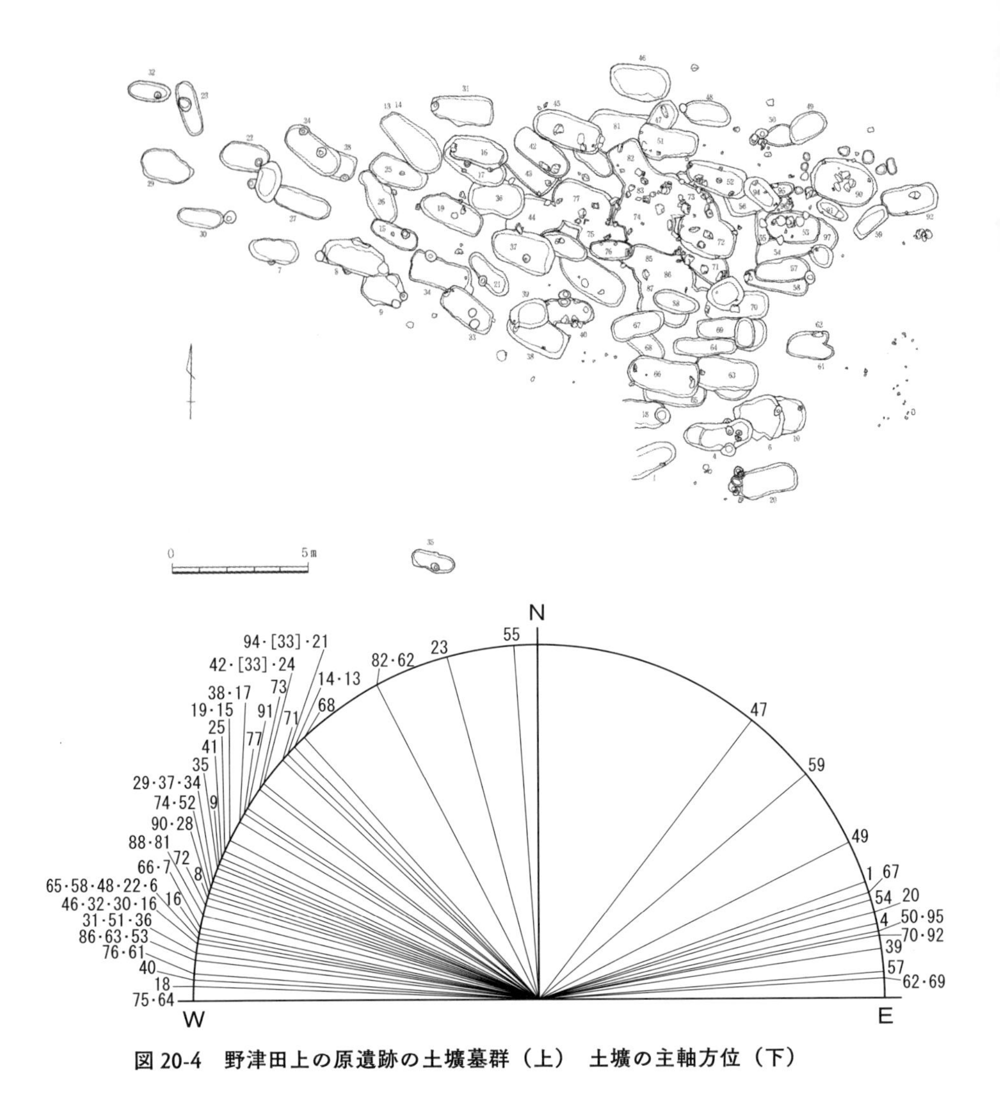

図 20-4　野津田上の原遺跡の土壙墓群（上）　土壙の主軸方位（下）

であろう。おそらく配石の礫石とは土盛りした上に防御策として被覆したもので、土壙墓に付随したものと考える。

【註 2】　TN446 遺跡・939 遺跡それに八王子市神谷原遺跡の中期環状集落では、いずれも住居軒数と土壙墓数の割合が 1：1 に近似する（安孫子 1997）。この割合の意味するところは、土壙墓に葬られた被葬者とはムラを構成する多くの住民のうちのごく一部、おそらく家督を継いだ者であって、家督を継いでも 5 年ほどで死を迎えたのであろう。今回、違った視点から分析したところ、やはり 5 年強の間隔で土壙墓が構築されていた。中期的な葬送儀礼が後期にも引き継がれていたようである。

第21話　晩期の特殊な祭祀遺構――調布市 下布田遺跡

東京域で縄文晩期遺跡は各所に分散するが、中期の遺跡分布密度に比べるとかなり希薄である。その中で調布市布田六丁目に所在する下布田遺跡は、町田市のなすな原遺跡・田端遺跡と並んで祭祀的、墓地的性格のつよい特殊な遺跡である。

下布田遺跡は、京王線調布駅の南東1㎞に所在する。立川段丘から沖積低地面にかけて広がる東西400m、南北500mほどの範囲で、遺跡には下布田古墳群をはじめ、縄文早期から後期、奈良・平安時代から中近世も複合する。晩期の遺跡は台地末端側に所在し、かつて崖線下には湧泉が認められたという。なお、台地並びの西方1kmには、第20話の縄文後期中頃の集団墓地・下石原遺跡が所在する。

下布田遺跡が注目されるようになったのは、1964年（昭和39）以降のことである。まず樋口清之・川崎義雄氏らが指導する國學院大學久我山高校考古学部の調査で、石棒祭祀の「特殊遺構」（図21-2）が検出された。次いで吉田格・岡田淳子氏による武蔵野郷土館の調査で、真赤に塗朱された大型の土製耳飾（重要文化財）（図21-1-4）が出土したから、にわかに遺跡が注目された。この頃になると周辺にも開発の波が迫ってきたから、調布市教育委員会は遺跡の恒久的な保護対策を講じるべく、昭和53～57年度（1978～82）に国庫補助事業による遺跡の範囲確認調査を行った。この調査で新たに「方形配石遺構」（図21-3）や「合口甕棺」・「配石埋甕墓」などの特殊な遺構が確認された。

こうして下布田遺跡は、1987年（昭和62）5月12日付で、「縄文時代終末期の墓制や祭祀をはじめとする精神文化を探り、狩猟採集社会から農耕社会へと移行する複雑な社会構造を究明する上で重要な遺跡である」として、遺跡南部の沖積低地を含む約5千㎡が国史跡に指定された（調布市教委2012）。

これまでに実施された調査をみると、遺跡内の各所に試掘坑が設定されているものの、面的な調査範囲は意外に小さい。それだけに未調査区域にも何らかの特殊な遺構群が存在する可能性がある（図21-1）。

検出された主な遺構と遺物

遺跡の内容は、何冊かの報告書のほかに『調布市史上巻』（長瀬1990）、東京都遺跡調査・研究発表会の要旨（赤城2009）、それに市民向けに作成された最新のリーフレット「国指定 下布田遺跡」(調布市教委 2012) がある。それらによれば、遺跡からは次のような遺構・遺物が検出されたという。

［特殊遺構］(図 21-2)　長軸 175cm ×端軸 135cm のほぼ 5 角形の穴に大小 40 数個の河原石とともに、10 数本の石棒を集めたもので石棒祭祀とも称される。ほかに破損した磨製石斧や石皿、手捏土器や亀ヶ岡系の小型壺形土器、土器片を加工した装身具などが出土した。中でも注目されるのは石棒で、晩期の遺構にもかかわらず中期から後期の石棒が継承されたものである。また中期の勝坂式や後期の堀之内式の土器破片を磨いた装身具もある。

［方形配石遺構］(図 21-3)　人頭大の河原石を最大幅 1.7m、一辺 6m 強の方形に帯状に敷詰めたように配列されている。石は立石状、斜立、敷石状のものが規則的な組み合わせで構築されている。その内部空間の中央に長さ 2.8m ×幅 1m の土壙が検出され、石刀 (図 21-1-1) が副葬されていた。この配石遺構が祭祀的な機能を備えた特定人物の墓なのか、あるいは共同墓地なのかは今後の検討課題である。近隣では、墓域から祭祀の場へと変遷する過程が明らかにされた町田市田端環状積石遺構 (後期〜晩期) が近い例と考えられている (赤城 2009)。

［合口甕棺］　二つの大型土器を組み合わせたもので、85cm × 40cm の長楕円形の掘り込み内に横位に埋設されていた。身にあたる土器は口径 33cm、高さ 51cm の深鉢形土器で、それとほぼ同じ大きさの土器を、口縁部を打ち欠いて蓋にしている。土器の中には炭化物や焼け土の他に骨粉と思われるものが認められた。

［配石埋甕墓］　長径 100cm、短径 8cm、深さ 30cm のほぼ円形の土壙内に、底部を打ち欠いた口径 30cm の無文土器が埋設されており、大小の河原石が土器を囲むように配置されていた。合口甕棺と同じように、土壙と土器の中に炭化物、焼け土、骨粉状のものが認められた。

［遺物］　大型の土製耳飾 (図 21-1-4) や石棒、石刀のほかに土偶、土版、独鈷石、石冠 (図 21-1-3)【註 1】などの第二の道具と呼ばれる呪術的遺物が多数出土している。石器では晩期に特有の飛行機鏃が大量に出土した。

晩期の土器としては、安行 3b 式以降、3c 式、3d 式土器を主体として、東北地方の大洞 BC 式、C1 式、C2 式土器の模倣品、南関東の杉田 C 類 (多)、北関東の千網式 (少)、東関東の前浦式 (少)、さらにわずかながら東海系の条痕文土器や突帯文土器 (図 21-1-5・6) も出土した。

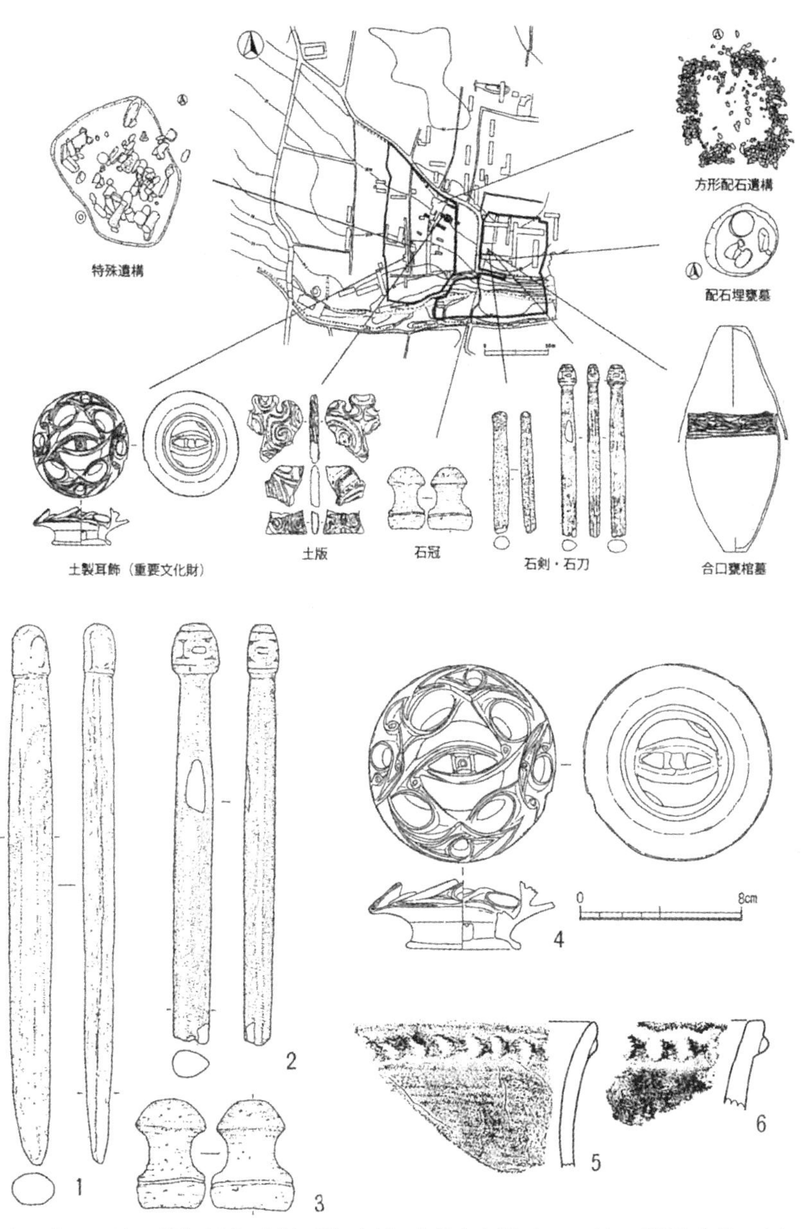

石刀（1・2）石冠（3）土製耳飾（4）突帯文土器（5・6）（報告書等より）
図 21-1　下布田遺跡の遺構と遺物（上　赤城 2009）

遺構・遺物の検討

各種ある遺構・遺物から、この遺跡を象徴する方形配石遺構と土製耳飾をとりあげて検討してみる。

［方形配石遺構］　報告書（1981）によれば、遺構は植木畠だったために部分的に攪乱されているものの、全体に残存状況は良好という。方形配石遺構の名称は、人頭大の河原石を一辺6m強の方形に配列した全体形状から命名されたようであるが、よく見ると南北に貫く中軸線の両端が切れているので、方形に囲われているわけではない。すると、この遺構は、①当初は配石が方形に途切れなく廻らされていたのか、②樹木の抜根により東西に二分されたのか、③一端だけ袋状に開いていたのか、が問われることになる。

報告書には攪乱を受けた範囲が図示されている（図21-3)。どの程度の攪乱なのかは記されていないが、図を参照すれば、礫石が空白になっている北東隅と南西隅の外周部が攪乱されていて、その範囲が中軸線南端にも及んでいる。つまりこの配礫の空白部は、攪乱を受けて礫石が除去された結果、欠落したようである。一方、北端の中軸箇所の空白には攪乱の表示がないので、その限りでは③北端だけ開いた袋状形態のようである。

しかし実測図と写真を見比べて礫石の配置具合をよく見ると、全体に満遍なく列状に配石されたのではなくて、配置の途切れる個所がいくつか認められる。おそらく全体は一時に配石されたのであろうが、幾つかの単位が区切られた上で協業で構築された可能性が高い。図21-4にその分節線を引いてみたところ、西側では6以上あり、東側はやや乱れていて把握しにくいが、これに相当する単位がありそうである。

これによく似た事例として､長瀬衛氏らも指摘する「田端環状積石遺構」がある。「……大小の石塊や礫を集め、帯状に積み上げてサークルを形成している。東と西の部分では石が少ない状態が見られたが、攪乱を受けて石塊が多少抜かれていることが考えられ、原形は全体にほぼ同じ状態に積み石がめぐらされていたものと思われた」（浅川1969）と記されている【註2】。長瀬氏らはその前提を踏まえて、元の全体形状は方形に途切れなく配石されていたものと考えたのではないか。

いささか詮索にすぎるかも知れない。しかし筆者は、この遺構も田端の遺構と同様に、当初から南北に貫く中軸線の両端が切れていたと考えたい（安孫子1992)。

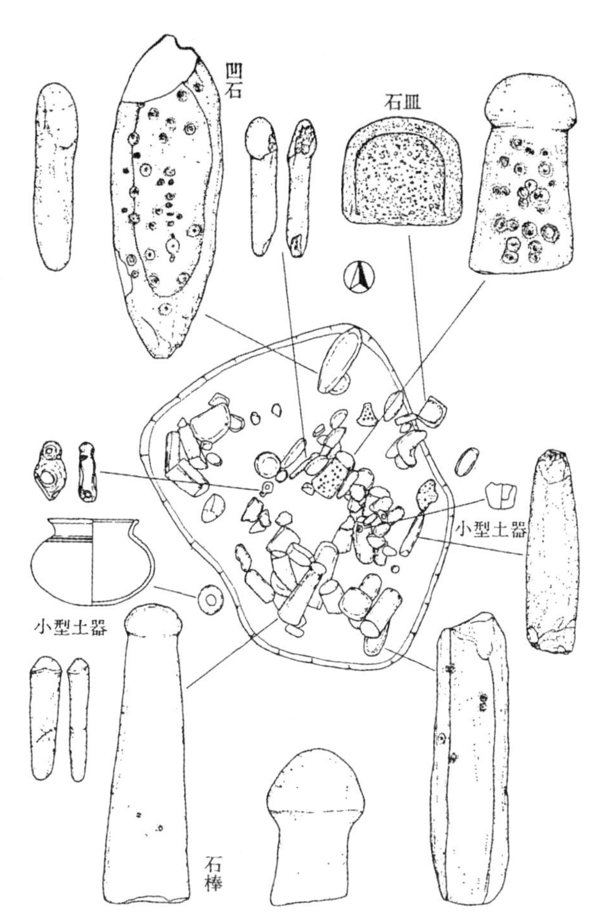

図 21-2　特殊遺構（石棒祭祀）と出土遺物（川崎 1980）

そして下布田遺跡の近縁に所在する幾つかの血縁的な小集団が共同で先祖の霊を祀る霊場を設営したものと考えたい。時期は縄文晩期後半安行 3 d 式期であり、その段階で途絶していることを勘ぐれば、何か危機的な状況からこの場に応急的に設営された可能性がある。

［土製耳飾］　武蔵野郷土館による 1968 年（昭和 43）3 月の発掘調査で出土したという。しかし、どのような出方をしたのかは何も記されていない（吉田 1968）。直径約 10cm の大きさで、鮮やかな朱彩色と精巧な透かし彫り技法で制作された逸品で、「大型漏斗状透彫付耳栓」（土肥 1997）と称されている。群馬県桐生市千網谷戸遺跡からはこの類例がいくつも出土しており、この遺跡で制作されて周辺にも

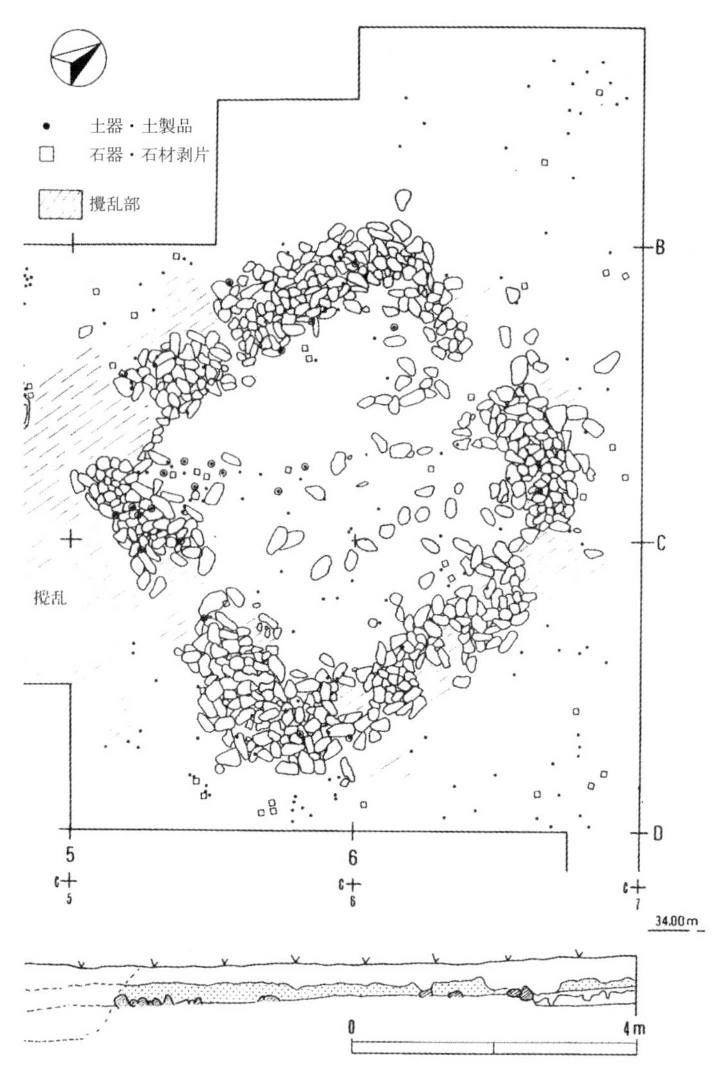

図 21-3　方形配石遺構の検出状況（報告書 1981 より抽出）

たらされたようである【註 3】。するとこの耳飾は縄文文化にどのように位置づけられるのであろうか。

耳飾の初現は、南九州の縄文早期後葉平栫（ひらがこい）式期に認められる土製の耳栓で、中国長江流域の河姆渡遺跡からも同じ年代、同じ形式の耳栓が出土しており、相互の文化交流が想定されている（上田・廣田 2004）。しかし南九州の早期文化は約 7300

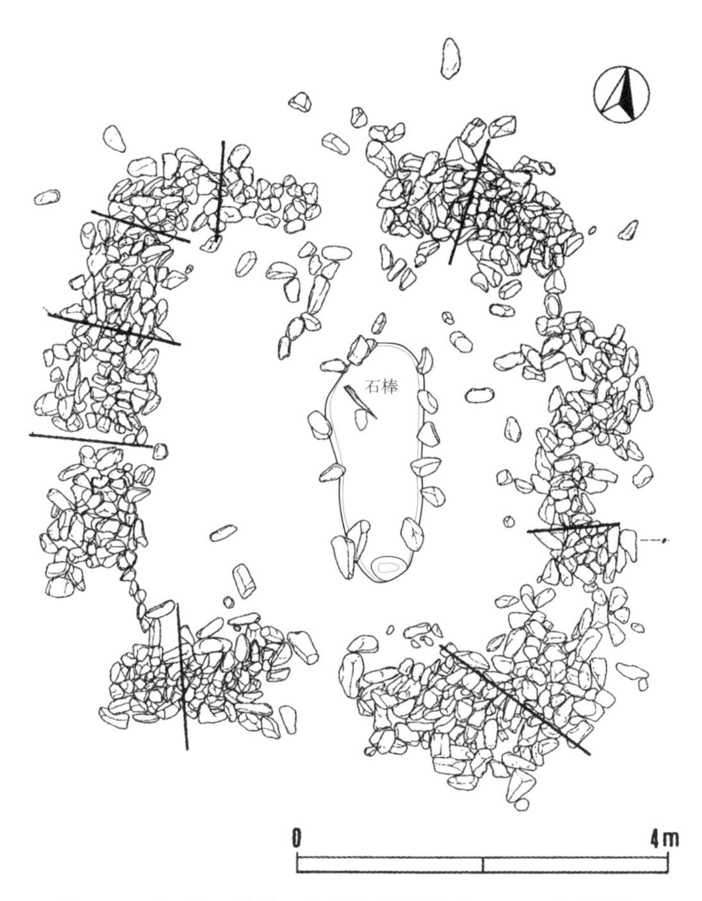

図 21-4　方形配石遺構の分節想定（報告書 1981 より作図）

年前のアカホヤ火山の噴火により壊滅的な被害を蒙り、途絶する。その後、早期末から前期初になると、再び南九州や北陸を中心に滑石製、蛇紋岩製の玦状耳飾が出現するようになる。中部から関東でもその系統が前期から中期初まで持続する。このとき耳飾とともに管玉、箆状垂飾等が装身具セットとして推移したようである（川崎保 2002）。中期に硬玉の穿孔技術が開発されるようになると、装身具セットは硬玉製大珠に統一されるようになる。中期後半になると再び土製耳栓が出現するが持続することなく、中期末から後期中葉の間は途切れるようだ。

そして後期後葉曽谷式に並行する高井東式期に、北関東から中部高地の一帯を中心として、ふたたび各種多様な土製耳飾が急激に勃興する（設楽 1983）。耳飾にも儀礼用品として一般化した耳飾と、工芸品的な色彩の強い、さらなる高い価値化へと変換した耳飾の二者があり、晩期中葉安行3c式期の頃まで持続する。そして工芸的に絶頂期を迎えた「大型漏斗状透彫付耳栓」であったが、何故か急遽、廃れてしまうのである。

安行3d式期の社会情勢

下布田遺跡は晩期前葉安行3b式以降、3c・3d式土器が主体というが、遺物量がもっとも多量かつ目立つのは後葉の3d式土器である。その深鉢形土器・安行3d式と東北系大洞C2式類似の鉢形土器・杉田C類はセットの関係にある（鈴木公1964)。それに東関東の前浦式、東北地方の大洞式、東海系の条痕文土器や西日本の突帯文土器（図21-1-5・6）も伴ったと考えてよい。

その安行3d式期までは、関東をはじめ中部、北陸、東海等の地域集団がそれぞれ独自の土器様式を存立させていたが、次の大洞A式段階になると東北地方南端から東海地方西部まで、一斉に浮線網状文土器に転換する。地域集団のアイデンティーを表象してきた各地の土器様式が軌を一にするように廃れて、共通の土器様式に統一されたのである。その背景には何らか社会的な要因が作用した可能性がある。

かつて小林達雄氏は、その浮線網状文土器に対置する西日本の晩期後半突帯文土器の出現をもって弥生文化のはじまりとみなした（小林達1985)。晩期前半の黒色磨研土器にも稲籾が認められ新しい情報に接していたが、今度は新たなコメ作り集団が大挙渡来し、縄文自然食料経済から弥生農耕経済への交替および縄文世界観から弥生世界観への大転換が迫られることになった。その意味で、縄文文化の終焉は、画期的な歴史的事件であったというのである。いま東海地方西部で突帯文土器がはじまるのは、大洞C2式併行の西之山式で、安行3d式に対比される時期である（小林青1999)。国立歴史民俗博物館の研究グループは北九州の弥生早期をこの時期からとしている。

すると東日本一帯の縄文人集団は、西日本から東遷してきた弥生文化の情報に恐慌を来たし、それまで流通してきた奢侈品、威信財【註4】の製作・流通をも棚上げにし、石鏃を大量に作り置きするなどして、大童で危機に備えようとしたのであろう。下布田遺跡の特殊な遺構群はその危機的な状況を察知した頃に営まれたもので、祖霊に安寧を祈願した祭祀的儀礼の場であったと考えたい。

【註 1】 石冠は、用途不明ながら呪術的な祭儀用具と考えられる。岐阜を中心に富山、長野、新潟の晩期に濃密に分布しており、遠隔するにつれて希薄になる。東京では本資料が唯一のようである（中島栄 1983）。

【註 2】 私は、「東と西の部分の石が少ない状態」は原形を止めているのであって、これは中期の半円構造が相対するいわゆる環状集落の構造が受け継がれていると解釈した（安孫子 2010）。

【註 3】 工芸の粋をつくした「大型漏斗状透彫付耳栓」は専業集団により制作され、実用品というよりも威信財として流通したものと考えたい。それだけにこの資料の出方が気になるところである。

【註 4】 中部関東で盛行してきた耳飾の風習だけではなく、このとき糸魚川の翡翠攻玉、伊勢の水銀朱生産、霞ヶ浦の製塩等も廃れるようである（安孫子 2014）。

コラム3 野川流域の「湧泉」と縄文遺跡

野川は、国分寺市恋ヶ窪に源を発して国分寺崖線から湧きだす水を集め、小金井・三鷹・調布・狛江・世田谷を流れくだって二子玉川で多摩川に注ぐ、延長 20km の一級河川である。

国分寺側から野川を下流に向って歩き、西武多摩川線を越えると、とくに水辺空間の緑が広がる。左岸にＩＣＵ構内の裏手になるこんもり茂った雑木林の崖線で二枚橋から下流が野川公園となり、三鷹市大沢まで１km ほどつづく。水が温むころには野川に入って小魚を追う親子連れを見かけるし、浅黄色の雑木林に真白なコブシが点在し、青みのました柳樹にソメイヨシノの桜色が映える川沿いを行き来する人も多い。東京とは思えない平和でのどかな自然景観であるが、今、こうした野川の環境が保全されているのも、昭和 40 年代後半から 60 年代前半に、小金井市を中心とする多くの市民グループが粘りつよく運動を展開し、奏功したからである。

かつて 1960 年代半ば頃までは、台地上には畠や雑木林も多く、地表に降った雨はローム土から武蔵野礫層を浸透し、崖下で清冽な地下水となって湧きだし、野川に注いでいた。それが高度成長期には雑木林も伐られて宅地化が進み、アスファルト舗装が地面を被うようになると、豊富だった野川の水量が激減し、水質も汚濁してドブ川のように変っていった。経済が優先されて、治水対策のため川床までコンクリートで固められようとしたのであった。

三多摩問題調査研究会（代表：本谷勲東京農工大学教授）は、野川の水源である「湧泉」を自然保護の原点とし、その周辺に住む人々の暮らしとのかかわりや文化財的価値、動植物の生命の源泉としての水辺環境、あるいは川から海へ下る水系の一環など、さまざまな角度から湧泉をとらえ、湧泉と水辺の環境を保全するための方策を探ったのであった（本谷編 1978）。その活動の一端に、開発の危機にさらされた国分寺市殿ヶ谷戸庭園、小金井市滄浪泉園の今日の姿がある。

1972 年（昭和 47）、市民グループが世田谷区域を除く野川流域の聴き取り調査をしたとき、湧水地点は 73 ヵ所あった。14 年後の 1984 年になると、開発等による影響でその３分の１以上が涸渇または埋没したほか、多くが危機に瀕しているという。今は気息奄々たるものであろうが、真姿の池、日立中央研究所、貫井弁天等の湧水は水量が維持されている。

野川流域には原始・古代の遺跡が多く、後期旧石器時代の初め３万年前から遺跡が絶えることがなく、ローム層中には何枚もの文化層が認められる。野川には魚をはじめ蛙や蛇、昆虫等が棲息し、水を求めて鳥獣も参集したであろうから、水辺が食料を得る格好の環境であったはずである。

秋山道生氏が『東京都遺跡地図』（都教委 1981 版）から野川流域の遺跡を拾い出したところ、130 ヵ所を数えた。旧石器遺跡は 50 ヵ所ほどと少ないようだが、深掘りすれば相応に増えるはず。縄文時代の遺跡は全体の８割強に認められ、その 75% は中期であるという。なぜ縄文中期の遺跡が突出して多いのか。秋山氏は、当時の基幹食料としてクリ・クルミ・ドングリをあげ、後地に広がる森がそれら堅果類の「主倉庫」だったという（秋山 1990）。その他に豊富に澱粉を蓄えたトチノミの存在も看過できない。ただしトチノミを食料にするには、大量の灰と水でサポニンのアクを根気つよくアク抜きする必要がある。おそらく、野川にはそのアク抜き処理する水場遺構が各所に存在したはずである。

第4章
丘陵地の縄文遺跡

八王子市堀之内地区の景観

丘陵地の縄文遺跡

東京一帯の地形は、西の関東山地から武蔵野台地それに東京低地に移行する西高東低型であるが、その関東山地の裾をめぐるように、北から加治、草花、加住、小比企、多摩などの標高200～300mの丘陵が分布する。武蔵野台地の扇頂近くに在る狭山丘陵だけは、古多摩川の侵食から免れた独立丘である。

地形としては晩壮年期にあたる多摩丘陵は閑静な農村地帯であったが、東京オリンピックを機に膨張する東京の人口を受け入れるニュータウンとして開発されるようになり、長年にわたり遺跡調査が行われた。するとそれまで知られてこなかった､先史時代から近現代まで絶えることのない丘陵地の豊かな歴史･文化が明らかになってきたのである。

丘陵地にこれだけ多くの遺跡が存在するのは、基盤となる上総層群の上に富士山の噴火による火山灰が厚く堆積しており、ロームまで掘りこんだ縄文人の竪穴住居などが遺りやすかったことにもある。

この章には、狭山丘陵の下宅部遺跡を除くと、八王子・町田・多摩・稲城の4市に関わる遺跡に限られ､ことに多摩丘陵の遺跡が10項目に及ぶことになった。筆者が多摩ニュータウンの調査をはじめ長く多摩丘陵の縄文遺跡に関わり、見聞してきたことにもよるが、なだらかな尾根と谷戸が織りなす丘陵地の方が植生も動物相も豊かで、多様な縄文文化を育んだようである。

第22話　震災の跡──町田市 小山田13遺跡・TN200遺跡

2011年3月11日に起きた東日本大震災は、マグニチュード9.0、震度6強というとてつもない大地震であった。震源域は岩手県沖から茨城県沖までの500㎞におよび、海岸線の街並みが広範囲に津波の被害を蒙り、浸水した水田は沈下したままいまも復旧の見通しがたたない。

日本列島は、太平洋プレートが日本海溝でユーラシアプレート・北米プレートの下に沈みこんで、その反動で興る地震の宿命から逃れることができず、有史以前から超弩級の地震災害が何度となく繰り返されてきたのである。こうした地震による痕跡は、断層や亀裂、崖面の崩落、低地での液状化現象による噴砂等として土地に刻まれている。

高度成長期に開発に伴う発掘調査が各地で行われるようになると、地面を観察し続ける考古学の本分として、地震の影響と思われる痕跡にも注意が払われるようになり、「地震考古学」の分野も旗揚げされた。いち早く注目されたのは、大阪府羽曳野市にある応神陵の前方部の崩落箇所で、734年もしくは1510年の地震災害によるものという。直下に誉田(こんだ)断層帯が走っており、この直下型地震のマグニチュードは7.0～7.5だったと想定されている。

町田市小山田遺跡の事例

筆者も多摩の地で発掘調査に携わった経験から、今回のような激甚災害によると考えられる遺跡に遭遇したことがある。なかでも印象が強いのは、町田市小山田№13遺跡の縄文早期前半､撚糸文期の住居跡である（安孫子1983)。小山田遺跡群は、UR都市機構（当時住宅都市整備公団）小山田桜台団地の建設に伴い1978年（昭和53）から82年にかけて発掘調査した。その№13遺跡から№23遺跡は、北側の尾根筋から南に張り出した狭い支丘陵の中腹から裾部にかけて立地しており、旧石器時代から古代まで地点を変えながらいろいろな年代の遺跡が残されていた。比較的平坦に広がった中腹には古墳時代前期の集落が営まれていて、ここからは銅鏃も出土して注目された。

その平坦な地形から遺跡の広がりを求めるために斜面上方の山林を拡張して樹木を伐採し、重機でローム面まで剥いだところ、20mほど離れて縄文早期前半の住居

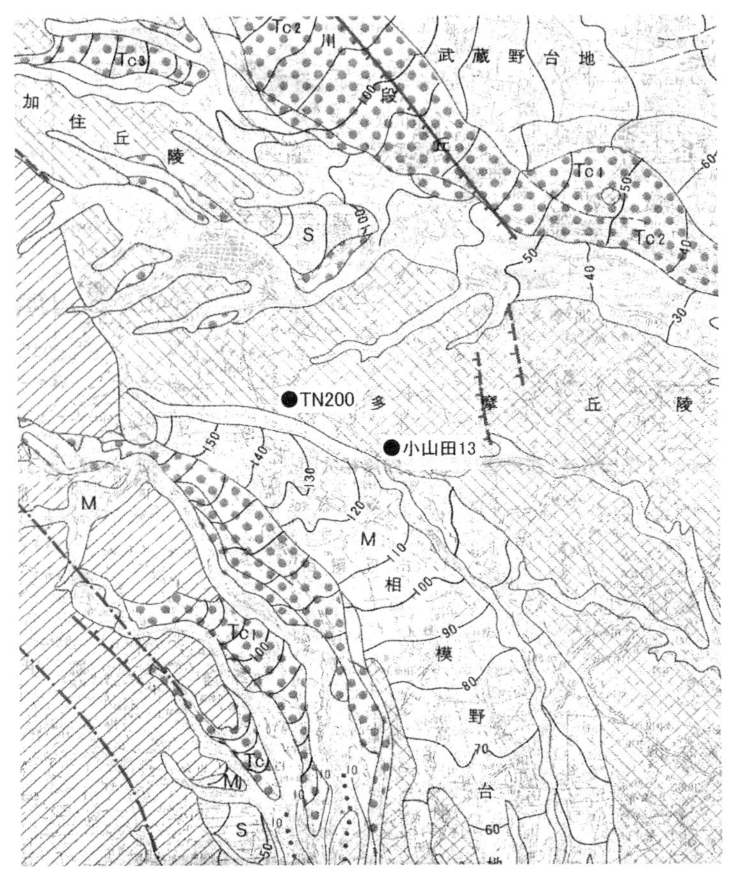

図 22-1　多摩ニュータウン No.200 遺跡と小山田 No.13 遺跡の位置
（東京都 1999 の図に加筆）

跡が 2 軒分現れた（図 22-2)。1 号住居跡（JT -1）は東側の深い谷に面する落ち際にあり、2 号住居跡（JT -2）は南斜面を見下ろす位置にある。当時は斜面に住居が構築されているとは考えが及ばず、混濁した土は風倒木による攪乱であろうと軽く考え、セクションベルトを設定することなく掘削したが、遺物の出方がおかしいので途中から調査方法を切りかえ、住居跡を検出したのであった。

出土した土器の様相では、1 号住居跡よりも 2 号住居跡の方が時期的にやや古いが、2 軒の住居跡は覆土の状態も住居プランもちがっていた。2 号住居跡の覆土はスコリアを多量に含む黒色土で、じつに硬くしまっていた。斜面上方の奥壁はローム面を 1m ほども垂直に掘削しているが、斜面下方ではわずかに掘り込みが認めら

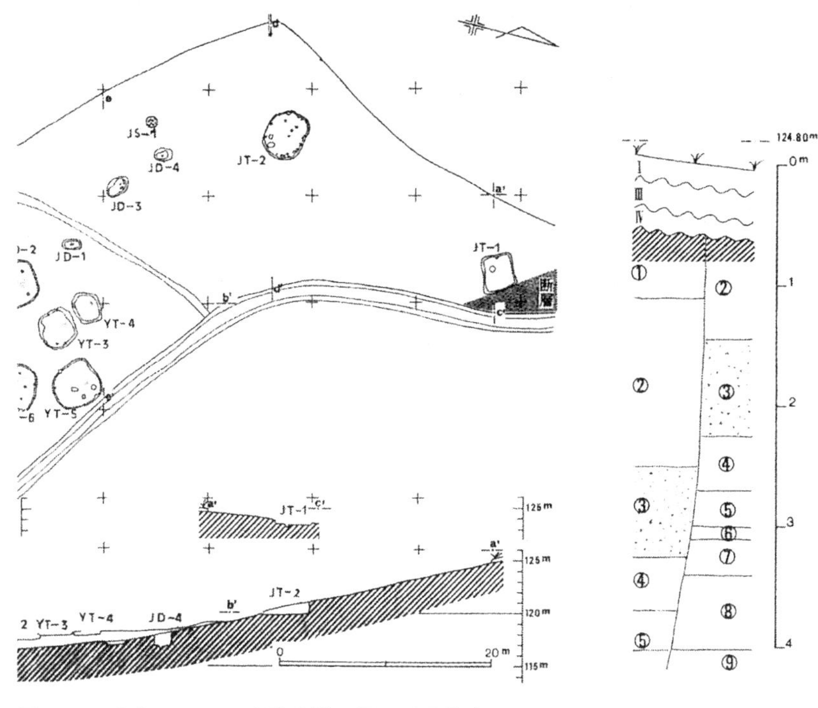

図 22-2　小山田 No.13 遺跡遺構配置と断層模式図

れただけであった。平坦地でロームを 1m も掘り下げて竪穴住居を構築しようとすれば大変な労力を要するが、斜面に構築すればそのぶん労力を軽減することができる。撚糸文期住居が斜面に構築されるのが多いのは、その辺りも勘案されているにちがいない。

一方、1 号住居跡からも同じように土器も石器も出土したが、覆土はそれほど黒色味もつよくはなく、とりたてて硬くしまっている印象はなかった。それよりも注意を引いたのは、斜面の下側に断層でできたロームの壁があって、3.0m × 2.5m の方形の竪穴住居跡になっていたことである。あるいは当時の人たちが、断層をそのまま住居東壁に利用したのだろうかとも考えたりした。

断層は北西方向に連続しているので、北側 4m の山側に深掘り区を設定し、地表下 4m まで下げて観察した。この地点では地表の段差は解消されているがローム層になると山側では標準堆積層、谷側では②層途中からの堆積層であった（図 22-2 右）。断層はほぼ垂直であるが深くなるにつれて山側に傾いて、0.5 ～ 2.0mm の隙間に粘性ある土が挿入されていた。そして鎌で切るとシャリシャリする粒子の細かいスコリアが密に含まれる③土層を鍵層とすると、段差はちょうど1mになることを確認した。地表では谷側の高まりが解消されており、両側に縄文時代の包含層であるⅢ層がまたがって堆積しているから、この断層が生じた年代は相当に古く、縄文早期に遡る可能性があろう。

撚糸文期住居跡群の崩落現象

37年ほども前の調査所見を振り返ってみたが、その後、多摩丘陵から撚糸文期の住居跡の発見が相次いだ。その中でも町田市真光寺にある鶴川第二地区の日影山遺跡で23軒、町田市小山にある多摩ニュータウン（TN）№.200遺跡で27軒という、破格とも思える住居跡数が検出されて、縄文早期前半期の集落が意外なほど充実しているらしいことが注目された。

ところがTN200遺跡を調査担当した都埋文センターの及川良彦氏は、これらの住居跡のあり方をつぶさに観察すると、なかには人工の遺構ではない自然営力の改変を受けた「偽竪穴」や「偽住居跡」が多分に含まれていると疑義を呈した（図22-3）（及川2006）。特に、住居跡の配置が等高線に並行するように1列に集中するか、その軸に直交するように標高を大きく違えながら1列に並ぶ住居跡群が、遺跡内に認められる断層の縦断あるいは横断している痕跡に一致する。亀裂は立川断層帯の延長上にのっている。同じ場所で最大6軒が重複しているような住居跡もあるが、これらは地震により生じた段差をそのまま住居の建替え数としてきたのだという。まさに、羽鳥謙三氏が指摘する、谷埋めの宅地造成が地震などで崩落する「円弧型地滑り」現象を住居床面として見誤った事例といえる（羽鳥2009）（図22-4）。

もうひとつ注目されるのは、私も小山田の2号住居跡で実感したように、調査した多くが撚糸文期住居跡の覆土が大変締まっていて硬化していたことを指摘していることである。その硬さの要因を斟酌すると、斜面を掘削して派生した大量の土は、住居の上方から両側に土手を築くか屋根を被覆して、雨水対策と保温を兼ねた風雨対策にしたのではないか。その住居が廃棄されると埋め戻されたり流入したりで、本来のローム土が還元されたのではなかろうか。したがって、窪地に自然堆積した土とは締まりも成分もちがうはずなのである。

このように考えると、小山田1号住居跡の方は、あるいは断層に面する位置にあって「円弧型地滑り」が起きて陥没した「偽住居」だったのかも知れない。

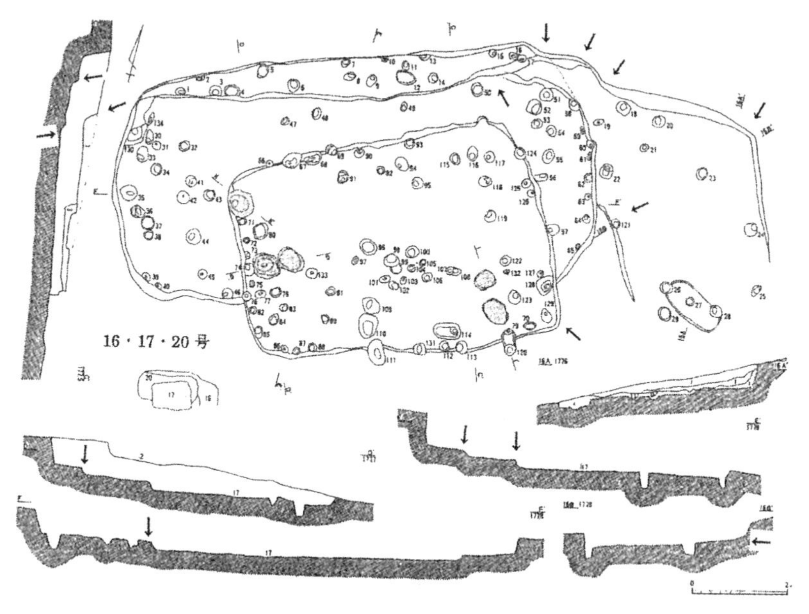

図 22-3　多摩ニュータウン No.200 遺跡の住居跡重複例（及川 2006 より抜粋）

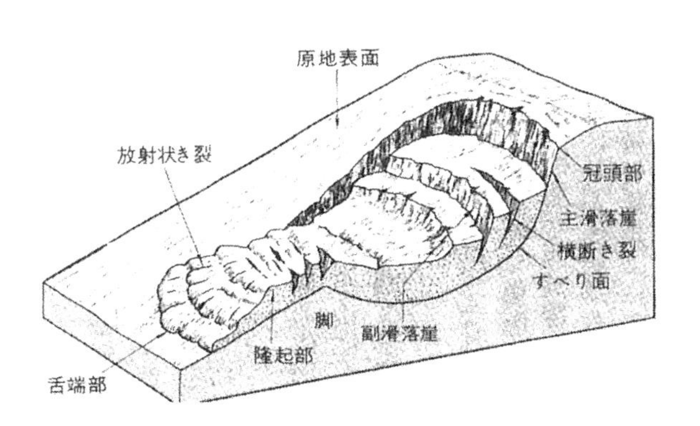

図 22-4　円弧型崩壊のモデル（羽鳥 2009）

第23話　多摩丘陵の大形住居跡群——多摩市 和田西遺跡

大栗川中流域右岸には多摩市域でもっとも広大な北向き台地が立地していて、東京都史跡稲荷塚古墳や塚原古墳群が所在する和田・百草遺跡群（多摩市10・11・181遺跡）が広がっている。その台地の西南側にも小規模な舌状台地があって、ここには多摩市No.175遺跡の網が掛かっている（図23-1・2）。

多摩市上和田地区は旧来の農家が軒を連ねていたためか多摩ニュータウン開発計画から外され、近年まで農村風景を残してきた。昭和から平成に代わる頃、地元では生活基盤面で不便をかこってきたため、約5.1haを対象に、「上和田土地区画整理事業計画」を立ちあげた。多摩市教育委員会により試掘調査が行われ、台地上の1.4ha分が本発掘調査の対象とされた。これを踏まえ、1996年（平成8）から97年にかけて市教委の指導の下に株式会社四門による本発掘調査が実施され、縄文時代から中近世にいたる、多様な遺構・遺物が検出された（図23-2）。

すなわち、縄文前期の大形竪穴建物（住居）跡群からなる集落跡をはじめ、古墳時代および古代の住居群と掘立柱建物、村落内寺院からなる集落、中世から近世にかけての農村風景が偲ばれる各種遺構である。多大な調査成果は大冊の詳細報告書にまとめられ（四門2002）、さらに別途、米澤容一氏をリーダーとする調査関係者が研究テーマを設定し考察した研究編も刊行された（考古学を楽しむ会2003）。かくして改めて本遺跡の瞠目すべき重要性が喚起されたのであった。

ここでは縄文前期の特異な大形住居跡群に焦点をしぼって調査成果を紹介するとともに、多摩丘陵に密に分布する同期遺跡群との関わり、および大規模遺構群にしては遺物の出土量の乏しかった背景を考えてみたい。

和田西遺跡の立地

図23-1に見るように、改修される前の大栗川は、谷底面をはげしく蛇行しながら北流している。図23-2に、東京都首都整備局による1958年（昭和33）測量の「唐木田」（縮尺2千5百分の1）に和田西遺跡の調査範囲（左）と遺構分布図（右）を転用してみた。すると西側から流下してきた大栗川が、本遺跡が載る台地に直面して北に大きく方向を変えている。長い歳月の間には大規模な集中豪雨で暴れ川となった大栗川が何度も台地を直撃し、台地縁辺を浸食したことであろう。台地下の

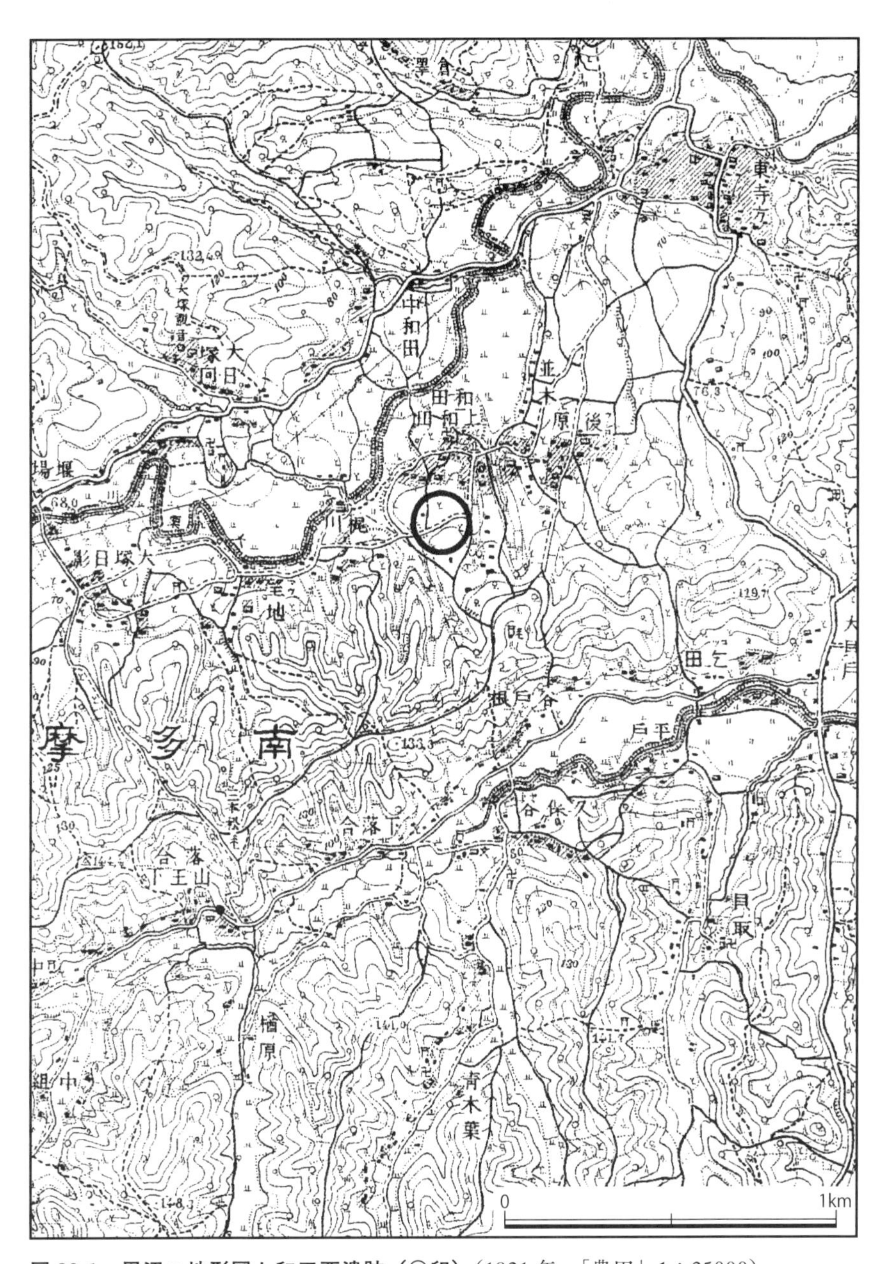

図 23-1　周辺の地形図と和田西遺跡（○印）（1921 年　「豊田」1：25000）

試掘調査では旧流路も確認されている。

遺跡が載る地形は、図 23-2 の右図に隠れて分かりにくいが、台地の東側に北から小さな谷が入りこんでいて、全体として南から北にゆるく傾斜する舌状台地である。調査区はその台地の中央から北側の東西 100m、南北 200m ほどの範囲であり、中央やや南側を横断する既往道路を境として、北側調査区と南側調査区に分かれる。北側調査区には縄文時代前期の住居群がまとまっており、南側調査区には縄文中期終末の住居跡 3 軒と土坑群が存在する。

なお、北側調査区の南西隅付近の台地縁辺に縄文前期の大形竪穴建物（17 号遺構）が立地する（図 23-3）。設営された当時の台地はもっと幅広でゆったりしていたことを物語る。その後、大栗川が台地足下を侵食したために台地も狭まったのである。

大規模住居跡群の構成と変遷

北側調査区（図 23-3）に眼を転じると、縄文前期中葉～後葉の大小 12 軒の住居跡が分布する。同じ住居でも建替えまたは重複例もあるので、実際に存在した建物軒数はもっと多かったことになる。住居規模は 10m 四方のグリッドと対比するとわかりやすい。一般的な大きさの住居規模（並住居）は 20㎡前後であり、ここからは 4 軒検出された。これに対して大形住居跡は、17 号・696 号・1030 号・1123 号（古・新）・1828 号（大・中・小）・1840 号遺構の 6 軒がある。なかでも楕円形をした 1828 号は 3 軒が重複していて、最大住居跡は長径 15m 以上で床面積が約 112㎡もある（図 23-4）。また、10m × 9m の隅丸方形をした 1030 号は、床面積が約 66㎡を測るという。

そこで、集落の時期的な変遷と、大形住居跡と並住居跡が同じ時期のセットを構成していたのかが問題となる。この問題の鍵をにぎるのは、遺構から出土した土器型式の編年位置であるが、これだけ大規模な住居跡群で構成された特異な集落にも関わらずなぜか遺物の出土量が少なくて、各住居の時期推定を困難にしている。

谷口康浩氏は、諸磯式の細別土器型式の出土量を目安として各住居跡の廃絶時期の下限を定め、大形住居跡が前期中葉の諸磯 a 式直前に出現し、諸磯 c 式古段階まで継続したと分析している。ただし諸磯 b 式古段階から中段階の 1 時期、遺跡空間の利用頻度が低減したという【註 1】。また、並住居跡の時期であるが、1826 号は前期前葉関山式、1827 号が諸磯 a 式直前、1125・1126 号が諸磯 a 式（?）であり、必ずしも大形住居と対応はしない。

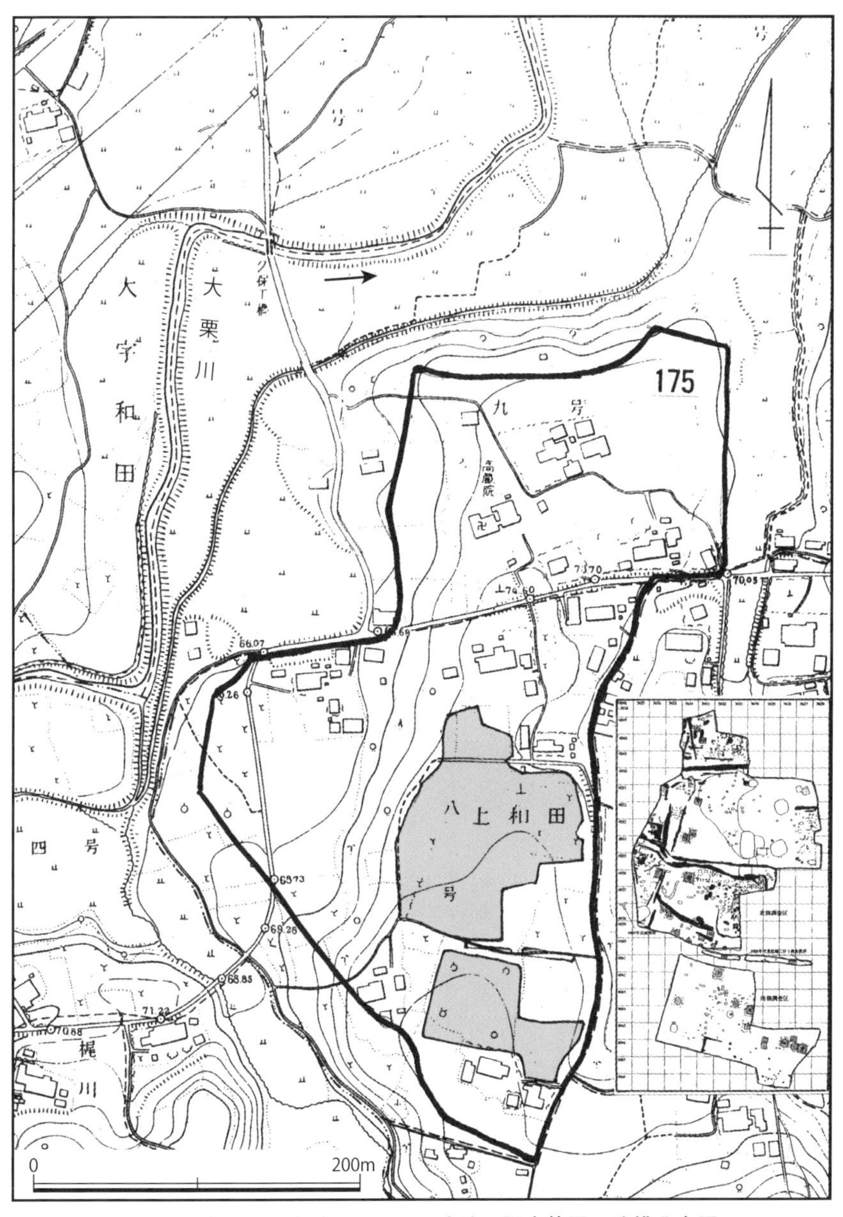

図 23-2　No.175 遺跡周辺の地形図と和田西遺跡の調査範囲・遺構分布図
（東京都首都整備局 1958　1：2500 を縮小）

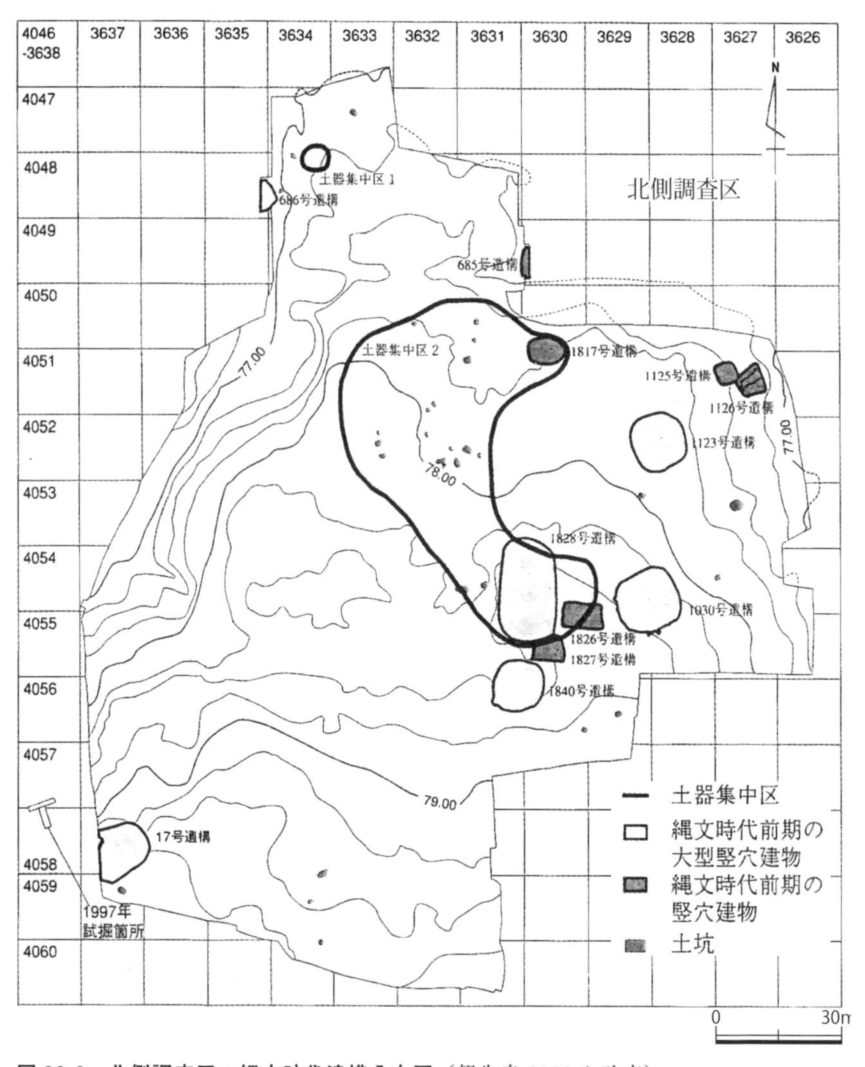

図 23-3 北側調査区の縄文時代遺構分布図（報告書 2002 を改変）

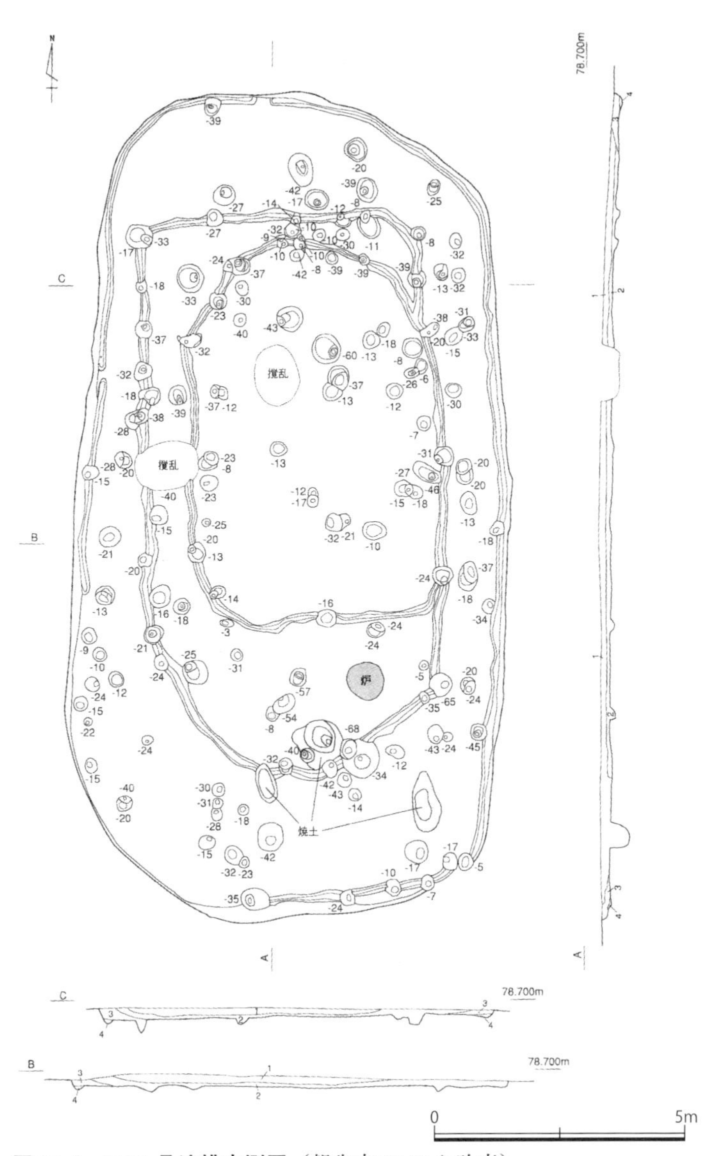

図 23-4　1828 号遺構実測図（報告書 2002 を改変）

以上のことから、この特異な集落は、6000 ～ 5700 年前頃に、基本的には大形住居 1 棟で存続したようである。しかし、丘陵地がもっとも活性化した諸磯 b 式中段階直後の新段階には隅丸方形で共通する 1030 号と 1123 号の 2 棟が併存し、最期に諸磯 c 式期の 17 号がくるという。

なぜ和田西遺跡には遺物が少ないのか

分類不明を除くと諸磯式土器は 7,725 点を数える。このうち遺構内出土が 3,536 点（46%）、遺構外出土が 4,189 点（56%）となっている。これだけ長期にわたる大形住居跡がまとまってあるのに遺物量はずいぶん少ないし、復元された土器は 1 個体もない。最も大規模な 1828 号住居跡にしても、土器 184 点、石器 8 点、石製品 1 点だけである。この住居跡は大・中・小の建替え重複であるが、諸磯 a 式古段階には廃絶されている。廃絶後には土器捨場に利用されたものと考えたいが、それにもかかわらず遺物量の少ないのは、壁高が 28 ～ 16cm という掘りこみの浅さに由来するのではないか（図 23-4）。

つまり、本来の掘りこみはもっと深かったのに上位がかなり削られたため、住居内に廃棄された遺物も覆土とともに流出したものと考えたい。因みに 1840 号は壁高が 68 ～ 56cm で 813 点、同じく 1030 号は壁高が 60 ～ 36cm で 1,079 点の土器が出土していて、相応に遺物量が多い。すると、これら竪穴住居は本来、当時の地表からどのくらい掘りこまれたのであろうか。このことは堆積土層と掘りこまれた床面までの深さで計算できるはずだが、本来の堆積土層はその後の耕作等により攪乱され、残っていないので計測できない。

図 23-2 の遺構分布図をみると、古代の住居等が西側縁辺をとりまくように分布して、大形住居跡群の周囲は後世の遺構もなくて空いている。このことはおそらく、この場所が古代だけではなく、中世から近世そして昭和の代から近年まで、一貫して畑地に利用されてきたことを示唆している。畑であれば、標高の高い側にある竪穴住居の上面にも耕作が及び、攪拌されて現れた土器などの遺物は邪魔になるので拾い集められ、崖下に捨てられたのであろう。本遺跡に遺物量が少ない一因と考えたい。なお、斜面下方側に遺物包含層の土器集中区が残ったのは、上方からの流出土が堆積したために、深耕が及ばなかったからであろう。

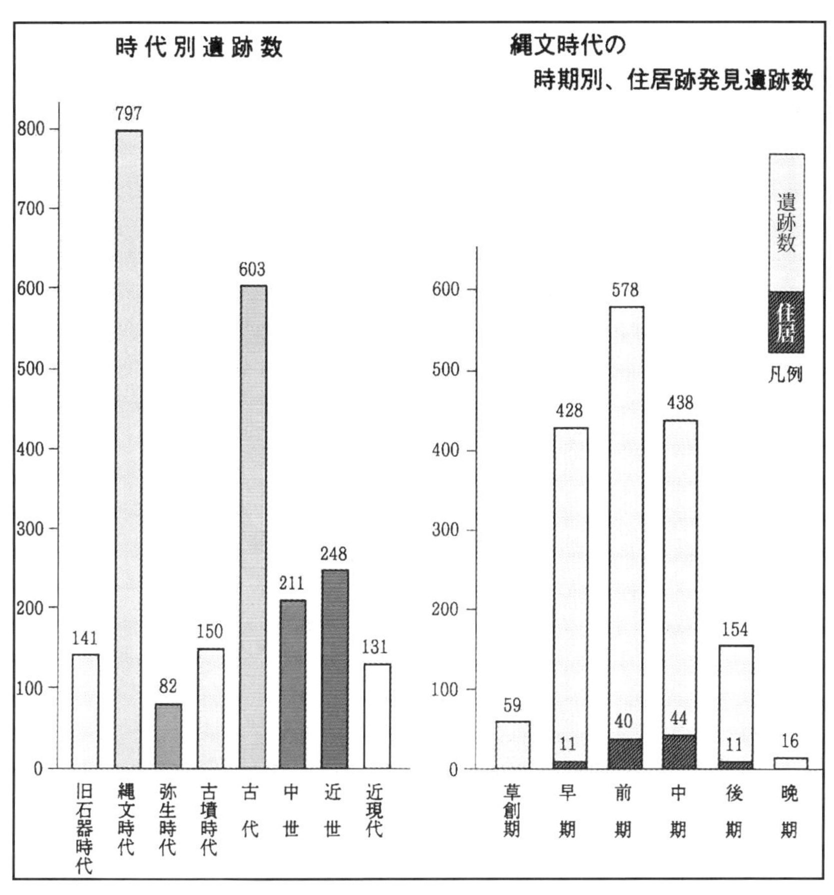

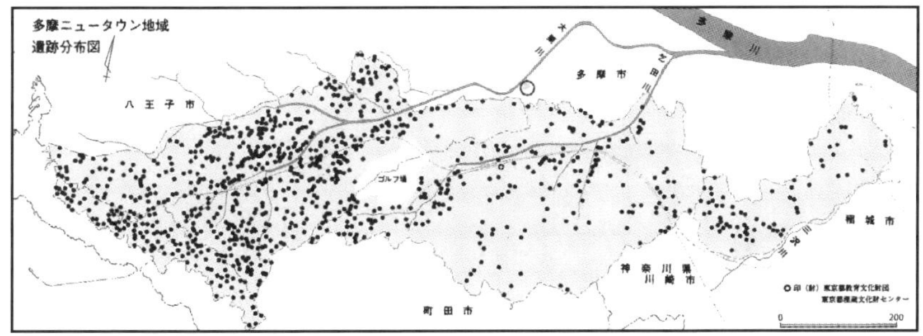

図 23-5　多摩ニュータウン地域の遺跡分布　○印：和田西遺跡
（東京都埋蔵文化財センター　1997 年度展示解説）

多摩丘陵における前期後半の遺跡分布とネットワーク

谷口康浩氏は、大栗川・三沢川流域で検出された諸磯式期24集落の時期と標高値を分析し、集落の分布が河川低地に面した段丘上から分水界にあたる丘陵の尾根付近まで広く展開していることを明らかにした。その高所立地の傾向が著しい時期とは、集落数と竪穴件数が最も増加した諸磯b式中段階である。そして諸磯b式新段階及びc式古段階になると、一転して集落数と住居軒数が急減するという。このとき集落は低位地形面に移動するとともに大規模住居が出現する。すなわち諸磯式期に2つの対極的な状態を振幅するセトルメント・パターンがあって、和田西遺跡はその後者の、河川低地を意識した「低位集合型セトルメント・パターン」の中核的な居住地として位置づけた（谷口2003）。

多摩ニュータウン地域には964を数える遺跡が分布する（図23-5）。時代別では縄文時代の遺跡が最も多く、中でも全体の6割にあたる578遺跡から前期の土器が出土している。その前期遺跡のうちの大半は諸磯式期であるが、住居跡を伴う遺跡は限られる（図23-5）。これら諸磯式期の遺跡は丘陵地の方々に分布するが、いずれも孤立していたわけではなく、相互にネットワークされてセトルメントの一員を担っていたはずである。

このことは図23-1の地図が参考となる。1965年（昭和40）頃のニュータウン開発前の村落分布状況もそれほど変わりなく、多摩丘陵は閑静な農村地帯であった。丘陵裾部には幹線道路が走っていて、谷戸沿いや尾根筋に向う幾筋もの赤道（あかみち）あるいは里道（りどう）があり、丘陵を縦貫する尾根道に到達すると尾根を越えた裏側の集落へと通じている。多摩丘陵が水田化される前、低地は湿地であったからオギやヨシが、丘陵裾にはシノダケがうっそうと生繁って歩行を妨げたであろう。その意味では高燥の尾根の方が歩きやすく交通路になったのである。里道は、昔から農作業や薪とりのために自然発生的に生まれた道であるが、おそらく縄文時代の当時にもけものみちのように利用され、丘陵地内の各遺跡をネットワークしたのであろう【註2】。

【註1】　データではたしかに諸磯b式古段階から中段階の土器量が乏しいが、先に宅地化されていた北側調査区南東側が未調査のため、集落の全貌が明らかにされたわけではない。このことに留意すれば、低減した時期の住居跡が未調査区に存在した可能性もあろう。

【註2】　ニュータウン地域の遺跡分布図に東西で粗密があるのは、1980年（昭和55）

に設立された都埋文センターを境に、発掘調査体制が劇的に変わったことによる。多摩ニュータウン遺跡調査会時代は、施行者側に指示された開発計画範囲を限られた調査予算と人数でゆとりのない調査を繰りかえしたから、東側が疎らな遺跡分布になった。埋文センターで綿密かつ悉皆的な調査が実施されるようになると、西側の密な遺跡分布になった。東側も悉皆調査であったならば、同様に密な遺跡分布になろう。

第24話　中期集落の3形態——八王子市TN №.72・446・446-B遺跡

多摩ニュータウンは、多摩丘陵北部で八王子・町田・多摩・稲城の四市にまたがる東西に細長くのびた3,900haの範囲である。ここに旧石器時代から中近世にいたる964ヵ所の遺跡が分布した。1964年（昭和39）秋に多摩ニュータウン遺跡調査会が設立されて発掘調査が開始されてから、1980年（昭和55）に東京都埋蔵文化財センターに引き継がれ、2007年（平成19）になってようやく43年間におよぶ発掘調査に終止符がうたれた。

ここに取りあげる3遺跡は、京王相模原線京王堀之内駅の北側にある八王子市堀之内地区の丘陵上で、大栗川を見下ろす日当たり良好な東南斜面に立地している（図24-1）。3遺跡は、小さな谷を挟んで200～300mおきに並んでおり、何れも畑地として利用されてきたために遺存状態が良好で、№.72遺跡の一部を除いて集落がほぼ全掘調査された。至近に在るこの3遺跡は、同じ縄文中期の親縁的な集落と見なすことができる。それだけに多摩丘陵の縄文中期集落におけるセツルメント研究の格好の研究素材となり得ることから、3遺跡の立地と規模、内容、性格等を比較分析したところ、3者3様の集落形態が認められた（安孫子2011）。

3遺跡の概要

№.72遺跡　山や川の資源を調達する上では最も優位な、大栗川の沖積低地を見おろす独立丘陵末端に位置している。丹野雅人氏によれば、集落規模は東西220m、南北110mの楕円形で、中央部は墓壙群が集中する広場になっており、広場をとりまいて275軒の住居跡が検出された（丹野2009）。

集落は新地平編年【註1】の6a期（新道式前半：3370年cal BC）から14期（後期・称名寺式：2470年cal BC）まで、およそ900年の長きにわたり断続的に営まれたことになる。ただし墓域と目される中央部は未調査のまま保存され、芝原公園となっ

	No.72遺跡	No.446遺跡	No.446-B遺跡
1集落の形態	環状集落	環状集落	環状集落？
2集落の様相	拠点集落	一時的な拠点集落	拠点集落からの分派
3集落の立地	丘陵末端の舌状台地状地形	丘陵末端の緩斜面	痩尾根状の斜面
4集落環境の景観	中期集落として最適地	中期集落として好適地	中期集落として想定外
5集落の規模	東西220m×南北110m	東西155m×南北70m	東西83m×南北50m
6集落面積比	4.2(約15,600㎡)	1.8(約6,700㎡)	1(約3,700㎡)
7広場面積	約3,600㎡	約3,000㎡	約1,400㎡
8広場面積比	2.6	2.1	1
9編年期	6a期～14期	9a期～9b期	11a期～11c2期
10想定年数	約900年	約20年	約60年
11住居総数	275＋α	24軒	28軒
12一時的な住居数	不明	2棟3単位×2大群＝12棟	2棟2小群・2棟1小群＝6棟
13住居の建回数	不明	2回	6回
14墓壙数	不明(保存地区につき未調査)	24基	32基(南23基・北10基)
15住居数:墓壙数	不明	1.0:1.0	1.0:1.2
16家長の世代数	不明	4世代	12世代
17特記事項	・掘立柱建物跡5棟 ・遺物量が膨大 ・儀礼用、祭祀用遺物が多様 ・硬玉製大珠などの奢嗜品 ・遠隔地方からの搬入土器 ・大形土器も多くある	・祭祀用土器がめだつ ・大形土器のセットがある	・加曽利E式・連弧文・曽利式の割合の推移がわかる

表 24-1　3遺跡の属性比較

ている。遺跡の中央西側には切通し道路が横断しており、同じく南斜面および東端の一部も民家と地域住民の集会所で削平されている。もしもこれらの地区も残っていて調査されたならば、代々に構築された住居の数は500軒を超したのではないか(安孫子 2011)。

遺物の出土量・質ともたいへんなもので、土器・石器をはじめ土偶、硬玉製大珠など多種多様な遺物も出土しており、他の集落一般よりも格段に豊富な情報量を擁している。その一方で、同じ場所に繰りかえし竪穴住居等が構築されたから、蓄積されたはずの情報も切りあいによりかなり散逸したことであろう。

No. 446-B 遺跡　この集落は、ニュータウン遺跡群の中で最後に調査された。5度弱の幅狭い急斜面であったから遺跡の存在もマークされておらず、思いがけなく検出されたために446遺跡の付属的な意味でB地点と命名された。

集落が形成されたのは、連弧文土器が盛行する11a～11c2期（加曽利E2式期：2860cal BC～2760cal BC）であり、東西83m×南北50mの狭い範囲から27軒分の

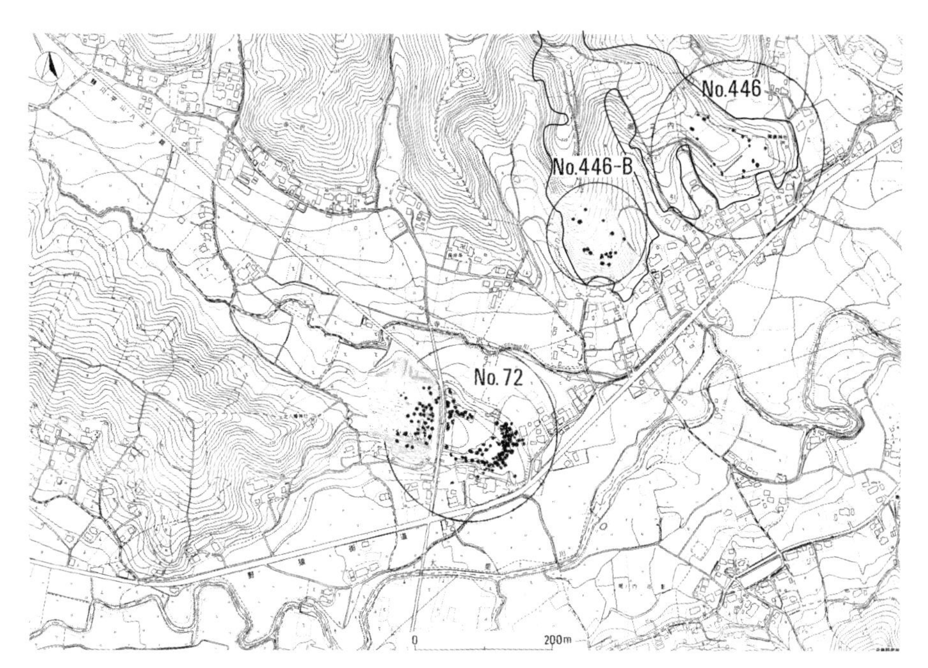

図 24-1　No.72、No.446、No.446-B 遺跡の位置関係

住居跡が検出された。調査を担当した山本孝司氏（2008）は、この集落は№.72遺跡が過密になったために分派したものだという。それならば、すぐ近くにもう少しゆったりした№.446遺跡の場所が在るのに、どうしてこんな狭い急斜面に集落を構えたのだろうかという疑問が残る。

集落の推移を分析すると、大小2棟の住居が2単位4棟で開始され、途中から2棟3単位の6棟に増え、最後は2棟2単位の4棟にもどって終焉する。すると、狭くともこの場所を選択したのは、当初から多くとも3単位6棟までしか増えない住居配置が見込まれていたからなのであろう。

№.446遺跡　多摩ニュータウン先行調査室の千田利明氏により調査された（千田1997）。比較的ゆったりした台地状の地形に、ごく短期間だけ営まれた環状集落であり、住居跡の総数は24軒であったと考えられる（安孫子1997）。

集落が形成されたのは、8b～9a期（勝坂2～3式期：3200cal BC～3130cal BC）の一時期、大小2棟を単位とする3単位6棟の住居が、広場をはさんで2群が対峙する大小12棟からなる環状集落の配置である【註2】。集落は、住居が一度建替えられたものの次の建替えを迎える前に閉じられているので、存続したのは20年もなかったであろう。住居はできるだけ広場を確保するために台地縁辺に構築されているが、それでもNo.72遺跡の広場規模にはおよばない。

この集落は、No.72遺跡の拠点集落が長くつづいて周辺の環境資源や衛生状態等が劣化した等により、資源等の回復をまつあいだの一時的な移転先となったのであろう。大栗川流域には、本遺跡のほかにもそうした移転先とみられる遺跡がいくつか認められる。

3 集落の関連性

同じ地域に同じ中期の遺跡が並ぶ以上、相互の関連性はうたがいない。それをいろんな属性で対照してみるとちがいが大きく、三者三様の性格、役割が見えてくる。くわしくは図24-2と表24-1を参照されたい。

No.72遺跡は、近隣地にはない類まれな大規模で濃密な情報量を擁する縄文モデル村（小林達1980）であることに異論がない。これに対してNo.446-B遺跡は、連弧文土器が盛行する最も高揚した中期後半の中頃にあたる小集落である。確かに母村が過密になったから分派したようである。そうであれば、当地の縄文中期社会が繁栄かつ安定していたことを彷彿とさせる【註3】。

またNo.446遺跡は、縄文モデル村の一時的な移転先となったが、拠点集落としての機能を補完するには手狭であったらしく、その後、二度とこの場所が利用されることはなかった。いずれにしろ、大栗川流域の中核的な存在としてNo.72遺跡の集落があり、これに付随して相互補完する集落の一つとして、No.446遺跡・No.446-B遺跡の集落が推察されよう。

小林達雄氏は、多摩ニュータウンの縄文遺跡群を、単に遺跡の集合ではなく、おのおのが特定の機能を分担しながら1つの構造体（セトルメント・システム）をなしたものとし、遺跡の規模・性格等を勘案してA～Fの6パターンに区別した（小林達1973)。No.72遺跡はその中核をなすAパターン遺跡とされていたが、まさしく発掘調査により実証された。No.446遺跡はAパターンにしては役不足であって、A'パターン遺跡にでもなるのであろうか。またNo.446-B遺跡はBパターンに適合するのだろうが、いずれの集落も“カニは己の甲羅に似せて穴を掘る”ごとく、パターンに応じた適地を選択しているのである。

このようにみると、土井義夫・黒尾和久氏が、小林達雄氏の大規模集落は小規模

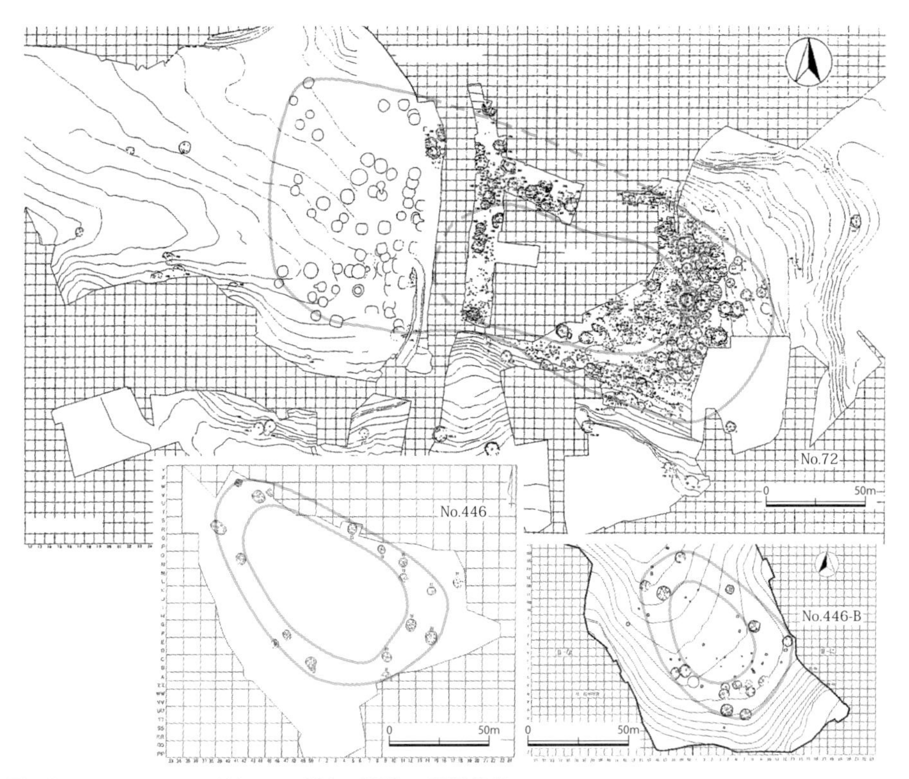

図 24-2　No.72、No.446、No.446-B 遺跡の規模比較

集落が繰り返し居住した結果にすぎないとセトルメントパターン論（小林達 1973）を批判したが（土井 1985・黒尾 1988）、集落の質的な面を考慮に入れなかった誤りであった。この 3 集落はそれぞれに個性的な機能と役割りを担っている訳で、画一視できないことが 3 集落の分析により立証されたといえよう。

【註 1】 1995 年に黒尾和久氏が武蔵野台地・多摩丘陵地域の縄文中期後葉（加曽利 E 式期）の武蔵野編年を発表した（黒尾 1995a）。同年秋、この編年に加えて中期前葉（五領ヶ台式期）を小林謙一氏、中期中葉（勝坂式期）を中山真治氏が担当し、中期全体を 14 期 33 細別期に時期設定する新地平編年が構築された（小林謙・中山・黒尾 1995b）。すなわち前葉が 1 ～ 4 期 6 細別期、中葉が 5 ～ 9 期 12 細別期、後葉が 10 ～ 13 期 29 細別期になる。細別の根拠は主に住居跡から共伴した土器群を同一時期とみなすことにある。2004 年に中葉と後葉の境界が一部改訂されるとともに、小林謙一氏が国立歴史民俗博物館で測定した AMS 年代法の暦年較正年代が各細別期に与えられた（小林謙・中山・黒尾 2004 ）。

【註 2】 №.466 遺跡の環状集落は広場をはさんで二大群が対峙する。当初に構築された住居の炉は 12 棟がすべて「添石炉」であった。次に建替えられたとき二大群の主住居は双方とも添石炉を踏襲するが、従住居の方は一方が埋甕炉、もう一方が地床炉にかわった。そこで二大群で異なる炉形態を選択したのは、血縁集団が異なる双分制社会が反映されたものと考えた（安孫子 1997）。

【註 3】 №.446-b 遺跡で社会的に安定かつ繁栄していた 11 期の土器組成をみると、加曽利 E2 式、連弧文土器、山梨方面の曽利式の 3 型式が共伴する。当初は加曽利 E2 式の割合が圧倒的であったが、次第に連弧文土器が割合を増し、後半に逆転する。この間、曽利式はあまり変動しない。したがって、連弧文土器は加曽利 E2 式との関わりで変動し、加曽利 E2 式（の保有者）が連弧文土器に転向したと考える。またこの時期、拠点集落に収容しきれないほど人口が増加し、高揚していたことであろう。すると連弧文土器が席捲した背景には集団のアイデンティティーが掛かっていたのであろう。

第 25 話　東京ではじめて発掘された環状集落
——八王子市 神谷原遺跡

椚田（くぬぎた）遺跡群は、八王子の市街地から南西 3㎞の小比企（こびき）丘陵の一画で、浅川に注ぐ湯殿川（ゆどのがわ）左岸の比高 20m の平坦な台地上に立地している。1975 年（昭和 50）ころまでは閑静な畑作地帯であったが、日本経済の高度成長に伴って市が主導する椚田地区土地区画整理事業にくみこまれたことにより、八王子市椚田遺跡調査会が立ちあげられた。1 年間の遺跡分布調査と試掘調査を踏まえて、7 年にわたる遺跡群の発掘調査が行なわれた。

椚田遺跡群は 5 遺跡からなるが、その中でもっとも大規模に調査されたのがこの椚田第Ⅱ遺跡（調査終了後、神谷原（かみやはら）遺跡に改名）である。吉田格調査団長の下、八王子市教委の服部敬史・新藤康夫氏らにより 1976 年（昭和 51）度から 5 ヵ年にわたり 6.3ha 余が発掘調査され、縄文時代中期前半の環状集落と古墳時代前期の集落及び方形周溝墓群の全貌が明らかにされた（新藤他 1982）。ここではその縄文中期の環状集落に焦点をあててみる。

環状集落の構造

神谷原の集落が形成されたのは神谷原Ⅰ期（五領ヶ台 2 式期：新地平編年 2 ～ 4 期　5440 ～ 5380 年前 cal BP）から同Ⅳ期（勝坂 2 式期：同 8a ～ b 期　5220 ～ 5080 年前 cal BP）に至るという。この時期の検出された遺構は、約 50 軒の住居跡と中央部に位置する 64 基の土坑群（墓壙群）、23m × 8m という大形方形柱穴列（掘

群	住居番号	建回数	時期	備考	小群	住居番号	建回数	時期	備考
W-1群	122	2	Ⅰ・Ⅱ	覆土の土器はⅢ期	E-1群	12	2	Ⅳ	大形住居（42㎡）
	141	2?	Ⅲ			10	2?	Ⅱ	（21㎡）
	146	1	Ⅳ?	遺物少量		11	2	Ⅲ	（26㎡）
	142	1	Ⅳ			109	2	Ⅳ	大形住居（42㎡）
	123	1	Ⅲ			113	1	Ⅰ	（——）
	150	1	Ⅱ			110	1	Ⅳ	（15㎡）
	144	2	Ⅳ	Ⅱ・Ⅲ期の土器多い		111	1	不明	遺物なし（13㎡）
	161	3	不明	大形住居・遺物少		112	1	Ⅱ	（42㎡）
	54	3	Ⅳ						
	55	1	Ⅳ						
	152	2	Ⅲ						
	158	1	Ⅳ						
	154	6?	Ⅳ	小形・大形住居					
小計		26?		（大形掘立柱建物）			12?		
W-2群	165	3	Ⅲ		E-2群	67	2	Ⅲ	
	145	5?	Ⅱ〜Ⅳ	大形住居・重複著し		68	1	Ⅳ	竪穴状遺構？
	155	3	Ⅱ			66	1?	Ⅲ	大形住居（36㎡）
	147	1	Ⅱ			64	1	Ⅳ	
	148	1	Ⅱ			177	1	Ⅳ	
	160	1	Ⅱ			180	1	不明	
	157	4	Ⅳ	大形住居		178	2	Ⅱ	
	159	1	Ⅳ						
	151	4	Ⅱ〜Ⅲ						
	76	1	Ⅳ						
	203	1	Ⅳ						
	202	1	Ⅳ						
	201	1	Ⅳ						
	204	1	Ⅳ						
小計		28?					9?		
W-3群					E-3群	182	1	Ⅱ	
						181	2	Ⅲ	大形住居（32㎡）
小計				（全壊）			3		（一部残存）
総計		54?					24?		

	大形住居：普通住居		大形住居：普通住居
W-1群	5?：21?	E-1群	4：8?
W-2群	9?：19	E-2群	1?：8
W-3群	?：?	E-3群	2：1
	14?：40?		7?：17?

表 25-1　神谷原遺跡の住居跡一覧　注：住居跡の時期は報告書［新藤 1982］による

立柱建物址）が 1 棟分、中央土坑群を取り巻く小砂利で根固めされたらしい柱状のピット群と 400 を数える小ピット、それに屋外の共同炊事場とされる 28 基の集石土坑などである。

報告書で新藤氏は、集落の住居配置を空間的にみると東西南北の 4 群に把握することが可能であるとし、I 期からⅣ期の集落の時期別分布図を示している。しかし、それだけでは環状集落の構造が読みとりにくいので、筆者は中心から放射状に広がる同心円状の遺構群とそれら遺構群のまとまりを区分する補助線を描いて分析してみた（図 25-1）（安孫子 1997）。その後、谷口康浩氏が、縄文時代の環状集落の構造には「重帯構造」と「分節構造」という二つの重要な構造があることを提唱している【註1】（谷口 1997・2005）。ここでは谷口氏に倣って分析をすすめてみよう。

神谷原遺跡の集落構造

この集落の重帯構造を分析するために、中央墓壙群の中央を起点とする同心円を描いてみる（図 25-1）。すると、半径 17m の円上には、中央墓壙群を取り囲む小砂利が詰まっていた柱状のピット群がのってくる。その外周の半径 35m の範囲までは多数のピット群が分布する。これらピット群の性格は、岩手県西田遺跡の事例を参照すれば、やや小規模な掘立柱建物が何度か建替えられたものであろう。北東側に小ピットが希薄なのは、存在に気づかないまま先に調査を終了したためという。

小ピット群の外周は住居ゾーンである。範囲が広いので仮に 20m おきに線引きし、半径 55m までを第 1 住居帯、75m までを第 2 住居帯、95m までを第 3 住居帯としてみる。すると住居跡の多くは第 1 住居帯に収まっており、第 2 住居帯になると東側の住居はすべて収まってしまう。第 2 住居帯の直径は 150m なので、これだけでもかなり大規模な環状集落といえる。ところが小分節した W-1 区では、何度も建て直された 154 号大形住居等が第 3 住居帯にも配置されていて、この区域だけが特異である。それは、W-1 区の第 1 住居帯の中央に大形掘立柱建物が構築されており、その関係から大形住居が第 3 住居帯まで押し出された格好なのである。

大形掘立柱建物の機能・性格については、貯蔵、祭祀、儀礼、墓域との関連性など諸説あるが、冬季の住まいを竪穴住居とすれば、耐えがたい日本の夏の暑さをしのぐための高床住居形式を第一義とするべきであろう。

次に集落の分節構造であるが、崖線寄りの東南側は、崖下にある住宅地の安全対策から調査が見送られた。このため環状集落の全体像は把握されていない（図 25-1・2）。けれども、中心点から北西側 15 度の範囲には住居の配置がなく墓壙も構築されていないので、これを 2 大群の境とみて E 群・W 群に区分節しよう。空隙地は E 群・W 群双方集団の立ち入らない共有地であり、北側には台地内側に向かう通路が、南側には台地から湯殿川に降りる通路が延びていたのであろう。

その 2 大群の小分節であるが、住居の時期及び住居の建回数が均衡のとれた形を想定すると、3 小群が考えられる（図 25-1）。3 小群にして住居の構築数をみると、W 群の建回数は E 群のほぼ 2 倍に相当することがわかる（表 25-1）。とりわけ W-1 群は大形掘立柱建物を保有するなど、本集落における W-1 集団の優位性がうかが

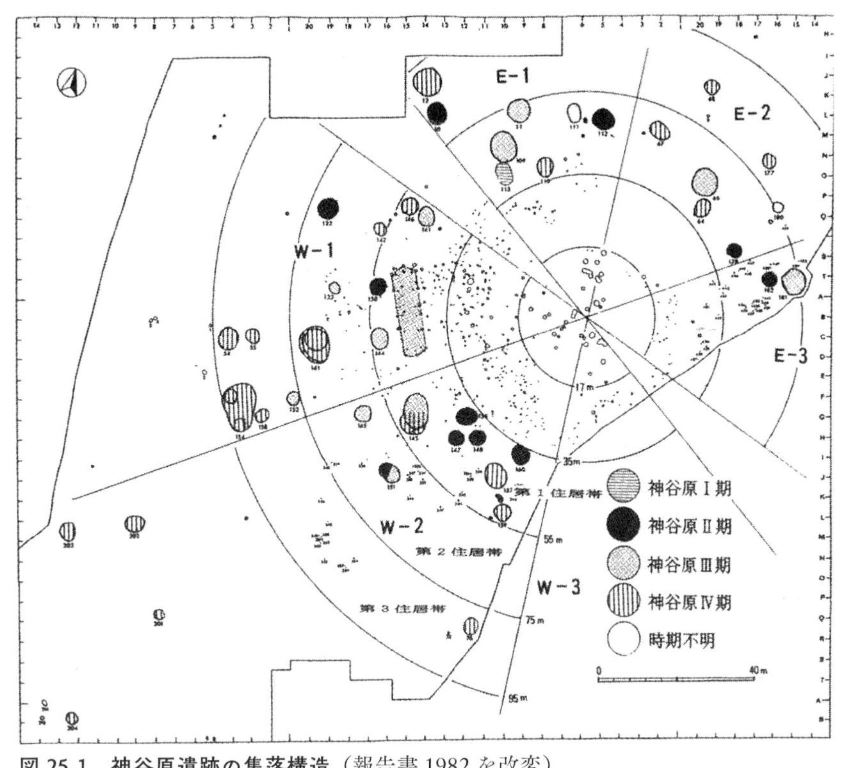

図 25-1　神谷原遺跡の集落構造（報告書 1982 を改変）

える。

ところで、W 群と E 群の住居の建回数にはどうしてこのような大きな格差が生じたのであろうか。先に私は E-1 群の住居変遷を 1 家族の系譜と解釈分析（表 25-2）し、W 群には 2 家族が居住をしたものと想定した（表 25-1）。これに対して黒尾和久氏から、住居の存続年数は型式の存続年数よりかなり短いので、(E-1 群を) 継続的に居住したとするのは無理があると指摘された（黒尾 2001）。確かに ^{14}C 年代測定による新地平編年の 2 期から 8 期までの年数は最短で 160 年、最長で 360 年になるので、E-1 区に常駐したにしては住居総数が少なすぎる。むしろ W-1 区の住居総数を 1 家族の系譜と考えた場合に、存続年数の範囲に収まる可能性がある。

すると住居軒数の少ない E 群集団はこの集落に常駐したのではなく、何年か置きに別の場所にある同じような拠点的な集落に居住し、戻ってきたことも考えられよう。W 群と E 群住居数の違いから、集落に住う 2 つの集団の存在が浮かびあがってきた。このことはこの環状集落が W 群・E 群の双分制社会で構成されていたということであろう。

実際のところ、湯殿川流域には滑坂遺跡や寺田遺跡、小比企向原遺跡をはじめ多くの大規模な中期集落の存在が知られている。E群集団はそうした遺跡を移動先としていた可能性がある。なお、台地の地つづきの西方500mには椚田第Ⅲ遺跡（国史跡　椚田遺跡）が所在する。椚田遺跡は神谷原遺跡の集落が終焉を迎えた勝坂2式期頃から始まっており、あたかも本集落がそっくり移動したような形勢である。

集落が移動した要因は

ところで、勝坂2式期のある段階で神谷原遺跡から環状集落が撤退したのは、この遺跡だけの特殊事情というわけではなく、南西関東地域の多くの環状集落に共通する現象でもある。すると、この時期に環状集落が移動しなければならなかった何らかの要因があったはずであるが、それが何であったのかは不明である。

そこで神谷原遺跡の立地に着目すると、東側の崖下が大きく抉られていて、抉られた窪地にはいつごろからか住宅団地が建っている（図25-2）。この崖面の等高線の乱れは地滑りによるとされているが、水害による崩壊が考えられないだろうか。

この場所は、西側から東流してきて北東に向きをかえる湯殿川に、南から流下してきた寺田川と滑坂遺跡から下りてきた支谷の小河川が合流する延長上にある。すると集中豪雨をともなう超大形台風のような折には水嵩が何倍にも増幅して、猛り狂った鉄砲水が神谷原集落ののる台地の裾を直撃しただろうから、崖下が侵食されオーバーハングした台地上が徐々に崩落したことであろう。この予想される現象は、第26話のTN9遺跡に共通する。

環状集落が形成された時分には、集落範囲はもっと安全な台地の内側に設営されたはずである。それが超大形台風の鉄砲水の度に少しずつ台地を侵食したから、集落崩壊の危機に晒されたのではないか。このことが引き金になって、神谷原集落は地形的により安全な西側500mの椚田遺跡に拠点を移すことになった可能性を考えたいが、どうであろうか。

【註1】「重帯構造」とは、広場を中心として各種の建物や施設を同心円上の所定の圏内に配置するもので、環状集落の長期的な計画性をよく表しているという。「分節構造」は、環状集落の内部を直径的に区分する構造のことで、住居群や墓群を大きく二分する二大群の構造を基本として、さらに各大群の内部を区分する小群の構造があるという。第12話（落合遺跡）参照。

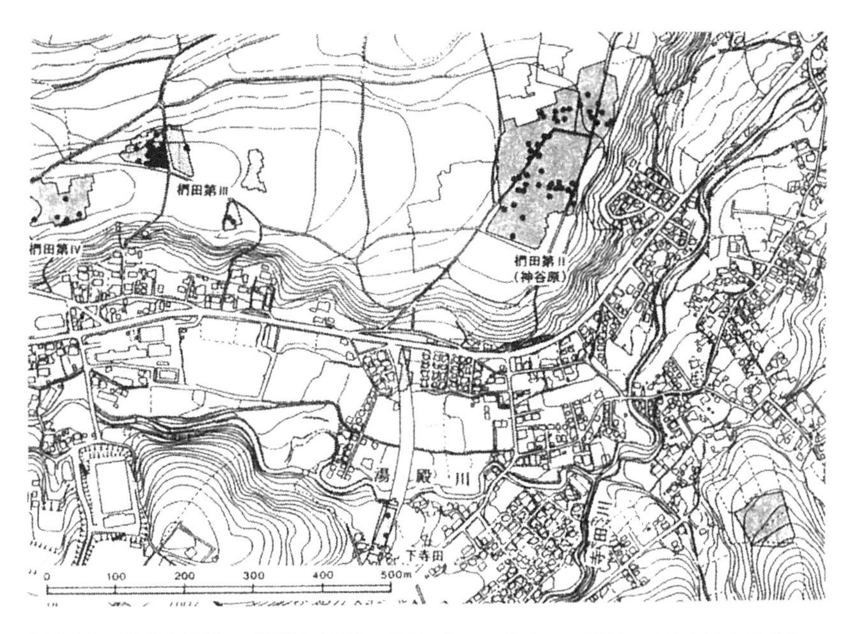

図 25-2　神谷原遺跡の集落と周辺の地形（シンポジウム資料　1995 年を改定）

期			
I 期	111号(?) —— 113号	10号	
			(建直し)
II 期	112号 ——	10号	
			(建直し)
	11号 ——	10号	
III 期			(建直し)
	11号 ——	12号	
			(建直し)
IV 期	109号 ——	12号	
			(建直し)
	109号 ——	110号	

表 25-2　E-1 群の住居変遷

第26話　土偶が大量に出土——稲城市 TN №.9 遺跡

多摩ニュータウン地域の東端を画する三沢川は、町田市小野路や川崎市麻生区黒川に源を発し、黒川街道にそって稲城市の中央を流下し、多摩川に注ぐ全長 10km 強の一級河川である。その三沢川の支流のひとつに西側から流れ込む上谷戸川がある。№.9 遺跡は、上谷戸川右岸のやや奥まった武蔵野段丘面（M1 面）に形成された、縄文中期後半の集落である。この時期の典型的な環状集落とちがって住居跡群が片側に偏在しているように見えることと、中期後半に特有の背面人体文土偶が 100 点をはじめ霊魂の復活を象徴する鳥を象った鳥形把手付土器が 7 個体も出土するなど、やや特異な性格の集落に見受けられる。そこでこの集落の立地と性格を検討してみる。

集落の状況

遺跡は稲城市坂浜 2445 他（現 若葉台一丁目 30•31）に所在する。都埋文センターにより 4 次にわたり調査されたが、ここでは先行調査室の千田利明氏が調査担当した第 3 次調査報告書（千田 1999）を基に分析を進めよう（安孫子 2001）。

発掘調査の前、この場所は平坦な台地状を呈していた。ところが表土を剥いでみると北東側から小さな埋没谷が入り込んでいて、この窪地からおびただしい量の遺物が出土したのである。埋没谷は日常の使用で破損した土器や石器等のゴミ捨て場になっていて、これら遺物を投棄した人々の住居跡が、埋没谷の北側および谷奥の西側を中心に 85 軒ほど検出された（図 26-1）。集落の時期は勝坂 2 式期ないし 3 式期（新地平編年 8b ～ 9a 期：3130 cal BC）から加曽利 E4 式期（同 14 期：2470 cal BC）にかけて、およそ 660 年にわたり営まれた。竪穴住居は廃絶されると窪地になりゴミ捨て場とされたから、ここからも相当量の遺物が出土した。それでも埋没谷の遺物量の多さに比べれば 4 分の 1 にすぎない。これまでこうした埋没谷のゴミ捨て場はあまり調査されたことがなかったから、縄文人が製作し消費した土器量のあまりの多さに改めて驚かされた。

報告書に掲載された実測図と拓本から、埋没谷と住居跡から出土した土器の総個体数を算出したところ、およそ 6,200 個体にのぼることになった。そこで集落が営まれた間に消費された、年間の平均的な土器個体数をおおまかに計算してみた。1

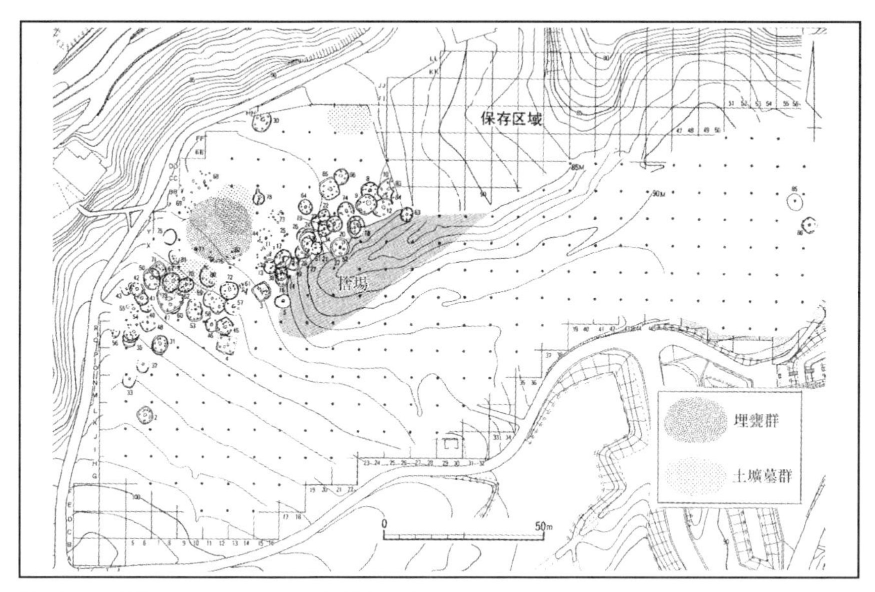

図 26-1　多摩ニュータウン No.9 遺跡全体図

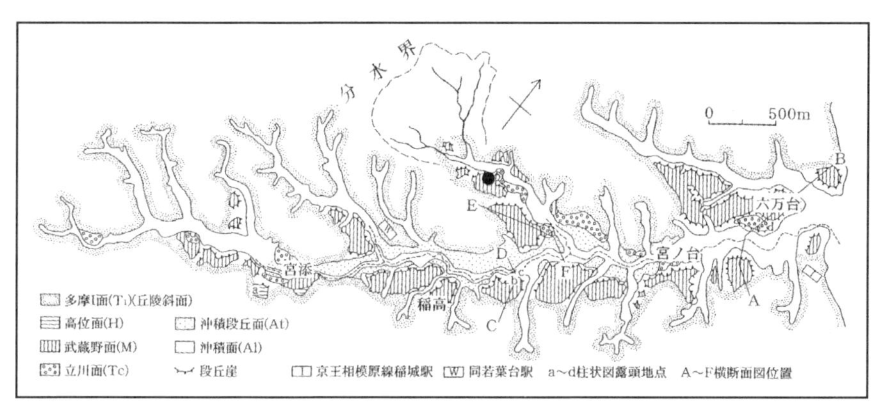

図 26-2　三沢川沿岸の段丘面分布図（向山 2000）　**遺跡の位置（●印）**

軒の住居の存続年数を 12 年として、住居 1 軒あたりの土器の年間消費個数は 6 個体ほど、集落全体では 36 個体と推測してみた（安孫子 2001）。

しかし新地平編年の較正年代が示されて、当初に見積もっていた 550 年が 660 年に年代幅が長くなったので、住居 1 軒あたりに消耗する土器は 5 個体、年間で 30 個体ほどになろうか。結果的に塵も積もって山とはなったが、日常的に煮炊きに使用された土器の消耗も意外に少ない印象である【註 1】。

集落の立地と地形

南西関東の中期集落でこれほどの住居軒数と遺物の質量であれば、環状集落の体裁をとるのが一般的といえる。ところがこの集落は埋没谷から崖線までの台地幅がわずかに50m強であり、この範囲に環状集落を形成するのはどうにも窮屈すぎる。住居跡群の西側は崖線ちかくで終わっているようだが、東側は埋没谷にそってまだ延びそうである。それがため谷口康浩氏は、この集落を環状集落の片側だけに形成された、「半分構造」の環状集落としている（谷口2002)。確かに本集落の北側には住居群があまり見当たらないから、環状集落とは考え難い。しかし、この変則的な集落構造は、本来は環状集落であったが次第に崩落したことにより、環状集落の片側だけ残されたものと仮定してみるとどうであろうか。そのヒントを与えてくれたのは、向山嵩久氏の「稲城市坂浜周辺の地形と景観」(2000）である。

試みに向山氏の「三沢川沿岸の段丘面分布図」の分水界をたどって、この流域に注ぎ込む上谷戸川の降雨範囲を作図すると、68haほどになる（図26-2)。北側の主尾根は標高150mほどの船ヶ台（T1面）で、ここから合流地点までの直線距離は0.8㎞、平均勾配は5度になる。そこで100年に1度というような超大形雨台風がこの範囲に降雨したとすると、水量はV字谷を土石流となって落下し、同じく西側から流下してきた濁流と遺跡ののる台地のすぐ上方で合流し、崖面を直撃しよう。

台地の基底は上総層群のうちの泥分が少ない稲城砂層であるから、激流が直撃すれば崖面は侵食されてオーバーハングし、大量の雨水をふくんで脆弱になった台地に亀裂が生じ、崩落するではないだろうか。そうした現象が何度か重なれば、ひろかった台地も次第に痩せてくるであろう。

向山氏によれば、坂浜周辺には、「しばしば巨大なスプーンで崖地を縦にえぐりとったような崩壊地形が見られる」という。本遺跡の南西0.3㎞に所在する№.471遺跡の標高120mラインが大きく湾入しているのもこの稲城砂層の崩落によるもので、環状に配置された住居群が途切れている（図26-4)。また、南方1㎞で尾根筋に所在する宮添遺跡（図26-3-8）の環状集落も、中央部の両側が土砂崩壊により地形が流失している。東側の斜面下にある黒川10遺跡には4mにおよぶ土層が堆積していて、縄文土器や平安時代の遺物が大量に包含されていた（図26-3)（大坪1995、小薬・合田1997)。黒川10遺跡は、雨水で脆弱になった地盤に地震等が重なって滑落したもので、元は宮添遺跡の一部であったのではないか。

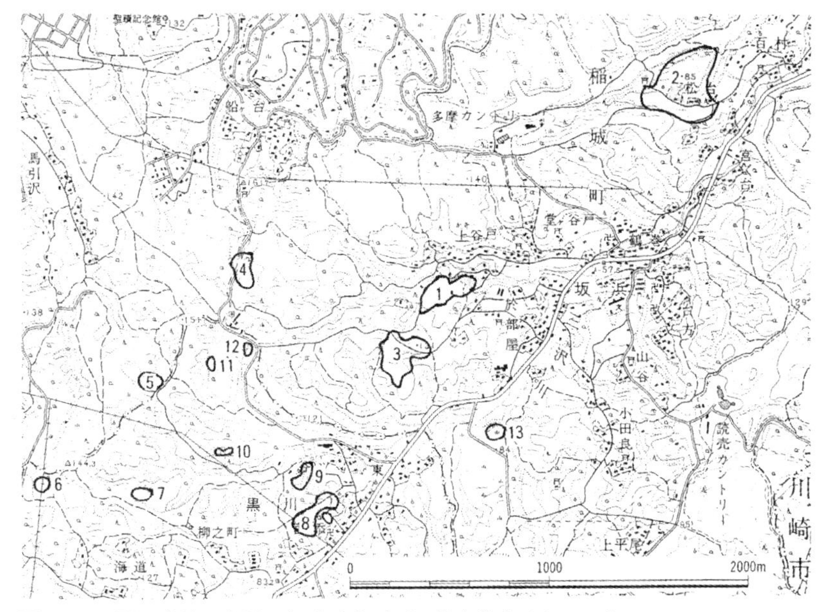

図 26-3　周辺地域の主要な縄文中期遺跡（「武蔵府中」1966）
1 TN9、2 TN3、3 TN471、4 TN520・382、5 TN46、6 黒川丸山遺跡、7 黒川 24・25［以下略］

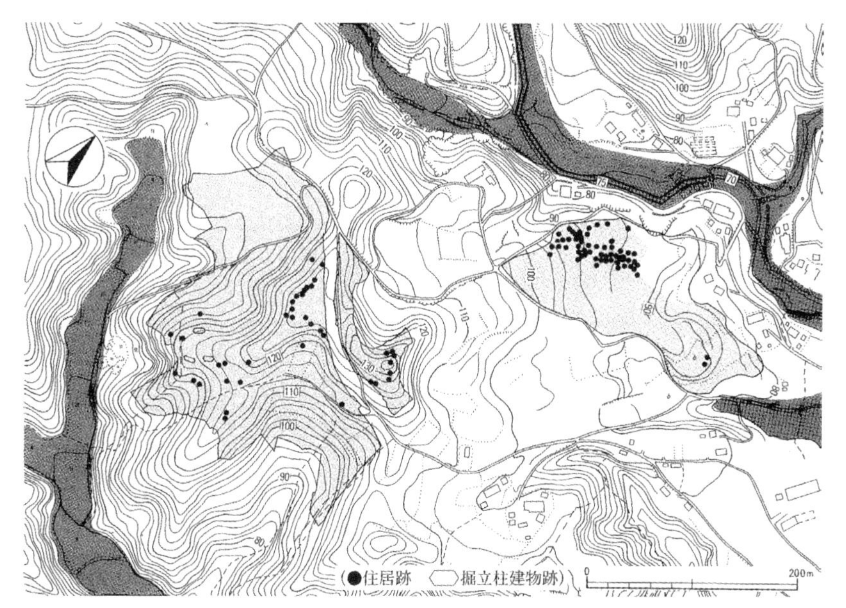

図 26-4　TN471 遺跡（左）　TN9 遺跡（右）の位置関係（●住居跡）

すると、このNo.9遺跡も前面がかなり崩落したことにより、本来の環状集落の片側が失われたと考えた方がよさそうである。因みに上谷戸の地形を見ると、遺跡がのる右岸は河谷底との比高差が20mで60度の急崖をなすのに対して、左岸はなだらかな斜面になっている。地元では谷底左岸をヒナタ、右岸をヒカゲと呼んでいる。ヒカゲ村落は、午後になると急崖が日光を遮ってしまうという。

集落の構造と性格

第3次調査の後、2003年（平成15）になって、北側の崖線際及び東側の保存地区の一部が土地基盤整備工事に掛かったことから、都埋文センターの竹田均・金持健司氏が保存区域の西側から崖線寄りの周回道路を調査した（竹田・金持2004）。この調査で崖線際から残存していた住居跡が現れ、谷口康浩氏のいう「半分構造の環状集落」ではなくて、予期した環状集落の見通しがついた。

新たに検出された住居跡は50軒を数え、前回調査と併せると130軒をこすようになった。南北両群とも住居跡はなお東側に続く形勢なので、東西に細長い楕円形をしたかなり大規模な環状集落になりそうである。この調査では土偶も新たに12点出土し、112点になった。これによりNo.9遺跡は、いよいよ三沢川流域における祭祀を司る拠点集落であることが確定したといえよう。

同時に、この界隈には縄文中期の遺跡が各所に分布していることが注目される（図26-3）。特に三沢川左岸は、多摩ニュータウン及び川崎市黒川地区の区画整理事業に伴って発掘調査が行われたから、実態が把握されている。これに対して右岸側は、わずかに小田急多摩線と京王相模原線建設で調査されただけであり、はっきりしない。しかしながら左岸側と相応に遺跡が分布していた可能性もある。三沢川流域を領域とする集団は、No.9遺跡を核としながら、この界隈を長期にわたり移動したり回帰したりした結果、密に分布する縄文中期の遺跡群が残されたのであろう。

【註1】 山本孝司氏は、住居1軒が年間に消費する土器を、No.248遺跡から採掘された粘土量から10個体と算定している（山本2001他）。第27話参照。

第27話　粘土採掘と土器作り
——町田市 TN №.248・245遺跡

縄文時代の集落遺跡を発掘すると、どこでも膨大な量の土器が出土する。縄文土器は縄文人にとっての生活必需品で、使用により破損する消耗品でもあるから、その分を新たに製作して補充する必要があった。土器は可塑性のある粘土をそのまま使用するのではなく、砂粒などを混和した素地土を基調にする。このためなるべく良質の粘土を得る必要があるが、その粘土を縄文人は何処でどのように調達したのかはっきりしなかった。その意味で、1990～91（平成2～3）年に、都埋文センターの及川良彦氏が調査担当したTN248遺跡から大規模な粘土採掘坑群が検出されたことの意義は大きい。

粘土採掘坑がみつかったのは、多摩ニュータウン地域の南西端にあたる町田市小山町の一画で、多摩丘陵の分水嶺にあたる戦車道路【註1】のすぐ下であった。丘陵の裾部には東京都史跡田端環状積石遺構がある（図27-1）。遺跡は、境川に流れ込む小さな谷戸の最奥部の斜面から谷底面にかけての約5,500㎡であり、その8割強の4,500㎡が発掘調査された。粘土が採掘されたのは主に中期勝坂式期から加曽利E式期であり、わずかながら後期堀之内式期にも採掘されているから、およそ1千年にわたり断続的に採掘されたことになる。

これに先立つ1989～90（平成元～2）年に、TN248遺跡の西側斜面地にあるTN245遺跡が山本孝司氏の担当で発掘調査され、採掘された粘土で土器作りをしていた中期のムラがみつかった。そして、250m離れた№.248遺跡と№.245遺跡から出土した浅鉢および打製石斧が遺跡間で接合し、縄文土器製作に関わる研究に大きな進展をもたらした。

調査成果は報告書をはじめいくつもの論文（山本1998、及川2000、及川・山本2001、山本2006他）に詳しい。ここでは私見をまじえながら概要を紹介する。

№.248遺跡—粘土採掘坑群の立地と採掘法

戦車道路から見下ろすと、粘土採掘坑群は辺り一面が無数の窪みで蜂の巣のようであった。現場に下りて行くと、採掘坑から掘りだされた浅鉢と小形の深鉢などが並んでいたから、直観的に、これは縄文人が大地から粘土を採掘させてもらったお礼に献納したものと理解した【註2】。

当地が古代の窯業生産地あったことは、1950年代後半に大川清氏が精力的に行った分布調査により周知されている（大川1960・1979）。本遺跡内には瓦陶兼業のセイカチクボ窯も築かれているし、近辺にもいくつか窯跡と粘土採掘坑が検出されており、南多摩窯跡群瓦尾根支群と呼ばれている。

地表から粘土層までの深さは斜面の傾斜によりかなり差異があり、浅いところで数10cmから深いところでは4～5mもある。これを模式図（図27-2）でみると、上より立川ローム、武蔵野ローム、多摩ローム、多摩ロームの下に御殿峠礫層、さらに下層には上総層群の青灰色砂・シルトが堆積する。採掘の対象になる粘土は、多摩ロームの下部と御殿峠礫層の間に堆積する標高155m～161m付近の砂層と砂礫層との互層になっている4枚の粘土層である【註3】。

その粘土の採掘方法であるが、地表から竪坑が掘下げられ、粘土層にあたると手の届く範囲まで周囲を広げるやり方であるから、断面形は袋状になる。採掘坑の底面規模は1～2mの不整円形なので、中に入って採掘作業するのは大人1人だけ、おそらく坑の外には掘りだした粘土を地上に引き上げる人が居て、共同作業で行われたのだろう【註4】。このようにして採掘が繰り返された結果、採掘坑が連続して重なり合ったから、無数の採掘坑が群在するようになった。また、土層断面図からは常に採掘坑の壁の崩壊による埋没の危険性をはらんでいたことが、うかがい知れる。

底面近くに、幅2～4㎝、断面がV字状をした掘削工具痕が認められた。遺跡からは掘削具とされている打製石斧が51点出土した。しかし、遺跡の性格・規模から推し量ると、打製石斧の出土点数は必ずしも多いとはいえないだろう。するとむしろ主な掘削道具はいまは朽ちて残っていないが、掘り棒のような木器ではなかっただろうか【註5】。

№245遺跡――土器作りのムラ

№245遺跡は、№248遺跡の西側の急斜面にあり、斜面全体の16,100㎡が調査された。この範囲からは、中期勝坂3式期から後期堀之内式期までの住居跡が67軒をはじめ掘立柱建物跡、配石、屋外埋設土器、集石、焼土跡、土坑（多数は墓壙）等の遺構と遺物が大量に検出された【註6】。縄文中期集落は舌状台地か緩斜面に立地するのが一般的であるから、このような急斜面に住居跡等が数多く営まれたのも異例といえる。

№245遺跡のムラは№248遺跡の時期に符合する。その幾つかの住居跡から粘土

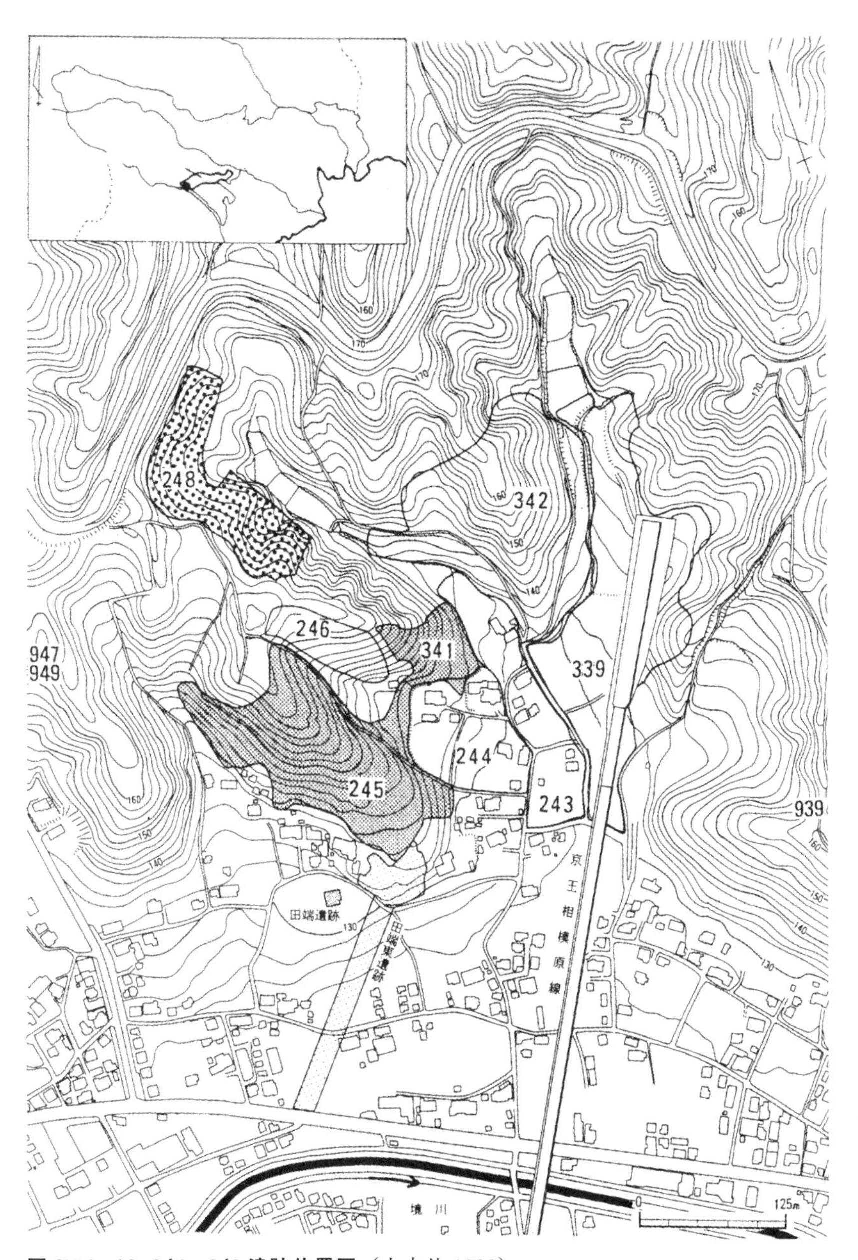

図 27-1　No.245・248 遺跡位置図（山本他 1998）

ブロックが検出されたり、土器焼成の際に生じた残滓の粘土塊や焼成に失敗した土器破片が検出された。最も注目を引いたのは51号住居跡で、住居北壁際に大きな粘土ブロックがあり、その下から曽利Ⅱ式の未焼成土器、器台、加工礫（敲石）、石皿、玉髄の砕片がパックされて出土した。北壁側は、土器製作に関わる作業空間であり、器台の上で土器が作られていたものと想定された。上條朝宏氏らによる胎土分析結果でも、№248遺跡で採掘された粘土であることが確認された（永塚・山本・上條1995）。

さらに整理作業の段階で、この遺跡から出土した浅鉢と打製石斧と、250m離れた№248遺跡の採掘土坑から出土した浅鉢と打製石斧が接合した（図27-3）。

こうして№245遺跡のムラは№248遺跡の粘土採掘場を管理し、採掘した粘土で土器作りも行っていたことが明らかになった。

粘土の採掘量とその供給先

それでは、№248遺跡の粘土採掘坑から採掘された粘土は、すべてこのムラで土器製作され、消費されたのであろうか。全国で確認されている粘土採掘坑を山本孝司氏が集成したところ、19ヵ所あった。大概の採掘坑はそれぞれの集落に付随するとみられるが、№248遺跡だけ群を抜く採掘規模なので、これら採掘された粘土を№245ムラですべて消費したとはとても考えられないという。

その上で山本氏は、№248遺跡から採掘された粘土の総量を、481㎥（2,405㎡×0.2m）、重さにして635t（481×1.32t）と見積る。それを勝坂式期から堀之内式期の1千年間に採掘したとすると、年間の採掘土量は635kgとなる。土器1個体に要する粘土量を平均2kgとすると317個体に相当する。これを境川上流域に確認されている19の中期集落が年間に必要とする土器量に相当すると考え、この範囲で検出された住居跡の総軒数から、住居1軒当りの土器の年間使用を10個体と積算した【註7】。このように考えると、土器作りに必要な粘土採掘場は、これら境川上流域の集落が共同管理にあたっていたはずだという【註8】（山本2001他）。

なお、井上晃夫氏（1991）によれば、関東山地と多摩丘陵には土器作りの材料となる良質粘土の採取地が点々と分布する。これらの地点から採取した粘土を蛍光X線分析したところ、Rb（ルビジウム）–St（ストロンチウム）分布図により、丘陵部の粘土はロームなどの周辺土壌の影響を強く受けているという。すると、丘陵地の他の場所にも同じような粘土採掘場が存在する可能性が高い。

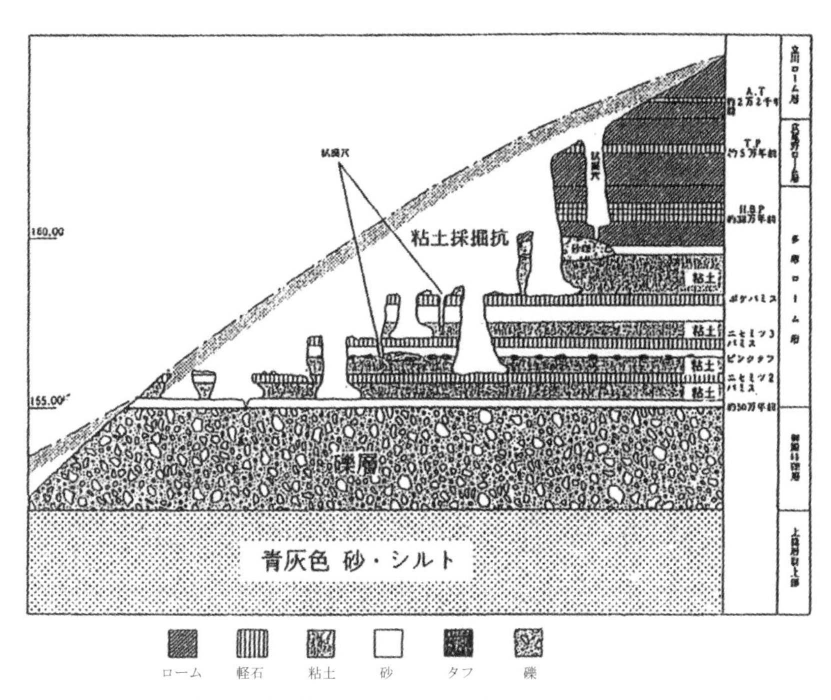

図 27-2　No.248 遺跡　粘土採掘坑模式図（及川他 2000）

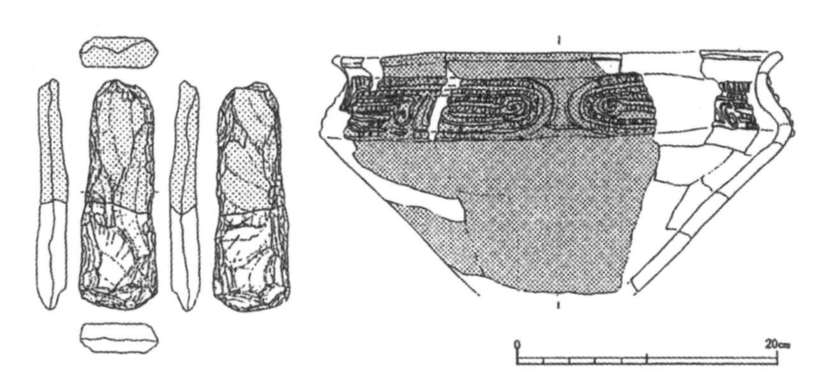

図 27-3　遺跡間接合した土器・石器　網かけは No.248 遺跡出土（山本 2006）

【註1】 太平洋戦争がはじまって間もない1942年（昭和17）に、相模原陸軍造兵廠（現米軍相模総合補給廠：相模デポ）で製造する戦車の走行実験用に、徴用した朝鮮人労働者を使役して作られたとされるテストコース。町田市小山町田端から桜美林大学の裏山の下小山田まで、町田街道に面する丘陵の尾根伝いに約8km、幅広い未舗装道路が続いている（図27-1 北側の蛇行する道路）。

1974年6～7月に南多摩葬祭場の建設に関わる田中谷戸遺跡を発掘したとき、休み明けに現場に来てみると、傍の戦車道路にキャタピラ痕が認められたことがあった。米陸軍は、ベトナム戦争で破損した戦車を相模デポに持ち込んで修理しているとの噂があったが、夜陰に乗じて試走したらしかった。

【註2】 №248遺跡を現場見学した何日か前に、服部敬史氏が調査する御殿山窯址群の中の東京造形大学用地の現場を見学した。そのとき、粘土採掘坑の底に須恵器の坏や長頸壺が置かれているのを見て、粘土を採掘させて貰った大地に感謝する祭祀儀礼と理解した。№248遺跡も同じような遺物の出方だったから、縄文時代の人びともアミニズムの観念がはたらいていることを認識した。

【註3】 №248遺跡が立地する分水界沿いには良質な粘土層が分布する。この粘土層は、旧桂川（旧相模川）の河床礫である御殿峠礫層の上部の氾濫原の窪みに堆積したもので、50～40万年前の多摩ローム層下部に相当する。

【註4】 都埋文センター展示ホールの平成11年度展示を担当した時、私は上條朝宏氏が作成した粘土採掘坑の接状剝離標本にモデルを配して、採掘作業を復元展示した。この展示物はいまもエントランスに展示されている。

【註5】 遺跡から出土した石器総点数は245点。このうち打製石斧は51点で2割にすぎない。中期に激増する打製石斧は掘削用具とされているが、それにしては意外に少ないので、今は朽ちて残らない掘り棒のような用具で粘土採掘したと考えたい。因みに、No.945・948遺跡の粘土採掘坑（古墳時代）では、木製鋤、掘棒が出土している。

【註6】 斜面下方の裾部には町田市田端遺跡・田端東遺跡があるが、多摩ニュータウンの範囲外である。その裾部にも縄文中期のムラが連続する。第26話参照。

【註7】 No.9遺跡で、私は住居跡数と住居跡及び土器捨場から出土した土器の総個体数から、住居1軒当たりの年間消耗を最低6個体と見積もったことがある（安孫子2001・2011）。第26話参照。

【註8】 可児通宏氏は、№248遺跡で採掘された1千トンを超える粘土の量というのは、現在知られている多摩丘陵の縄文中期のほとんどの集落遺跡に供給し得る量という（可児2005）。暗に、採掘された粘土の供給先として多摩ニュータウン地域一円の集落を想定しているようである。私は、加曽利E2式からE3式期に盛行した連弧文土器の土器組成を基準にすると、多摩丘陵の分水嶺から西南側の境川流域は曽利式集団の方が優勢で、№248・245遺跡もその範囲に包括されるから、山本説に同調する（安孫子2011）。

第 28 話　境川流域の拠点集落――町田市 忠生 A1 遺跡

忠生 A1 遺跡は町田市の市街地から北西に 3.5km、JR 横浜線淵野辺駅の東方 2km 弱の木曽町に立地する。この場所は、町田街道と境川に挟まれた台地上の木曽町・根岸町・矢部町にまたがる、100ha にもおよぶ忠生土地区画整理事業の A 地区に在る（図 28-1）。開発事業に先だって町田市忠生遺跡調査会が組織され、発掘調査が行われた結果、旧石器時代、縄文時代、平安時代の集落や古墳時代末期の横穴墓群、さらに中近世などを擁する密度の濃い遺跡が何ヵ所も発見された。

中でも市域で最大の縄文中期の環状集落を誇るのが A1 遺跡で、集落規模の大きさもさりながら、特に中期後半の曽利式土器の組成比率の高いことと背面人体文土偶【註 1】（安孫子 1998）の出土の多さから、曽利集団の帰属意識をうかがう意味でも興味深いものがある。

A1 遺跡は、1986 年（昭和 61）から 1998 年（平成 10）まで断続的に調査された。縄文中期の竪穴住居跡 151 軒、掘立柱建物跡 8 棟、土坑 248 基、集石 42 基という多種多様の遺構が相当数検出されたが、それでも調査されたのは環状集落のほぼ半分であり、残り半分は昭和 30 年代に大型店舗が建設された際に、遺跡と知られることなく破壊されてしまっていた。

それはともかく、出土した土器・石器などの遺物量も膨大であったから、調査を担当した市教育委員会の川口正幸氏の苦労もたいへんで、2010 年（平成 22）に遺物編の報告書が刊行されて、ようやく全貌が明らかになったのである。

集落の構成と推移の大要

A1 遺跡の報告書は遺構編（川口 2007）と遺物編（川口 2010）の 2 分冊からなるが、報告書の性格から事実記載が主体である。その後、川口氏は A1 遺跡の集落構成と時期的変遷をおおよそ次のように分析している。

「竪穴住居跡 151 軒の時期的内訳は、中葉の勝坂式期が 56 軒、後葉の加曽 E 式期が 87（89?）軒、中期不明 8 軒である。出土土器の時間幅は、勝坂式 3 期区分の 1 式期から加曽利 E 式 4 期区分の 3 式期までである（図 28-2）。後葉の加曽利 E 式期住居跡 89 軒は、E1 式期 4 軒、E2 式期 31 軒、E3 式期 45 軒、細分不能 9 軒で E3 式期が最多」である。集落の様相については、「E2 式期には

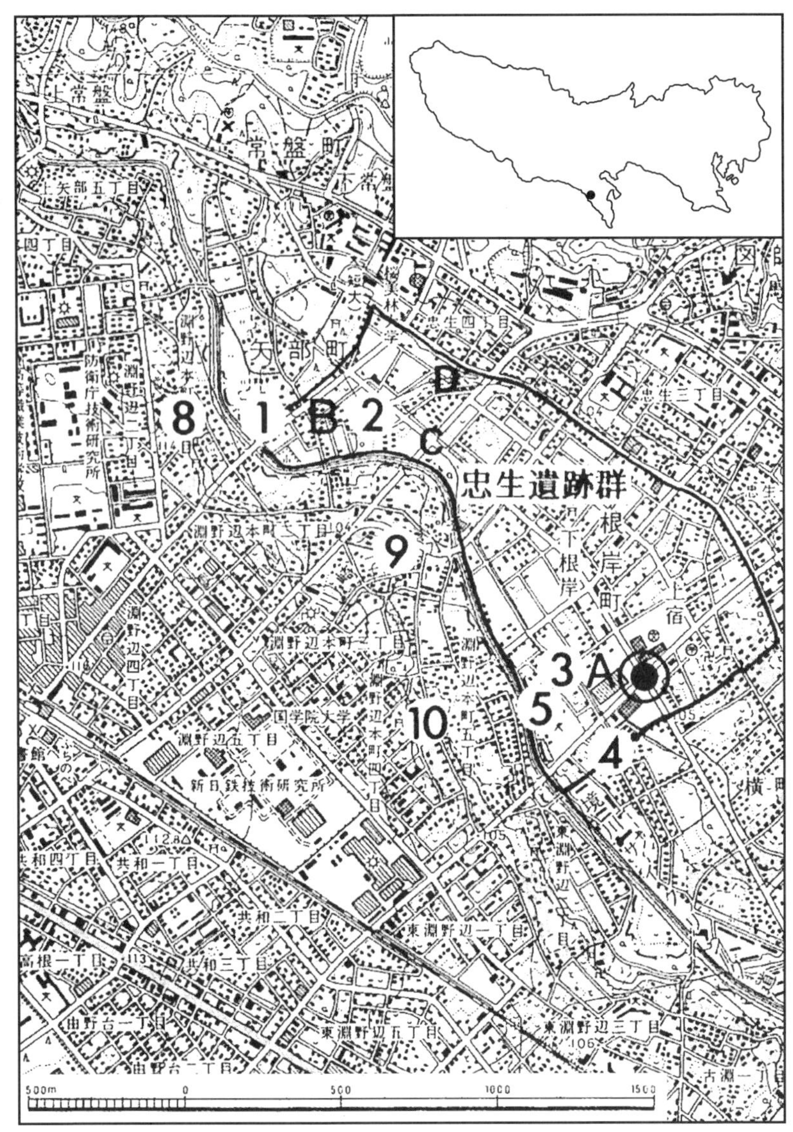

図 28-1　A1 遺跡の位置（◉）と周辺の遺跡（川口 2007）
1：第 6 地点、2：B1 地点、3：A5・A8 地点、4：A2 地点、
5：木曽中学校用地内、8：山王平、9：淵野辺山王平下、10：淵野辺嶽之内上

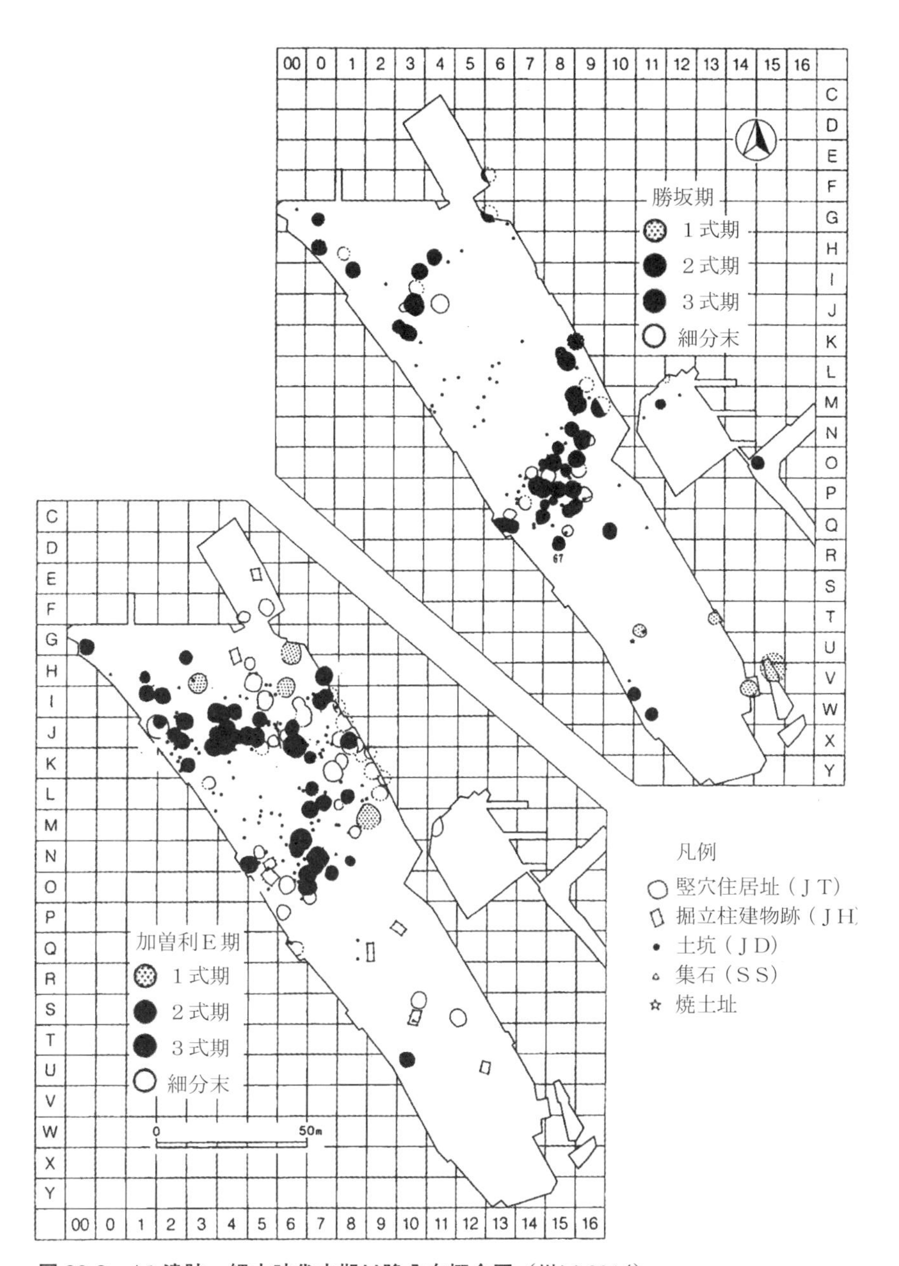

図 28-2　A1遺跡　縄文時代中期以降分布概念図（川口 2014）

二群だった境が不明瞭で円環状になり、E3式期では環状のより内側にも分布域が拡大する。このE3式期を中心に土偶が遺構の内外から100個体以上が出土した」(川口2014)。

なお、川口氏が採用した加曽利E式土器の4期区分は、1995年頃までの研究を反映した編年であり、集落の動静をきめ細かく捉えようとするには不向きになっている。現状では、その後の激増する資料が加味された下記の「新地平編年」(小林謙・中山・黒尾1995)を採用するべきである。

すなわち、武蔵野台地から多摩丘陵、相模野台地では、加曽利E式土器のほかに連弧文土器・曽利式土器という出自も変遷の仕方もちがっている3つの土器様式が共伴するという特性がある。1990年代前半までに発掘された土器資料が大量に蓄積されていることに着眼した黒尾和久氏は、独自でそれら資料の共伴関係を整理し、「武蔵野編年」(黒尾1995)を作成した。ともかく加曽利E式の4期に変遷階梯が異なる別様式が加味されると細別が可能になり、E1式期(新地平編年10期)を4階梯、E2式期(同11期)を3階梯、E3式期(同12期)を3階梯、E4式期(同13期)を2階梯の12細別期としたのである。さらに同年秋には、小林謙一氏の中期前葉の五領ヶ台様式、中山真治氏の中葉の勝坂様式の細分化と併せた新地平編年が編まれるに至った。

忠生A1遺跡の土器組成と背面人体文土偶の関わり

中期後葉には連弧文土器と背面人体文土偶が盛行する。この両者の関係に関心をもっていた私は、報告書が刊行されると新地平編年を援用してA1集落の動静を分析してみた(安孫子2011)。集落の変遷と土器組成の態様を捉えるには、各住居跡の細別期と土器様式の組成割合と変動を知ることが肝要である。その場合、覆土から出土する土器群と炉体土器・埋甕の間には時間差があるので、覆土と床面から出土した土器を対象にした【註2】。また、10期は住居軒数が限られるし、11期は細別が困難なことから10期・11期の大別期でまとめ、12期だけ細別してみた(表28-1)。この表からおおよそ次の傾向がうかがえる。

①集落がもっとも繁栄したのは12a〜12b期で、住居軒数の6割方を占める。逆に10期・11期は意外に希薄である。希薄な時期には、近隣の山王平遺跡や木曽森野南遺跡に移動あるいは分散した可能性が想定される。

②土器組成をみると10〜11期は加曽利E式が過半を占めるが、12a〜12b期に

編年期		住居	加曽利E	連弧文	折衷	曽利	不明	土器　計	土偶
10期		6軒	25	0	1	20	3	49	4
%		7	51	0	2	41	6	11	5
11期		21軒	66	20	4	22	10	122	8
%		26	54	17	3	18	8	28	10
12期	12a	21軒	33	12	25	35	11	116	39
	%	26	28	10	22	30	10	26	51
	12b	28軒	32	3	26	55	9	125	26
	%	34	26	3	20	44	7	29	34
	12b-c	6軒	7	2	9	7	2	27	0
	%	7	26	7	34	26	7	6	0
計		82軒	163	37	65	139	35	439	77
%		100	37	8	15	32	8	100	100

表 28-1　A1 遺跡　住居跡の土器組成と土偶（安孫子 2011）

注1　編年期は住居覆土の土器による
注2　住居跡に伴う炉体・埋甕は割愛した

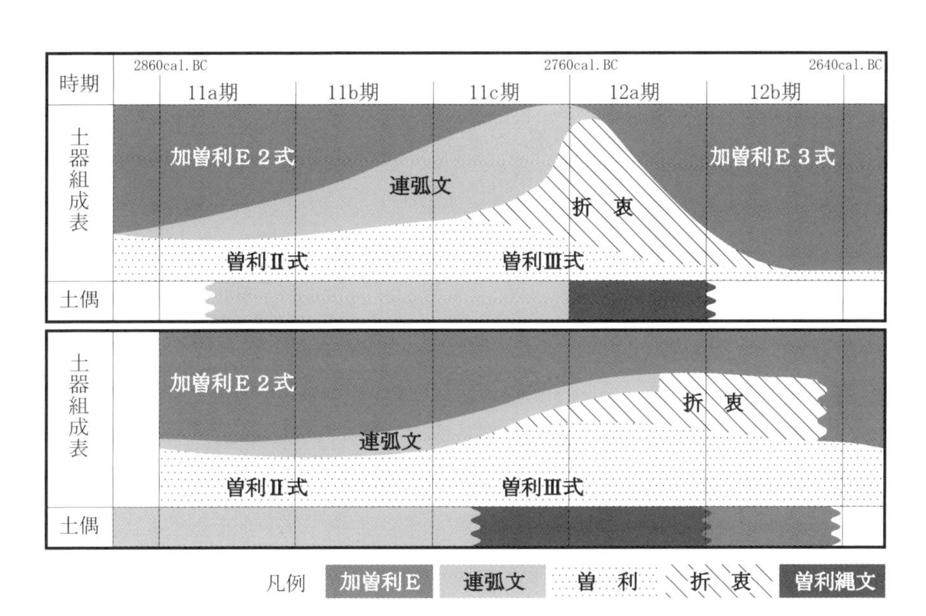

図 28-3　I 群遺跡群（上）・忠生 A1 遺跡（下）の土器組成比と土偶の推移
（安孫子 2011）

なると曽利式が、12b 〜 12c 期になると器形と文様構成が加曽利 E 式で文様が曽利式という折衷タイプが最多である。折衷タイプを曽利式の範疇とみなすと、12 期は曽利様式が 5 割以上 6 割方を占めることになり、曽利集団の色合いの濃さがうかがえる。

本集落は相模野台地東縁に立地しており、連弧文土器の色合いの濃い武蔵野台地南西部から多摩丘陵地域（Ⅰ群）集団【註 3】と対峙する位置にある。因みに、本集落では、連弧文土器が盛行する 11 〜 12a 期の占有率は 1 割台にすぎない。

③住居総軒数 82 と土偶 77 個の時期別な比をみると、10 期 7 %：5 %、11 期が 26 %：10 %、12 期が 26 %：51 %、12b 期が 34 %：34 %、12b 期〜 12c 期が 7%：0% である（表 28-1）。土偶は連弧文土器が盛行した 11 期にそれほど多くなく、12a 期にもっとも盛行しながら 12b 期まで持続し、12b 〜 12c 期になって廃れる。多摩丘陵内側の TN9 遺跡でも土偶が 100 点ほど出土したが、加曽利 E 式が復興してくる 12b 期には廃れているが、本集落では 12b 期まで持続したのである。

④ A1 集落は曽利集団の色合いが濃く、数多く出土した背面人体文土偶との密接不離な関係がうかがえる。煎じつめると、背面人体文土偶は本場山梨方面から曽利集団が持ち込んだ、祭祀儀礼に関わる御神体のような存在ではなかったか。

⑤連弧文土器が盛行した I 群遺跡と忠生 A1 遺跡の様相の違いを模式的に表すと、図 28-3 になる。

背面人体文の系統と変遷

前述のように忠生 A1 遺跡から背面人体文土偶が 100 個体以上も出土した。土偶は祭祀儀礼に関わる第二の道具（小林達 1977）の筆頭格であり、これだけ多くの土偶が出土するからにはこの集落が境川流域における拠点集落で、司祭者（＝ムラオサ）がいたことを物語る。土偶も集落が盛行した 12a 〜 12b 期に多いことも明らかになった。そこで、この土偶の系統と変遷を整理してみる。

関東南西部では土偶も勝坂式期の中頃までは流布したが、なぜか終末近くから加曽利 E1 式期（10 期）までの間は姿を消している。11a 期になって、中部高地を祖源とする背面人体文土偶が波及してくる。立像の作りの有脚型、板状の作りの無脚型、有脚型と無脚型の中間の膝を折ったような折衷型の 3 型が基本的な形態であり、これに収まらない土偶もいくつか存在する。中部高地では有脚型が主体だが、関東南西部では折衷型・無脚型が多いので、矮小化した形で導入されたようだ。

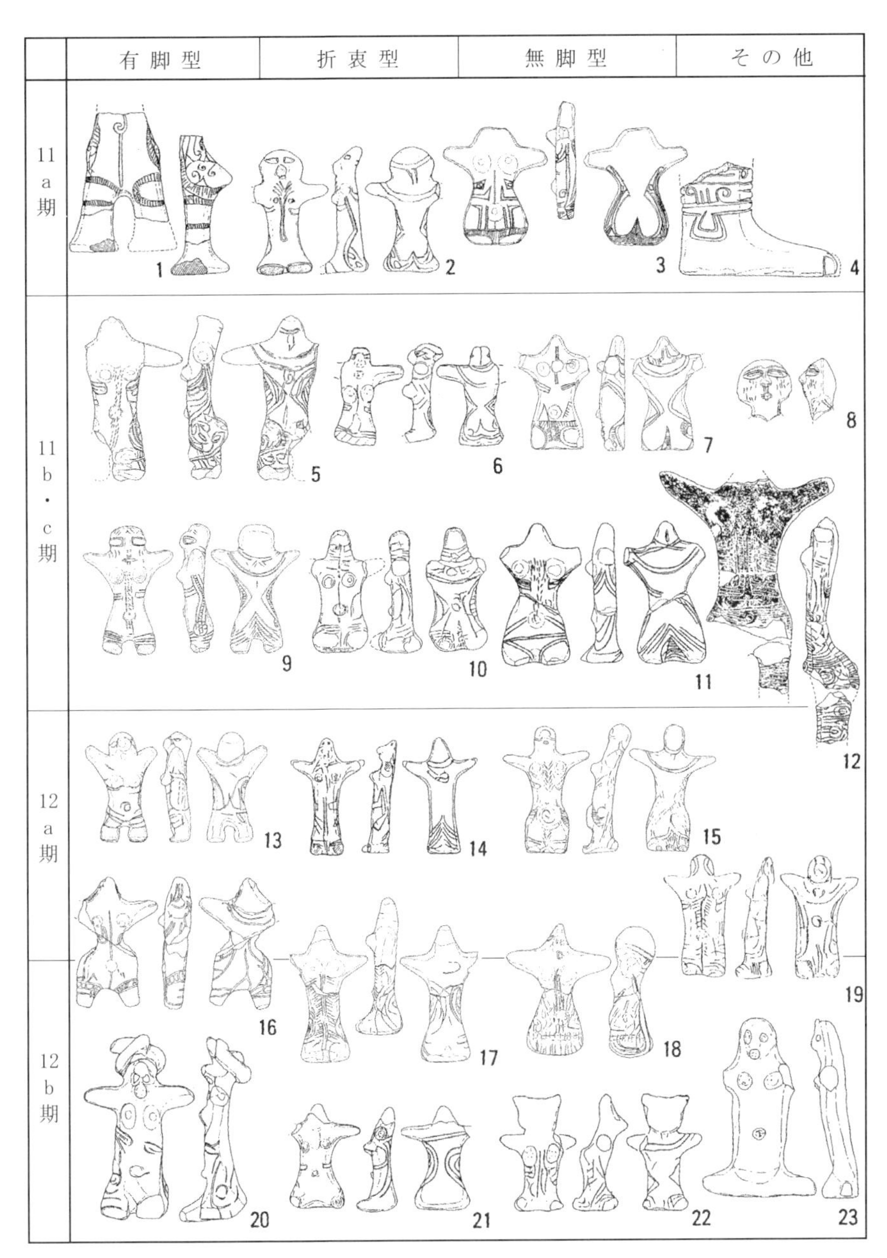

図 28-4　背面人体文土偶の系統と変遷（安孫子 2011）

3型とも当初は基本に則って丁寧な背面人体文が描かれていたが、年代を降るにつれて次第に手抜きされ、モチーフも形態も簡略化する傾向がみられる。因みに有脚型の変化は次のようである（図28-4)。

1：出尻がはっきりしており、臍と正中線が沈線で描かれ、両脇から臀部には刻みのある帯状区画が認められる。→5：脚がやや退化して出尻も丸味のある尻になる。繁縟にほどこされた背面人体文と臍の上下に連なる刺突列が特徴的。→9:ゴーグルをしたような眼が特徴的。やや小形の作りになって、臀部は張りがなくなり垂れてくる。文様は複雑だった曲線や渦巻き文から単純な沈線の施文に変わってくる。→13：顔面表現は丁寧な眼の表現が形骸化し、尻は張りがなくなり板状の作りとなる。背面人体文のモチーフも画然とした描き方が失われ退化する。→16：顔面表現が失われた簡素な作りで、脚部からわずかに有脚型の系統と知れるが、後にはつづかない。12期も半ばになるといろいろの要素が混在するようになり、3型の系統がはっきりしなくなる。最後は尖がり頭に鉢巻きを締める形態(20)や頭巾を被ったような形態（22）が現れたりする。

背面人体文の分布

図28-5は2009年10月現在における背面人体文土偶の分布状況である。この図から、土偶の祭祀儀礼は、境川上流域から多摩丘陵北半に居住するⅠ群およびⅡ群集団を中心として盛んに執り行われ、周辺地域にも影響したことがうかがえる。その中核たる集落の1つが忠生A1遺跡（66）である。環状集落の5割方の調査範囲から100点ほどが出土したが、集落全体が残っていたら200点以上出土したであろう。さらに境川に面する土器捨て場にも、数倍捨てられたであろう【註4】。

【註1】　この土偶のモチーフは、腰から臀部にかけてX状にすぼまって桃割れした尻につづき、後ろから腕をさしこんで胸に抱きついた格好にみえる。それで背面人体文土偶と称した（安孫子1998)。

【註2】　住居跡から出土した土器にも、①住居の設営時に設置された炉体土器、②途中で設置された埋甕、③住居廃絶時に置去られた床面の土器、④廃絶住居が埋没する過程で廃棄された土器の違いがあり、時間差が想定される。ここでは③④を対象とした。もっとも、④は住居に付随した土器ではないという矛盾もつきまとう。

【註3】　連弧文土器を擁立したのは多摩丘陵から武蔵野台地南西地域の集団でこれをⅠ群とした。Ⅰ群とⅡ群の境界は多摩丘陵の分水嶺とみなすと、本遺跡はⅡ群に入る。第16話の国分寺市恋ヶ窪遺跡参照。

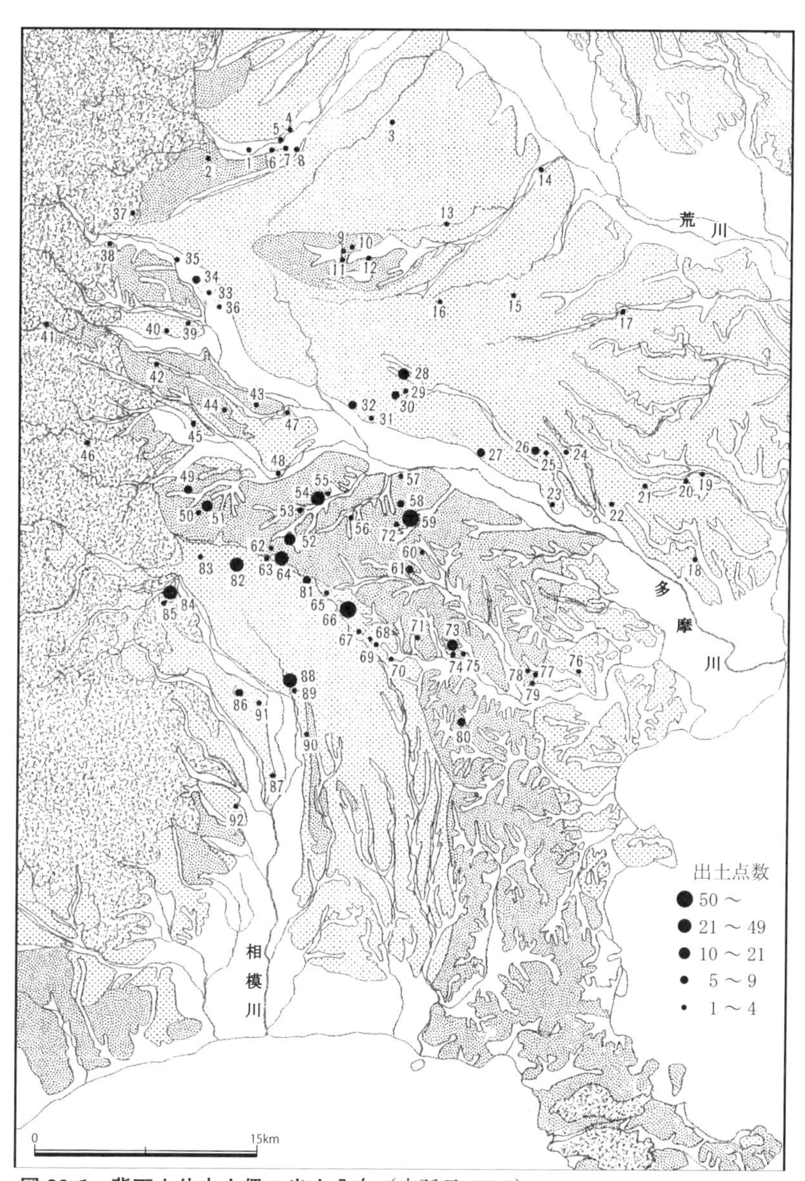

図 28-5　背面人体文土偶の出土分布（安孫子 2011）

【註 4】　廃墟になった竪穴住居は土器捨て場に利用されるが、土器捨て場は台地縁辺にも設けられる。たまたま捨て場も調査された TN9 遺跡では、土偶 103 点のうち住居跡から出土したのは 16 点（16%）だけで、残り 87 点（84%）は捨て場から出土した。住居外に捨てられるゴミの方がよほど多いことがわかる。

第29話　中期末から後期の霊場——八王子市 小田野遺跡

八王子市の西郊、高尾の山麓や丘陵には霊園が点在するが、陣馬街道原川宿交差点の東側にある段丘上には、縄文中期末から後期前葉にかけての特異な一大葬祭遺跡があった。中期終末から後期に移行する時期､関東地方南西部では､台地上にあった環状集落が解体して住居も低地に進出するなど、集落立地が分散する。住居形態も竪穴住居から掘り込みの浅い敷石住居に変わるなど、大きな変動がうかがえる。ところが小田野遺跡はこの例にあてはまらない、集落が継続する希有な事例なのである。

遺跡は、北浅川の中流右岸で、関東山地から東西にのびる恩方丘陵の中位段丘上に立地する（図29-1）。遺跡は北東—南西におよそ5haにわたっており、その中央から西側には陵北病院・恩方病院が建ち並び、東側には区画整理されて戸建住宅が建設されている。遺跡はその病院改築や住宅建設にともない一部が調査されただけであるが、きわめて興味深い性格の遺跡が検出されたのである。

遺跡の概要

調査は1991年（平成3）から2008年（平成20）まで、5次にわたる（図29-2）。

第1次調査は、段丘の北東部縁辺から低位面に移行する地点である。恩方市民センターの建設に伴い玉川文化財研究所により調査され、中期末の敷石住居跡1軒と中期中葉から後期前半までの大規模な土器捨て場が確認されて、この上方に相応の集落跡の存在が想定されている（戸田1996）。

第2次調査は反対側の南西部であり、恩方病院北館の改築に伴い四門株式会社により調査された。勝坂式期の住居跡3軒と調理用らしい焼石の詰まった集石土坑14基などが確認された（米澤他2004）。

第3次調査は、台地の北東にある畑地に宅地開発が計画されたため同じ四門株式会社により周回道路部分が試掘調査され、4地点で集配石・土坑墓等が確認された。本調査では、勝坂式住居跡等2軒と中期末から後期前半までの100基を超す土坑墓群が検出された（図29-3）。土坑墓も集石土坑墓をはじめ埋甕を伴う土坑墓、単石土坑墓、立石土坑墓、敷石土坑墓など多種多様ある（米澤・百瀬・佐藤2004）。

第4･5次調査は、特養老人ホームの建設に伴い中央東よりの2,200㎡と410㎡が、

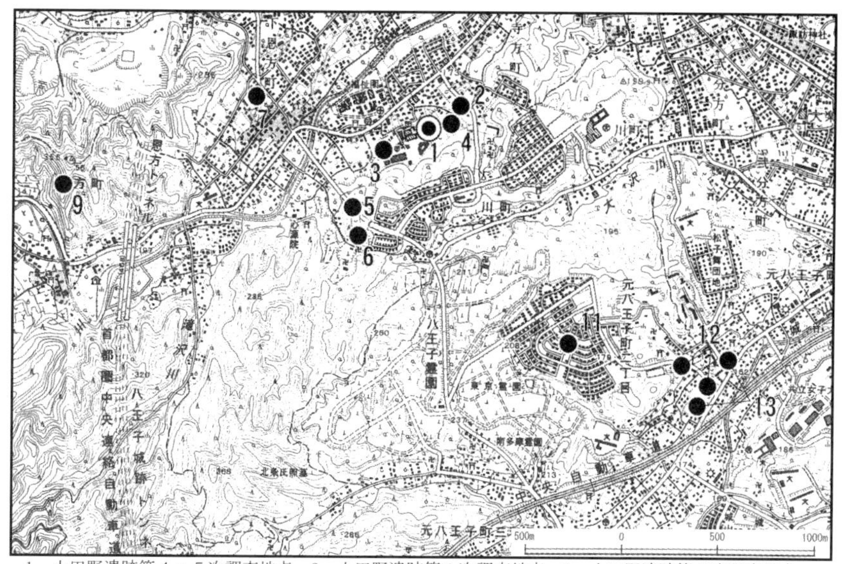

1. 小田野遺跡第4・5次調査地点　2. 小田野遺跡第1次調査地点　3. 小田野遺跡第2次調査地点
4. 小田野遺跡第3次調査地点　5. 深沢遺跡　6. 小田野城跡　7. 上宿遺跡　9. 浄福寺城址
11. 裏宿遺跡群　12. 池の下遺跡　13. 鍛冶屋敷遺跡

図 29-1　周辺の遺跡（相川・渡辺 2009）

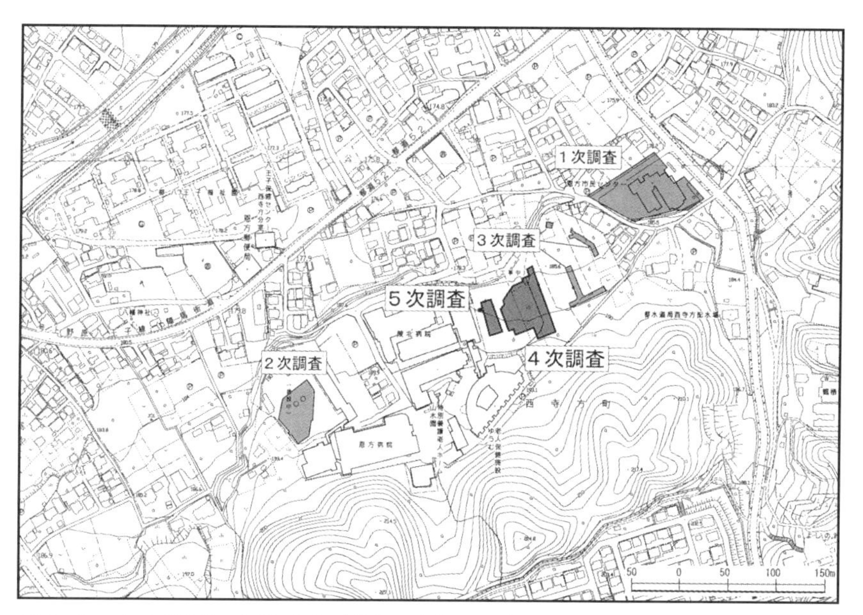

図 29-2　小田野遺跡の調査地点（相川・渡辺 2009）

吾妻考古学研究所により調査された。ここからは、中期末から称名寺式期を経て後期堀之内2式まで継続的に形成された、大形礫を積上げた特異な敷石住居跡などが5軒、配石遺構7基、竪穴状遺構3基、焼土遺構32基、埋設土器遺構5基、土坑(墓?)91基、遺物集中5ヵ所などが集中して検出された(図29-4)(相川・渡辺他2009)。

遺跡の性格

各調査区の概要をふまえると、南西部の第2次調査区および北東部の第3次調査区からは、中期中葉勝坂式期住居跡が検出されている。台地の一帯もしくは病院棟が占有する範囲に集落の本体が存在したのかも知れない。また、第1次調査区で検出された中期末敷石住居跡1軒は、第4次調査区の敷石住居跡とちがって一般的な住居のようである。ここで問題視したいのは、台地の中央やや東側にあたる第3〜5次調査区の遺構群である(図29-4)。

第4次調査区で検出された敷石住居跡の5軒は、中期終末〜後期初頭2軒、後期初頭1軒、後期前葉2軒であり、その意味では中期末葉の加曽利E4式から後期前葉堀之内2式にいたる集落のようでもある。しかし何れも一般住居とちがって異彩を放っている。調査区南東に確認されたSI03は、径が9mもある大形の柄鏡形住居である。SI05は敷石住居跡としては一般的な規模ながら石囲炉の一辺が0.7mもあり、住居規模と釣合いがとれない。あるいは、この住居は敷石された外周を広く取り込んだ住居形態なのかも知れない。

最も注目されるのはSI08で、遺構確認面から床の敷石面までの掘り込みが約1mと深く、床面には大形扁平礫が丁寧に敷きつめられ、壁面に大形礫が石垣のように積み上げられていた。特に奥壁側は4段以上の階段状に構築されていた。渡辺昭一氏は、この石組遺構を屋内祭祀に関わる採集物・狩りの獲物を供え置きした祭壇と報告している【註1】。この遺構には礫の大きさが最大値80cm、70kgを超すものもあり、総数で1千点、およそ700kgの礫が配置されていた。この規模、形態は、これまでに調査されてきた敷石住居跡と比べると類がない破格の規模になる。この集落が同時併存の住居が1、2軒とすると、とても居住者で用意できるような礫の分量ではない。それだけ特異な存在なのである【註2】。

この構築物に隣接するSI08とSI10は、住居主体部が連結する眼鏡状の格好であるが、SI10の張出部がSI08炉下まで延びており、その先端に加曽利E4式深鉢が埋

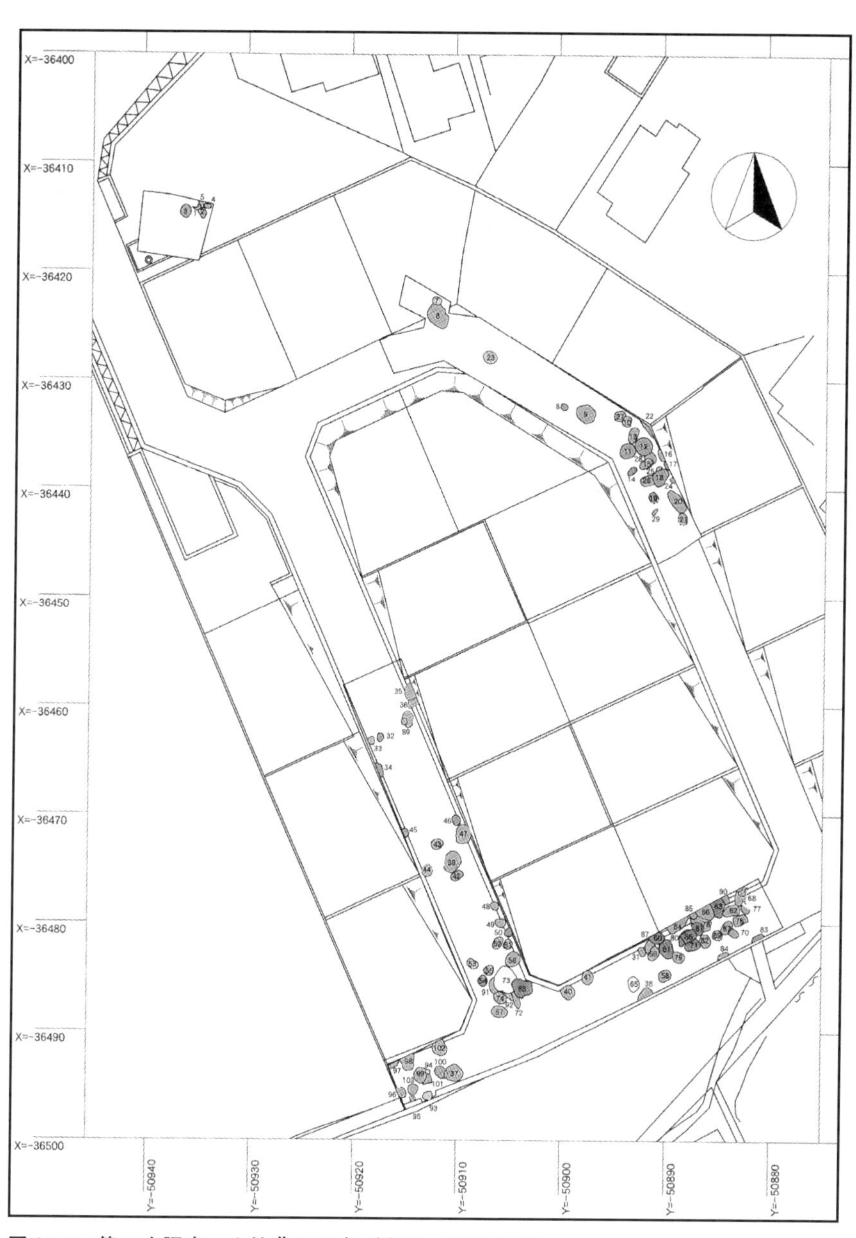

図 29-3　第 3 次調査　土坑墓の分布（米澤・百瀬 2005）

設されていた。両遺構の関係は、はじめ中期末にSI10が構築され、その後、後期初頭称名寺式期になってSI10に反転したものと解釈されている。

また、調査区中央の北側および中央の西側には、多量の遺物と礫を伴う焼土遺構が広範囲に集中しており、下部から多数の土坑墓が検出された。ここからはハート形土偶の下半身も出土した。集配石遺構や楕円形土坑群は、すぐ西側の第5次調査区にも広がっている。

渡辺氏は、この遺跡を中期末から後期中葉まで継続する集落という。そして、これら多種多様の遺構群は墓域に伴うモニュメントや火を使った何等かの祭祀場であり、墓壙が構築された後々も祖先祭祀のような祭礼行為が営まれたという。

一方、北東側の第2次調査区からも、周回道路の4地点から、中期終末〜後期前葉の各種土坑墓が100基以上まとまって検出された。ここからは当該期の敷石住居跡が検出されなかったので、米澤容一氏は、この場所が葬られた死者たちの"あの世の集落"とすると今後、周辺から"現世(このよ)の集落"が発見されると予見した(米澤・百瀬 2005・06)。その現世の集落が第4次調査で確認されたわけである。

"現世の集落"と"あの世の集落"を仲介する施設

以上、報告書に記された見解を紹介した。総合すれば、小田野遺跡は中期末から後期前葉の現世の集落たる住居群と来世の集落にあたる墓坑群、そして死者を葬送する葬祭場などが複合する特異な空間といえよう。SI08をはじめ敷石住居等もかなり特異であり、しかも同時存在する住居数は1・2軒に限られるようなので、通常の集落とは考え難い。おそらく、浅川流域の低地や丘陵の界隈に分散する血縁・地縁集団のセレモニーホールであり、共同墓地なのであろう【註3】。検出された構築物をそうした公共の共同施設とすると、墓坑の数の多さにも納得がいくし、何よりもSI08を構築するために運びこまれた膨大な質量の礫も、同族集団の協業として構築されたことで理解できるのである。

【註1】 村田文夫氏は、この遺構が半地下式構造の狭隘な土葺屋根の構造であり、内部で儀礼や秘儀が執行されたという。また、SI03は大形住居ではなく、ウッドサークルであると見ている(村田 2013)。

【註2】 2010年に調査された、国立市緑川東遺跡の大形石棒4本が並び置かれていた敷石住居跡も周壁が石積の構造で共通する。第17話参照。

【註3】 これまでに船田遺跡や深沢遺跡それに第1次調査地点から、当該期の住居跡が検出されている。

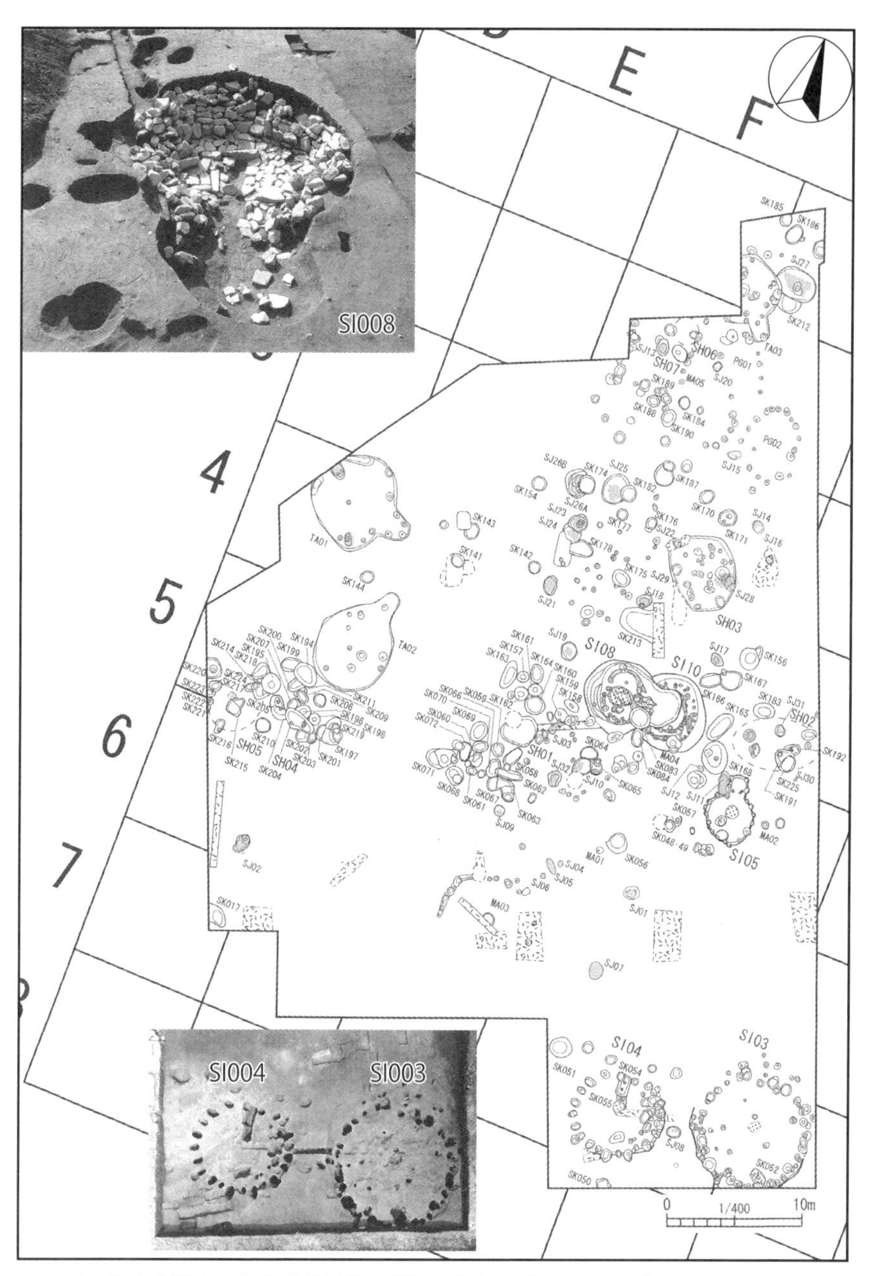

図 29-4　第 4 次調査　縄文時代遺構配置図（相川・渡辺 2009 を加工）

第 30 話　切目石錘で編布を編んでみる
——町田市 野津田上の原・八王子市 深沢遺跡

第 18 話で細密編布を取り上げた。その後日譚として切目石錘による編布(あんぎん)編み実験を行ってみた。そこで、実験を踏まえて切目石錘の用途について考えてみる。

渡辺誠氏によれば、切目石錘の用途は次のようである。縄文中期前半の阿玉台式期に、霞ヶ浦周辺の浅海河口でスズキ、クロダイなどを対象にした小規模な地引網漁が行われるようになり、その錘具として土器片錘（図 30-3）が多用された。中期後半になると、土器片錘よりも重みがあり、楕円形をした小形で扁平な 40g 内外の礫石の切目石錘に変わったという。そのぶん漁場は砂泥質の内湾からアユ、コイ、フナなどの淡水魚を主対象にした、内陸部の流れのある礫床の河川に展開するようになったというのである（渡辺誠 1973）。

ところで、この切目石錘が河川から離れた丘陵や山間部の八王子市深沢遺跡と町田市野津田上の原遺跡からまとまって出土する事例が相ついだ。このため、私は、切目石錘は本当に漁網用の錘ばかりなのだろうかと訝しく想っていた。

たまたま 2008 年 10 月に、野尻湖ナウマンゾウ博物館で編布編みのグッズを入手したことから、もしかしたら切目石錘でも編布が編めるのではないかと考えた。そこで町田市教育委員会に事情を話して、野津田上の原遺跡の切目石錘一式を借用し、編布編みのグッズによるもじり編み実験を試みたのである。

遺跡の立地と切目石錘の出土状況

八王子市深沢遺跡は関東山地麓の元八王子丘陵にあり、八王子城址の近くにある（図 30-1）。小さな谷をはさんだ北東の台地には、縄文中期末から後期堀之内式の特異な敷石遺構と集団墓地が発見された恩方町小田野遺跡【註 1】がある。深沢遺跡は、1979 年度に都道 191 号線（八王子都市計画道路 2・1・14 号線）の建設に伴い、八王子市教委の土井義夫氏が担当して事前調査がなされた。そこから 1 軒の火災に遭った後期堀之内式期の柄鏡形住居址が発掘された（土井・佐藤 1981）。

住居は 6m × 5.8m ほどの横長をした楕円形の主体部に 3m の張出部がつくやや大形の敷石住居跡であり、中央入口寄りに炉が切られている。この住居に関係するらしい遺物は多くないが、切目石錘が全部で 32 点も出土した。このうち 18 点は住居内から出土したもので、とくに炉左側の壁際床面から 12 点まとまって出土した

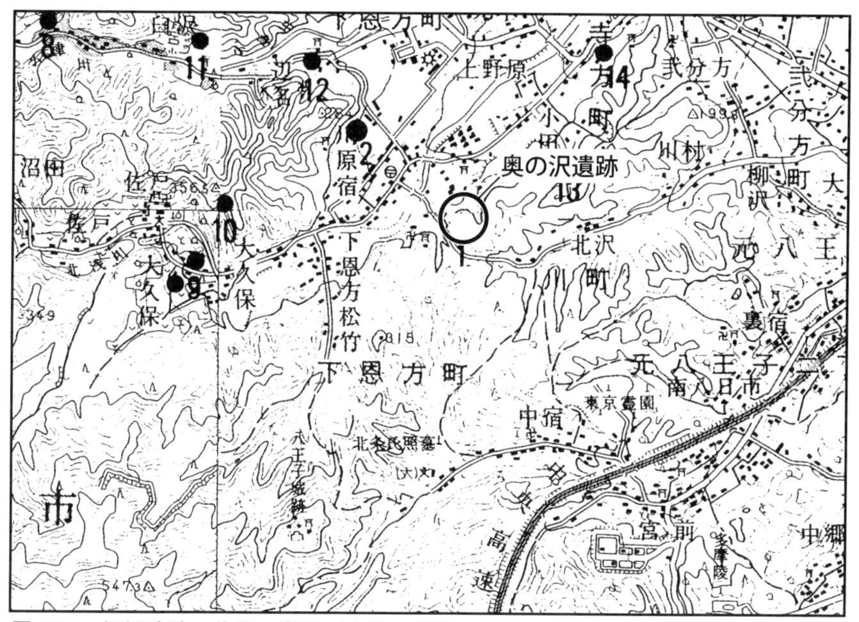

図 30-1　深沢遺跡の位置　○印（土井・佐藤 1981）

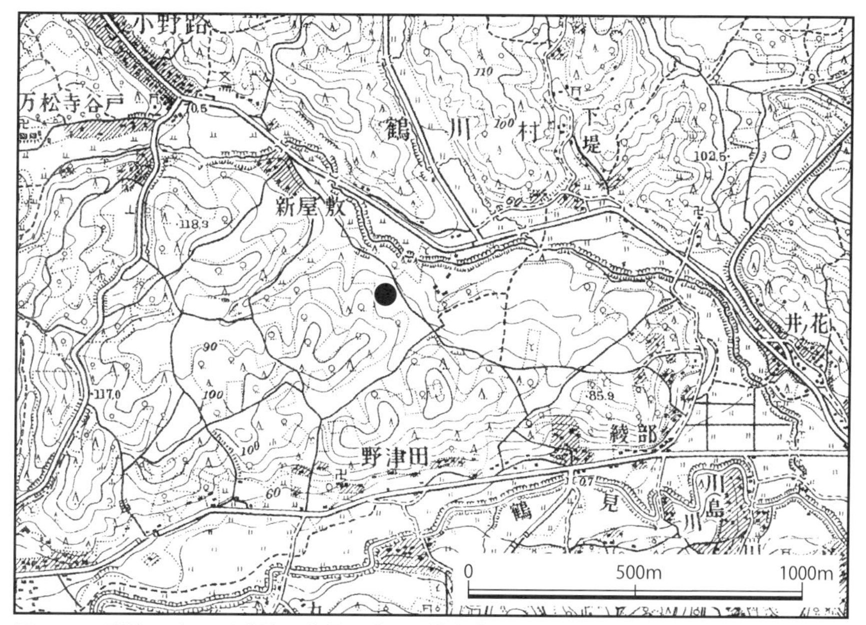

図 30-2　野津田上の原遺跡の位置　●印（「武蔵府中」1954）

ことが注目される。

民俗学では、炉の左側は主婦の作業場になるカカ座になる。すると普段はその壁側か壁上の棚に置かれていた編み機が、火事騒ぎで壁上の棚上からくずれ落ちて四散したような出方ではないか。逆に漁網用錘具とすると、屋外で使用する漁網をわざわざ手狭な家屋内に保管するというのも解せないのである。

野津田上の原遺跡は、多摩丘陵の山中にある(図30-2)。1991～95年(平成3～7)に、市営野津田公園の駐車場造成に伴い、東向きの緩斜面にあたるD地点の中央部分と北側部分が町田市教委により調査された。後藤貴之氏によれば、切目石錘はその北側部分から出土したもので、ここには100基以上からなる加曽利B式期の大規模な集団墓地と中期終末から後期中葉までの住居跡群が集中していた。切目石錘20点はそれら遺構に囲まれた空間部から出土したが、隣接する最も新しい加曽利B2式期のJ10号住居跡からも切目石錘が2点出土している（後藤1997)。おそらく切目石錘の一群はこの住居跡に関連したのだろう。

これらの切目石錘を魚網錘とすると、漁場となる候補地は、さながら北側の丘陵裾の小川（小野路川）と小野路川が南に0.8km流下して鶴見川に注ぐ合流点の辺りであろう。しかし、せまい小川での魚獲りは、たも網や簗、魞あるいは筒を設置する方が得策であろう。鶴見川まで降りていって魚網を使う漁法であれば、魚網は現地の河畔で網干ししたり、繕ったりする方が得策ではないか。

切目石錘を使ったもじり編み実験

実験に使用した「編み機」は小規模なもので、横30cmの台座に高さ24cmの両脚（アミ脚）がつき、その上にケタと呼ばれる幅17mm・長さ24cmの横木がとりつけられている。横木にはタテ糸が張られる溝が15列切られていて、溝の幅・深さとも4mmほど、溝間は14mmである。この溝の上で両端にコモヅチ（錘）の取り付けられたタテ糸にヨコ糸を絡めて交差させることで編み上がるようになる。なお、付属品のコモヅチはウツギとキブシの材で、径12㎜・長さ60mmが12個（6対分)。重さは平均3.3gであり、やや重みに欠ける。実験は、このコモヅチに代えて切目石錘で編んでみようというのである。

野津田上の原遺跡の切目石錘は20個（10対分）で、大きさ・重さが24gから64gまでばらつきがある。なるべく大きさ・重さが近似した2個を対になるようにし、重みのある2セットを両端に配置してみた（図30-4)。

次に編み糸であるが、かつて圏央道八王子地区を発掘調査したときにカラムシの自生地があって採取したことがあった。そこで美山町の現場に出向いてみたところ、既に現地は道路に変わっていたが、路肩にアカソがわずかに自生していたので採取し、この靭皮繊維をタテ糸用にした。ヨコ糸の方は、町田市教委の川口正幸氏が松野敦子さんから頂戴したというカラムシ繊維を私のアカソ繊維と半分ずつ交換し、これを充てることにした。

尾関清子氏によれば、タテ糸は、切目石錘の両端に縛りつける長さとともに、タテ編みする3倍の長さを要するという（尾関1996）。そこでタテ糸は太さ1mmの無節の左撚り（L）とし、およそ100cmの長さを10本綯った。ヨコ糸の方はタテ糸よりも太めに継ぎ足しながら綯ったところ、830cmになった。因みに重量を測ったところ、タテ糸は10.5g、ヨコ糸は21.5gで、偶然にも1：2の関係になった。

切目石錘は長楕円形あるいは紡錘形をしていて、その長軸に切目が刻まれているから、タテ糸もその切目に食い込ませて括るようにし、糸の先端を二股状にして上になる切目のところで縛った。また、タテ糸は長いままでは垂れ下がって使い勝手がわるいので、何周か巻きつけてはな結びにし、これを短くなったら解きながら使用した【註2】。

編み方の実践

横木の手前側に仮止めした中心がくるようにタテ糸（アカソ繊維）10条をケタの刻みにかけて垂らし、房の向こう側にヨコ糸（カラムシ繊維）を配置する。次に手前のタテ糸を左手で向こう側に、向こう側のタテ糸を右手で手前側に持ってくることを繰り返すことでヨコ糸にタテ糸を絡ませる。ヨコ糸の両端はタテ糸の外側1cmほどで折り返したところ、横幅の長さは155mmほどになった。コモヅチにあたる石錘を見下ろしながら根元近くをつまむように持ち上げると、ヨコ糸を押さえる手ごろな重さとなって操作しやすいし、石錘のふれあう音色が心地よい。こうして編みを繰り返すにつれて、編まれたヨコ糸列が手前側に垂れ下がってくる仕掛けになっている（図30-5）。こうして幅・長さとも155mmほどの正方形の編み物が仕上がった（図30-6）。

切目石錘で何を編んだか

切目石錘を錘具としたもじり編み実験で編布を編むことができた。すると切目石

図 30-3　土器片錘（北区七社神社裏貝塚　提供 北区飛鳥山博物館）

錘を使用した編みものとはどのような種類が該当するのであろうか。渡辺誠氏は、民俗資料からみればアンギン編み機はむしろきわめて少数例であり、同一原理の編み機としてはカゴ・コモ・スダ編み機等の方が多いという（渡辺 1981・85）。それらの製品のタテ糸の間隔を基準に、次の 4 群に分けている。

第 1 群　タテ糸間隔が 1cm 前後のもので、編布（アンギン）・ハバキ等。

第 2 群　タテ糸間隔が数 cm 前後のもので、カゴ類（腰カゴ・背負いカゴ）・紙漉き・コモ（スノコ・アイヌの花ゴザ）等。ガマやワラ製品が多い。

第 3 群　タテ糸間隔が 10cm 以上に広がるムシロ・コモ・タワラ（米俵・炭俵）等。材質にはワラやカヤ・竹・クバ等を使用する。

第 4 群　タテ糸間隔が 15 ～ 30cm にもなる雪囲いズやエリズ等。カヤや竹を材料とする。

民俗資料による編み物と錘具の重量の関係が示されている（図 30-7）。渡辺氏は、第 1 群に代表される目の細かいアンギン編み等は民具の多くと同様に木製錘が使用されたことが予想されるとし、50g 以下の土器片錘、切目石錘。有溝石錘などを漁網錘具に、これよりも重い石錘を編み物錘具に分けたのであった。

しかし、谷中隆氏が詳しく整理した栃木県寺野東遺跡の石錘の数量と重量の関係をみると、石錘は 20g を最多として、重さを増すにつれて数量が減少する（図 30-8）（谷中 1997）。果たして漁網錘ともじり編錘は 50g を境に画然と区別されるの

図 30-4　野津田上の原遺跡出土の切目石錘

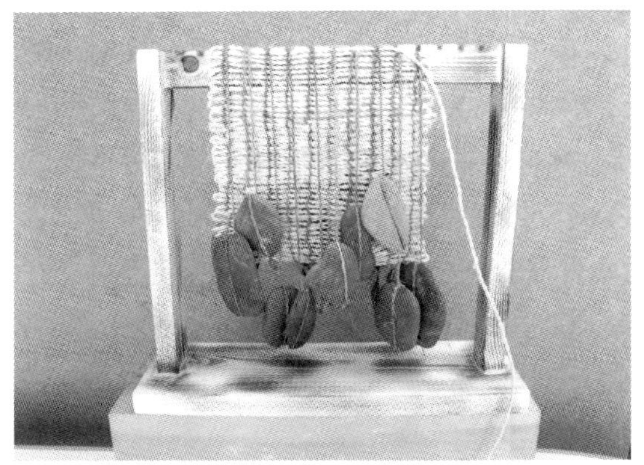
図 30-5　編みあがった状態

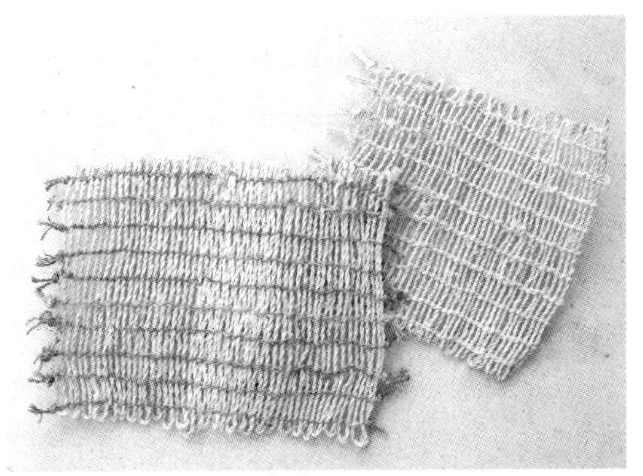
図 30-6　編みあがった編布

であろうか。野津田上の原遺跡の切目石錘は 24 ～ 64g である。

状況から判断して、野津田上の原遺跡と深沢遺跡の切目石錘はもじり編み用の錘具であった可能性を考えたいが、それではこうした切目石錘は何れも編み物の錘具といえるかとなると難しい。多摩川の河岸段丘上に立地する昭島市龍津寺東遺跡(和田 2014）や平井川河畔のあきる野市中高瀬遺跡（及川 2007）からも切目石錘・小形礫石錘が数多く出土している。一方で、多摩川の氾濫原の微高地上に立地する日野市南広間地遺跡では、漁網用の錘具とされる大小様々の礫石錘が多数出土しているものの、切目石錘の方は 1 点もない【註 3】。

これら切目石錘・小形礫石錘は遺跡の立地環境から魚網錘とするのが穏当であろうけれども、一部はもじり編み用の錘具であった可能性もすてきれない。主に男性が従事する漁法には漁網の外にもいくつかあるが、女性が日常的に衣を編んだりする作業の方にも重きを置くべきと思えるからである。

【註 1】 小田野遺跡については第 29 話参照。
【註 2】 私のはな結びの記録を見た名久井文明氏が、木製の錘具（コモヅチ）とおなじように切目石錘でもタテ糸を溜めておいてひと巻きずつ解ける結び方があると教示、実践してみせてくれた。
【註 3】 南広間地遺跡については第 19 話を参照。

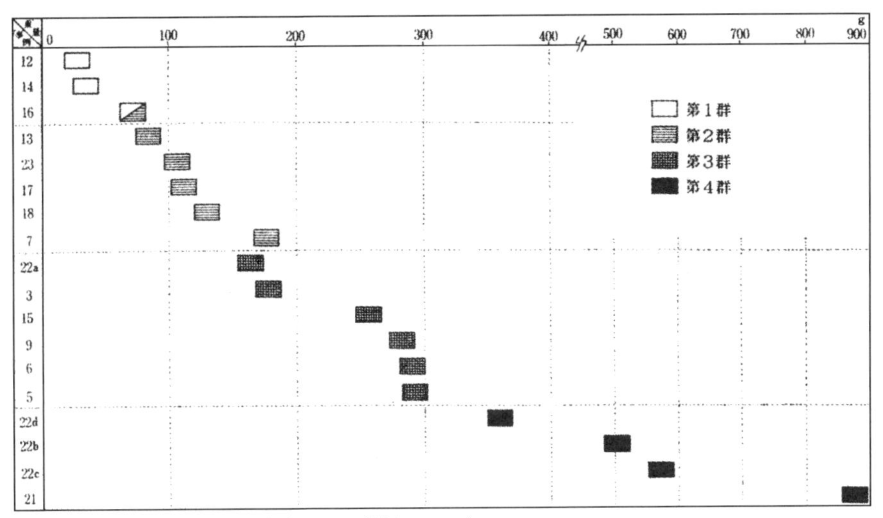

図 30-7　錘石の重量と対象製品群（渡辺 1981）

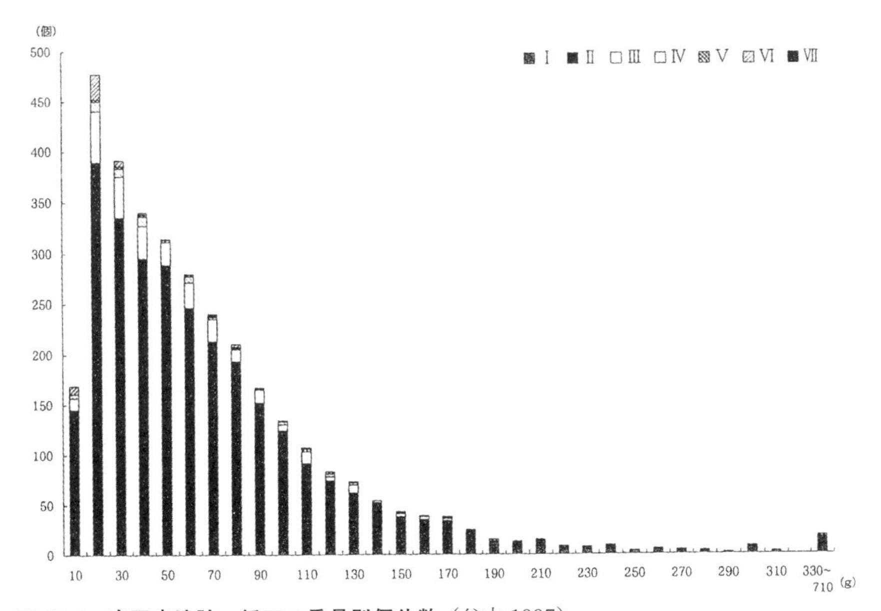

図 30-8　寺野東遺跡　錘石の重量別個体数（谷中 1997）

第31話　縄文土器はなぜ変化するのか
——町田市 鶴川M遺跡・稲城市 平尾9遺跡

縄文後期中葉・加曽利B式土器は、大正末期に調査された千葉市加曽利貝塚B地点の土器を標式として、山内清男氏により認定された。その後、加曽利B式の古い部分（B1式）・中位の古さ（B2式）・新しい部分（B3式）に三分された（山内1939）。この土器の仲間は、北は東北・北海道から西は関西方面まで広域に分布するが、早く調査されて資料が充実していた利根川下流域、霞が浦周辺の貝塚地帯が本拠地であり、そこから全国に波及したと考えられてきた。

筆者の加曽利B式土器との関わりは、学生時代の1965年春に、町田市鶴川M遺跡で竪穴住居内から一対の異型台付土器を発掘したことにはじまる（大場・永峯1968）。1967年秋には、稲城市平尾9遺跡で出入口のある方形竪穴住居跡としては初の事例を発掘した（安孫子1970）。何れも加曽利B2式が主体の遺跡であるが、たまたまこの二つの遺跡の報告書を私が同時並行の形で担当することになった。いざ資料整理に着手したところ、文様も器種も標式とされた東関東の加曽利B式土器とかなり異なっているので面食らった。この土器様相の違いはいったい何に由来するのだろうか。両遺跡の資料を見比べる中から、西関東の加曽利B様式では「三単位突起深鉢」が編年の指標となる型（タイプ）であることに行き着いた。そしてこの型の器形、突起形態、文様や施文手法を手掛かりに、土器組成の変遷を見通す素案を提示した（安孫子1971）。

その後、埼玉県寿能遺跡で良好な一括資料を輩出したことから、三単位突起深鉢の組列の仔細な変遷を示せるようになった（安孫子1988）。その意味で鶴川M・平尾9遺跡は、加曽利B式土器観を鍛えてくれた遺跡として忘れられない。

町田市鶴川M遺跡

昭和30年代の終わり頃、小田急線鶴川駅の北側の町田市真光寺・大蔵・広袴・能ヶ谷の四町にまたがる35万坪（116ha）の丘陵地帯に、日本住宅公団（現UR都市機構）鶴川団地の建設構想がなされた。この情報を得た玉川学園大学の浅川利一氏が現地踏査し､遺跡包蔵地を16ヵ所確認した。中でも縄文中期のJ地点と縄文後・晩期のM地点が有望な遺跡と目された（図31-1）。当時はまだ行政にも施行者側にも、文化財保護の趣旨が浸透していなかったから、関係者の努力により公団からわ

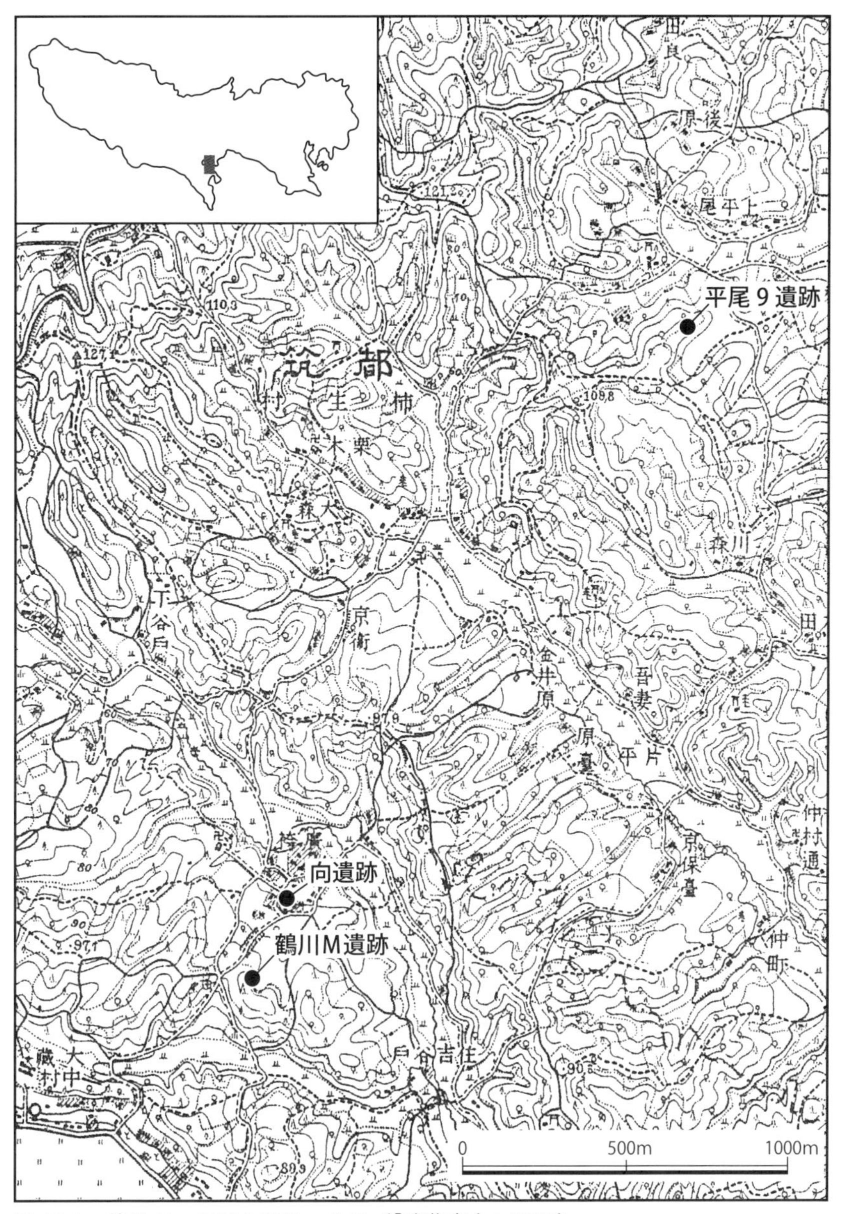

図 31-1　鶴川 M・平尾 9 遺跡の位置（「武蔵府中」1929）

ずかの資金を調達してもらい、1964年（昭和39）8月から翌年3月までの9ヵ月間、広域な範囲を國學院大學の大場磐雄氏を調査団長として、國學院大、立正大、日大などの研究室による緊急調査を行った【註1】。

造成される丘陵地の中央には東から谷戸が奥深く入り込んでいて、北側と南側の支丘陵を二分していた。M地点はその北丘陵の中ほどの、幅60m、奥行100mほどの北向き緩斜面であった。いま地図を見直すと、私たちは白州次郎・正子さん宅（武相荘）の前の路を分け行って現場に通ったようだ。3月も末近く、私たちは、はかばかしい成果が得られないまま連日の発掘作業に疲れきっていた。明後日からの野尻湖の発掘を控えていたから、今日で調査を切り上げようと話していた。それを訊きつけた浅川氏が、この遺跡からはきっといいものが出るはずだからどうか明日も掘ってほしいと諭され、しぶしぶ継続する破目になった。

翌日の昼ちかく、もうここしか掘るところがないと設定した東斜面にさしかかるトレンチから、加曽利B式土器の出土が目立つようになり、竪穴住居跡の兆候がみえはじめた。この日に住居跡を掘りあげて記録し、埋め戻さなければならないので、住居内の覆土をスコップで放り投げ、遺物を拾う粗っぽい発掘になってしまった。さすがに床面近くは移植ゴテで剥いでいたら、床面の北壁際に異型土器1が、西壁際に異型土器2が横たわっていた（図31-3）。壁高のある一辺6mの竪穴住居跡であるが東半分は斜面からズリ落ち損壊していたから、異型土器セットはまさに窮余の発見になったのである【註2】。

稲城市平尾9遺跡

東京都住宅供給公社の平尾台団地の造成に伴い、1967年（昭和42）10月から翌年8月にかけて、多摩ニュータウン遺跡調査の別働隊として調査した。平尾地区は稲城町（当時）の南端で、鶴見川の水系になる。川崎市柿生・鶴川にかけては4本の河川が並走して南東に流下し、小田急線鶴川駅の東方1kmで合流し、やがて鶴見川の本流をなす。遺跡は4河川が開析した3条の小支丘のうちの北側小支丘で、北東に面する緩やかな谷頭斜面にある。谷の開口部を横断する鶴川街道から1.5km奥まった多摩丘陵の中央部で、当時は交通不便な地であった（図31-1）。

№.9遺跡は、縄文前期初頭、中期初頭、中期終末、後期初頭、後期中葉それに奈良時代が複合する遺跡であった。とくに当時は珍しかった加曽利B2・B3式期の住居跡が4軒検出された。その6号住居跡は方形竪穴を構築する際にロームを掘り残

図 31-2　平尾 9 遺跡の住居跡と出土した土偶

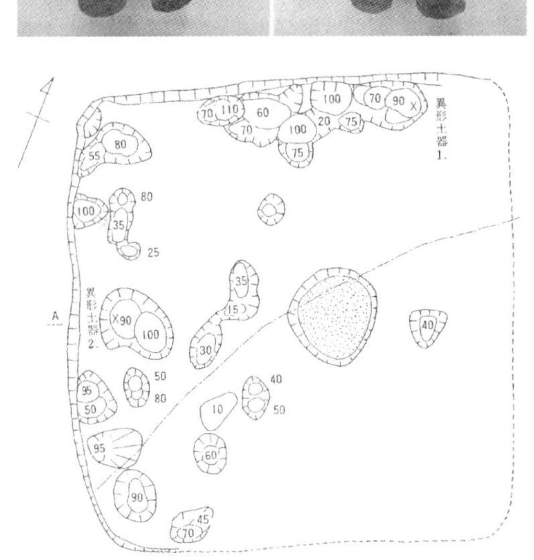

図 31-3　鶴川 M 遺跡の住居跡と出土した異形台付土器

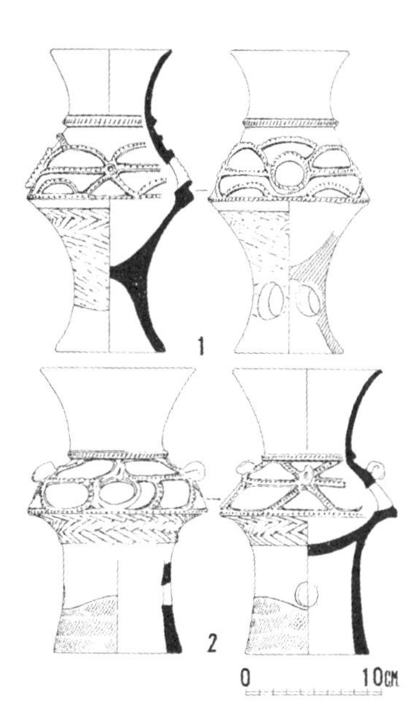

して入口施設とした特異な形態であったから、『考古学ジャーナル誌』に投稿した（安孫子 1970）【註 3】。また、関東地方では中期から後期加曽利 B1 式期までの竪穴住居形態は円形プランが基本であるが、この B2 式期に方形プランに変わり古代まで引き継がれる見通しを得た。

なお、この住居床面から二つに折られた山形土偶が 1.5m 離れて出土した（図 31-2 ）。上半身が焼土中から出土したところをみると、何らか祭祀か呪術行為に関わる出方のようだ。

加曽利 B 式土器の編年の模索

平尾 9 遺跡の加曽利 B 式土器は B1 式から B3 式までであるが、B2 式の頃になるといろんな器種が出現してきて、器形も文様もバラエティーに富んでくる。しかし破片資料が大半なのでなかなか全体形がつかめず、大いに悩まされながらひと通り整理した頃に、急遽、学生の時に調査した鶴川 M 遺跡の報告書作成業務が入ってきた。鶴川 M 遺跡第 3 号住居跡からは、平尾 9 遺跡に匹敵するかなりの量の加曽利 B 式土器が出土した。これを整理したところ、双方遺跡で共通する「三単位突起深鉢」の存在が次第に明らかになって、西関東ではこの系統が土器組成の柱になっている見通しを得た。

土器組成には三単位突起をもつ精製深鉢をはじめ紐線文系の粗製深鉢、鉢、浅鉢、皿、注口土器、異型土器、釣手付土器などの器種がある。時間の経過とともに突起の形態、器形、文様、施文の仕方が推移するか衰微したり、新たな要素が勃興してきたりする。加曽利 B1 式の土器組成は西関東・東関東が共通するが、B2 式になるとなぜか対比できなくなる。『日本先史土器図譜』（山内 1939・新版 1967）の中位の古さ（B2 式）の資料集には、斜条線文の大きな五波状口縁深鉢等が数多く掲載されているが、古い部分（B1 式）に特徴的だった三単位突起深鉢の系統がない。山内氏は中位になると性質が変わって来るというが、何がどうしてどのように変わったのかの説明がない。

山内教科書に説明がなければ、自分なりに何とか分析して報告しなければならない。こうして縄文土器の分析を通して、縄文土器に籠められた縄文人の信条というか思考に対する見方を鍛えられた。

三単位突起深鉢とは

平尾9遺跡を報告したとき、「三単位突起深鉢」の実測図の持ちあわせは、図31-4の1・3・6・10・11だけであった。その後、新たに資料が加わったから、1から13の変遷を提示することができた（安孫子1988）。堀之内式の資料も図示した1しか持ちあわせがなかったからこれを祖源としたが、いまではさらに先行する資料がいくつか認められる。

それはともかく、西関東集団は、堀之内式後半に出現した「三単位突起深鉢」をいくどとなくモデルチェンジしながら、およそ300年にもわたり使いつづけたのである。1つの型（タイプ）が長らえた背景には、西関東集団のこの型への愛着もさることながら、縄文社会が平穏に維持されたことを物語っている。

土器の推移の仕方を概観してみよう（図31-4）。当初は、植木鉢のような深鉢に小さな突起が付いていた（1）。やがて突起の高まりとともに口縁側が膨らむようになり（2・3）、さらにそれが嵩じたから口縁側が内折するようになり、必然的に胴部でくびれる深鉢に変身する（4）。3の限界まで高まった突起は横倒しになった形に変わり（4・5）、そこから改めて隆起してくる（6・7）。そしてもっとも立体的に発達し（8・9）、これ以上発達しようになくなったとき今度は平板化に転じ（10）、さらに衰微して痕跡となり【註4】（11）、ついには平口縁深鉢と化してしまう（12）。精製深鉢の座から落ちればたいていその段階で消滅するのだが、この型はその後も高井東式の平口縁深鉢としてしぶとく生きつづける。このとき新たな五波状口縁の精製深鉢が出現し、高井東様式に交代する【註5】。

文様は、丁寧な施文からしだいに手抜きされる傾向がうかがえる。「の」字状に描かれて複雑だった縄文帯（2）が、徐々に簡素化して川の字状になり（3・4）、さらに「い」状（5〜8）になり、そして長くつづいた磨消し縄文のモチーフ（1→8）が体部を被う羽状沈線文に変わる（9〜13）。

突起と文様を中心にみてきたが、この変遷過程を東関東の加曽利B式に対比しようとしても東関東では4（第Ⅳa段階）で姿を消してしまい、対比できなくなる。そこで器形が変わってくる4から8（第Ⅵb段階）までをB2式、文様が変わってくる9（第Ⅶa段階）から11（第Ⅷ段階）までを、便宜的にB3式に対比したのであった。

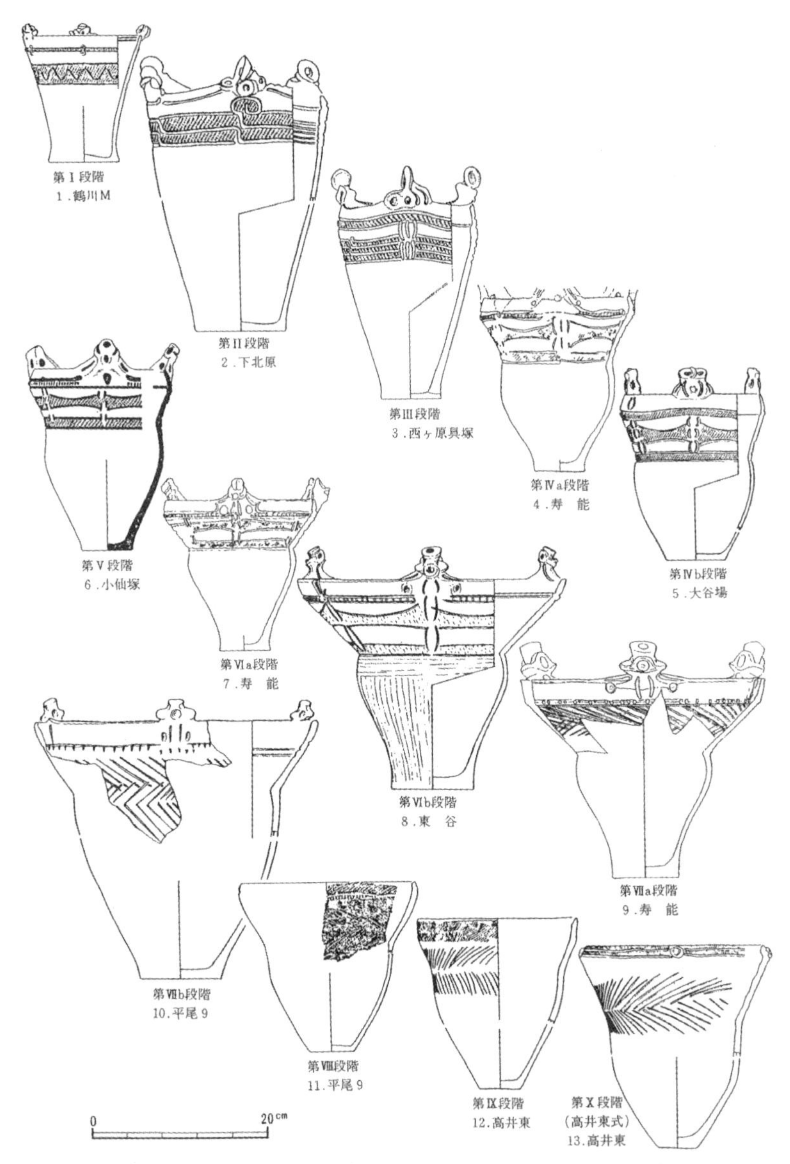

図 31-4　三単位突起深鉢の変遷（安孫子 1988）

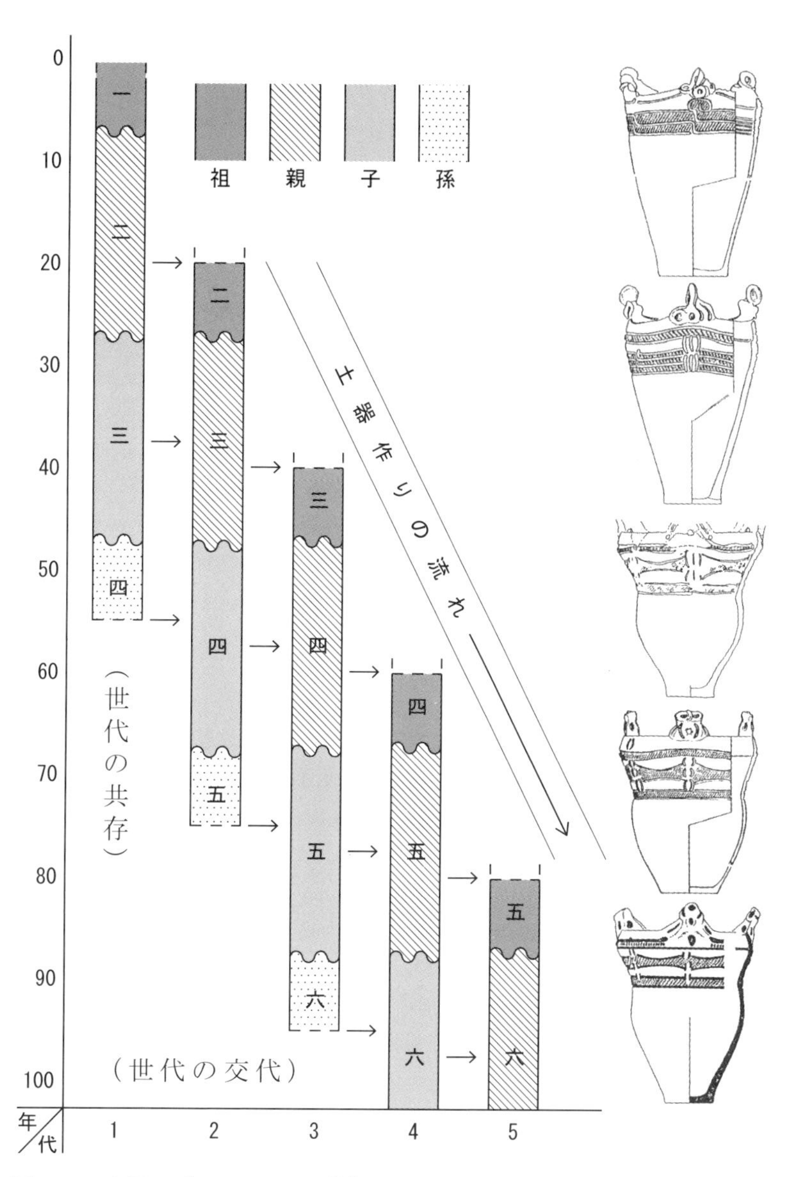

図 31-5　土器モデルチェンジの仕組み

土器はなぜ変化するのか

この土器が1（第Ⅰ段階）から13（第Ⅹ段階）に変化していった要因を推察してみよう（図31-5）。集団内や集落・家には祖父母、親、子、孫の4世代が同じ情報を共有しながら同居している。土器作りも親から子、孫へと伝承されて行くが、同じ情報であっても世代間では受け止めかたも感性も微妙にちがってこよう。そうした違いが年ごとに製作する土器の器形、突起形態、文様帯、施文といった属性に変化をもたらし、ゆったりとした時間の流れの中で徐々に形態が変化していったのであろう【註6】。この代々受け継がれた土器の型を、家康から慶喜まで15代つづいた徳川将軍の家系になぞらえてみるのも一興であろう。

そもそもなぜ機能的にはかえって邪魔になる突起が施され、文様に工夫が凝らされたのだろうか。おそらく西関東集団が見映えのする優れた精製深鉢を誇りとして、晴れの日や冠婚葬祭には集団の構成員がこぞってこの三単位突起の器で煮炊きし、共食したことであろう。そうであればこの土器は集団構成員の結束を確認しあうアイテムでもあった。それは東関東集団も同様であって、三単位突起深鉢を廃するに当っては、別の精製深鉢を用意する必要があったはずである。

それでは東関東ではなぜB2式の初め頃にこの系統が途絶するのだろうか。その一因として、東関東集団と西関東集団の領域は伝統的に古東京川（現江戸川）を境として対峙しており、それぞれ固有の精製深鉢を育んできたことに由来しよう。この三単位突起深鉢は、本来、西関東集団側が生成した精製深鉢であった。堀之内2式から加曽利B1式期にかけて東関東集団もこれに便乗したが、B2式期にようやく新たな精製深鉢に切り替えたということである。

このことは、中期後半・加曽利E2式期に、図らずも東関東集団と同じ形態の加曽利E2式になってしまった西関東集団が、集団としてのアイデンティティーを保持するために、敢えて自らの加曽利E2式を捨てて連弧文土器に転換した現象（安孫子2011）の裏返しでもある。

三単位突起深鉢の推移がとぎれない範囲は、埼玉・東京・神奈川の西関東から群馬・長野・山梨・静岡をとりまく中部日本の一帯である。この分布は中期・勝坂式土器の領域にほぼ重なるから、地域集団の地盤とネットワーク、そのDNAは中期から後期にそのまま引き継がれたのである。

周辺遺跡の動向

鶴川M遺跡から平尾9遺跡の間は直線距離で北東に2.4kmであるが、その後、鶴川第二団地の造成に伴いM遺跡の北方300mに真光寺地区の向遺跡が発見され、加曾利B1式期の集落が調査された（横尾1991）。さらに西方2.3kmに町田市野津田公園の造成に伴う野津田上の原遺跡の調査で、加曽利B1・B2式期の住居跡と集団墓地がみつかった【註7】（後藤1997）。その東側500mの綾部原遺跡からも加曽利B1式が出土している。

何れの遺跡も見つかったのは公共事業に関わる調査が行われたからであって、界隈には、民間開発で知られないまま破壊された遺跡もあるのではないか。因みに、三沢川より以西で悉皆的に調査された多摩ニュータウン地域側では、この時期の遺跡分布が希薄である。これら加曽利B式期の遺跡は三沢川よりも東側の丘陵地帯に分布して、港北ニュータウン地域に通じる鶴見川水系に属している。後期の遺跡は地域的に分布がかたよっているのである。

【註1】　大学研究室の調査は、夏季と年度末にややまとまった調査期間が確保できても通年の調査と整理は望めない。鶴川J遺跡も全掘すれば環状集落になった可能性があるが、地権者の理解が得られず、片側だけの調査で打ち切られ破壊された。後に奈文研から文化財保護委員会（現文化庁）に異動された坪井清足氏は、鶴川遺跡群の教訓を踏まえて、多摩ニュータウンの大規模開発に対応するための恒常的な調査体制として多摩ニュータウン遺跡調査会を組織し、これが東日本での原因者負担による埋蔵文化財緊急発掘調査制度のさきがけとなった。その後、日本経済の高度成長とともに行政発掘調査が全国的に浸透し、隆盛になってゆく。

【註2】　異型土器セットは東京都有形文化財（考古資料）に指定され、しばしば図録にも登場する優品である。

【註3】　この類の住居跡はその後、千葉県市原市西広貝塚等からつぎつぎに検出されるようになった。

【註4】　この破片には突起部分が欠損するが、なすな原遺跡に突起部の破片資料があるので第Ⅷ段階とした。

【註5】　五波状口縁の精製深鉢は東北地方の瘤付土器を借用した形で登場し、次の段階には独自性を示すように、四波状口縁に変わってしまう。

【註6】　縄文土器が時間的に変化することの背景については、小林達雄氏（1975）の見解がわかりやすい。

【註7】　野津田上の原遺跡については、第30話参照。

第32話　東京のストーンサークル――町田市 田端遺跡

縄文人は、年間の日の出や日の入りなどの天体観測により二至二分を認知し、往々にして観測する特別の場所に記念物を構築していた（小林達 2002）。記念物となる環状列石や巨木柱列が設営されたような場所からは、春分・秋分・夏至・冬至に神名備型をした山の山頂付近に日の出や日の入りが観測できることがある【註1】。町田市小山町にある「田端環状積石遺構」もそのような記念物の一つである。

積石遺構の概要

遺跡の発見は1968年（昭和43）にさかのぼる。「畑の土中に石が埋まっている」という耕作者の通報を受けて、当時、町田市文化財専門委員で玉川学園考古学研究会を指導していた浅川利一氏が中心になり、3月から5月にかけて170㎡を発掘した。積石遺構の存在が明らかになるとともに、周囲およびその下から、縄文後期前葉（約3800～3500年前）の加曽利B1～B2式土器が副葬された土壙墓や周石墓の存在も確認された。ことの重大さを察知した浅川氏は、遺跡の保存を優先するために発見された状態で記録するに止め、積石の内部や下は調査しなかった。町田市は直ちに周囲280㎡を買い上げてフェンスで囲い保存整備し、都教育委員会は1971年3月に東京都史跡に指定した。

『田端遺跡調査概報』（浅川・戸田 1969）によれば、環状積石遺構は東西に長径9m、南北に短径7mの楕円形をなしており、幅1～1.5mに大小の石塊や礫を集め、帯状に積み上げてサークルを形成しているという（図32-1）。

出土した土器から、積石遺構は後期中葉（約3500年前）に構築されて、晩期中葉（約2700年前）まで機能したものという。浅川氏はこの特殊な積石遺構の性格をさぐるために、台地にいくつか試掘坑を入れてみたが、中期の集落が広がっているものの、積石遺構に関係する後・晩期の集落は検出されなかった。

その後の情勢

その後、多摩ニュータウンの開発にしたがい積石遺構の東側に都道2・1・5号線（多摩ニュータウン通り）が建設されることになり、1987～88年（昭和62～63）に田端東遺跡として町田市教委の川口正幸氏が調査した（川口 2010）。このときも

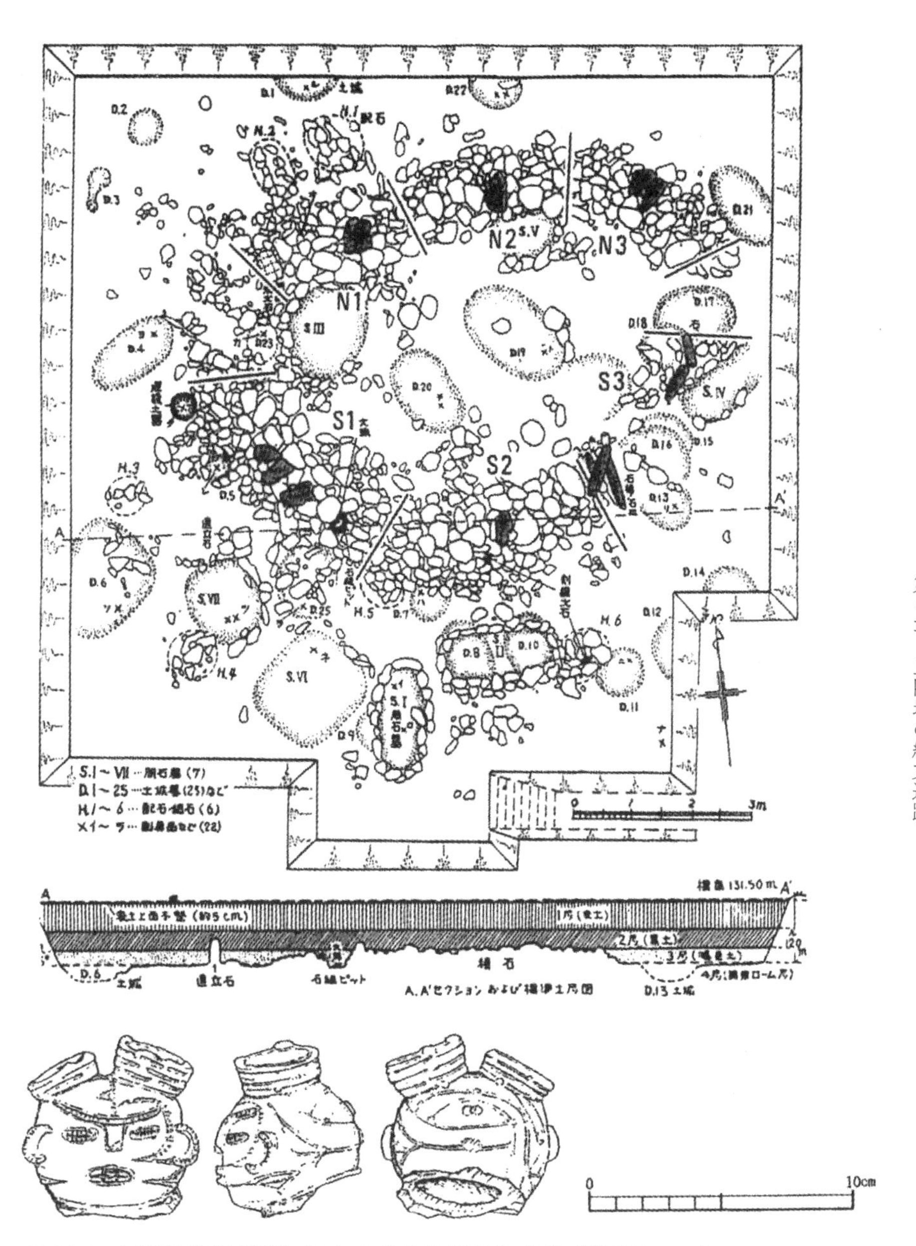

図 32-1　田端環状積石遺構（上）と出土土偶頭部（下）（安孫子 1992）

中期の住居跡群が検出されたが、積石遺構に関係する加曽利 B3 式期の住居跡がはじめて 1 軒検出された。ここから、北海道南の著保内野遺跡で出土した本邦最大の中空土偶の姉妹品のような土偶頭部が出土した（図 32-1 下）（安孫子 1992）。

積石遺構から 50m 離れた裏山が、都埋文センターが発掘調査する多摩ニュータウン境界になっている。そのすぐ裏山の№. 245 遺跡（山本 1998）からは、縄文中期から後期前葉までの集落が、奥側の№. 248 遺跡（及川 2000）からは同じ時期の大規模な粘土採掘坑が検出された【註 2】。しかし、ここでも積石遺構に関係する集落は見つからなかった。

2000 年度になって、町田市教委は露出展示などにより環状積石遺構が次第に劣化してきたとして、積石遺構の保護・保存を含む史跡整備事業に伴う周囲域の詳細分布調査を行った。この調査成果を要約すると、①加曽利 B1 式期の土壙墓群が積石遺構の斜面下方 15m まで確認された。②積石遺構の西 13m に、北西の斜面上方の湧水地から続く流路らしい大規模な溝が確認された。③積石遺構範囲の堆積土層は縄文中期以前の包含層が欠如しており、平安時代の新期富士降下火砕層が 15 〜 30cm ほどの厚さで積石遺構を被っている。

以上のことから、④積石遺構の構築時または前時代の墓壙形成時に、土地が人為的に改変された可能性が考慮される。⑤積石遺構からは南方の眺望が優れており、丹沢山地の蛭ヶ岳頂部に冬至の夕陽が沈む様子が確認できる。季節の節目に太陽の運行が観測できる東日本の各遺跡が報告されていることから、本遺跡もその一例に含まれ、積石遺構もしくは墓域の選地と関係があるのかもしれない、とむすんでいる（貴志 2003）。

何故この場所なのか

どうしてここに環状積石遺構が設営されたのかは長らく不明であった。発掘から 30 年を経て、ようやくその謎が風水研究家で町田市教委に勤務する松本司氏により解読された。氏は「冬至の日、田端のストーンサークルから蛭ケ岳の真上に太陽が沈むのがみえるのではないか……」と直感したという。松本氏によれば、「蛭」は本来は「昼」、つまり光と太陽を意味する言葉ではないかという。蛭ヶ岳（標高 1,673m）の頂上には大日如来が祀られている。その蛭ヶ岳のピークに太陽が落ち、やがて背後に太陽が回ったとき、「後光がさす」言葉の本当の意味がわかったような気がしたという（松本 1999）。遺跡から S58° W、正面に屹立する丹沢山地の最

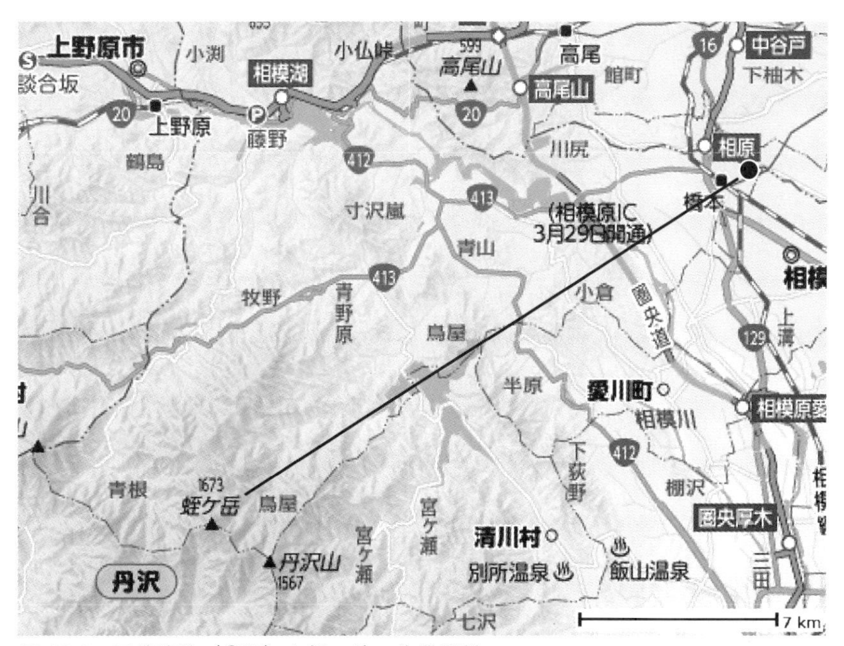

図 32-2　田端遺跡（●印）と蛭ヶ岳の位置関係

図 32-3　田端遺跡からの冬至の日没観測（提供 中嶋幸宏氏）

高峰に沈む冬至の太陽を、私も固唾をのんで見守ったことであった（図 32-3）。

環状積石遺構の性格

それではなぜこの場所にこの遺構が設営されたのか、またそれはどういう性格をもつものであろうか。筆者は、この環状積石遺構の形態が中期の環状集落の構成に共通することに、一縷のむすびつきを考えてみたい。中期に繁栄した典型的な環状集落は、環状とはいうものの中央の広場をはさんで向かい合う 2 大群の住居群で構成されており、それぞれ大群は 3 単位の住居からなる【註 3】（安孫子 1997）。この積石遺構も北・南の 2 群に分かれており、それぞれ立石を中心にした 3 単位の積石群で構成されている（図 32-1）。

南西関東では、環状集落の規模が中期後葉から終末にしだいに縮小し、やがて敷石住居に変わる頃には解体する。しかし、環状集落を構成した血縁的地縁集団の紐帯が途切れたのではなかったらしいことが、環状積石遺構の構成に反映されていると思われる。南西地域の一帯に分散した後裔たちが、後期前葉加曽利 B1 式期にこの場所に集団の共同墓地を設営したのではないか。その分散した後裔たちの姿を追求し実証することが、まさにこれからの課題である。

彼らは、冬至を境に弱まった太陽光線がふたたび甦ってくることを祈念し、観測できるこの場所に集団の聖地たる共同墓地を定め、毎年冬至の日に集い蛭ヶ岳に沈む夕日を拝みながら、先祖の加護により集団の安寧と繁栄を祈願する祖霊祭を執り行ったのだろう。だから、この場所が意識されたのは集団墓地が造営された加曽利 B1 式期になる。そのとき共同墓地となるべく平場を造成するために、斜面上方側に在った中期住居跡も合わせて削土し、斜面下側に盛土したのではないか。

「田端環状積石遺構」の構築とは、その平穏だった集団墓地の上に、親縁集団が総力を結集してモニュメントを築かなければならない新たな事態が生じたことによる。このためにかなり遠隔地の著保内野型土偶が勧請されたのではないか、と考えたことがある（安孫子 1992）。

田端遺跡は、京王相模原線多摩境駅から南西 300m、徒歩 5 分の至近にある。町田市は 2002 年度に、露出展示されてきた積石遺構を原位置で嵩上げした複製展示に切り替え、周囲を整備した。この場所で縄文の人たちが仰いだ蛭ヶ岳に落ちる冬至の夕陽を、これからも未来永劫変わらずに観測できるよう、周囲の景観が維持されることを願いたい。

【註 1】 信仰の対象となる山体の容姿には、高く険しい「浅間型」と比較的低く稜線の美しい「神奈備型」がある。
【註 2】 No.245・No.248 遺跡については、第 27 話参照。
【註 3】この場合は、No.446 遺跡の集落構造を念頭に置いた。第 24 話参照。

第 33 話　晩期の拠点的大集落——町田市 なすな原遺跡

JR 横浜線に東急田園都市線が交差する長津田駅の西方に、東西 630m、南北 140m、総面積 8.5ha の規模を誇る東京急行電鉄の車両基地（長津田検査区）が広がっている。車両基地の建設は、東急電鉄沿線の宅地開発に伴う乗車人口増を見越して、それまでの長津田車両工場を拡充するために計画された。この範囲には恩田川に向かう 2 本の支谷が入っていて、標高 45m から 52m の台地が三区分されていた。また、この地域は東京都と神奈川県の都県境になっていて、西側と中央の台地は町田市成瀬、東側の台地は横浜市緑区長津田に地番が分かれている（図 33-1）。

車両基地の建設に先立ってなすな原遺跡調査会が組織され、西側台地をなすな原№ 1 遺跡、中央台地を№ 2 遺跡、東側台地を№ 3 遺跡として表面採集調査が行われた。その成果を踏まえて、1976 年（昭和 51）から 1980 年（同 55）にかけて 2ha におよぶ本発掘調査が行われ、旧石器時代の終末期から縄文時代各期、弥生時代中期、それに古代の集落などが姿をあらわした。予想に違わぬ多大な成果といえる。

中でも特筆されるのが、昭和のはじめに八幡一郎氏により「ナスナ原遺跡」と報告された№ 1 遺跡の存在である【註 1】（八幡 1932）。ここでは主にその№ 1 遺跡（なすな原遺跡）における縄文晩期集落の性格と地形景観について考えてみたい。

検出された遺構と遺物

発掘調査は工事の関係から長津田駅に近い№ 3 遺跡から取り掛かったため、車両基地奥側の№ 1 遺跡は調査が遅れて、1978 年（昭和 53）から 80 年に実施された。№ 1 遺跡の地形は台地が北側に張り出した格好で、台地の西縁を小川が北側に流下して恩田川に合流する。台地の先端付近には東京電力の送電鉄塔が建っており、現在も周囲に土器片が散布するので、遺跡も残存している模様である（図 33-1）。

調査は南側の台地の裾から北側の張り出し部にかけて行われ、なすな原遺跡を代表する縄文後期前葉から晩期中葉にかけてのおびただしい遺構が検出され、大量かつ多様な遺物が出土した。後期堀之内式期から曽谷式期までの住居址が51軒と敷石住居址、環礫方形配石遺構など、後期後半以降晩期中葉までの竪穴住居址が15軒、それに後期から晩期の楕円形墓壙126基が北境の中央付近にまとまっていた（図33-2）【註2】。これら墓壙からは、遺骸に副葬された多くの小形の鉢・台付鉢・注口土器、石鏃、石皿、石斧、石棒などが出土した。

晩期の遺物もきわめて多彩なものがある。地元の安行3式土器にまじって東関東の前浦式、東北の亀ヶ岡式、中部の雷式・佐野式、北陸の御経塚式・中屋式、東海から中部の清水天王山式、東海西部の元刈谷式、近畿の滋賀里式・橿原式といった、かなり遠隔の地からもたらされた土器の出土もあり、さながら晩期土器の見本市のような活況を呈していた（図33-3）【註3】。この背景には、この集落が周辺地域における拠点集落としての役割を担っていたことと、当時の社会が全国的なネットワークが張りめぐらされており、盛んに文物の交流があったことを彷彿とさせる。

一般的に関東南部の縄文後期後半から晩期中葉は遺跡の分布が希薄で、検出される住居跡も数軒といった小規模である。縄文中期の繁栄した環状集落には比べようもないほど貧困のように見えるが、なすな原遺跡の場合はそうした概念に当てはまらない遺構の多さと規模である。祭祀や葬送儀礼に係る墓壙群や豊富な副葬品、装身具類も際だっていて、いかにも部族社会の中核的なムラのように見える。

日没観測を試みる

遺跡の北側中央には、後期中葉加曽利B式期から晩期前葉まで営まれた集団墓地が設営されており、町田市小山町の田端遺跡の墓壙群に通じるものがある。田端遺跡からは、冬至の日に丹沢山塊の最高峰蛭ヶ岳の山頂（1,673m）に日没する夕日を観測できる。冬至の日に蛭ヶ岳に衰弱した太陽が沈み、翌日から再び蘇ってくる現象を、集団墓地に祀られた先祖の霊の蘇生に仮託したとも考えられる。

そこで通常の集落遺跡とは違った双方遺跡の共通する性格を睨んで、地図上で田端と蛭ヶ岳を結ぶラインを平行移動してみると、なすな原遺跡は丹沢山地の南端に神奈備型の姿を留める大山の山頂（1,252m）が結びつきそうである。大山は古来、大山詣に表象される霊峰であり、相模地方では富士山と並んで二至二分の対象にもなっている。寒川神社および縄文中期の大集落である寒川町岡田遺跡の位置は、真西に富士、その頂上に没する春分・秋分の日の入りと、秋分には大山への日没を拝するビューポイントにある（小林達2010）。

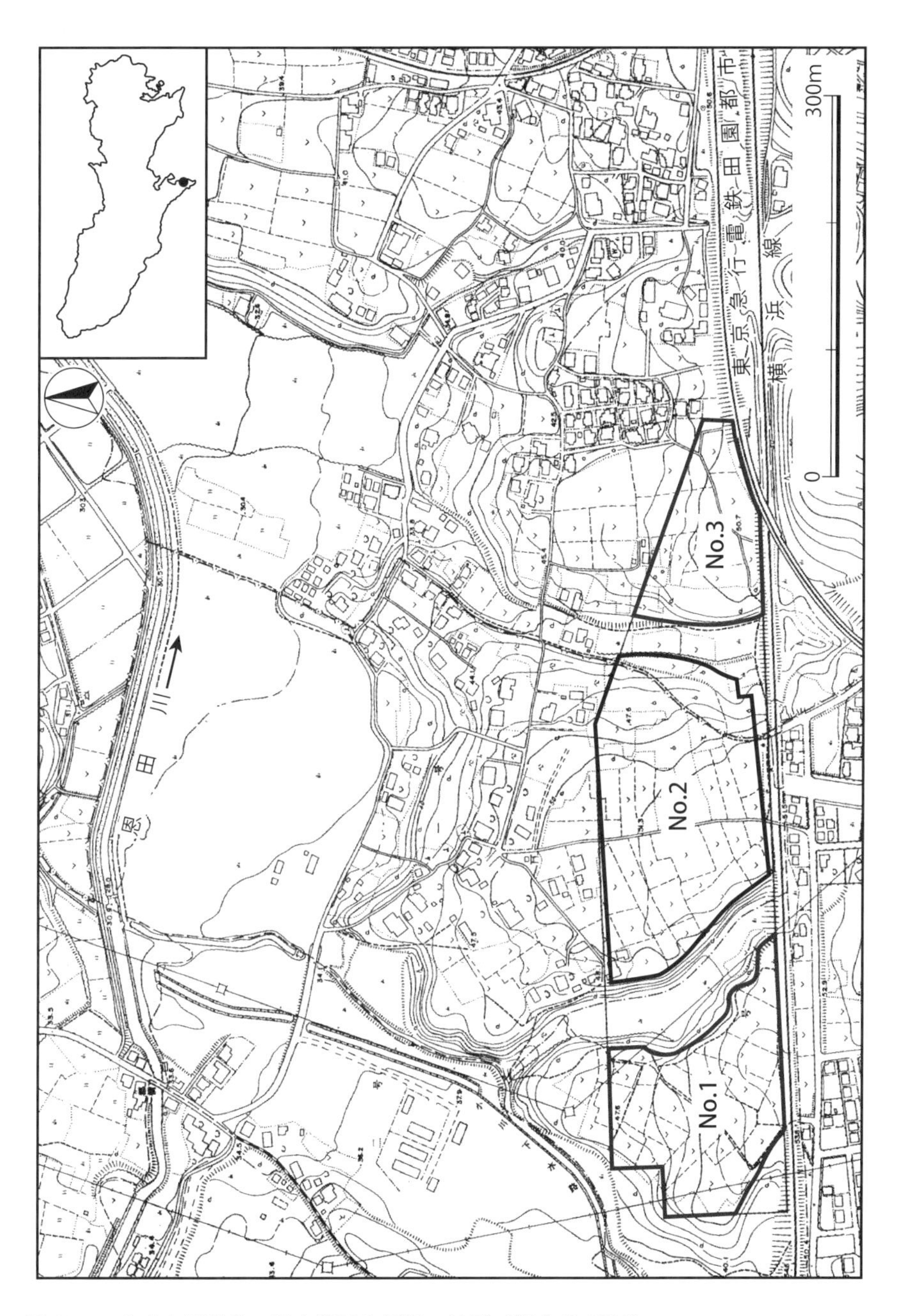

図 33-1　なすな原遺跡の調査範囲と周辺の地形（報告書 1984）

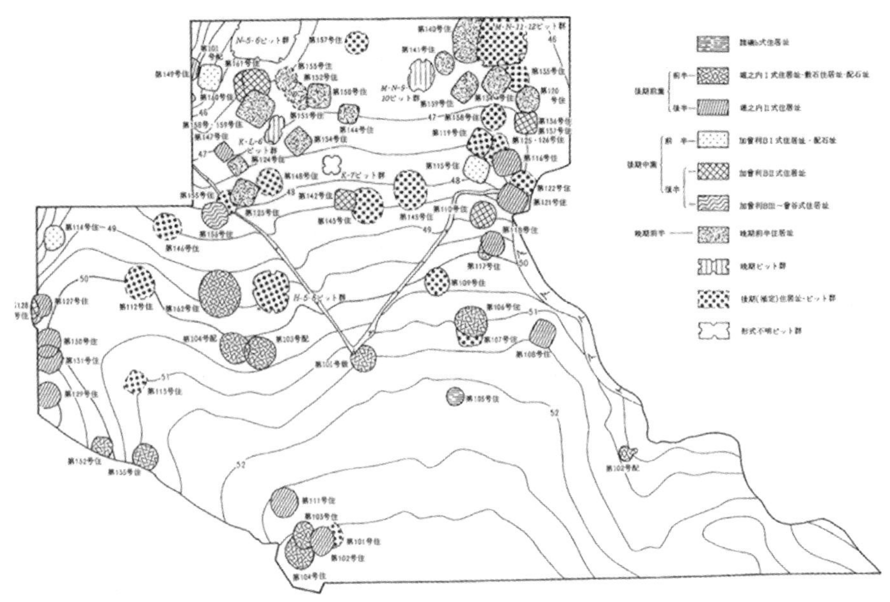

図 33-2　No.1 遺跡縄文後～晩期遺構分布図（報告書 1984）

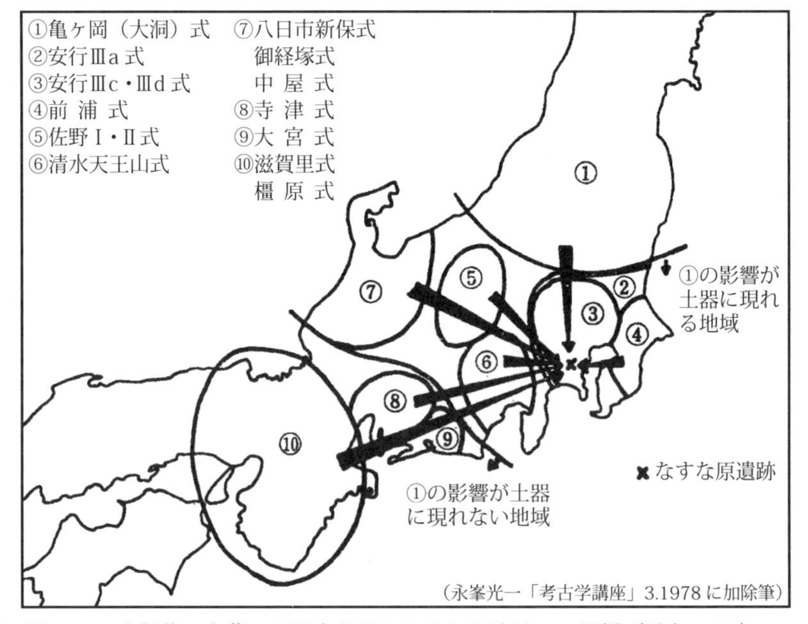

図 33-3　晩期前・中葉の土器文化圏となすな原遺跡への影響（重久 1984）

図 33-4　なすな原遺跡で観測した冬至（上）・春分（下）の日没

それだけになすな原遺跡から大山に冬至の日没を観測すれば、なすな原遺跡がこの地点に形成された意味がいっそう深まるではないか。このようにもくろみ、2011年の12月24日に日没観測を試みた。

現地に立ってみると、大山はまさに正面に鎮座するがごとく屹立し、尖った山頂から東側に落ち込んでいる。西側には恩田川に注ぐ小川の支谷の先に蛭ヶ岳が遠望できる。台地としては、北側に広く張り出した№.2遺跡の方が広い分、生産基盤としては有利だが、大山は手前の丘陵に隠れて見えない。景観的には№.1遺跡の方が大山と蛭ヶ岳双方の視野がきく優位な位置にある。先祖の霊が神奈備山に依りつく精神的な安寧を求めようとすれば、№.1遺跡に共同墓地が設営されたのも、或いはこうした理由からではなかったろうか。

日没観測の実態

観測したのは車両基地の中ほどにある陸橋の北端部であるが、予期に反して、冬至の太陽は16時35分に大山の東裾に没していった（図33-4上）。つまり、なすな原遺跡から大山山頂への日没が観測できるのは、冬至の日よりも何日か前と後になるのである。

かくして大山の冬至の日没は思惑が外れたが、それでは春分の日に蛭ヶ岳山頂への日没が観測できるのではないかと期待し、平成24年3月21日に改めて出向いてみた。すると太陽は17時40分に、蛭ヶ岳よりもさらに遠い丹沢山地が北に張り出した端近くに没したのである（図33-4下）。高尾山の背後に位置する陣馬山に沈んだようにみえたが、中村耕作氏に「カシミール」【註4】でシミュレーションしてもらったところ、丹沢山地の清川町と愛川町の境にある仏果山の辺りではないかという。

冬至から春分までは91日ほど、遺跡を扇頂として太陽の軌跡を観測する方位角は60度ほどになろうか、季節の移り行く速さを実感した。

【註1】「ナスナ原遺跡」の存在は、当時、東京帝国大学人類学教室で副手だった八幡一郎氏が、鶴川村三輪（現町田市三輪町）日蓮宗妙福寺の住職高橋光蔵氏が蒐集していた豊富な縄文晩期資料を資料紹介したことから、一躍脚光をあびることになった（八幡1932）。その資料というのは、東北地方に繁栄した晩期の亀ヶ岡式土器が関東・中部地方の遺跡からも発見されて、八幡が「奥羽文化南漸資料」（1930）として注意を喚起したことによる。高橋光蔵氏は、同じ町田市鶴川の広袴遺跡や野津田の綾部原遺跡から採集した後・晩期の土偶を『史前学雑誌』に二度紹介している。

なお、今次調査にあたり、ナスナ原遺跡は、なすな原遺跡に書き変えられた。

【註2】 成田勝範氏は、長軸方向がわかる土壙96基をグラフ化して、半径180度にA～Eの5群を認めながら、土壙墓形式、時期、遺跡内における分布状況の間に相関関係は認められないという（成田1984）。私には、この遺跡の土壙墓群の長軸方向がばらついているようにみえる。むしろ、調布市下石原遺跡や町田市上の原遺跡の土壙墓群のまとまりにひきかえ、なぜまとまりがないのかが疑問である。果たして成田氏が可視しようとした5群集団は存在するのだろうか。

【註3】 重久淳一氏は、安行3b式期の遺物が大量に包含されていた第154号住居跡の土器の器種別組成及び型式別の比率を詳細に算出している。そのうえで、晩期安行系と非安行系の個体数は、関東系（安行3a～3c式、前浦式）40.9%、東北系（大洞B～C1式）20.2%、東海以西38.8%であり、東海以西の土器の高比率から、従来は関東地方の晩期が亀ヶ岡文化との関係で語られる傾向があったが、東海以西の土器群の影響も考慮されるべきと指摘している（重久1984）。

【註4】 地図上で位置関係を判断しても、いざ現地において観測すると誤差の大きいことを思い知らされた。目安となるのは、観測地点を基点として春分・秋分の太陽は真東から上り真西に沈み、冬至の日没は南に30度、夏至の日没は北に30度の方向である。しかし正確を期するのであれば、「カシミール」のソフトを使用するのが得策である。

第34話　漆工芸の集落——東村山市 下宅部遺跡

広大な武蔵野台地の北西側に、古多摩川の侵食作用で取り残された東西約11km、南北約4kmの紡錘形をした狭山丘陵が横たわっている。

下宅部（しもやけべ）遺跡は、その丘陵でも南東にあたる八国山緑地の裾部で、北川の左岸に形成された低湿地遺跡である。丘陵の尾根は埼玉県所沢市との境域になる（図34-1）。北川の上流域には丘陵内部が堰き止められて都民の水がめとなっている多摩湖（村山貯水池）があり、北川は下流で柳瀬川に合流して荒川に注ぐ。

当初、この場所は遺跡としては周知されていなかった。しかし周辺には東京国立博物館に収蔵されている「瓦塔」が出土した宅部山遺跡をはじめ、晩期の日向北（ひなたきた）遺跡や鍛冶屋敷（かじやしき）遺跡が知られていた。そこで、都営多摩湖町四丁目団地が建替えられるにあたり東村山市教委が確認調査を行ったところ、縄文後・晩期土器と植物遺体等が大量に出土した。直ちに下宅部遺跡調査団（団長戸沢充則）が組織され、1997年（平成9）度から2002年（同14）度まで、考古学及び関連諸科学の専門家が総動員されて克明な本調査が実施された。その結果、縄文後・晩期の多様な遺構、遺物をはじめ、古墳時代から中・近世までの水辺での生活や古環境を復原できる貴重な成果が得られた。調査成果は、全4冊からなる膨大な厚さの報告書（千葉・石川

2006他）および『東村山市史5資料編考古』（千葉2001）等に集約されている。

本稿は、その中でもっとも注目すべき成果が得られた、縄文時代後期の漆工芸作業に焦点をしぼり概観してみたい。

遺跡の概要

調査対象となったのは、北側丘陵からの小さな谷が北川に向かって開いた、東西270m、南北150mのいびつな三角形をした約2haである。谷にはかつて水が流れていて、遺跡中央で北川に合流していた。縄文後・晩期の頃の合流点付近の地形は、丘陵縁辺部、低地平坦部、河道、低湿地部が階段状を成していたが（図34-2)、安行3c～3d式の頃に一変する。縄文後期から晩期安行3c式期の北川は幅が3～5mで、幾度か流路をかえる河道部と河原の中、人びとはこの水をたくみに利用しながら様々な生業活動を行っていたようである（「河道1」)。

それが、安行3c～3d式の頃に大規模洪水に見舞われて、厚いシルト層で被われるようになり、「河道2」が形成されたという。

調査範囲は、この谷にあたる部分に現況道路が縦断していたことから、この道路の東と西に二分され、さらに東側は北区・南区・中区と西側の西区に分けて行われた（図34-3)。その中で最重要地点と目された中区の合流点周辺が埋没保存されている。出土遺物は現在、「東村山市立八国山たいけんの里」で展示され、市民の歴史教育に活用されている。

縄文後期の活動

報告書の序文に、「縄文時代後・晩期の川の流れ跡とともに、丸木舟の造りかけと考えられる大形加工材や……飾り弓や櫛といった鮮やかで精巧なウルシ製品をはじめとした木製の道具や、オニグルミやクリ等の植物、シカ・イノシシの獣骨など、当時のくらしや技術、自然環境を具体的に復原できる貴重な発見が相次ぎました」とある。

具体的には、最も活動的だった加曽利B式期頃の遺構と遺物の出方により、次のような生業活動が見てとれるという。

①シカ・イノシシを対象にした弓による狩猟と儀礼を伴う解体作業（主要調査地点A・D)、②川に堰を構築して行った集約的な漁（主要調査地点D)、③トチのアク抜き（主要調査地点C・D)、④丸木舟などの木製品の製作（主要調査地点B)、

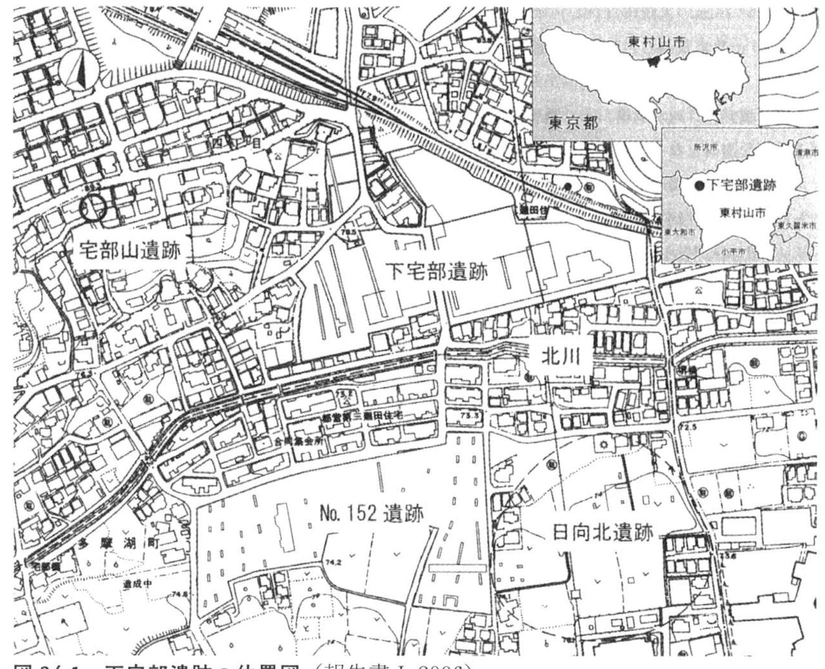

図 34-1　下宅部遺跡の位置図（報告書Ⅰ 2006）

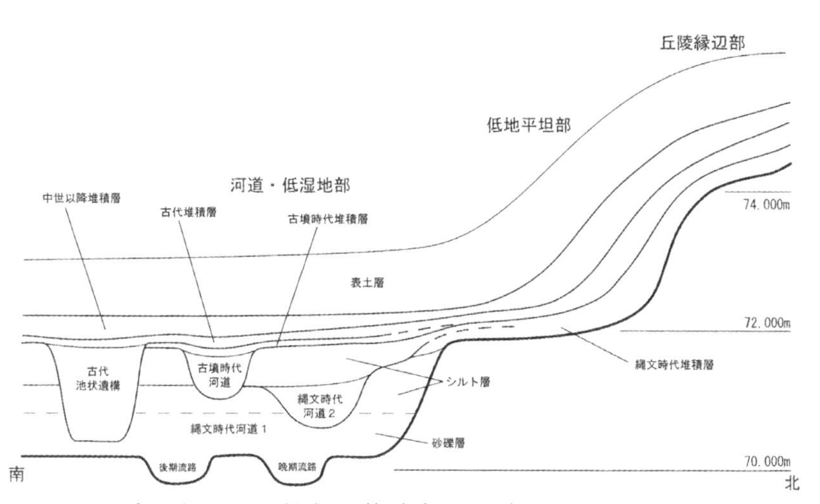

図 34-2　下宅部遺跡の地形模式図（報告書Ⅰ 2006）

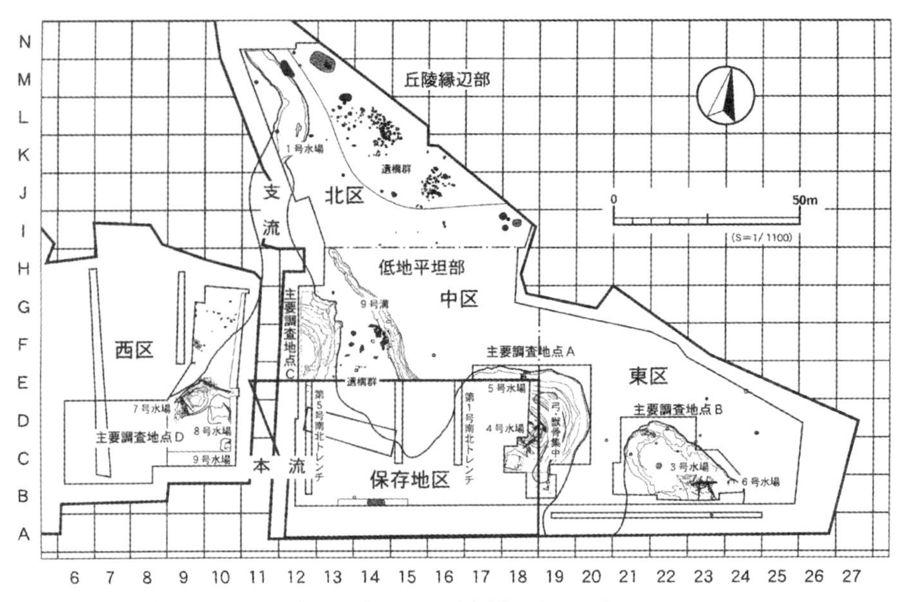

図 34-3　下宅部遺跡　縄文時代遺構全体図（東村山市 2001）

⑤漆工作業、⑥繊維の水晒し（主要調査地点C・B)。このほかにも土器製作用の粘土採掘や石器製作も行われたようである。

威信財としての漆工芸

漆文化は照葉樹林文化を構成する一要素であり、いつのころか中国大陸から伝わったとされてきた。しかし北海道南茅部町（現函館市）垣ノ島B遺跡から9千年前とされる赤漆塗の編組製品が出土して、中国大陸でもっとも古い浙江省河姆渡遺跡の木胎漆器を2千年も更新してしまった。垣ノ島B遺跡の漆製品が地元で製作されたかは不明であるが、前期になると福井県鳥浜貝塚の漆塗櫛や山形県押出遺跡の彩漆土器などに優れた漆工芸品をみることができるので、縄文人が開発した可能性が高い。

漆工作業は、樹液の分泌がさかんな高温多湿の夏場に行われる。塗布された漆は高温多湿の環境の中で乾燥がすすむ。だから漆工房は水辺ちかくに設営されたらしく、縄文の漆工要具はたいてい低地遺跡から出土する。生漆を乾燥させないために、管理栽培するウルシの林も近間にあったはずである。

漆工芸は次の工程をとる（永嶋 2006）。まず、管理栽培している林のウルシノキに石器で水平に傷をつけ（漆掻き）、滲みでてくる樹液（生漆）を箆ですくって小形深鉢（漆液容器）に採取する。1 本の木からだけではごく少量しかとれないので、何 10 本ものウルシノキを回って生漆を集める必要がある。一定量が集められた生漆は、次に細密編布で漆漉しされてゴミが除かれ、次に 20 ～ 30% ある生漆の水分を 3% ほどに減らすために弱火でゆっくり暖められ（クロメ）、攪拌されて（ナヤシ）均質化、良質化がはかられる。精製されたら赤色顔料、黒色顔料が添加されて色調整され、次に筆や刷毛ようの漆工要具で塗布され、乾燥に回される。しかも塗布は 1 回ですまされるのではなく、乾燥期間をはさんで漆下地、下塗り、中塗り、赤色漆が重ね塗りされてようやく仕上げられる。縄文の漆製品は顔料の調合をかえながら何回も重ね塗りされており、現代の漆工芸に遜色ない完成された技術水準に達している。ひとつの漆製品ができるまでには多くの複雑で繊細な工程があり、投下される時間と労働量はたいへんなもので、それだけに漆製品は高価な威信財となる。

漆工芸は縄文時代の伝統文化として育まれてきたが、この背景には、専業の漆工芸集団を維持できた、安定した縄文社会環境があったことが考えられる。

下宅部遺跡の漆利用

下宅部遺跡から出土した漆工関連資料には、じつに多種多様なものがある（図 34-4）（千葉 2013）。先の漆工芸の工程にそって見てゆくと、まず、水辺の護岸等に杭として使用されていた漆樹液採取の傷のあるウルシ材がある。杭には多くの種類の材が用いられているが、クリ材が 9% 強で最も多く、次いでウルシ材が 6% 強という。ウルシ材は太さ 5㎝ほどでそろっているので、管理栽培されていたウルシ材が伐採されて生じたヒコバエを、樹液を採取した後に間伐したようである。こうした樹液採取材が発掘されたのも下宅部遺跡が初めてのことである。

漆掻きをして滲み出した樹液は小形土器にでも採取したのであろうが、採取容器もウルシ掻きした石器もはっきりしないし、生漆に混じったゴミを濾過して除く布（細密編布）もない。しかしその生漆液を保管していた土器もあれば、濾過した漆液をクロメ・ナヤシするために調整加工した土器の底部破片がいくつもある。さらに、漆液を保管した漆液容器や顔料容器、塗布用のパレットがあるし、漆液の乾きを防ぐために広葉樹の葉で蓋をした資料も見つかっている。そして何よりも、漆塗り土器をはじめ飾り弓や真赤に漆塗された杓子や匙などの木製品、漆液で塗付され

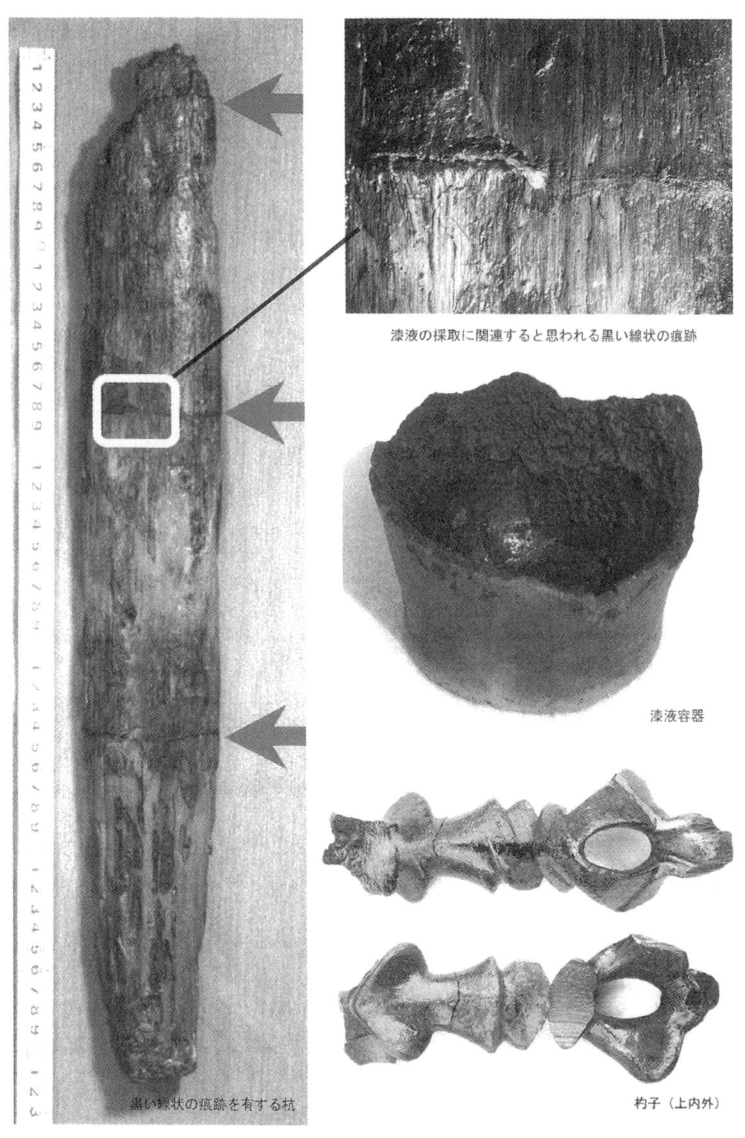

図 34-4　漆液を採取した樹木と容器、塗漆木製品（報告書Ⅰ 2006）

た土器と補修された土器など、多種多様なものが多量にある。時期的には縄文後期加曽利Ｂ式を中心にして、堀之内式から高井東式まで続いたようである。

このようにみると、漆工作業の必要十分条件がすべて満たされるわけではないが、下宅部遺跡で漆工作業が行われていたことは確実である。しかし肝心のアトリエは何処に在ったのであろうか。高温多湿の屋内で漆工作業が行われたとすれば、さながら河川に接した保存地区の辺りと考えたいが、どうであろうか。

それというのも、縄文前期山形県押出遺跡の漆工作業場は、軟弱な低地に杭を打って、その上に壁立式の掘立柱建物を構築していた（佐藤庄他 1990)。押出集落はたまたま洪水で流入した大量の土砂に被覆されて埋没保存されていたが、下宅部遺跡の場合は、「河道 2」が形成されたときに押し流されてしまった可能性が高い。

AMS炭素年代測定値の暦年較正の問題

1 万年以上つづいた縄文時代の流れは、土器型式が年代の指標となり全国的に細かな編年網が張りめぐらされている。次に我々が知りたいのは、縄文時代の暦年代である。その手掛かりとして 1949 年頃にシカゴ大学のＷ・Ｆ・リビーが開発した、木炭・木片・種子・土壌・泥炭・骨・貝殻等の放射線炭素（^{14}C）測定法である。5730 年を半減期とするが、暦年代を知るには米国ペンシルベニア大学付属博物館考古自然科学センター（MASCA）が行った年輪年代により較正しなければならない（鈴木正 1976)。こうして 1981 年までに行われた縄文時代の ^{14}C 測定が 439 例集成されている（キーリ・武藤 1982)

1977 年には、アメリカ・カナダの研究グループにより、分析に用いる炭素の量が 1mg 程度と微量でもすみ、しかも短時間で、高精度かつ古い年代まで測定できるＡＭＳ（加速器質量分析）炭素 14 測定法が新たに開発され、地質学、考古学、文化財科学等の研究分野で大いに活用されるようになった。

国立歴史民俗博物館（歴博）研究グループ（今村峯雄代表・坂本稔・春成秀爾・藤尾慎一郎・小林謙一）は、煮炊きされた土器に付着する炭化物を測定することで「縄文時代・弥生時代の高精度年代体系の構築」を図るべく、2001 ～ 2003 年度の文科省科学研究費を得て、全国各地の試料を精力的に測定した。2003 年 5 月、歴博グループは、水田稲作が伝来した実年代は定説より約 500 年遡る紀元前 10 世紀ごろと新聞発表し、センセーショナルな話題を投げかけた。

歴博グループが測定試料とするのは炭化材・木材、種実、漆等もあるが、主体は煮炊きに供された縄文の深鉢・弥生の甕に付着したお焦げや煮こぼれである。しかし付着炭化物は汚染されているので炭素含有物以外を取り除く必要がある。そのための前処理として AAA（Acid、Alkali、Acid）法、すなわちアセトン洗浄→塩酸洗浄

→アルカリ洗浄→酸による中和および水洗浄を行う。処理前には良好なお焦げに見えても処理するとほとんど溶解し、ミネラル分が残ったりするので、他の試料に比べて土器付着物は、回収率や炭素の含有率が低く、適切な試料処理が重要という（小林謙2004）。

こうして2006年度までに小林謙一氏が測定した成果が「縄文時代の年代（東日本）」（小林謙2008）に報告された。千葉県西根遺跡の土器付着物による加曽利B1式期は3820～3680年前cal BP、B2式期は3680～3530前cal BPとある。この年代値は、海洋リザーバー効果（第1話の注3参照）の影響を受けているはずの西久保八幡貝塚よりも最大で150年ほど古い年代だったから、内心訝しく思っていた。

実はこうした疑義は、歴博側が新聞発表した当時から呈示されていた。中でも北海道埋文センターの西田茂氏は、江別市対雁（ついしかり）遺跡の続縄文土器に付着した炭化物年代が、共伴したオニグルミより500年ほど古くでていると提示したことがあった（西田2003）。歴博側は、この土器は石狩川を溯上した海洋リザーバー効果の影響あるサケを煮たからだと反論したが、説得力がなかった。

『季刊　邪馬台国』115号（2013）で数理考古学の新井宏氏と編集担当の安本美典氏が歴博グループの炭素14年代法を徹底的に分析、検討している。要点を抽出する。

①土器付着炭化物汚染のため、歴博では一般的なAAA処理で使うアルカリ（NaOH）溶液を10分の1に希釈して使っている。これでは汚染が除去されないため、正しい炭素14年代が得られるはずがない。→「土器付着炭化物」はことごとく古い年代がでる。

②炭素14年代値は樹木年輪の炭素年代を基準に暦年に較正するが、地球上の低緯度・低標高・海洋地域では国際較正曲線よりも数十年古くでる。日本のような海洋国では国際較正曲線と異なる較正曲線を必要とする。「木材」試料も「クルミ・桃核」より年代が古くでる。

③海岸遺跡の試料は局部リザーバー効果の影響によるものか、数十年古くでる。「弥生溯上論」に用いられた夜臼Ⅱa遺跡の6遺跡は何れも海岸遺跡である。

④対雁遺跡の場合、汚染度の少ないクルミの年代値は土器付着炭化物年代値の0.827になる。これを「クルミ基準年代修正率」として歴博の弥生時代開始年代を修正すると、紀元前380年前後になり、従来の年代観とほとんど変らなくなる。

⑤古い年代のときほど推定年代はより古くでやすいので、同一遺跡出土の土器付着物をクルミ・桃核炭素14年代で修正する必要がある。縄文時代の「クルミ基準年代修正率」を0.865として、大平山元遺跡を修正すると、いまから13000年前ほどになろう。

筆者はこれまで新地平編年をはじめ、小林謙一氏が較正した暦年代をそのまま引用してきたが、実は、土器付着炭化物による較正年代には上記したような問題が内包されているのである。

第5章
山地の縄文遺跡

檜原村北秋川の山村遠望

山地の縄文遺跡

東京の最高峰雲取山（2,117m）は、長野・群馬方面から神奈川にまたがる関東山地のほぼ中央に位置する。その雲取山頂付近からも、縄文時代石斧の出土が報じられたことがある。関東山地の内懐を水源とする多摩川は、奥多摩町・青梅市を縫って東流し、東青梅で渓谷を離れると、檜原村から流下した秋川と合流して、多摩川本流をなすようになる。

山地域の調査は1955年に、東京の水甕となっている小河内ダムの建設にあたり奥多摩湖底が分布調査され、13ヵ所の縄文遺跡が確認されている。山地域の縄文遺跡の多くは、街道沿いで人家に近く目に触れやすい狭い河岸段丘上に発見されているが、同時に、尾根筋からの発見も多い。

山肌の多くは急斜面で植林や雑木林のため遺跡の存在はあまり知られないが、狩猟等のキャンプ地として利用されたであろう。それというのも、出土する遺物には山梨や中部高地といった他地域の土器型式が目につくし、石鏃や石匙・削器等の狩猟解体用の利器の多さも注目される。

奥多摩には秩父古生層を基盤とする良質のチャートが産出し、西の原、下の原遺跡で盛んに石鏃を製作している。西の原遺跡ではさらに、山梨産の水晶や長野霧ヶ峰産と神津島産の黒曜石まで入手し､石鏃製作を行っていたのである。地形的な制約もあり大規模遺跡は少ないが、山地域には狩猟を生業とするような山人が棲みつき、尾根筋および峠越えで奥秩父や甲斐、相模方面と往来したようである。これらを介して得られた情報や文物が、都内各地の縄文遺跡にもたらされたのである。

第35話　関東山地の狩り——檜原村 中之平遺跡

東京都の最西南に位置する檜原村は、標高1,000m級の山々と北・南秋川の深い渓谷がおりなす山里であり、喧騒とした都心のほど遠からぬ所に豊かな自然と伝統にはぐくまれた人びとの暮らしがある。そうした風土に魅せられた昭和の文人墨客——考古学者の甲野勇（1963）、作家の瓜生卓造（1977）、写真家の平野勝（1998）——は、村内にくまなく杖をひいて興味ふかい風物を聞き書き、記録してきた。

檜原村の歴史をさかのぼると、渓谷沿いの河岸段丘上や尾根上のせまい平坦地に残された縄文時代の遺跡にたどりつく。地元には歴史と文化に関心をもつ人が秋川郷土文化の会を組織し、日頃より郷土の文化財に眼をこらしてきたから、1981年現在で縄文遺跡が43ヵ所見つかっている。中でも御前山（標高1,405m）中腹の標高950m地点に発見された中之平遺跡は、村内で最も古い遺跡で、現地には顕彰碑も建立されている（図35-2下）。

なぜこのような高所に縄文人が住んだのだろうか、この遺跡はどのような性格だったのか、周辺にも同じような遺跡があるのだろうか、そしてこの遺跡を残した縄文人は何処からやってきたのだろうか。このような素朴な疑問に考えをめぐらせてみたい。

遺跡の発見と調査の経緯

遺跡は、北秋川が奥まった藤原地区の中組から小河内峠にむけて陣馬尾根を1時間も登りきった南南東の日当たりのよい山腹で、通称中之平（西多摩郡檜原村9308番地）に所在する。付近には村の重要文化財に指定されている旧小林家住宅があり、近くの沢では湧水があるという。

1958年（昭和33）頃に、藤原・中組・猿江から小河内峠を経て山梨や東京へ行くのに古くから利用されてきた陣馬尾根の細道（都道）が拡幅された。この開削工事のとき黒曜石や石鏃が出土して地元の人が採取したという。たまたま1959年（昭和34）秋に村内の王子ヶ城遺跡を調査していた甲野勇・塩野半十郎・大谷勍氏にこの情報がもたらされ、翌60年8月の3日間、塩野・大谷氏が道路部分を確認調査した。遺跡は思ったよりも広く、道路の切通し面から炉穴らしい落ち込みが4ヵ所と、縄文早期の撚糸文、山形押型文、条痕文土器それにいくつかの石鏃や石槍、

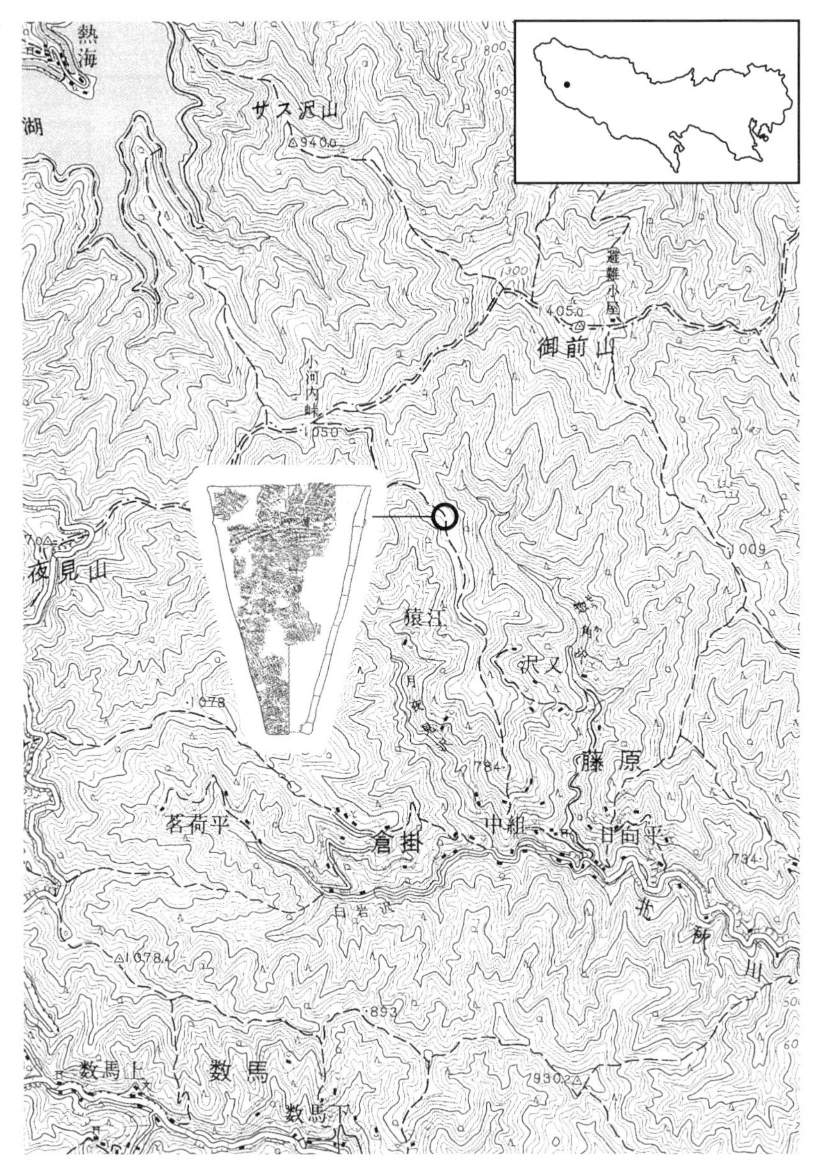

図 35-1　中之平遺跡の位置（「五日市」1：50000）

図 35-2　浅間尾根からの景観（上）　中之平遺跡顕彰碑（下）

削器等を採取し、遺物の包含状態も良好とわかった（大谷 1996）。この報告を受けた甲野氏は『東京の秘境』（1963）で、東京都下で最高所の 1,000m に営まれた最古の縄文遺跡ととりあげたから、いちやく中之平遺跡の存在が知れ渡るようになった。

檜原村は、村内でもっとも古くて良好なこの遺跡を正式に調査しようとしたが、調査費が捻出できずにいた。その後、数十余年を経て、篤志な民間会社から多額の寄付金の提供があり、村は武蔵野郷土館の吉田格氏に調査を依頼、1974 年（昭和49）8 月の 11 日間、東京学芸大学考古学研究会 OB の土井義夫・横山悦枝氏と同研究会学生が主力となって発掘調査が行われた。

調査区は先の道路部分の東側の狭い平坦地に設定された。慎重を期して、遺物は 1 点ずつ出土地点と深さを記録しながら進められたから、遺構も中途まで確認されただけで、調査は終了には至らなかった。それでも何ヵ所か縄文早期に特有の炉穴遺構が確認され、復元可能の早期土器をはじめ、多くの黒曜石とチャート製石鏃と石匙、磨製石斧、石皿、摺石、打製石斧・礫器と炭化したクリ・クルミ等が出土した。吉田・土井氏は、この遺跡を狩猟活動にウェイトをおく人びとの生活跡と報告している（吉田・土井 1975）。

遺跡の性格

いま 2 度の調査で検出された資料をみると、石鏃が 40 点、石匙・掻器が 15 点も出土していて、狩りと獲物の解体処理具の多さが特筆される。その意味では、狩猟活動にウェイトをおく人びとの生活跡にちがいないが、植物質食糧を加工した石皿、摺石もあり、住居等の構築用資材の調達に関わったらしい打製石斧などの生産用具も出土している。住居跡ははっきりしないが炉穴も存在するので、たんなる季節的な狩猟のキャンプ地ではなかったらしい。

土器には早期前半の撚糸文・山形押型文土器、後半の野島式から鵜ヶ島台式土器、末葉の茅山上層式直後の絡条体圧痕文土器などがある。この場所が早期に何度も繰りかえし利用されている。山形押型文土器や絡条体圧痕文土器などは信州方面に多く分布する土器型式である。中部高地から関東山地の一帯には尾根道を通って各地の人びとが行きかい、黒曜石などの物資や情報がもたらされた。

作家瓜生卓造氏は中之平遺跡を評して、「縄文人たちは、彼らの独特の嗅覚により、生活の場を探していった。高く日当りのいいところ、山の幸に恵まれているところ、清水が得られているところである」（1977）という。この場所は同時に文物が行きかう交易路にもあたる。林業に携わる北秋川の旧い家は、谷の上を通る旧道沿いに点在しており、尾根の方から拓かれたという。

山の暮らし

春には山菜・野草が芽ばえ、秋にはクリやクルミ、ブナなどの堅果類をはじめアケビやヤマブドウがたわわにみのる。落葉広葉樹林にはクマやイノシシ、シカなどの獣類や鳥類も棲息していた。秋川まで下りればイワナやヤマメもいたろうし、ヘビや昆虫も重要な蛋白源になったことであろう。

甲野氏の『東京の秘境』には「檜原谷動物あれこれ談義」が1章さかれていて、めっぽう面白い。昭和30年代の半ばには、檜原中を探しても「猪穴と猪垣」の跡すらなかなか見当たらない時勢であったが、1872年（明治5）生まれの古老は、生まれて間もないときに猪穴に落ちたオオカミの乳を飲んだことがあるのだという。そのため猟に長けて、檜原山中に沢山棲んでいたイノシシ、シカ、クマ、キツネ、タヌキ、アナグマ、ムササビ、テン、サルなどを鉄砲で撃ちとったという。縄文時代の中之平遺跡の暮らしを彷彿とさせる話である。

檜原村郷土資料館に、1877年（明治10）に南秋川の河原で拾われた“蛇骨“が展示されている。1961年（昭和36）に直良信夫博士が鑑定したところ、その正体はオオカミの脊椎骨であった。明治年間の頃まではオオカミも棲息していたが、狂犬病の蔓延により絶滅したのではないかとは、甲野説である。昨今、関東山地でシカによる食害がめだつのも、天敵のオオカミが居なくなったからのようである。

檜原村の縄文遺跡から

『檜原村史』（1981）によれば、村内には先史遺跡が43ヵ所あり、個々の遺跡の概要が記されている。そこで縄文遺跡が立地する地形と時期の関係を整理してみると、時期別では早期13（22%）、前期5（9%）、中期31（53%）、後期8（14%）、晩期1（2%）の58件となる。中期の遺跡が5割強で最も多いが、これは東京の一般的な傾向に共通する。地形別では台地30（52%）、山麓11（19%）、山腹4（7%）、尾根13（22%）である。河川沿いの狭い台地は宅地や畑なので遺跡が見つかりやすいし、身近な場所で飲料水が得られるから、遺跡が多いのも道理であろう。次に多いのは、意外にも中之平遺跡も立地する尾根上の遺跡である。

以上をふまえ、最も多い中期の遺跡をみると、台地と山麓で8割以上を占めている。これを中期的な立地とすると、現在の里山の居住環境に共通する。次に多い早期の遺跡立地の方は、台地3・山麓3・山腹1・尾根6で、それほどの偏りはみられない。ところが尾根に立地する中期遺跡と対比すると、早期遺跡は中期遺跡の3件（10%）に対して6件（46%）で、かなり割合が高くなる。

何千年も隔たりがある早期と中期では地形も自然環境も違ってこようが、傾向を知るうえでは有効であろう。これを早期的な立地とすると、早期の人びとは居住環境を高所にもとめ、中期の人びとよりも狩りと山菜・堅果類などの”山の幸”に依存して暮らしていたことがわかる。

第36話　多摩川上流の中期集落——青梅市 駒木野遺跡

奥多摩の山間部を縫って東流してきた多摩川は、間もなく谷口から平野部に抜けようという「釜の淵」で、粘板岩の基盤岩に遮られて北側に大きく迂回する。駒木野遺跡は、その岬状に突出した河岸段丘上の付け根にちかい青梅市駒木一丁目に所在する。JR青梅線青梅駅の南0.8kmで、段丘の東裾には青梅市郷土資料館が在る。

当地は、地理的条件に恵まれた市内でも有数の畑作農耕地であったが、1970年（昭和45）に国道411号線から釜ヶ淵公園に通じる取り付け道路と駐車場が建設され、73年に多摩川を見下ろすこの景勝の地に青梅簡易保険保養センターが建設されて景観が一変する。その保養センターの工事中に大量の縄文中期土器が出土し、T-53遺跡【註1】と呼ばれるようになった。その保養センターが「かんぽの宿 青梅」として改築されることになり、1992年（平成4）11月から翌93年12月まで、青梅市遺跡調査会（調査団長吉田格）により旧建物跡を含む4,000㎡強が発掘調査された。調査範囲は遺物が散布する1万2千㎡の3分の1に相当する。

筆者はこの発掘の現場を2度訪れている。はじめて見た現場は一面が礫だらけで河原のようだったから、この先どのように調査が進捗するのか訝しく思ったことだった。しかし郷土資料館学芸員の伊藤博司・木下裕雄氏らは根気強く精査して、縄文中期の竪穴住居跡や配石、土坑等の遺構群を見事に摘出して見せ、市域で最大規模の集落の存在を明らかにしたのである。

この遺跡は、①段丘上に営まれた集落の立地、②市内有数の規模をほこる縄文中期集落、③山梨方面の土器様相が濃い点に特徴がある。

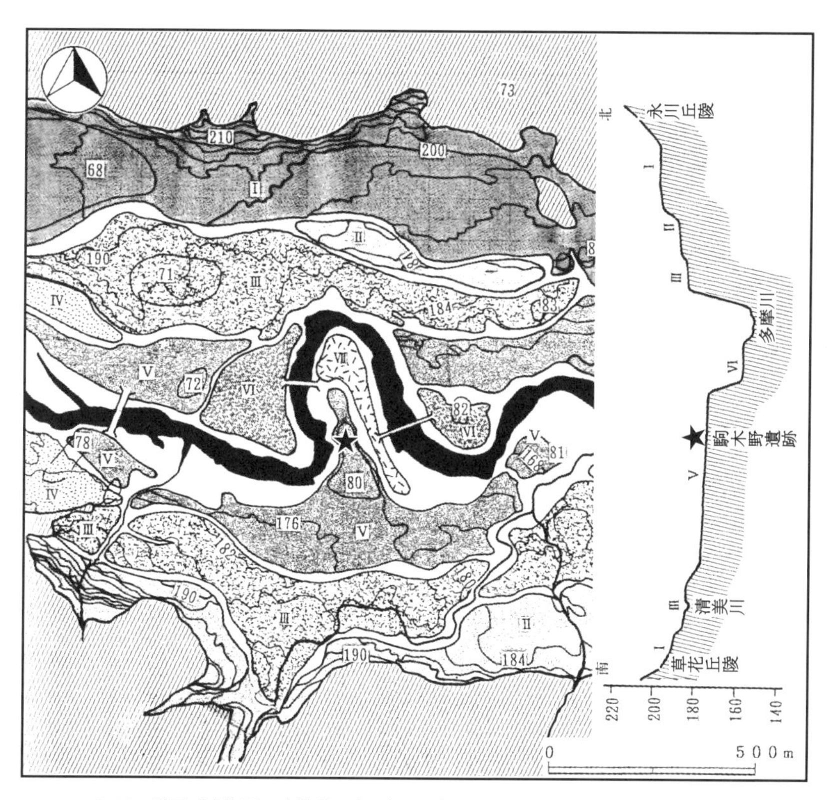

Ⅰ 三ッ原面（青梅面・青柳段丘含む） Ⅱ 竹ノ屋面（拝島段丘） Ⅲ 天ヶ瀬面
Ⅳ 畑中面 Ⅴ 千ヶ瀬面 Ⅵ 林泉寺面 Ⅶ 郷土博物館面

図 36-1 河岸段丘と遺跡立地（80：駒木野遺跡）（報告書を改変）

集落の立地景観

多摩川の段丘面は上流域と中流域で形成の仕方がちがっている。中流域にあたる昭島から国立辺りの左岸は、立川段丘面の下位に立川ローム層の最上位の青柳面があり、その下位に拝島面がきて、沖積面になる。これに対して上流域の青梅市域では、立川段丘面以降の河岸段丘が6面も認められる。もっとも上位は多摩川左岸で青梅駅がのる三ッ原面で、立川面と青柳面に相当する。2段目は両岸に認められる竹ノ屋面で拝島面に相当する。3段目は天ヶ瀬面、4段目は畑中面、そして5段目に本遺跡がのる千ヶ瀬面があり、6段目は現河床面から高さ 8m ほどの郷土資料館がのる林泉寺面になる（図36-1）。これらの段丘面が形成された年代については、久保田正寿氏の先駆的な研究がある（久保田1977）【註2】。

駒木野遺跡は縄文中期の集落であるが、早期末の下吉井式、前期後半の諸磯式土器の出土も報告されている。しかし諸磯式はともかく下吉井式の資料は図示されていないので、もっと上位面にあった遺跡から流入した可能性もある。その辺りを考慮してか、報告書は、段丘の形成時期については今後の研究に委ねなければならないと慎重である。

駒木野遺跡は標高173mで千ヶ瀬面に立地しており、粘板岩の基盤と砂礫層で形成されている。発掘調査では東西に台地を横断する小規模な谷が検出されたが、このような谷は他にも基部側および先端側に並行して2条ある。この谷の存在が、崖部の湧水とともに大規模集落を支えた地理的要因とされている。

台地の西側は比高差23mの断崖となっていて、崖の下が「釜ヶ淵」の由来となった淵である。この台地は集落が形成された当時、もっとゆったりしていたはずである。しかし激流が五千年も絶え間なく足元をえぐってきたから、いまではかなり湾入しており、その分台地が狭まったようである（図36-2）。

集落の規模と存続期間

旧保険センターの範囲は大方が工事で削除されていたが、それでも住居跡が73軒以上、土坑が90基ほど、集・配石が100基ほど、それに単独埋甕、屋外炉等の遺構が多数検出された（図36-2）。集落が営まれるようになったのは5300年前の勝坂1式期であり、4500年前の加曽利E 4式期に終焉を迎えるまで断続的におよそ800年つづいている。この集落の開始と終焉の時期および存続期間は、多摩ニュータウン地域で最大の拠点集落であるTN72遺跡を想起させる【註3】。

伊藤博司氏はこの間を12期に細別するとともに、各期の住居軒数の推移と遺物量から、Ⅲ期（勝坂2新式期）からⅣ期（勝坂3古式期）およびⅦ期（加曽利E2古式期）からⅧ期（加曽利E3新式期）を集落の最盛期とみている。

土器様相の二態

26b号住居跡床面から勝坂式終末期の美麗な深鉢が2個体出土した（図36-3）。2個体は多喜窪型とされているが、1個体は狐塚型にちかい。多喜窪も狐塚も東京側の遺跡であるが、この型はむしろ長野・山梨方面に分布事例が多く、今福利恵氏は

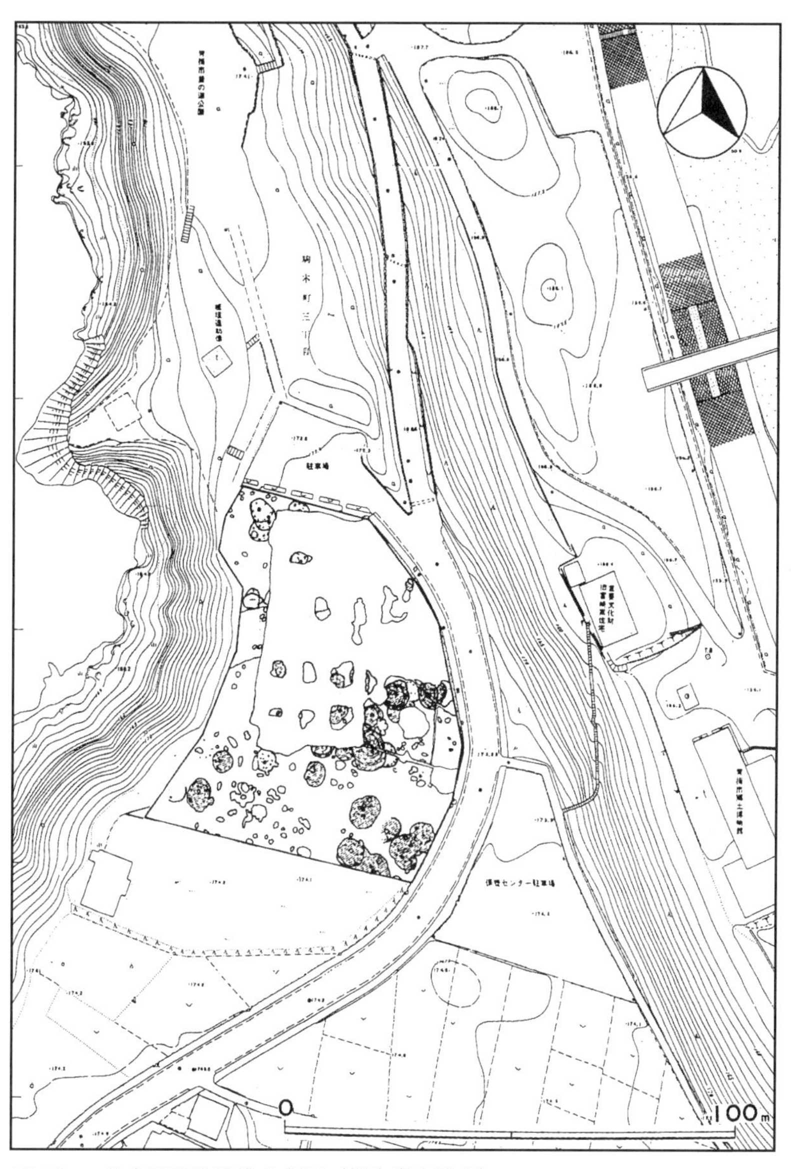

図 36-2　駒木野遺跡遺構分布図（報告書を改変）

図 36-3　26 号住居跡出土土器（提供 青梅市郷土資料館）

井戸尻 2 式として、塩尻市の平出三類 A 型に系譜を求めている（今福 2011）。

ところで、この住居跡の埋甕炉は、撚糸文を地文とする西関東系の加曽利 E1 式であり、床面やや上層からは勝坂式から加曽利 E 式に移行する過渡期的な様相の、北関東系の中峠(なかびょう)型が出土している。この住居跡の土器群には各地域の土器様相が混在しており、時期的な逆転現象も認められる。この逆転現象をどのように理解するべきであろうか。西関東では勝坂様式から形態も文様もまったく違った加曽利 E 様式に変換するのに対して、山梨方面では、井戸尻 3 段階から曽利 I 式古段階へ違和感なく様式が推移する。おそらく各地域の個性的な土器様式が交代する場合、必ずしも時間的に横一線で変化したわけではなかった、ということなのであろう。

一方、中期後葉の土器組成も興味深い。図 36-4 は、連弧文土器の状況を知るために前後の土器組成を含めて整理したときのもの（安孫子 2005）で、10c 期は加曽利 E1 新式期、11c 期は E2 新式期、12a 期は E3 古式期、12c 期は E3 新式期に相当する。左側に加曽利 E 式から連弧文土器に変わる系統を、右側に曽利式の系統を配置してみた。すると 10c 期から 12a 期までは加曽利 E 式よりも曽利式系統の方が優勢である。その中で図 36-4-15 の X 把手が付される土器は、本来、口縁側は無文であり、重弧文が施文されないのが規範である。しかし本遺跡にはこうした本場の曽利式の範型をいくぶん変容した土器が多い。曽利集団が西関東の加曽利 E 集団と幾世代も共存しているうちに次第に在地化し、本場の情報が正しく伝わらなくなって齟齬を来たしたものと考えられる。

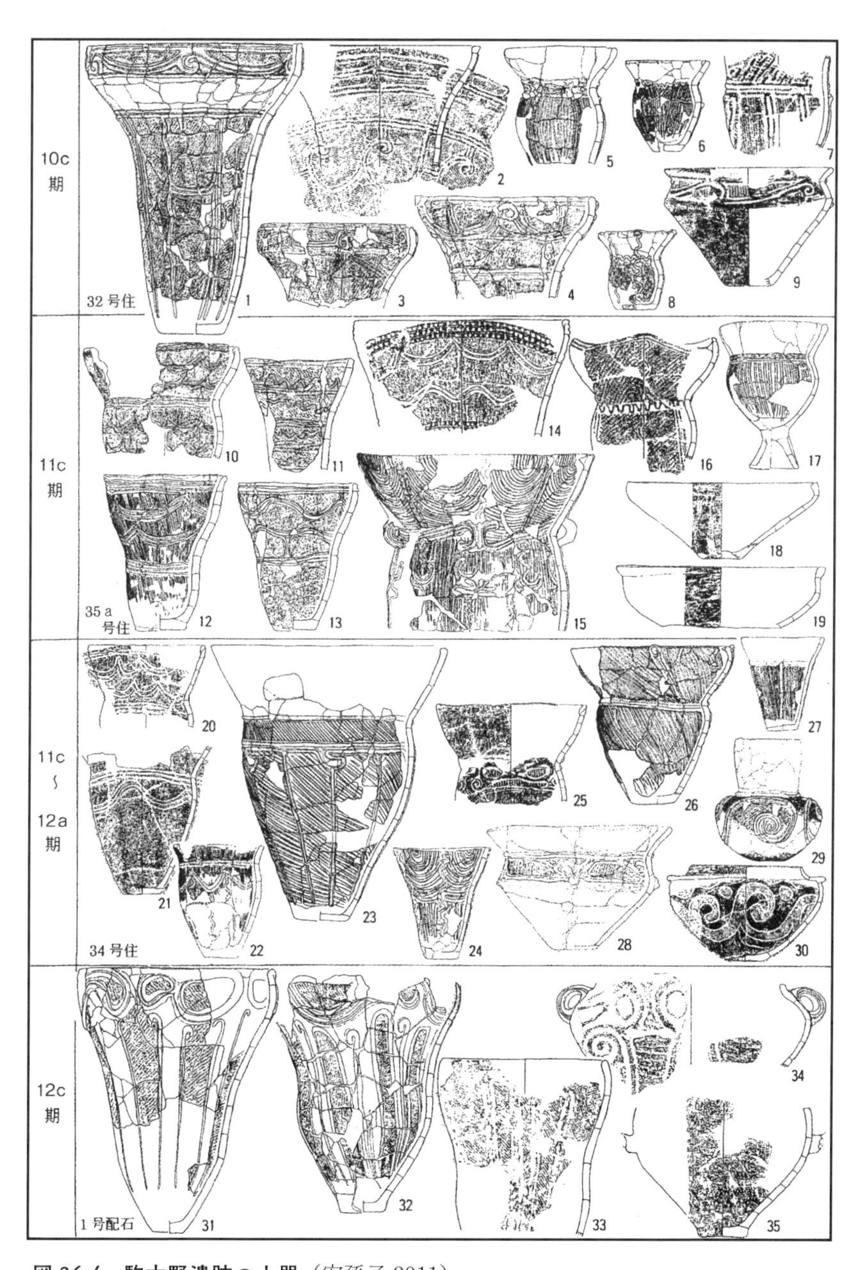

図 36-4　駒木野遺跡の土器（安孫子 2011）

中期後半の中頃の西南関東地域では、加曽利E2式、連弧文土器、曽利式土器という3様式の共伴が認められるが、地域集団によりその組成比率に差異が見られる。多摩丘陵から武蔵野台地南西部は連弧文土器が優勢（I群）、これに対してI群地域の西側に広がる関東山地から小比企丘陵、相模野台地は曽利式土器が優勢（II群）、荒川に面する武蔵野台地北東側では、加曽利E2式が優勢（III群）という形勢にある。

本遺跡の土器様相はこのII群の範疇にあり、この在り方は山梨方面の勝坂式土器の多さからも認められる。因みに、本遺跡からは多摩川を遡って柳沢峠・大菩薩峠越しに塩山方面に至るので、曽利式集団との情報交換は主にこのルートで往来したことであろう。

【註1】 青梅市域には多摩川（T）のほかに荒川水系の入間川に注ぐ霞川（K）・成木川（N）の流域があり、各流域に遺跡が分布する。久保田氏はそれぞれの遺跡を流域の頭文字と上流側から遺跡番号を付して整理した。本遺跡のT-53は、多摩川流域の上流から53番目という。

【註2】 久保田氏は、段丘に残された60ヵ所以上の遺跡分布と位置の関係を検討し、まず、各時期の遺跡で最も下位段丘に立地する遺跡をとりあげる。そして、さらに古い年代の遺跡が新しい時代の遺跡より下位の段丘面にあった場合には古いものを、段丘形成後にもっとも早く生活を始めた人びとの痕跡とみなした。

【註3】 年代は（小林謙2008）を参照した。西関東地域の環状集落は勝坂3古式期にはじまり中期末までつづく事例が多いが、TN72遺跡は新道式前半（勝坂1式）にはじまり称名寺式期に終焉するまで間断なくつづいている。駒木野遺跡の集落が勝坂1式にはじまっていることは、その意味でも長期にわたった拠点集落であったといえる。因みに報告書は、「調査区内では中期前半と後半の住居跡の分布状況が異なる。総体的に前者は環状もしくは円形に配置されずむしろ谷部と並行するような配置を示し……、後者は調査区中央から南部に分布し環状集落を呈する可能性があり、本調査区は集落の北半の調査となった可能性が高い」と分析している。

第37話　奥多摩の石器製作
——奥多摩町 白丸西の平・海沢下野原遺跡

奥多摩町の一帯は山岳地で、地図をみるとどこも等高線が詰まっている。

奥多摩町における考古学調査は、1955年（昭和30）にさかのぼる。小河内渓谷が小河内ダム建設で水没するため、東京都教委による文化財総合調査が行われ、縄文時代の遺跡13地点と中世の塚、江戸時代の猪垣の記録と考察がなされた（後藤・大塚・岡本1958）。次いで1965年（昭和40）に、海沢下野原遺跡で縄文中期勝坂式期の住居跡が発掘調査されている（吉田・安藤1967）。同年、東京都の西多摩文化財総合調査が行なわれ、町域35地点からの遺跡が確認された（大場・安藤1968）。その後、1986年（昭和61）度に都内全域の遺跡分布調査が実施され、51地点の遺跡が『東京都遺跡地図』（1988）に登録された。それでも町内の遺跡分布の実態はまだ十分明確になされたとはいえなかったから、都教委は2001年（平成13）度に「山地域の遺跡分布調査」を行い、新発見の遺跡情報が追加され、現在は63地点になっている。

下野原遺跡調査報告書（谷口他2007）に、その奥多摩町内の63地点の遺跡分布図と各遺跡の明細が掲げられている。それによれば、縄文時代の遺物が採取されているのが59地点で最も多い。中でも中期が35地点、次いで前期が26地点、後期が20地点、早期が9地点となっている。

遺跡が立地するのは、現在、多くの集落がある多摩川両岸に位置する舌状の河岸段丘上が最も多く、次いで多摩川の支流ぞいにある小平地、湧泉や沢が付近にある尾根または付近の小平地、という（安藤1991）。一方で、大部を占める山林にも未確認の遺跡が多く潜在する可能性がある。

ここでは町内で最も大規模な遺跡であり、組織的に発掘調査が行われた白丸地区の西の平遺跡と海沢地区の下野原遺跡を取りあげる（図37-1）。

白丸西の平遺跡

多摩川上流に沿って青梅街道を遡り、景勝地の鳩の巣渓谷を過ぎると急に視界が開け、前方に場違いと思えるような高層の鉄筋建物が視界にとびこんでくる。JR青梅線白丸駅の真上にある特別養護老人ホームで、この場所が№.34の白丸西の平遺跡である。建物が建築されるにあたり、吉田格氏が調査団長となって1985年（昭和60）に発掘調査された。遺跡は日当たりのよい東向きの緩斜面に在り、北側と南側がそれぞれ沢によって限られている。そのため農家はこの一等地を畠地とし、家屋は縁辺側に構えていた。

遺跡範囲の一部、建物部分の2,000㎡ほどが調査され、縄文早期前葉の夏島式期住居跡2、早期後葉住居跡1、前期初頭花積下層式期住居跡1、前期型式不明住居2、中期勝坂式ないし加曽利E式期住居跡4、加曽利E式ないし称名寺式期住居4、平安時代住居跡3、石器製作跡2、集石・袋状土坑26、性格不明羽子板状遺構1、といった各時代の遺構群が複合して検出された（図37-2）。また草創期の有舌尖頭器（ゆうぜつせんとうき）も出土している。早期後葉の土器は中部地方に分布する判ノ木山西式（図37-2-挿図）（阿部2010）であり、はるばる長野方面から尾根を伝って来た人も居たようである。中期の土器も西南関東よりも山梨方面の方が多そうである。この場所は立地条件がよかったから何度も土地利用されており、全面が調査されればさらに充実した遺跡となろう。

この中で、久保田正寿氏の石器製作研究が興味深い。自ら採取した土壌を水洗して根気よく抽出したチップ等の微細石片を分析するとともに、チャートによる剝片製作実験を行って、1ヵ所はフレイク製作、もう1ヵ所はそのフレイクを整形して石器作りの場であったことをつきとめた。現地は良質なチャート産地でもあり石器製作に携わったことは理解できるが、その他に山梨県側に産出する水晶および霧ヶ峰産・神津島産の黒曜石までが相当量持ち込まれ、ここで製品化されたという（久保田1991）。

海沢下野原遺跡

№28の海沢下野原遺跡は、白丸西の平遺跡から南に1.5kmの位置で、海沢川が多摩川に合流する地点から1km奥まった所の、日当たりのよい広い畠地に立地する（図37-3）。桃源境のような場所で、地元では古くから石鏃が多く採取されることで知られる、奥多摩で最大規模をほこる遺跡である。1965年（昭和40）に建てられた老人ホームが建替えられることになり、1998年（平成10）から2000年（平成12）まで、國學院大學の谷口康浩氏が調査団長となって第三次発掘調査が行われた。

調査面積は6,300㎡とかなり広いが、先の建物が建てられたときの攪乱と今回の建替えに伴う撤去工事等で相当攪乱されており、調査範囲はかなり限られた。それ

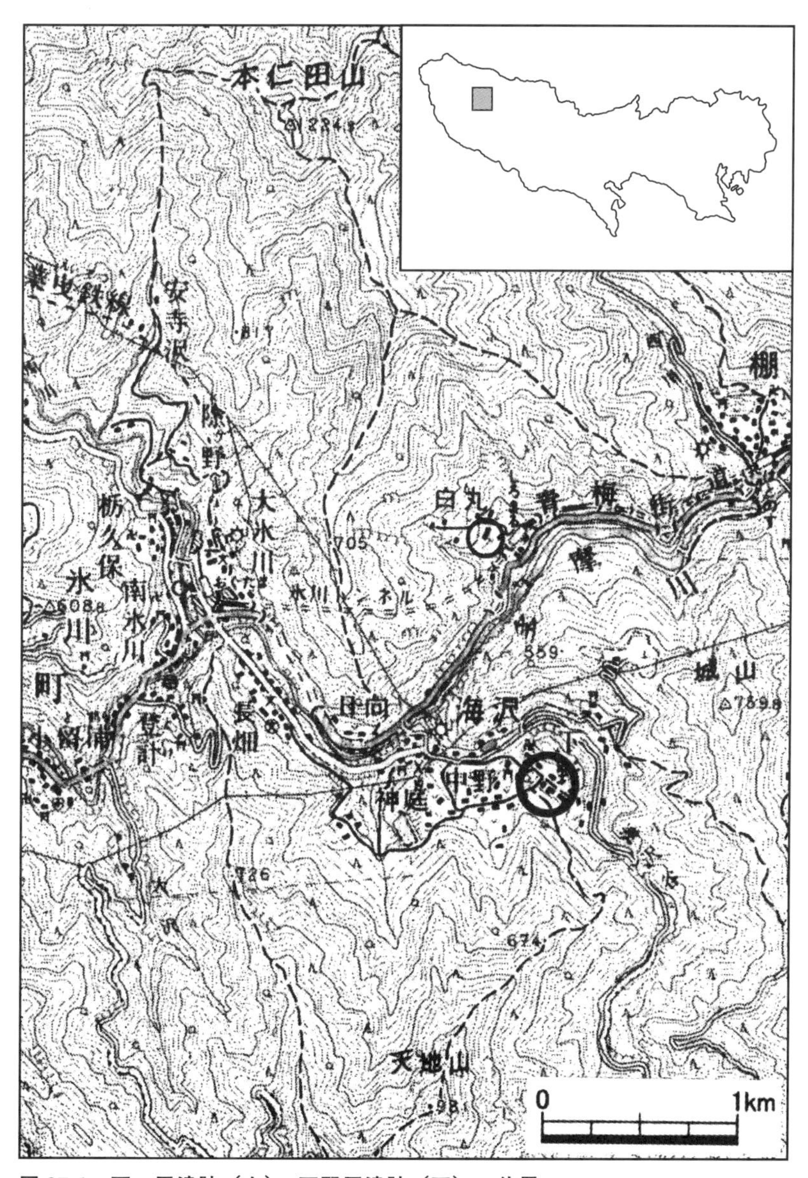

図 37-1　西の平遺跡（上）・下野原遺跡（下）の位置

でも克明に調査されるとともに、その困難な整理作業を克服して大冊の報告書が刊行され、この遺跡の濃密で大規模な内容が余すところなく明らかにされた（谷口他 2007）。

報告書によれば、集落は縄文中期前葉にはじまり、中葉〜後葉になると中央に墓域を伴う環状集落を構成する。中期末葉には敷石建物・列点状配石等が構築され、その後も後期中葉まで遺物の出土が見られる。その時期の未発掘分を含む竪穴建物跡33以上、敷石建物跡10、Ⅱ B層建物跡（「加曽利E3面」想定住居）23、土坑68等の遺構が群在する。

遺物には、奥多摩町で最初の発見となった旧石器時代のナイフ形石器、草創期の有舌尖頭器があり、早期末の条痕文、繊維土器、前期後半の諸磯式、中期初頭の五領ヶ台式から勝坂式、阿玉台式、加曽利E式、曽利式、後期の称名寺式、堀之内式、加曽利B式土器があり、さらに各種の膨大な量の石器類がある。このほかに弥生前期土器、歴史時代の円形土坑が13基あり、鉄鏃や須恵器、天目茶碗、香炉等の出土もある。その後も土地利用されたことである。

当地域の基盤は、かつて秩父古生層といわれた堆積岩と一部三頭山付近の閃緑岩で、遺跡の北側には、チャート岩塊が屏風のように切り立った大神宮山がある（図37-3）。その良質の転石で製作された狩猟・解体用の石鏃429点、石匙33点・スクレイパー236点などと、石器製作用のハンマー等が多数出土した。

谷口氏は、狩猟・解体用の利器となるチャートの原石が得られるこの場所が、多摩川上流域で資源開発の拠点として格好の立地という。山にはクマ、カモシカ、シカなどの大形動物が豊富に棲息しただろうから、食料獲得とともにその皮革、角、歯牙などの加工が重要な産物になったものとみている。

白丸西の平遺跡の顔面把手に関して

白丸西の平遺跡から勝坂式土器の興味深い顔面把手（図37-4-1）が出土しているので、顔面把手にまつわる話題を取りあげてみる。

この顔面把手は樽形をした深鉢の口縁に内向きに付いていたもので、素地土には雲母が包含されている【註1】。顔面把手の眼は大抵、くり抜かれたアンズのような眼なのだが、これは愛くるしい出目金のような顔立ちで、頭頂が二股状突起になっている。把手の背面側は、環状の貼り付けとうねうねと蛇行する粘土帯が見られる。

勝坂式でも特異の顔面把手付土器は、いったい何を表現しているのだろうか。藤

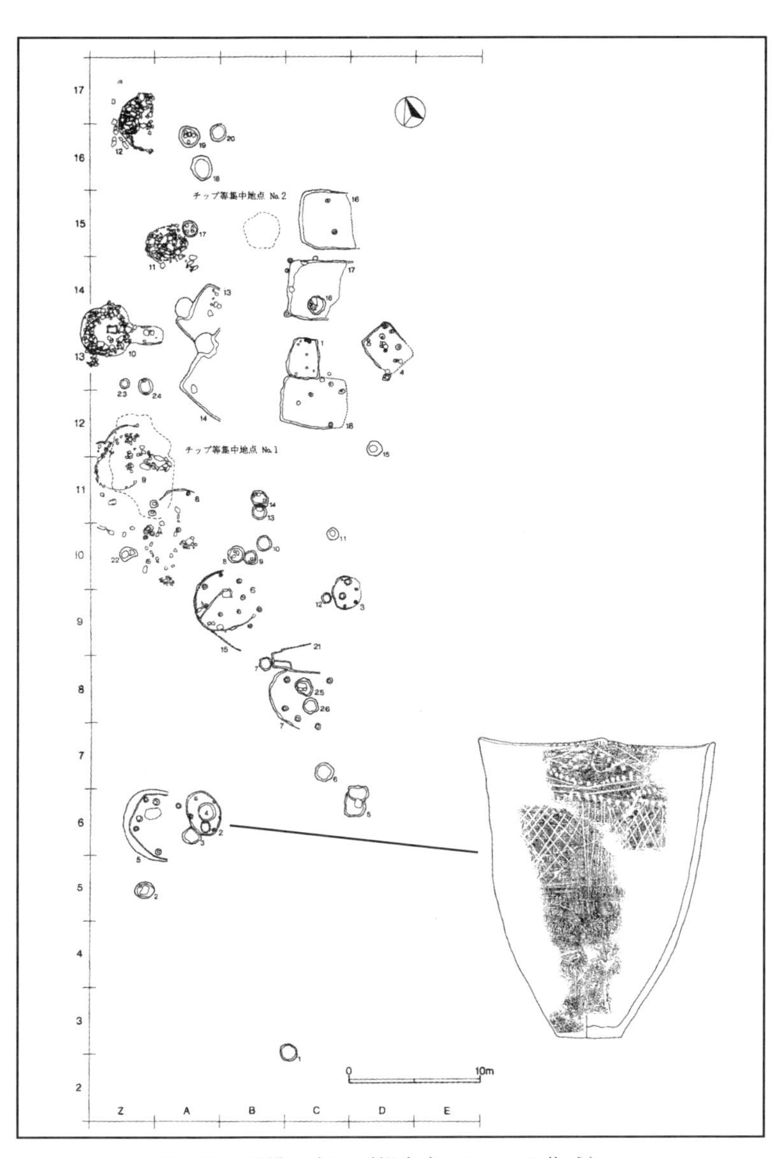

図 37-2　西の平遺跡の遺構分布図（報告書 1991 より作成）

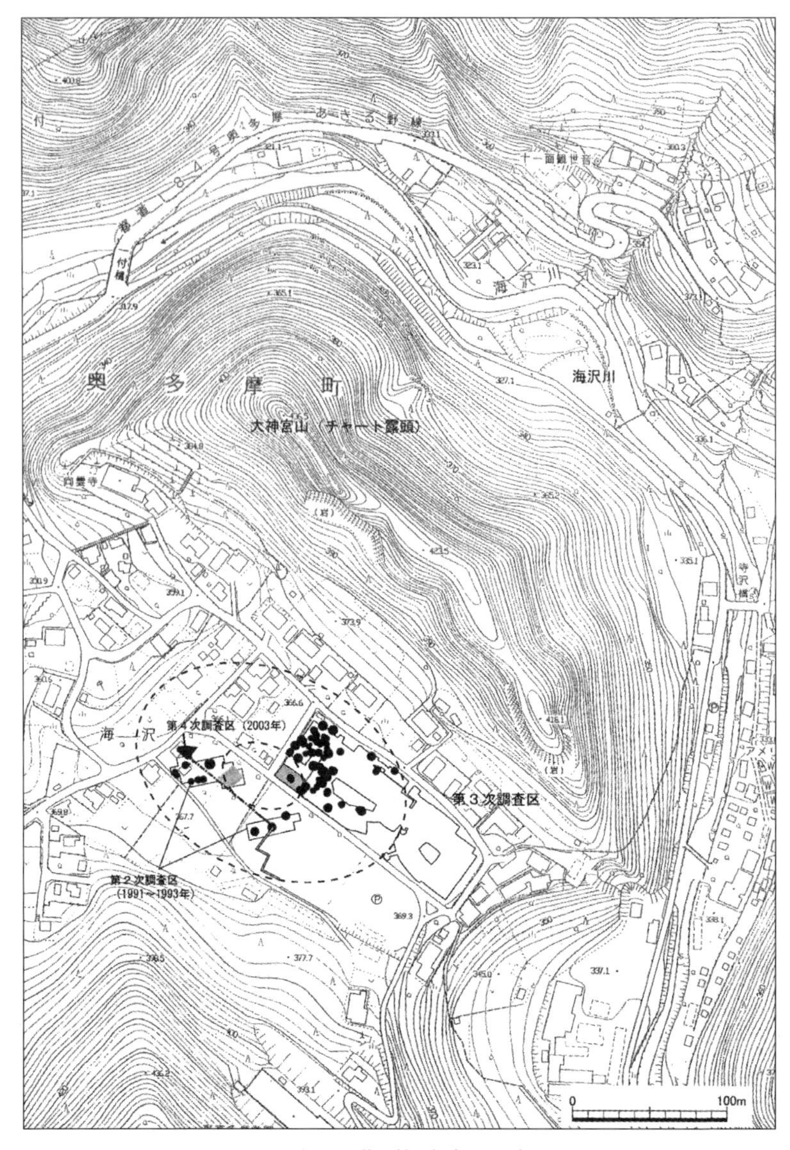

図 37-3　下野原遺跡の縄文時代集落（報告書 2007）

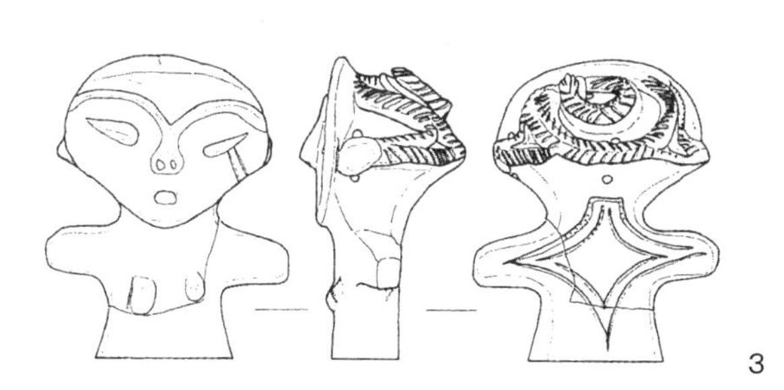

図 37-4　顔面把手と土偶
1：西の平遺跡　2：川尻中村遺跡　3：藤内遺跡

森栄一氏は、鳥居龍蔵氏が提唱した宗教上の儀礼に用いられた特殊な女性信仰の土器説（鳥居 1922）を踏襲し、中部高地の中期縄文文化が原初の農耕生活に突入していて、その一環としての食物の蒸器であるとした（藤森 1968）。一方でこうした見方を否定し、神話と結び付ける見解があるので、図 37-4-2・3 を援用して以下紹介する。

3 は、とぐろを巻いた蛇が頭にのる、藤内遺跡の奇妙な“蛇体頭髪土偶”である。この土偶についての谷川健一氏の見解（谷川 2009）【註 2】も興味深いが、ここではドイツの東洋史学者ネリー・ナウマン女史（1975・2005）が解読する、月と不死に関わる神話の図像説を紹介する。すなわち、この像はユーラシア大陸に広く分布する古い神話と共通性があり、内側がくぼんだ頭にのる 1 匹の蛇が月の変若水＝不死の水を飲む構図なのだという。蛙が月獣として月の運行に働く力の表象とすれば、蛇は月と人間を媒介する死と不死を表象するという。月と変若水、月と不死の神話は、沖縄宮古島の古い神話にもある【註 3】。

そういう目で川尻中村遺跡の顔面把手（図 37-4-2）をみると、顔面把手にしては扁平なつくりで下半分を欠損するが、両稜縁からうねうねと蛇行して頭頂に至った蛇が、後頭部の環状をした粘土帯にとりついている構図である。その真ん中には、藤内土偶の蛇体と共通する“杉葉状隆帯”も貼りついているから、あたかも三匹の蛇がボウル状をした容器の変若水を飲もうとする図像のようである（安孫子 2014）。本資料に限らず、顔面把手にはこの杉葉状隆帯が普遍的に認められる。

ひるがえって図 37-4-1 の後頭部を見ると、蛇行する粘土帯が円環につながっており、またキャタピラ状に刻まれた稜縁が頭頂部では片側だけ大きく凹んだ突起となっているので、これらも蛇体を表象するかのようである。するとこの蛇体をいただく顔面把手付樽形土器は女性の体躯で、中には酒のような変若水が湛えられていたのであろう。

あるいは、小林公明氏が説くように、『古事記』神話にあるスサノオ神に殺害されて、その死体の身体の穴からさまざまの栽培植物が生成したオオゲツヒメ神に仮託されるような、年に一度の晴れの日の煮炊きにこの土器が用いられ、聖なる食物を参加者全員で共食された後に女神像土器が破壊されたのであろうか（小林公 1984）。実際のところ、数ある顔面把手はほとんどがもぎ取られた破片の状態で出土する。完形土器のまま出土するのはごく少ないのである。

【註 1】 中山真治氏（2000）によれば、勝坂式の顔面把手が付く深鉢の器形には樽形とキャリパー形があり、樽形は中部高地方面に、キャリパー形は関東西部から山梨方面に多く分布する。また雲母は花崗岩に含まれる岩石で、山梨県下には花崗岩を素地土とする粘土が多く産出する。なお、この顔面把手は、「奥多摩　水と緑のふれあい館」に展示されている。

【註 2】 頭にマムシを戴く少女の土偶は、「奄美大島ではノロという神に仕える女性がいて、その女性が奄美の猛毒のハブを手なずけている。……巫女の呪力というか、神から与えられていた力を誇示する」に連関するのではないか、という。

【註 3】 月の神が、人間には「不死の水」を、蛇には「死の水」を飲ませてやろうとしてある男に桶を持たせたところ、地上に下りた男が途中で休息していたとき、蛇がでてきて「不死の水」を飲んでしまった。このため蛇は死んで横たわったのちに、古い殻をぬぎすてて若がえってはいだしてくるという、「月・水・不死生・蛇―生命を授ける月の神・若水」の諸要素がひとつになった月の神話がある。

東京の縄文遺跡編年表

大別期	^{14}C cal BP	様式	山地域	丘陵地
		浮線網状文系		町田市 小山田4
晩期	3,000	晩期安行式	檜原村 王子ヶ城	**町田市 なすな原**
				武蔵村山市 吉祥山
	3,300		青梅市 喜代沢	
		後期安行式		**東村山市 下宅部**
	3,500			**町田市 田端**
後期		加曽利B式		
	3,700			町田市 向
			青梅市 寺改戸	
	4,100	堀之内式		**八王子市 深沢**
	4,400		青梅市 裏宿	**八王子市 小田野**
		加曽利E式		**八王子市 TN446-B**
			青梅市 駒木野	
				八王子市 TN72
中期	5,000			
			奥多摩町 白丸西の平	八王子市 楢原
		勝坂式		
	5,400		**奥多摩町 海沢下野原**	**八王子市 神谷原**
		五領ヶ台式		八王子市 椚田IV
	5,500			
		十三菩提式	奥多摩町 登計原	八王子市 郷田原
	5,600			
		諸磯式		**多摩市 和田西**
前期	5,900		奥多摩町 下河内平	
	6,700			多摩市 TN52
		多縄文系		
				八王子市 TN72
	7,000			
			檜原村 中之平	町田市 藤の台
		条痕文系		
	8,500			八王子市 弁天橋
早期		沈線文系		八王子市 TN307
	9,500			
			青梅市 崩橋	町田市 成瀬西
		撚糸文系		
	10,500			**TN200・小山田13**
	11,500	表裏縄文系		日野市 七ツ塚
		爪形文系		町田市 薬師台
草創期				
		隆起線文系		町田市 なすな原2
		無文系		瑞穂町 狭山

* ゴチック体は、本書に収載の主要遺跡。
** ^{14}C cal BP は 1950 年から遡る暦年較正年代。工藤（2012）を参考にした。
*** 編年表の作成にあたり、中山真治氏からご教示を得た。

武蔵野	都心域	島嶼
日野市 南広間地 **調布市 下布田** 多摩市 新堂	**千代田区 旧本丸西貝塚** **文京区 御茶ノ水貝塚**	三宅島 島下 大島 下高洞D 三宅島 友地
調布市 下石原 **日野市 南広間地**	目黒区 東山 **大田区 大森貝塚** **荒川区 延命院貝塚**	新島 渡浮根 新島 田原 神津島 向山
国立市 緑川東 **国分寺市 恋ヶ窪** 国立市 南養寺 国分寺市 多喜窪 **府中市 本宿町** 府中市 武蔵台	杉並区 光明院南 **北区 中里貝塚** 新宿区 市谷加賀町二丁目 文京区 動坂貝塚 **新宿区 落合**	利島 大石山 大島 龍の口 利島 大石山 利島 大石山 利島 大石山 **八丈島 倉輪**
あきる野市 草花 あきる野市 二宮	**大田区 雪ヶ谷貝塚** 北区 七社神社前 北区 飛鳥山 **北区 清水坂貝塚**	三宅島 西原 神津島 上の山 新島 田原
国分寺市 恋ヶ窪南 清瀬市 野火止野塩 **府中市 武蔵台** 立川市 大和田	大田区 下沼部 **港区 汐留** 板橋区 稲荷台 杉並区 井草	八丈島 湯浜 御蔵島 ゾウ 三宅島 坊田沢 **大島 下高洞**
府中市本宿町 小金井市 野川中洲北 三鷹市 井の頭池 **あきる野市 前田耕地**	新宿区 百人町西	

あとがき

縄文考古学を志してから半世紀になる。1966年に大学を卒業すると、多摩ニュータウンの開発に関わる遺跡調査会が発足したばかり。そこで6年余にわたり発掘調査に従事して口を糊することができた。1972年に東京都教育庁の文化課学芸員に採用されると、10年ほど都内の緊急調査の現場を東奔西走した。埋文行政のデスクに戻ると、主に多摩地域を担当しながら、『東京都遺跡地図』や『東京の遺跡散歩』を作成したり、「東京の遺跡展」や「文化財講演会」の企画に携わったりした。途中の7年間、古巣の都埋蔵文化財センターに出向し、改めて多摩丘陵の縄文遺跡を見直すことができた。2004年に32年間勤務した東京都を定年退職すると、早川泉氏の慫慂により大成エンジニアリング株式会社に再就職し、2013年まで10年近く考古学の現場に身を置くことができた。

振り返ると、大学1・2年の頃は、木曽柳又遺跡や野尻湖底遺跡など自弁で発掘調査に参加させてもらえるのが嬉しかったし、それが当たり前であった。3・4年のころ東京オリンピックを契機とする日本経済の高度成長期に入ると、中央高速道路や鶴川団地の建設に関わる遺跡調査で開発側から費用を捻出してもらい、交通費が支弁され食事が賄われるようになった。やがて、経済の高度成長に伴い開発事業に関わる遺跡調査費用を施工者が負担するという、緊急調査の原則が制度化されるようになると、東京都に限らず全国各地で大規模開発が引きも切らず、発掘調査で獲得された新資料は膨大な量にのぼっていった。

それまでの発掘といえば数日から1週間ほどのトレンチ調査であったが、遺跡範囲の全面を調査するようになると、環状集落がそっくり姿を現わすようになったし、新たな土器型式がつぎつぎに発見された。いろいろの情報が膨大に蓄積されて、考古学をとりまく環境も変り、隣接分野との提携による学際研究がさかんになった。その分、報告書も充実したが、発掘調査費用も高騰していった。

1990年にバブルが崩壊すると緊縮財政が強いられるようになり、政府の規制緩和策の一環として民間活力が導入されるようになり、発掘の現場も次第に民間の発掘支援会社に委ねられるようになっている。振り返ると、半世紀に及ぶ埋蔵文化財を取り巻く環境の変化の中に我が身を置いてきたものである。

近年、次世代の研究者の依頼で、「1960・70年代の縄文集落研究」とか「東京都の文化財保護行政の歩み」といったテーマで若い研究者に話す機会があった。そういう意味では、若い世代に旧い縄文遺跡のエピソードを掘り起こして紹介したり、最新の発掘情報に、自由に私見を差し挟むのが許されるような歳周りになったのかも知れない。

これまでの学究生活をふりかえると、学生の時分から私淑してきた小林達雄先生並びに加藤稔先生の背中をみながら、考古学への姿勢方針を学ばせていただいた。縄文学の父こと山内清男先生の謦咳に接することができたのも、小林先生の引き会わせであり、東京の縄文研究を推進されてきた江坂輝彌・永峯光一・浅川利一先生等の知遇を得ることもできた。この他にもいちいちお名前は挙げないが、諸先学・先輩からご教示を賜ったのをはじめ多くの同好の士や同僚と情報交換してきたことが裨益している。また、本書を作成するにあたり、各教育委員会・博物館等の担当者にもずいぶん便宜をいただいた。

最後に本書作成の動機であるが、たまたま5年ほど前に之潮社長の芳賀啓氏と談話しているうち、「東京の縄文遺跡と地形」というテーマで、『季刊 Collegio』誌に連載を勧められたことがあった。現役の時分であったら日々の業務に忙殺されて構想するゆとりを持ち得なかっただろうが、第二の職場で周囲を見渡すゆとりができたことから、芳賀氏の好意を有難く頂戴して、半ばやぶにらみの随想ともつかない小論を草させていただいてきた。その意味で大成エンジニアリング株式会社の井上義之前社長並びに古川健現社長にも感謝しなければならない。また、挿図の作成で青池紀子氏に協力いただいた。ともども厚くお礼申し上げます。

2015年10月10日

参考文献

教育委員会→教委
東京都埋蔵文化財センター→都埋文センター
多摩ニュータウン→TN

例）著者・編者　刊行年　著作名　発行所

相川　薫・渡辺昭一他　2009『小田野遺跡―第4次・第5次発掘調査報告書―』吾妻考古学研究所

赤城高志　2009「調布市内の国指定史跡―下布田遺跡・深大寺城址の調査成果―」東京都遺跡調査・研究発表会34　発表要旨　都教委

赤坂武宣　2006「代官山地域における歴史的文脈と大土地所有の変遷に関する調査」2006年度卒業論文梗概集　東海大学工学部建築学科（インターネット）

秋山道生・安孫子昭二　1978『恋ヶ窪遺跡調査報告Ⅰ』恋ヶ窪遺跡調査会

秋山道生　1990「野川流域の縄文時代」『多摩のあゆみ』61

浅川利一・戸田哲也　1969『田端遺跡調査概報』町田市教委

安孫子昭二　1970「入口部構造のわかる加曽利BⅡ式期住居跡」『考古学ジャーナル』50

安孫子昭二　1971「縄文後期中葉の土器」『平尾遺跡調査報告Ⅰ』平尾遺跡調査会

安孫子昭二・永峯光一 1972「M地点」『鶴川遺跡群』雄山閣出版

安孫子昭二　1983「小山田№.13遺跡」『小山田遺跡群Ⅱ』小山田遺跡調査会

安孫子昭二・宮崎　博　1985「東京の貝塚」『都心部の遺跡』都教委

安孫子昭二・宮崎　博・山崎京美　1987「港区西久保八幡貝塚」『文化財の保護』19　都教委

安孫子昭二　1988「加曾利B様式土器の変遷と年代 上」『東京考古』6

安孫子昭二　1992「田端東遺跡出土土偶の意味するもの」『東北文化論のための先史学歴史学論集』加藤稔先生還暦記念会

安孫子昭二　1997「縄文中期集落の景観―TN №.446遺跡―」『都埋文センター研究論集16』都埋文センター

安孫子昭二　1997「縄文中期集落の景観2―八王子市神谷原遺跡―」『多摩考古』27

安孫子昭二　1998「背面人体文土偶」『土偶研究の地平2』勉誠社

安孫子昭二　2001「縄文中期集落の景観3―稲城市TN №.9遺跡―」『文化財研究紀要』4　稲城市教委

安孫子昭二　2005「田端環状積石遺構」『縄文ランドスケープ』アム・プロモーション

安孫子昭二　2008「出土遺物からみた大森貝塚」『東京の貝塚を考える』雄山閣

安孫子昭二　2009「第9節 編布圧痕土器」『武蔵国府関連遺跡調査報告書40 第3分冊』

府中市教委
安孫子昭二　2009「切目石錘による『もじり編み』実験」『東京考古』27
安孫子昭二・青池紀子　2010『落合遺跡ｖ』学校法人目白学園・大成エンジニアリング株式会社
安孫子昭二　2011『縄文中期集落の景観』アム・プロモーション
安孫子昭二　2011「東京のストーンサークル―町田市田端遺跡―」『季刊 Collegio』47
安孫子昭二　2014「分業と交易」『日本の考古学講座 4 縄文時代下』青木書店
安孫子昭二　2014「縄文遺跡と地形―町田市上の原遺跡・八王子市深沢遺跡―」『季刊 Collegio』56
安孫子昭二　2014「顔面把手とその周辺」『川尻中村遺跡　第 5 地点』大成エンジニアリング株式会社
阿部芳郎　1996「台地上の大きなムラ跡と海辺での活動」『北区史通史編　原始古代』北区
阿部芳郎・保坂太一・樋口岳二　2000『中里貝塚』北区教委
阿部芳郎　2000「縄文時代の生業と中里貝塚の形成」『中里貝塚』北区教委
阿部芳郎　2008「大森貝塚の調査と大森ムラの実像」『東京の貝塚を考える』雄山閣
阿部芳郎　2010「判ノ木山西式土器の研究―中部地方における縄文時代早期後葉土器編年の構築―」『考古学集刊』6
新井和之・戸田哲也・舘　弘子・樋泉岳二　2002『雪ヶ谷貝塚』玉川文化財研究所
新井　宏　2007『理系の視点からみた「考古学」の論争点』大和書房
新井　宏・安本美典　2012「第 2 部　炭素 14 年代法の検討」『季刊邪馬台国』15
安藤精一・吉田　格　1967「東京都奥多摩町海沢下野原遺跡」『武蔵野』48―2
安藤精一・久保田正寿　1991『東京都西多摩郡奥多摩町　白丸・西の平遺跡』白丸・西の平遺跡調査会
池谷信之　2005『黒潮を渡った黒曜石』新泉社
石井　寛　1998「縄文集落と掘立柱建物跡」『調査研究集録』6　港北ニュータウン埋蔵文化財調査団
石川季彦・徳沢啓一・板倉歓之・林原利明　1997『展示図録　落合遺跡展』新宿区立新宿歴史博物館
石川博行・芝田英行・宮崎　博　2011『東京都品川区居木橋遺跡（A 地区）』加藤建設株式会社
一色直記・松村恵司　1976「伊豆大島から発見された縄文早期遺跡とその噴火年代指示者としての意義」『第四紀研究』15―1
一色直記　1984『大島地域の地質』地質調査所
石坂雅樹　2009「縄文時代早期前半の貝塚調査」『季刊考古学』109
石崎俊哉　2002「港区　愛宕下遺跡」東京都遺跡調査・研究発表会 35　発表要旨
伊藤博司・木下裕雄・石川悦子　1998『駒木野遺跡発掘調査報告書』青梅市遺跡調査会

井上晃夫　1991「縄文土器の製作と多摩地域」『多摩の歩み』62　多摩中央信用金庫
井上　肇他　1990『特別展（展示図録）さいたまの海』埼玉県立博物館
今橋浩一　1990「オオツタノハガイ製貝輪の特殊性について」『古代探叢』早稲田大学出版部
今福利恵　2011『縄文土器の文様生成構造の研究』アム・プロモーション
今村啓爾　1985「縄文早期の竪穴住居にみられる方形の掘込みについて」『古代』80
今村峯雄・坂本　稔・春成秀爾・藤尾慎一郎・小林謙一他　2004「特集　弥生時代の始まり」『季刊考古学』88
上田　耕・廣田晶子　2004「南九州の初源期の玦状耳飾」『環日本海の玉文化の始原と展開』敬和学園大学人文社会科学研究所
内野　正・原川雄二　2003『瑞穂町狭山遺跡』都埋文センター
瓜生卓造　1977『檜原村紀聞』東京書籍
榎本金之丞　1953『御茶ノ水貝塚調査予報』昭和28年度都派遣学術研究員研究報告書
江里口省三　2014「Ⅳ　遺構と遺物—縄文時代—」『港区愛宕下遺跡　第1分冊』都埋文センター調査報告286
及川良彦他　2000『TN №.247・248遺跡』都埋文調査報告80
及川良彦・山本孝司　2001「土器つくりのムラと粘土採掘場」『日本考古学』11　日本考古学協会
及川良彦他　2004『千代田区外神田四丁目遺跡　第1分冊』都埋文センター調査報告147
及川良彦　2006「撚糸文期住居跡が崩れた—遺構の変形と遺跡形成論・考古記録（TN №.200遺跡の研究　縄文編その2）」『研究論集22』都埋文センター
及川良彦他　2007『あきる野市中高瀬遺跡』都埋文センター調査報告201
大川　清　1960「瓦窯址」『多摩丘陵文化財総合調査報告』都文化財調査紀要1　都教委
大川　清　1979『多摩丘陵窯跡群調査報告』東京都埋文調査報告6　都教委
岡本　勇　1953「相模平坂貝塚」『駿台史学』3
大谷　勍　1996「檜原村中の平遺跡覚え書」『多摩考古』26
大坪宣雄　1995『黒川地区遺跡群報告書 Ⅶ』黒川地区遺跡調査団
大貫芳弘・清野利明・森　達也 1990「日野市における沖積地上の遺跡調査の現状」『武蔵野』68—2
大場磐雄・安藤精一　1968「奥多摩地区における考古学上の調査」『西多摩文化財総合調査報告2』都教委
大場磐雄・永峯光一　1968「東京都町田市広袴発見の異型台付土器」『考古学雑誌』54—1
大場磐雄・吉田　格・塩野半十郎　1969「秋川流域の考古学的調査」『西多摩文化財総合調査報告　第3分冊』都教委
大場磐雄　1975『楽石雑筆　上』雄山閣
奥山和久・樋泉岳二　2008『日暮里延命院貝塚—B地点における埋蔵文化財発掘調査報告

書―』武蔵文化財研究所
尾関清子　1996『縄文の衣』学生社
尾関清子　2012『縄文の布―日本列島布文化の起源と特質―』雄山閣
大森貝塚保存会　1967『大森貝塚　発掘90周年記念』中央公論美術出版
大山　柏　1967「大森貝塚を顧みて」『大森貝塚　発掘90周年記念』中央公論美術出版
粕谷　崇・合田芳正・高橋直子・高林　均・土屋健作　2009『東京都渋谷区 鶯谷遺跡第2地点』共和開発株式会社
加藤暁生　1985「前田耕地遺跡出土の魚類顎歯について」『東京の遺跡』7
加藤建設株式会社　2014『市谷加賀町二丁目遺跡Ⅳ埋葬遺構編・縄文時代遺構編』新宿区
可児通宏　2005『縄文土器の技法』同成社
金子直行他　2010『縄文海進の考古学―早期末葉・埼玉県打越遺跡とその時代 -』六一書房
上條朝宏・山本孝司・永塚澄子　1995「TN №. 245遺跡の住居内検出粘土の同定」『研究論集14』 都埋文センター
川口正幸他　2010『町田市田端東遺跡』町田市都市計画道路2・1・5号線用地内遺跡調査会
川口正幸他　2010『東京都町田市 忠生遺跡A地区（Ⅱ）-A1地点 縄文時代遺物編1』忠生遺跡調査会
川口正幸　2014「忠生遺跡の全貌―町田市最大の複合遺跡―」『多摩考古』44
川崎　保　1996「『の』字状石製品と倉輪・松原型装身具セットについて」『長野県の考古学』長野県埋蔵文財センター
川崎　保　2002「『の』字状石製品と倉輪・松原型装身具セット」『縄文時代の渡来文化』雄山閣
川崎義雄　1980『調布市下布田遺跡』調布市教委
川崎義雄他　1985『東京都品川区大森貝塚』品川区教委
川崎義雄他　1998『大島町史　考古編』大島町
川崎義雄　2001『上池上貝塚』国際航業株式会社文化財事業部
河内公夫　1999『武蔵国分寺跡西方地区　武蔵台遺跡Ⅳ』府中病院内遺跡調査会
貴志高陽　2003『田端遺跡』町田市教委
キーリ，C.T.・武藤康弘　1982「縄文時代の年代」『縄文文化の研究Ⅰ』雄山閣
工藤雄一郎　2012『旧石器・縄文時代の環境文化史』新泉社
久保田正寿　1977『青梅市の埋蔵遺跡』青梅市教委
黒尾和久　1988「西多摩郡檜原村峰遺跡発掘調査の小さな成果」『東京考古』6
黒尾和久　1988「縄文時代中期の居住形態」『歴史評論』454
黒尾和久　1995「縄文時代中期集落の基礎的検討1― 時間軸の設定とその考え方について―」『論集宇津木』宇津木台地区考古学研究会

黒尾和久・小林謙一・中山真治・小薬一夫　1995「多摩丘陵・武蔵野台地を中心とした縄文時代中期の時期決定」『シンポジウム 縄文中期集落研究の新地平』縄文中期集落研究グループ・宇津木台地区考古学研究会
黒尾和久・小林謙一・中山真治　2004「多摩丘陵・武蔵野台地を中心とした縄文時代中期の時期決定（補）」『シンポジウム縄文中期集落研究の新地平 3―勝坂から曽利へ―発表要旨　資料集』縄文中期集落研究グループ・セツルメント研究会
小山裕久　1995『一般国道 20 号（日野バイパス万願寺地区）改築工事に伴う埋蔵文化財発掘調査報告書』建設省関東地方建設局相武国道工事事務所
古泉　弘・江原　英他　1989『中里遺跡』東北新幹線中里遺跡調査会
甲野　勇　1963『東京の秘境』校倉書房
小薬一夫・合田恵美子　1997『黒川地区遺跡群報告書 Ⅷ 宮添遺跡・№. 10 遺跡（縄文編）』黒川地区遺跡調査団
後藤貴之　1997『東京都町田市　野津田上の原遺跡』野津田上の原遺跡調査会
後藤宏樹他　1998『平成 10 年度特別展　発掘が語る千代田の歴史』千代田区教委
後藤守一・大塚初重・岡本　勇　1958「小河内渓谷における考古学的調査」『小河内総合文化財調査報告 2』東京都教委
小林謙一・有村由美　2008『調布市埋蔵文化財調査報告集刊 4（下石原遺跡第 2 地点）』調布市遺跡調査会
小林謙一　2008「縄文時代の年代（東日本）」『総覧縄文土器』アム・プロモーション
小林謙一　2008『縄紋社会研究の新視点―炭素 14 年代測定の利用―』六一書房
小林青樹編　1997『縄文・弥生移行期の東日本系土器』国立歴史民俗博物館 春成研究室
小林達雄　1966「第 1 章　石器時代の渋谷」『新修　渋谷区史』渋谷区
小林達雄　1973「多摩ニュータウンの先住者―主として縄文時代のセトルメント・システムについて―」『月刊文化財』112
小林達雄　1975「タイポロジー」『日本の旧石器文化 1』雄山閣出版
小林達雄　1980「縄文集落」『国史学』110・111 合併号
小林達雄　1985「縄文文化の終焉」『日本史の黎明 八幡一郎先生頌寿記念考古学論集』六興出版
小林達雄　1986「縄文集落」『岩波講座　日本考古学 4』岩波書店
小林達雄・永峯光一他　1994『倉輪遺跡』八丈町教委
小林達雄　1996『縄文人の世界』朝日新聞社
小林達雄編　2005『縄文ランドスケープ』アム・プロモーション
小林達雄　2012「縄文世界から神社まで」『日本の聖地文化―寒川神社と相模国の古社―』創元社
小林公明　1984「月神話の発掘」『山麓考古』16
近藤義郎他　1977「大森貝塚発掘 100 年記念特集」『考古学研究』24-3・4

近藤義郎・佐原　真編訳　1983『大森貝塚』岩波文庫
斎藤　進　1995「汐留遺跡の海食崖」『たまのよこやま』34　都埋文センター
斎藤　進　2000「縄文時代の遺構と遺物」『汐留遺跡Ⅱ 第 1 分冊』都埋文センター
斎藤　忠・末永雅雄編　1975『沼田頼輔・関　保之助集』築地書館
斎藤　忠　1985「関　保之助」『考古学史の人びと』第一書房
酒詰静枝　1967「はしがき」『貝塚に学ぶ』学生社
酒詰仲男　1946「東京都千代田区皇居内旧本丸西方貝塚」『日本考古学年報 1（昭和 23 年度）』日本考古学協会
酒詰仲男・渡邊　仁　1949「東京都宮城内旧日本丸西貝塚調査予報」（『新編文京区史資料編』1998 所収）
坂詰秀一監修　2008『東京の貝塚を考える』雄山閣
坂上直嗣・青池紀子・宇井義典　2009『東京都渋谷区鶯谷遺跡』大成エンジニアリング株式会社
桜井清彦・菅谷通保・樋泉岳二　1990『日暮里延命院貝塚』荒川区教委
重久淳一　1984「関東地方南西部の縄文晩期の様相 ―なすな原遺跡№. 1 地区第 154 号住居址出土土器の分析―」『考古学の世界』学習院考古会
設楽博己　1983「土製耳飾」『縄文文化の研究 9』雄山閣
品川歴史館　2007 展示図録『発掘 130 周年特別展「日本考古学は品川から始まった―大森貝塚と東京の貝塚―」』
渋江芳浩　2003『南広間地遺跡――一般国道 20 号（日野バイパス万願寺地区）改築工事に伴う埋蔵文化財発掘調査報告書』建設省関東地方建設局相武国道工事事務所
島津 弘・須貝俊彦他　1990「遺跡および周辺の自然環境」『南広間地遺跡 3』日野市遺跡調査会
島津 弘他　1994「南広間地遺跡を中心とした多摩川・浅川合流点低地の形成過程」『南広間地遺跡 4』日野市遺跡調査会
清水潤三　1977「大森貝塚の発掘」（大森貝塚 発掘 100 年記念特集）『考古学研究』24―3・4
下原裕司・吉田　格　2003「三鷹市丸山 A 遺跡」都遺跡調査・研究発表会 28　発表要旨
新宿区立新宿歴史博物館　2015「特別展　新宿に縄文人現る」（リーフレット）
新藤康夫他　1982『神谷原Ⅱ』八王子市椚田遺跡調査会
杉原重夫・小田静夫・丑野　毅　1983「伊豆大島の鬼界アカホヤ火山灰と縄文時代の遺跡・遺物」『考古学ジャーナル』224
杉原荘介・戸沢充則　1976「東京都八丈島湯浜の石器時代遺跡」考古学集刊 3―4
鈴木公雄　1964「土器型式の認定方法としてのセットの意義」『考古学手帖』21
鈴木　尚　1934「東京市王子區上十条清水坂貝塚」『人類学雑誌』49-5
鈴木正男　1976『過去をさぐる科学―年代測定法のすべて―』講談社
鈴木正博他　1980「大森貝塚出土の土器」『大田区史（資料編）考古Ⅱ』大田区

鈴木正博・鈴木加津子　1982 〜 83「大森貝塚の安行式土器 1 〜 3」『史誌』17 〜 19
鈴木正博　2007「先苅貝塚のヤマトシジミとカワニナ―「斜面崩落」による貝塚形成と縄紋式海進による「貝塚崩壊」―」『異貌』25
鈴木理生　2003『図説　江戸・東京の川と水辺の辞典』柏書房
関　俊彦他　1980『大田区史（資料編）考古Ⅱ』大田区
関　保之助　1889「東京日暮里村ノ貝塚」『東京人類学会雑誌』5-46
芹沢長介　1975「学史上における酒詰仲男の業績」『日本考古学選集 22　酒詰仲男集』築地書館
芹澤広衛他　2002『落川・一の宮遺跡Ⅲ　原始編』落川・一の宮遺跡調査会
千田利明　1979『TN 遺跡先行調査 5　TN №. 446 遺跡』都埋文調査報告 36
千田利明　1999『TN 遺跡先行調査 14　TN №. 9 遺跡』都埋文調査報告 69
千田利明他　2007『南広間地遺跡―万願寺地区土地区画整理事業に伴う埋蔵文化財発掘調査資料集―』南広間地遺跡整理調査団
大工原　豊　2007「黒曜石交易を中継した社会」『縄文社会論』同成社
大工原　豊　2008『縄文石器研究序論』六一書房
高橋龍三郎・樋泉岳二　1998「縄文時代の千代田区域」『新編文京区史資料編』千代田区
高橋龍三郎・樋泉岳二　1998「Ⅱ 原始」『新編文京区史通史編』千代田区
高橋龍三郎・樋泉岳二　2001「第 2 章　旧本丸西貝塚出土遺物」『江戸城の考古学』千代田区教委
竹田　均・金持健司　2004『TN №. 9 遺跡』都埋文調査報告 158
田澤堅太郎　1980「カルデラ形成までの 1 万年間における伊豆大島火山の活動」『火山』25
田澤堅太郎　1991「最近 8000 年間の伊豆大島の垂直変動と火山活動との関係」『火山』36
田澤堅太郎　2000「第 1 章　地形と地質」『大島町史　自然編』大島町
田中　琢　2002「考古学」『日本考古学事典』三省堂
谷川健一　2009「巫女の起源」『井戸尻発掘 50 周年記念　講演録集』富士見市教委
谷口康浩　1999「環状集落から探る縄文社会の構造と進化」『最新 縄文学の世界』朝日新聞社
谷口康浩他　1999『大平山元Ⅰ遺跡の考古学調査』大平山元Ⅰ遺跡発掘調査団
谷口康浩・米澤容一他　2002『和田西遺跡』多摩市教委・株式会社四門
谷口康浩　2002「環状集落と部族社会―前・中期の社会―」『縄文社会論 上』同成社
谷口康浩　2003「諸磯式期におけるセトルメント・パターンの振幅―和田西遺跡の大型竪穴建物群をめぐってー」『和田西遺跡の研究』考古学を楽しむ会
谷口康浩　2005『環状集落と縄文社会構造』学生社
谷口康浩他　2007『下野原遺跡―奥多摩町海沢チャート原産地における縄文時代集落の発掘調査―』下野原遺跡発掘調査会

谷口康浩　2011『縄文文化起源論の再構築』同成社
谷口康浩・中村耕作・石井　匠・中島将太・成田美葵子　2011『縄文時代の大形石棒』國學院大學研究開発推進機構学術資料館
谷口康浩 編　2012『縄文人の石神―大形石棒に見る祭儀行為―』六一書房
田原光泰　2011『春の小川はなぜ消えたか―渋谷川にみる都市河川の歴史』之潮
丹野雅人他　2009『TN №.72 遺跡』都埋文化センター調査報告 50
千野裕道他　1996『汐留遺跡―旧汐留貨物駅跡地内遺跡発掘調査概要Ⅱ』都埋文センター
千葉敏朗　2001「(7) 下宅部遺跡」『東村山市史 5 資料編 考古』東村山市
千葉敏朗・石川正行他　2006『下宅部遺跡Ⅰ (1)・(2)』東村山市遺跡調査会
千葉敏朗　2013『下宅部遺跡Ⅳ』東村山市教委
調布市教委　2012『国指定史跡　下布田遺跡』
堤　隆　2011『列島の考古学　日本旧石器時代』河出書房新社
坪井清足　2003「埋蔵文化財調査の来た道」『考古学ジャーナル』50
坪井正五郎　1889「帝国大学の隣地に貝塚の痕跡有り」『東洋学芸雑誌』91
坪井正五郎　1901「石器時代人民の交通貿易」『東洋学芸雑誌』90
土肥　孝　1997「縄文時代の装身具」『日本の美術　369』至文堂
土井義夫・佐藤明生　1981『深沢遺跡・小田野城跡』八王子市深沢遺跡及び小田野城跡調査会
土井義夫　1985「縄文時代集落論の原則的問題―集落遺跡の二つの在り方をめぐって―」『東京考古』3
土井義夫・黒尾和久　2001「東京都における縄文時代集落の諸様相」『列島における縄文時代集落の諸相』縄文時代文化研究会
東木龍七　1926「貝塚分布の地形学的考察」『人類学雑誌』41-11
東京都　1999『立川断層に関する概要報告書』
東京都教委　1988『東京都遺跡地図』
東京都教委　2002『前田耕地遺跡―縄文時代草創期資料集―』
戸田哲也他　1996『東京都八王子市　小田野遺跡発掘調査報告書』小田野遺跡発掘調査団
戸田哲也　2012「町田市なすな原遺跡」『多摩のあゆみ』146
鳥居龍蔵　1922「日本石器時代民衆の女神信仰」『東京人類学雑誌』37-12
ナウマン，ネリー　1975「縄文時代の若干の宗教的観念について」『民族学研究』39-4（『哭きいさちる神＝スサノオ』1989 に再録）
ナウマン，ネリー　2005『生の緒―縄文時代の物質・精神文化』言叢社
直良信夫　1961「奥多摩産ニホンオオカミの遺骸」『多摩考古』2
長崎元廣　1978「縄文の紡錘車―有孔円板の用途と意義―」『長野県考古学会誌』32
中島栄一　1983「石冠・土冠」『縄文文化の研究 9』雄山閣
永嶋正春　2006「縄文・弥生時代の漆」『季刊考古学』95

長瀬　衛　1979『調布市下布田遺跡―昭和 54 年度範囲確認調査―』調布市教委
長瀬　衛　1981『調布市下布田遺跡―昭和 56 年度範囲確認調査―』調布市教委
長瀬　衛　1990「原始・古代 - 第 2 章　第 5・6 節」『調布市史 上巻』調布市
永瀬史人　2002「連弧文土器の再検討―系譜と変遷に関する解釈の問題」『神奈川考古』夫 38
永峯光一他　1985『東京都大島町下高洞遺跡』大島町教委
永峯光一・川崎義雄他　1987『東京都八丈町倉輪遺跡』八丈町教委
永峯光一・小林達雄他　1994『倉輪遺跡』八丈町教委
中村耕作　2013『縄文土器の儀礼利用と象徴操作』アム・プロモーション
中山真治　2000「顔面把手付土器小考」『東京考古』18
名久井文明　2012『伝承された縄紋技術』吉川弘文館
なすな原遺跡調査団　1984『なすな原遺跡―№. 1 地区調査―』なすな原遺跡調査団
成田勝範　1984「なすな原遺跡における後・晩期の土壙墓と住居址」『なすな原遺跡―№. 1 地区調査―』なすな原遺跡調査団
西沢寿晃　1982「栃原岩陰遺跡」『長野県史　考古資料編　全 1 巻（2）』長野県
西田　茂　2003「年代測定値への疑問」『考古学研究』50-3
西本豊弘他　2000『礼文島船泊遺跡発掘調査報告書』礼文町教委
芳賀ひらく　2012『江戸の崖　東京の崖』講談社
橋口尚武　1999「海からの贈り物」『海を渡った縄文人』小学館
橋口美子　1985「縄文時代草創期の尖頭器製作について」『東京考古』3
羽鳥謙三・加藤定男・向山崇久　2001「多摩川の変遷と武蔵野の地形発達」『多摩川流域の段丘形成と考古学的遺跡の立地環境』とうきゅう環境浄化財団
羽鳥謙三　2009『地盤災害　地質学者の覚書』之潮
早川　泉　1996「武蔵野台地における撚糸紋系土器文化の動向」『画龍点睛』山内先生没後 25 年記念論集刊行会
早川　泉　2005「撚糸紋系土器終末期の集落」『國學院大学 考古学資料館紀要』21
原田昌幸　1986「撚糸文系土器終末期の諸問題　無文土器『東山式』の設定」『物質文化』46
原田昌幸他　1996『縄文のタイムカプセル 押出遺跡』山形県うきたむ風土記の丘考古資料館
樋口清之　1952「第 1 章　先史時代」『渋谷区史　全』渋谷区役所
檜原村　1981『檜原村史―先史・古代―』
平野　勝　1998『東京にある山里　檜原写真誌』けやき出版
肥留間　博・吉田　格　1965『狭山・六道山・浅間谷遺跡』瑞穂町教委
藤田富士夫　1989『玉』ニュー・サイエンス社
藤森栄一　1968「顔面把手付土器論―縄文農耕肯定論の資料として―」『月刊文化財』61

藤森英二　2011『信州の縄文早期の世界　栃原岩陰遺跡』新泉社
堀越正行　1980「東京湾における大森貝塚」『大田区史（資料編）考古Ⅱ』大田区
前山精明　1994「『の』字状石製品の分布をめぐる新動向」『新潟考古』5
前山精明　2004　「『の』字状石製品」『季刊考古学』89
松島義章・前田保夫　1985『先史時代の自然環境　縄文時代の自然史』東京美術
松島義章　2006『貝が語る縄文海進—南関東 +2℃の世界—』有隣新書 64
松田磐余　2009『江戸・東京地形学散歩　増補改訂版』之潮
松田磐余　2013『対話で学ぶ　江戸東京・横浜の地形』之潮
松田　哲　2002　『七社神社裏貝塚』北区教委
松原典明他　1994『大森貝塚—平成 5 年度範囲確認発掘調査概報—』品川区遺跡調査会
松本　司　1999『古代遺跡謎解きの旅』小学館
宮崎　糺　1965「砂川発見の石槍について」『立川市史研究』1
宮崎　博　1983「縄文草創期の住居址—東京都秋川市前田耕地遺跡—」『季刊考古学』4
宮崎　博　1984「土地と縄文人」『東京の遺跡』4
宮崎　博　2011「上野山内及び周辺の自然地理的環境」『上野恩賜公園竹の台地区—上野恩賜公園再整備事業に伴う事前発掘調査報告書』加藤建設株式会社
宮坂光次　1930「大森貝塚記念碑建設の経過」『史前学雑誌』2-1
向山崇久　2000「稲城市坂浜周辺の地形と景観」『文化財研究紀要』3　稲城市教委
村田文夫　2013「縄文ムラの広場に立つ柄鏡形敷石遺構を復元する—東京都八王子市小田野遺跡の SI80・SI10 遺構」『関東の古代遺跡逍遥』六一書房
MORSE、EDWARD S.　1879『SHELL MOUNDS OF OMORI』東京大学
モース，E.S.　石川欣一訳　1929『日本その日その日 』科学知識普及会（全訳・復刻 1970・71 全 3 巻　東洋文庫　平凡社）
モールス，エドワルド　谷田部良吉訳　1879『大森貝墟古物編』東京大学法理学部
持田友宏・木津博明　1979「南広間地遺跡試掘調査報告」『日野考古研究』2
本谷　勲編　1978『都市に泉を—水辺環境の復活—』NHK ブックス 532
百瀬貴子　2012「あの世の集落 (3)」『土壁』12　考古学を楽しむ会
横山祐典　2009「海水準変動と気候、海進・海退」『縄文時代の考古学 3』同成社
矢島洋一　1998「多摩川流域における縄文時代後晩期遺跡の分布論」『武蔵野』76-1
谷中　隆　1997「石錘」『栃木県寺野東遺跡Ⅴ』栃木県文化振興事業団
山下勝年・松島義章　1980『先苅貝塚』南知多町教委
山内清男　1937（新刷 1967）「縄紋土器型式の細別と大別」先史考古学会
山内清男　1939 ～ 41（新刷 1967）『日本先史土器図譜』先史考古学会
山本孝司他　1998『TN №. 245・341 遺跡』都埋文調査報告 57
山本孝司　2002「粘土採掘と土器製作—多摩ニュータウン遺跡の事例より—」『土器から探る縄文社会—2002 年度研究集会資料集—』山梨県考古学協会

山本孝司　2006「縄文時代の土器製作と消費の一括検討―TN №. 245・248 遺跡の持つ意味―」『多摩のあゆみ』124　多摩中央信用金庫
山本孝司他　2008『TN №. 441・446 遺跡』都埋文センター調査報告 227
八幡一郎　1928「最近発見された貝輪入蓋付土器」『人類学雑誌』43-8
八幡一郎　1930「奥羽文化南漸資料」『考古学』1-1 ～ 3
八幡一郎　1932「武蔵国南多摩郡南村ナスナ原発見の土器について」『考古学雑誌』22- 1
横尾藤雄　1991「向遺跡」『真光寺・広袴遺跡群Ⅴ』鶴川第二地区遺跡調査会
吉田　格　1956「東京都国分寺町恋ヶ窪竪穴住居址の土器について」『銅鐸』12
吉田　格　1968 「調布市下布田遺跡」『武蔵野』47-2・3
吉田　格・土井義夫　1975『中之平遺跡―第一次調査概報』檜原村教委
吉田　格　1991「東京都檜原村中之平遺跡」『武蔵野考古』15
吉田　格・下原裕司　2003「三鷹市丸山 A 遺跡」都遺跡調査・研究発表会 28　発表要旨
米澤容一・百瀬貴子他　2004『小田野遺跡―八王子市西寺方町 295 番地他 5 筆埋蔵文化財発掘調査―』四門
米澤容一・百瀬貴子他　2004『小田野遺跡発掘調査報告書―医療法人永寿会恩方病院北館改築工事に伴う埋蔵文化財発掘調査―』医療法人永寿会・四門
米澤容一・百瀬貴子　2005「あの世の集落 1―この世の集落の反映としてのあの世の集落―」『土壁』9　考古学を楽しむ会
米澤容一・百瀬貴子　2006「あの世の集落 2―礫の分布を覗いてみる―」『土壁』10　考古学を楽しむ会
若林勝邦　1892「下総武蔵相模ニ於ケル貝塚ノ分布」『東京人類学会雑誌』73-7
和田哲他　1988 ～ 99『南広間地遺跡 1 ～ 14』日野市・日野市遺跡調査会
和田　哲　1995「多摩川流域の縄文後期文化 1」『多摩考古』25
和田　哲　1996「多摩川流域の縄文後期文化 2」『多摩考古』26
和田　哲　1997「多摩川流域縄文晩期後半の土器」『多摩考古』27
和田　哲　2002「多摩の敷石住居」『多摩考古』32
和田　哲　2004「立川市向郷遺跡の縄文中期集落」『多摩考古』34
和田　哲　2014「龍津寺東遺跡―縄文時代資料の補遺とまとめ―」『多摩考古』44
和田　哲・清水　周・長田友也・黒尾和久・渋江芳浩・小澤政彦他　2014『緑川遺跡―第 27 地点―』医療法人社団 国立あおやぎ会・株式会社 ダイサン
渡辺　誠　1973『縄文時代の漁業』雄山閣
渡辺　誠　1981「編み物用錘具としての自然石の研究」『名古屋大学文学部研究論集』LXXX
渡辺　誠　1985「編衣の研究」『日本史の黎明』六興出版
渡辺　誠　1994「編布―今世紀に伝わる縄文の布―」『白い国の詩』10
藁科哲男・東村武信　1984「伊豆諸島遺跡出土黒曜石の分析」『文化財の保護』15

索　引

事項／人名／遺跡名

事項

【ア行】

【カ行】

【サ行】

【ハ行】

【マ行】

【ヤ行】

人名

【ナ行】

【ハ行】

【マ行】

【ヤ行】

【ワ行】

遺跡名

【ナ行】

【ハ行】

【マ行】

【ヤ行】

【ラ行】

【ワ行】

著者略歴
安孫子昭二（あびこ　しょうじ）

1944年 山形市生まれ
1966年 國學院大學文学部史学科卒業　博士（歴史学）
多摩ニュータウン遺跡調査会・東京都教育委員会・大成エンジニアリング株式会社を経て、無職
著書　『縄文時代の渡来文化』（共編著）（雄山閣）
　　　『縄文中期集落の研究』（アム・プロモーション）
論文　「東北地方における縄文後期後半の土器様式」「遮光器土偶の曙光」「注口土器」「分業と交易」ほか多数

東京の縄文学——地形と遺跡をめぐって

2015年11月13日　第1版　第1刷発行

著　　者　安孫子昭二
発 行 者　芳賀　啓
発 行 所　之　潮（コレジオ）
　　　　　〒185-0021　東京都国分寺市南町2-18-3-505
　　　　　Tel 042-328-1503　Fax 042-328-1504
　　　　　http://www.collegio.jp　info@collegio.jp
組版・装丁　田中芳秀
印刷・製本　富士リプロ株式会社

ISBN978-4-902695-27-4 C3021　

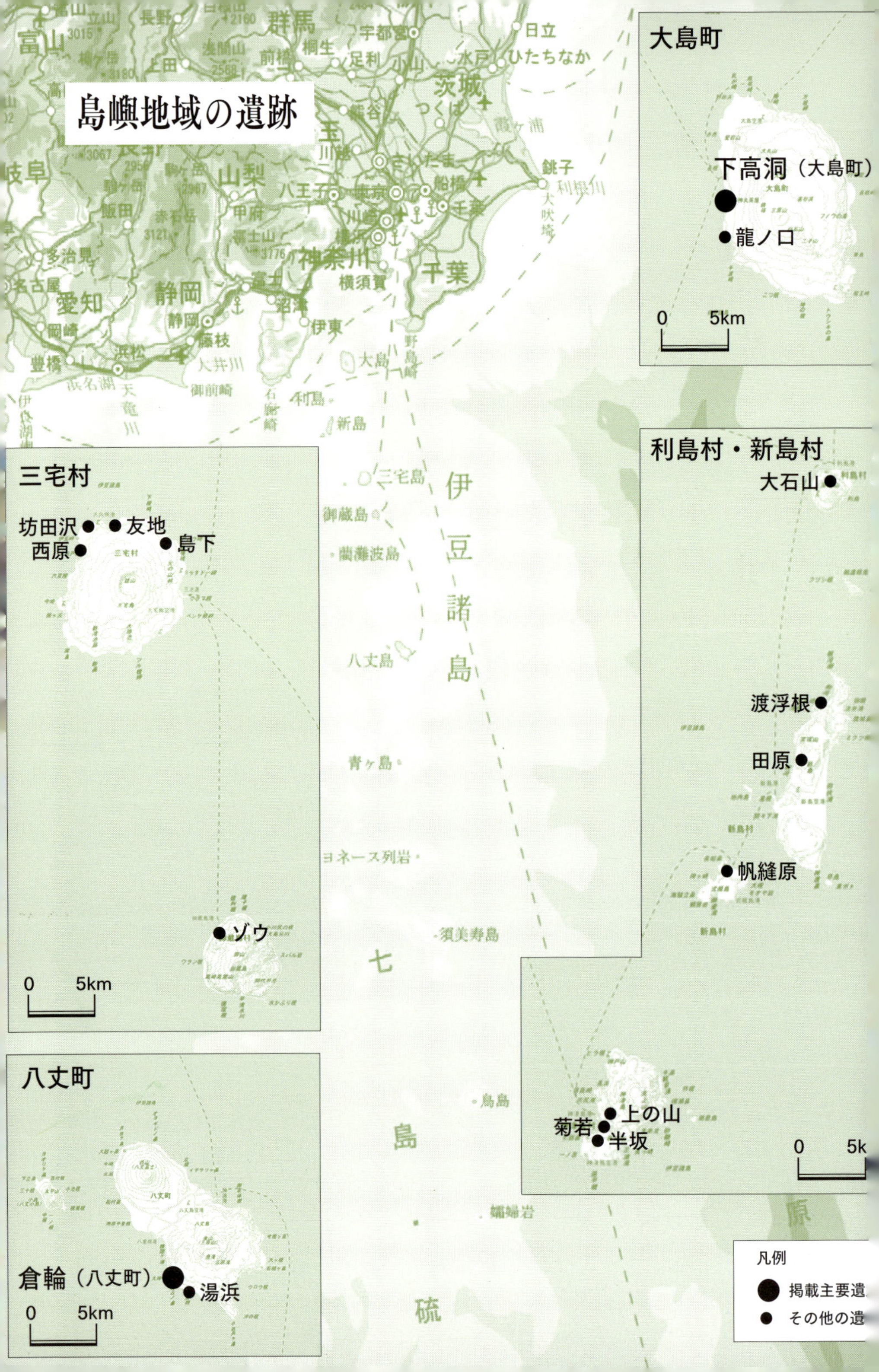
島嶼地域の遺跡
大島町
下高洞（大島町）
龍ノ口
0 5km
利島村・新島村
大石山
渡浮根
田原
帆縫原
三宅村
坊田沢
友地
島下
西原
ゾウ
0 5km
八丈町
倉輪（八丈町）
湯浜
0 5km
上の山
菊若
半坂
0 5k
伊豆諸島
七島
凡例
掲載主要遺
その他の遺
大島
利島
新島
三宅島
御蔵島
八丈島
青ヶ島
須美寿島
鳥島
嬬婦岩
群馬
茨城
山梨
神奈川
千葉
静岡
愛知
岐阜
富山